ÉTUDES
SUR VIRGILE.

TYPOGRAPHIE DE MARCELLIN-LEGRAND, PLASSAN ET Cie.

IMPRIMERIE DE PLASSAN ET Cie, RUE DE VAUGIRARD, N° 15.

ÉTUDES SUR VIRGILE,

COMPARÉ

AVEC TOUS LES POÈTES ÉPIQUES ET DRAMATIQUES
DES ANCIENS ET DES MODERNES,

Par P.-F. Tissot,

ANCIEN PROFESSEUR DE POÉSIE LATINE, SUCCESSEUR DE DELILLE
AU COLLÉGE DE FRANCE,

PRÉCÉDÉES DE CONSIDÉRATIONS PRÉLIMINAIRES
DESTINÉES A SERVIR D'INTRODUCTION.

TOME QUATRIÈME.

A PARIS,
CHEZ MÉQUIGNON-MARVIS, LIBRAIRE,
RUE DU JARDINET, N° 13.

1830.

ÉTUDES

SUR

L'ÉNÉIDE

DE

VIRGILE.

LIVRE NEUVIÈME.

« Tandis que ces choses se passent sur une scène
» éloignée, du haut de l'Olympe la fille de Saturne
» envoie Iris vers l'audacieux Turnus. Assis alors
» dans un vallon solitaire, Turnus y reposait à l'om-
» bre d'un bois consacré à son aïeul Pilumnus. La
» fille de Thaumas l'aborde, et de sa bouche de rose
» lui parle ainsi : « Turnus, ce qu'aucun des Dieux
» n'eût osé promettre à tes vœux suppliants, la for-
» tune aujourd'hui vient te l'offrir d'elle-même.
» Énée a quitté sa ville, ses compagnons et sa flot-
» te, pour aller chercher le mont Palatin, et le
» palais d'Évandre. Ce n'est pas tout : il a pé-

» nétré jusqu'aux cités les plus reculées du royaume
» de Corythus, et arme en sa faveur un vil ramas
» de pâtres, une poignée de Lydiens. Qu'attends-tu?
» demande tes chars, demande tes coursiers; voici
» le moment : plus de délais; cours envahir un
» camp où tu vas porter l'effroi. » A ces mots la di-
» vine messagère, se balançant sur ses ailes, re-
» monte vers les astres, et trace, en fuyant sous la
» nue, un arc immense de lumière. Le jeune héros
» a reconnu la déesse; il lève les mains au ciel, et
» sa voix la suit dans les airs : « Iris, ornement de l'O-
» lympe, quelle puissance t'adresse à moi, du séjour
» des immortels ? d'où vient tout à coup ce torrent de
» clartés? Je vois le ciel s'ouvrir, je vois les étoiles er-
» rantes dans l'espace : qui que tu sois, Dieu pro-
» pice, qui m'appelles aux armes, je m'abandonne
» à de si grands présages. » Il dit, s'avance vers la rive,
» puise dans le courant l'onde du fleuve, et prodi-
» gue aux dieux ses vœux et ses prières.

» Déjà se déployait dans la plaine toute l'armée
» des Latins, riche en coursiers, riche en vêtements
» couverts d'or et de broderies. Messape commande
» aux premiers rangs; les derniers obéissent aux
» fils de Thyrrée. Au centre, s'avance l'impétueux
» Turnus, les armes à la main, et surpassant de la
» tête tous ces guerriers dont il est le chef suprême.
» Tel, grossi des tributs de sept fleuves paisibles, le
» Gange roule en silence ses flots majestueux; tel le

» Nil se retire des champs inondés de ses eaux fécon-
» des, et rentre dans son lit. Tout à coup les Troyens
» ont vu, de loin, s'amonceler un vaste et sombre
» nuage de poussière, et les ténèbres s'élever
» avec lui sur la plaine. Caïcus, le premier, du haut
» d'une tour opposée, pousse le cri d'alarme. « Amis,
» s'écrie-t-il, quel tourbillon roule vers nous comme
» la noire tempête? courez aux armes, saisissez vos
» javelots, montez sur les remparts. Voilà l'ennemi,
» hâtez-vous. » Les Troyens, avec de grandes cla-
» meurs, ferment toutes les portes sur eux et couvrent
» bientôt les murailles. Énée, en habile capitaine,
» leur avait donné cet ordre à son départ : Quelque
» occasion que vous offre la fortune en mon ab-
» sence, gardez-vous de tenter le sort des batailles
» et de vous aventurer dans la plaine; bornez-vous
» au contraire à défendre derrière les retranche-
» ments, votre camp et vos murs. Aussi quoique
» l'honneur et leur bouillant courage les exci-
» tent à en venir aux mains, dociles à la voix du
» prince, ils opposent les portes aux coups de l'en-
» nemi, et sous les armes ils l'attendent à l'ombre
» de leurs tours.

» Turnus, dans sa course rapide, avait devancé
» ses légions trop tardives : suivi de vingt cavaliers
» d'élite, il paraît à l'improviste au pied de la ville
» guerrière ; il monte un coursier de Thrace tacheté
» de blanc ; et sur son casque d'or flotte un pana-

» che de pourpre. « Compagnons, qui me suivra ?
» qui osera le premier contre l'ennemi...? moi, dit-
» il. » Puis, d'un bras nerveux, il lance un javelot
» qu'il fait siffler dans les airs, pour signal du com-
» bat, et superbe, il s'élance dans la plaine. Ses guer-
» riers l'applaudissent par leurs clameurs, et volent
» sur ses traces avec un frémissement terrible. L'i-
» naction des Troyens les étonne : « Les lâches ! n'o-
» ser descendre dans l'arène des soldats, n'oser op-
» poser le glaive à leurs adversaires, mais s'ensevelir
» dans un camp ! » Plein de fureur, Turnus, sur son fou-
» gueux coursier, fait le tour de l'enceinte impénétra-
» ble et cherche à s'y frayer un accès. Tel, au milieu de
» la nuit, un loup veut surprendre une bergerie nom-
» breuse, et, battu des vents et de la pluie, rôde en fré-
» missant devant les barrières qui l'arrêtent : tandis
» qu'à l'abri du danger les agneaux bêlent tranquille-
» ment sous leurs mères, farouche et transporté d'une
» aveugle colère, il s'acharne contre sa proie absente[1];

---

[1] On lit dans la *Dunciade* de Palissot cette imitation de Claudien :

> Ou tel encore un généreux coursier,
> Par un effet de son instinct guerrier,
> Rêve aux combats, frémit, s'impatiente,
> Et de son pied frappe la plaine absente.
>
> Chant VII.

Parny tient de plus près à Virgile dans quelques vers que voici :

» la cruelle faim du carnage, accrue par un long
» jeûne, et la soif de sang, qui brûle sa gueule des-
» séchée, augmentent et fatiguent sa rage. Ainsi
» à l'aspect du camp et des murailles qui le défen-
» dent, s'enflamme le courroux du Rutule; ainsi
» une douleur furieuse bouillonne dans ce cœur
» endurci. Comment pénétrer dans l'enceinte?
» par quel moyen arracher les Troyens de leur re-
» traite et les attirer dans la plaine?

» Leur flotte, appuyée sur l'un des côtés du rem-
» part, défendue par les retranchements et par les
» eaux du fleuve, se dérobait aux regards. Turnus
» s'élance pour l'embraser, il appelle à l'incendie
» des vaisseaux ses guerriers triomphants, et déjà
» dans sa main brille un pin enflammé. Tous
» se précipitent; la présence de Turnus les presse

 Ou tel un loup sur la verte prairie
 Voit deux agneaux nouvellement sevrés
 Mêler leurs jeux, goûter l'herbe fleurie,
 En folâtrant, du troupeau séparés,
 Et du taillis s'approchant par degrés;
 Du bois il sort, et sur eux il s'élance :
 Mais aussitôt se montre le berger,
 Branlant sa fourche, et que son chien devance.
 Le loup surpris se dérobe au danger;
 Laissant l'agneau qui bondit avec joie,
 Rapide il fuit dans les buissons touffus,
 Entend de loin les bêlements confus,
 Et sous sa dent mâche l'absente proie.

» comme un puissant aiguillon, et tous s'arment de
» noirs brandons. Les foyers sont dépouillés; les tor-
» ches fumantes jettent une sombre lumière, et les
» tourbillons de la flamme s'élèvent avec les étincel-
» les jusqu'aux cieux.

» Muses! quel dieu détourna des Troyens un si
» cruel incendie? qui repoussa de leurs navires ces
» feux menaçants? Parlez : ce prodige repose sur
» la foi des vieux âges; mais la renommée en a
» perpétué la mémoire.

» Lorsque autrefois dans la Phrygie, Énée cons-
» truisait sa flotte au pied du mont Ida, et se prépa-
» rait à franchir l'immensité des flots, la mère des
» dieux, Bérécynthe elle-même, adressa, dit-on,
» ces paroles au grand Jupiter : « O mon fils, vain-
» queur et souverain de l'Olympe, exauce les
» vœux d'une mère tendre qui t'implore. Il est sur
» l'Ida une forêt depuis long-temps chère à mon
» cœur; au milieu d'elle et au sommet de la
» montagne s'élève un bois où les mortels venaient
» m'offrir leurs sacrifices sous l'ombrage religieux
» des noirs sapins et des vieux érables. Un jeune
» héros de Troie avait besoin d'une flotte, je lui
» donnai mes arbres avec joie : maintenant, une
» secrète inquiétude m'agite et me tourmente. Dis-
» sipe mes alarmes en accordant à ta mère le pou-
» voir d'empêcher les flots et les vents de triom-
» pher de ces navires; qu'il soit utile pour

» eux d'être nés sur nos montagnes. » — « Ma
» mère, répond le Moteur suprême de l'univers!
» qu'exigez-vous des destins? quel vœu formez-
» vous? quoi! des vaisseaux, ouvrage d'une main
» mortelle, jouiraient des droits de l'immortalité!
» Énée serait sûr d'affronter impunément des pé-
» rils encore incertains! quel dieu obtint jamais tant
» de puissance? Non, non; mais lorsqu'au terme de
» leur course, ces poupes auront touché les rivages
» de l'Ausonie, toutes celles qui auront échappé à
» la fureur des mers et conduit le prince troyen
» aux champs de Laurente, je les dépouillerai de
» leur forme mortelle; à ma voix elles deviendront
» des divinités de l'Océan, telles que Doto et Ga-
» latée, qui fendent de leur sein les flots écumants. »
» Il dit, et, jurant par les fleuves de son frère, le roi
» du Styx, par les abîmes qui roulent entre leurs
» rives des torrents de bitume, il confirme sa pro-
» messe en inclinant la tête, et à ce signe l'Olympe
» s'ébranla tout entier [1].

---

[1] Peut-être les vers de Catulle sur Jupiter sont-ils plus beaux que ceux de Virgile; on remarque même dans les premiers, avec la même grandeur, les mêmes effets d'harmonie que dans le passage d'Homère sur le même sujet, *Iliade*, chant I, vers 528 et suivants :

Annuit invicto cœlestum numine rector,

»Le jour promis était enfin arrivé, et les Par-
» ques avaient accompli les temps prescrits, lors-
» que l'audace de Turnus avertit la mère des dieux
» d'écarter les flammes de ses navires favoris. Tout
» à coup se manifeste aux yeux une lumière in-
» connue; des portes de l'aurore part un nuage
» immense qui traverse les cieux, et avec lui s'é-
» lancent les chœurs de l'Ida ; alors une voix ter-
» rible descend du haut des airs, et retentit d'une
» force égale dans les deux camps : « Enfants de
» Troie ! ne craignez rien pour le salut de mes
» vaisseaux, ne vous pressez pas de prendre les
» armes; Turnus embraserait les mers plutôt que
» ces pins sacrés. Et vous, soyez libres; allez,
» déités des eaux, la mère des dieux l'ordonne. »
» A ces mots, chacune des nefs rompt les câbles
» qui l'enchaînent au rivage; leur bec s'incline
» vers l'onde, et, comme d'agiles dauphins, elles
» s'enfoncent dans l'abîme. Soudain, ô merveille !
» autant de proues d'airain, tout à l'heure, bor-
» daient les rives du fleuve, autant de figures de
» vierges reparaissent à la surface des flots, et vo-
» lent sur les vagues.

Quo tunc et tellus, atque horrida contremuerunt
Æquora, concussitque micantia sidera mundus.
(Épithal. de Thétis et de Pélée.)
Voyez aussi Silius Italicus, chant V., vers 385 et suivants.

» Les Rutules demeurent interdits ; Messape lui-
» même ne peut se défendre de l'effroi ; ses cour-
» siers s'épouvantent ; le Tibre s'arrête, et remonte
» en grondant vers sa source. Mais la confiance de
» l'audacieux Turnus n'est point ébranlée ; il gour-
» mande ses compagnons, et ranime, par ces pa-
» roles, leur courage abattu : « Ce prodige ne me-
» nace que les Troyens ; oui, Jupiter lui-même
» leur enlève leur refuge ordinaire, ces vais-
» seaux, qui n'attendent plus les traits et les feux
» des Rutules : ainsi donc les mers sont fer-
» mées à nos ennemis ; pour eux, plus d'espoir
» de fuite. L'onde leur échappe ; nous sommes
» maîtres de la terre, et cent peuples d'Italie
» prennent les armes pour ma cause [1]. Les vains
» oracles, dont ces Phrygiens sont si fiers, je ne m'en

---

[1] Dans l'Iliade, Ajax dit aux Grecs, qui ne peuvent plus soutenir les assauts des Troyens qu'Hector appelle à l'incendie de la flotte : « O mes compagnons, braves enfants de Danaüs, soyez hommes ! Amis, rappelez votre mâle courage. Pensez-vous trouver derrière vos rangs quelques vengeurs ? espérez-vous quelque plus ferme rempart pour écarter la mort de vos soldats ? Il n'est pas autour de nous de villes munies de tours qui puissent nous défendre ni nous offrir le secours de leurs guerriers. Mais enfermés sur ces bords, entre la mer et l'armée des Troyens belliqueux, nous nous trouvons loin de notre patrie : notre salut est donc en-

» effraie pas. Qu'il suffise aux destins et à Vénus de la
» faveur qui permit aux Troyens d'aborder les champs
» de la fertile Ausonie. Et moi, j'ai aussi mes des-
» tins[1]; ils m'ordonnent d'exterminer par le fer une
» race infâme qui m'ose ravir mon épouse. Les Atri-
» des ne sont point les seuls que blesse un pareil
» affront; Mycènes n'a pas seule le droit de s'armer
» pour la vengeance [2]. Mais c'est assez, peut-être,
» d'avoir péri une fois? C'était donc assez d'un seul
» crime pour ces ravisseurs, qui n'ont point encore

---

tre nos mains, et non dans le lâche oubli des combats.»
Chant XV, vers 733 et suivants.

Il me semble qu'Homère, moins sobre de paroles, est plus riche de pensées, plus entraînant que Virgile, et que la détresse des Grecs, plus vivement peinte que celle des Troyens, doit produire aussi beaucoup plus d'impression.

[1] Hector : «Quoi! Polydamas, tu me conseilles d'oublier les desseins du grand Jupiter, qui a consacré ses promesses d'un signe de sa tête sacrée! Tu m'ordonnes de croire au vol rapide des oiseaux! Je ne m'en inquiète point : je m'occupe fort peu de savoir si, à ma droite, ils dirigent leur course près de l'aurore et du soleil, ou si, à ma gauche, ils s'élancent vers l'occident ténébreux : pour nous, n'obéissant qu'à la volonté du grand Jupiter, qui règne sur les dieux et sur les hommes, le plus certain des augures est de combattre pour la patrie.» *Iliade*, chant XII, vers 235 et suivants.

[2] Ces deux traits sont bien faibles après la résolution de détruire la race troyenne pour la punir de l'enlèvement

» pris toutes les femmes en haine, et n'ont de cou-
» rage et d'assurance que derrière les retranche-
» ments et les fossés, faibles retardements à la
» mort qui les menace! N'ont-ils pas vu les murs
» de Troie, bâtis de la main de Neptune, s'abîmer
» dans les flammes? Mais vous, noble élite de
» guerriers! qui de vous s'apprête à saper ces rem-
» parts, et brûle d'envahir avec moi ce camp où
» règne l'épouvante? Je n'ai besoin, pour vaincre
» les Troyens, ni d'une armure de Vulcain ni des
» mille vaisseaux de la Grèce. Que l'Étrurie tout
» entière s'allie à eux : ils n'ont à craindre de nous
» ni le vol honteux du Palladium, exécuté dans
» l'ombre, ni le massacre nocturne des gardes
» d'une citadelle; nous n'irons pas nous ensevelir
» dans les flancs ténébreux d'un cheval. A la clarté

---

d'une épouse. Ce n'est pas avec cette froideur qu'Achille parle de Briséis, quoiqu'elle ne fût que sa captive. *Iliade*, chant IX, vers 339 et suivants.

Racine, un peu plus vif, n'égale pas encore son modèle dans les vers suivants :

> Et quel fut le dessein qui nous assembla tous?
> Ne courons-nous pas rendre Hélène à son époux?
> Depuis quand pense-t-on qu'inutile à moi-même
> Je me laisse ravir une épouse que j'aime?
> Seul d'un honteux affront, votre frère blessé
> A-t-il droit de venger son amour offensé?
>
> (*Iphigénie*, acte IV, sc. vi.)

»du jour, ouvertement, je veux environner leurs
»remparts d'une ceinture de flammes. Apprenons-
»leur qu'ils n'ont point affaire à des Grecs, à cette
»faible jeunesse qu'Hector arrêta pendant dix ans.
»Mais la plus grande partie du jour est écoulée;
»compagnons, livrez-vous à la joie! vous avez
»fait votre devoir, allez prendre un repos néces-
»saire; et demain, soyez prêts au combat! »

» Cependant Messape est chargé de placer des
»sentinelles aux portes du camp, et d'entourer de
»feux les remparts. On choisit, pour observer les
»forts, quatorze guerriers rutules; sous chacun
»d'eux marchent cent braves, aux casques bril-
»lants d'or, surmontés d'un panache couleur de
»pourpre. Ils se rendent à leur poste, se relèvent
»tour à tour; ou, couchés sur le gazon, font
»couler le vin à grands flots, et vident leurs cou-
»pes d'airain. Les flammes brillent de toutes parts,
»et la garde vigilante passe, dans le jeu, une nuit
»exempte de sommeil.

» Du haut de leurs murailles les Troyens obser-
»vent tout et se tiennent sous les armes. Dans leur
»inquiète activité, il visitent les portes, joignent par
»des ponts les tours et les forteresses, ou forment des
»provisions de traits. Mnesthée et l'ardent Séreste
»pressent les travaux; c'est à eux que le sage Énée
»a remis le commandement des troupes et la con-
»duite suprême des affaires. Toute l'armée troyenne,

» répandue le long des remparts, se tient sur la
» défensive. Chacun prend à son tour sa part des
» périls et veille au poste qui lui est assigné. »

La fréquente répétition des mêmes incidents, la variété qui leur manque trop souvent au fond et dans la forme, suffiraient pour prouver que Virgile a été surpris par la mort avant d'avoir pu mettre la dernière main à son ouvrage. En le retouchant, il aurait certainement corrigé la trop parfaite identité des situations de Turnus et d'Énée, l'un en présence de Vénus, l'autre devant Iris. Ainsi, au lieu de rencontrer le roi d'Ardée assis par hasard dans le bois sacré de Pilumnus, nous le verrions au moins occupé d'un sacrifice et demandant l'appui de ce dieu de sa famille, comme le magnanime Hector implore, avant de combattre, la protection de Jupiter. C'est pour la troisième fois qu'Iris nous apparaît. A Carthage, elle remplit un ministère plein de charme et de grâce, en venant délivrer l'âme de Didon, qui lutte avec douleur contre les liens de sa prison mortelle. En Sicile, la brillante déesse joue un rôle odieux et peu convenable à sa jeunesse et à sa beauté, mais trop bien d'accord avec la nature souvent funeste des messages que lui confient les maîtres de l'Olympe. Cachée sous les traits de la vieille Béroë, son discours aux Troyennes, qu'elle excite à brûler les vaisseaux d'Énée, son action, son départ, la nouvelle métamorphose qui la révèle aux yeux des victimes égarées par ses perfides conseils, ont un caractère tout dramatique. Ici, lorsque la circonstance est encore plus pressante qu'au septième livre, et au début du huitième, elle vient redire assez froidement ce que la première des Furies a exprimé avec des paroles de feu, et trahir ainsi l'embarras du poète, qui aurait dû, ou inventer un autre moyen d'éclairer l'ennemi des Troyens, ou se rappeler la beauté de la scène de l'incendie [1] et de l'entrevue nocturne d'Alecton et de Turnus [2] pour ne pas rester si inférieur à lui-même dans la troisième apparition de la messagère des dieux. Les paroles du héros à la déesse qui remonte vers l'Olympe ouvert pour la recevoir, joignent la richesse de la poésie d'images à la vérité de l'accent; mais allons au fond des choses : Turnus, rempli des premiers ordres de Junon transmis par un si terrible interprète, n'a pas dû suspendre un moment la rapidité du mouvement imprimé à ses troupes ; nous devrions le trouver en marche, ou au pied du camp des Troyens et déjà la flamme à la main pour incendier leur flotte comme le veut la reine des dieux. Un rival d'Hector et d'Achille ne se fait pas répé-

---

[1] Livre V.
[2] Livre VII.

ter deux fois des ordres si conformes à la passion qui brûle dans son cœur. Ne peut-on pas penser encore qu'aussitôt après la vigoureuse attaque des Rutules, l'inertie des Troyens, obstinément renfermés dans leurs murs, suffit pour révéler l'absence de leur chef ou leur terreur, et par conséquent pour redoubler l'audace du prince d'Ardée? Donc il n'y avait pas d'urgente nécessité de recourir à une intervention céleste. Qu'on juge, au contraire, combien l'emploi de ce moyen surnaturel est heureusement motivé dans l'Iliade !

Achille, en proie au désespoir, ignore le danger que courent les dépouilles d'un ami près de tomber entre les mains d'Hector. Au milieu d'une affreuse mêlée, les lâches ont perdu la tête, les braves sont aux prises avec l'ennemi ; personne pour avertir le héros. D'ailleurs, privé de ses armes et retenu par les promesses faites à sa mère, que pourrait-il tenter? Pour trancher le nœud de la difficulté le poète n'a donc d'autre ressource qu'un avis et une inspiration des dieux; Iris apporte l'un et l'autre. Quant à l'intérêt de la situation, et à l'éloquence des paroles, je laisse au lecteur le soin de prononcer ici entre Homère et Virgile. « Debout, fils de Pélée, toi, le plus formidable des hommes. Cours sauver Patrocle pour qui, devant les navires, éclate un combat terrible. Les guerriers s'égorgent à l'envi, les uns pour protéger le cadavre de ton ami, les autres pour l'entraîner dans les murs élevés d'Ilion; mais surtout l'illustre Hector brûle de l'arracher aux Grecs; dans sa colère, il veut séparer la tête du cou délicat, et attacher ce trophée à un poteau infâme. Lève-toi; plus de repos; rougis de honte à la pensée de Patrocle devenu le jouet des chiens d'Ilion. Quel opprobre pour toi, si son corps recevait quelque outrage [1]. »

Virgile, soit qu'il se détourne par de magnifiques hors-d'œuvre ou par des scènes nécessaires qui suspendent le cours de l'action, paraît manquer de mémoire, ou ne sait pas reprendre avec chaleur le mouvement interrompu. Après le fracas qu'il a fait en Ausonie, après les nouveaux commandements du ciel, après les paroles d'Iris, *rumpe moras omnes*, nous ne pouvions nous attendre à la marche paisible de toutes les forces de Turnus. L'admirable comparaison qui assimile l'armée latine au Gange grossi par sept fleuves tributaires, mais tranquille et roulant en silence ses flots majestueux; ou au Nil ramenant dans son lit toutes ses ondes, augmente encore la contradiction avec ce qui précède [2]. Je ne saurais voir ici les enfants de

---

[1] *Iliade*, chant XVIII, vers 170 et suivants.

[2] Le Tasse après avoir dit : « Il n'est aucun effort des païens, ni murs ceints de fossés profonds, ni torrents impétueux,

la belliqueuse Ausonie, soulevée par Alecton, les soldats d'un prince impatient de surprendre un camp, d'y répandre l'épouvante par une attaque audacieuse, et d'accabler ses ennemis d'un seul coup. Encore, si le poëte eût représenté les phalanges de Turnus dans ce silence farouche, dans cette attitude menaçante d'une armée marchant à l'exécution d'un grand dessein dont elle veut partager la gloire [1], il aurait du moins suppléé au mouvement par l'impression de la terreur. Homère, peintre plus vrai, a dit : «Cependant, les Grecs s'avançaient comme un déluge de feu qui

---

ni montagnes rapides, ni forêt touffue qui puissent arrêter la marche des soldats de Godefroi;» achève le tableau en employant la même comparaison avec plus de justesse :

> Cosi degli alti fiumi il re talvolta,
> Quando superbo oltra misura ingrossa,
> Sovra le sponde ruinoso scorre ;
> Nè cosa, e mai, che gli s'ardisca opporre.

«Ainsi, lorsque le roi des grands fleuves, lorsque l'Éridan superbe et gonflé sans mesure par de là ses bords se répand gros de ruines dans les campagnes, aucun obstacle n'ose s'opposer à sa violence.» Chant I, strophe LXXV.

[1] Homère oppose à l'armée des Troyens, qui s'avance avec des cris perçans, les Grecs, qui, ne respirant que fureur et brûlant de se prêter un mutuel appui, approchent en silence. (*Iliade*, chant III, vers 8 et suivants.)

dévorerait toute la terre; le sol tremblant gémissait sous leurs pas. Ainsi que gronde la foudre de Jupiter irrité lorsqu'il lance ses traits vengeurs contre Typhée dans les rochers d'Arime, vaste demeure de ce géant, ainsi résonnait la terre ébranlée sous les pas des combattants, avides de périls et empressés de traverser la plaine [1].» On lit dans le même poète : «Ils volent semblables à un tourbillon de vents impétueux qui, se précipitant avec la foudre dans la campagne, se mêle bientôt à l'Océan avec un bruit terrible; alors les flots bouillonnants de la mer mugissante, enflés, blanchissants d'écume, se poussent et se succèdent sans cesse; ainsi brillantes d'airain, les phalanges troyennes se pressent les unes sur les autres sous la conduite de leurs chefs. A leur tête est Hector, pareil au redoutable Mars, le fléau des mortels [2].»

---

[1] *Iliade*, chant II, vers 287 et suivants.

[2] *Iliade*, chant XIII, vers 795 et suivants. Milton, qui avait reçu de la nature la grande manière du peintre d'Achille, nous présente ainsi les célestes milices dans ce repos qui précède la tempête : « Déjà fuyait la nuit vaincue par les rayons du jour naissant, lorsqu'une immense plaine, couverte de brillants escadrons rangés en bataille, d'armes et de chars tout en feu, de chevaux étincelants, qui renvoyaient flamme sur flamme, fut le premier spectacle que l'ange aperçut.» (Chant VI.) On lit un peu plus bas : «Enfin, vers le nord, nous

ÉNÉIDE, LIVRE IX.

Homère, qui nous a montré dès long-temps le fils de Priam dans tout l'éclat de la gloire, se contente en ce moment de quelques traits pour caractériser le héros ; et cependant, combien ce dernier est au-dessus de Turnus, que l'on va nous donner assez imprudemment pour un autre Hector[1] ! L'alarme jetée au camp troyen par l'approche des alliés a plus de vivacité que le message d'Iris pour avertir Priam de l'arrivée des Grecs [2]; là, contre sa coutume, Homère paraît languissant ; Virgile, au contraire, est plein d'un feu, d'une rapidité qui ont passé dans la fidèle et brillante imitation du Tasse[3], mais non dans celle de Milton[4]. Rien de plus animé que l'attitude guerrière de Turnus devant les remparts des Troyens[5]. La compa-

---

crûmes voir de loin une région de feu qui s'étendait d'un bout à l'autre de l'horizon, et formait l'image d'une armée, des lances sans nombre qui remplissaient l'air d'un éclat menaçant, une infinité de casques et de boucliers sur lesquels étaient peints d'insolents emblèmes.»

[1] Virgile, se copiant lui-même, répète, en peignant Turnus au milieu des siens, un vers et demi du septième livre.

[2] *Iliade*, chant II, vers 297.

[3] Chant III, strophe IX.

[4] Chant VI, vers 535.

[5] Voyez Jason devant Colchos; Valérius, chant III, v. 74. Annibal aux portes de Sagonte; Silius, chant I, vers 296.

raison de ce prince avec un loup dévorant qui rôde autour d'une bergerie, étincelle de poésie et de vérité; cependant pourquoi mettre les anciens compagnons d'Hector en parallèle avec de faibles agneaux, qui bêlent en sûreté sous les mamelles de leurs mères? N'est-ce pas là une véritable faute dans une circonstance où les Troyens, malgré l'excuse des ordres d'Énée, qui font murmurer leur courage [1], jouent un rôle assez fâcheux pour des guerriers. L'auteur de l'Iliade, moins riche peut-être d'expression, mais encore plus énergique dans la pensée, plus dramatique dans le choix des détails, a employé plusieurs fois des comparaisons semblables à celle du loup furieux de Virgile, et toujours en respectant l'honneur des guerriers de l'un et l'autre parti. Ainsi, dans les onzième [2] et dou-

---

[1] Le texte porte :

Etsi conferre manum pudor iraque monstrat.

A la faiblesse de ces expressions, on dirait que les Troyens n'ont que des scrupules d'honneur et des velléités de courage, et qu'ils se résignent sans effort à la situation imposée par leur chef. On ne sent point ici les bouillons de la colère naturelle à des hommes éprouvés dans les combats, et saisis d'indignation par la seule pensée de paraître trembler devant les bravades d'un insolent ennemi. Homère connaît et peint beaucoup mieux le cœur des guerriers.

[2] Vers 544 et suivants. Ici, à la vérité, Homère compare

zième chants [1], il fait ressembler, Ajax et Sarpedon, à un lion ardent, affamé qui tente, pendant la nuit à plusieurs reprises, l'assaut d'une étable défendue de toutes parts. « En vain les bergers veillent avec leurs chiens fidèles autour des taureaux réunis, en vain les traits nombreux, les torches enflammées volent contre lui dans les airs, le fougueux animal ne peut supporter l'affront de se voir repoussé, sans un dernier effort digne de son courage; il s'élance avec furie et enlève sa proie, ou périt frappé du coup mortel. » J'ai peine à ne pas regarder cet exemple comme une autorité décisive dans la question.

Quand Turnus et son armée ont des torches à

---

encore Ajax à un âne qu'une troupe d'enfants, qui le frappent à coups redoublés, essaie de chasser d'un champ de blé, sans pouvoir l'écarter jusqu'à ce qu'il soit rassasié d'épis. En laissant de côté la question de savoir si l'animal que Buffon défend contre nos injustes dédains, n'était pas plus noble et plus estimé chez les Grecs que chez nous, on peut assurer que le poète, qui a voulu augmenter la force et la vérité de sa peinture, est tombé dans la même faute que Virgile, en assimilant à des enfants armés de faibles rameaux, les Troyens furieux et le terrible Hector devant lesquels recule l'indomptable Ajax.

[1] Vers 298 et suivants. Voyez la même comparaison, toujours marquée au coin du même bon sens et du même respect de la situation et du personnage, chant XVII, vers 657 et suivants.

la main, quand la flamme vole s'attacher aux poupes d'Énée, le poëte, qui devrait courir à l'événement, comme dans une scène pareille du cinquième livre [1], vient nous rapporter un entretien de Cybèle et de Jupiter, au temps où Énée coupait, sur le mont Ida, les arbres destinés à former sa flotte. Rien de plus inattendu, de plus languissant que cet entretien, d'ailleurs peu judicieux. En effet, Cybèle, qui demande pour ses arbres, devenus des vaisseaux, le privilège de résister à la fureur de la mer, avait oublié, malgré sa prévoyance divine, de songer à les préserver de la flamme; et nous voyons brûler en Sicile quatre des bâtiments construits avec le bois sacré [2]. Ensuite, conçoit-on que la déesse sente de si vives alarmes pour des êtres inanimés, et ne dise pas un mot des Troyens, dont le sort devait la toucher bien davantage? J'aime beaucoup mieux, pour le sens et pour l'intérêt, Cérès redemandant, à peu près dans les mêmes termes, sa fille Proserpine à Jupiter [3]. D'un autre côté, Jupiter

---

[1] Vers 659 et suivants.
[2] Chant V, vers 699.
[3] *Métamorphoses*, livre V, vers 514 et suivants. Toutefois, l'exorde de Cybèle :

> Da, nate, petenti,
> Quod tua cara parens domito te poscit Olympo,

refuse, comme contraire à l'ordre éternel des choses, et comme presque impossible à sa puissance, une faveur moins grande et moins extraordinaire que le miracle de la métamorphose qu'il promet de son propre mouvement : étrange contradiction avec ce qu'il vient de dire lui-même à sa mère : « Quoi! vous voulez que des navires fabriqués par une main mortelle obtiennent les droits de l'immortalité! » Ovide, en évitant ces fautes de logique, a mieux connu aussi les besoins de la circonstance : « Déjà, dit-il, les flammes montaient des mâts jusqu'aux voiles, et la fumée s'élevait des bancs des rameurs en épais tourbillons, quand la mère des dieux se rappelle que les vaisseaux d'Énée sont construits avec des pins du mont Ida[1]. » A peine si un moment sépare le souvenir de la déesse et le secours qu'elle porte à sa flotte chérie. On voit tout ce que la situation gagne à cette rapidité. Quant au prodige en lui-même, il ne

---

a bien plus de noblesse que l'étrange début de la prière de Cérès :

> Proque meo veni supplex tibi, Jupiter, inquit,
> Sanguine, proque tuo.

Et Ovide, toujours prodigue d'antithèses, ne conserve pas, comme Virgile, le naturel et le mouvement des paroles du cœur.

[1] *Métamorphoses*, livre XIV, vers 535 et suivants.

blesse pas plus la raison que beaucoup d'autres croyances populaires de l'antiquité, témoin, entre tant d'autres folies mythologiques, la poutre tutélaire du navire Argo, qui vient réveiller Jason par ces paroles prononcées du ton d'un oracle : « Tu vois le chêne de Dodone, le serviteur familier de Jupiter Chaonien. J'entre avec toi dans l'empire des ondes, mais l'épouse de Saturne n'a pu m'arracher de mes forêts fatidiques que par la promesse du ciel. Le temps presse ; allons, point de retard, et pendant notre course sur les vastes mers, tranquille si tu vois le changeant Éther se couvrir de nuages, dépose dès ce moment toute crainte, plein de confiance en l'Olympe et en moi [1]. » On lit dans l'Odyssée : « Sache que les vaisseaux des Phéaciens peuvent se passer de pilote et de gouvernail ; ils connaissent les desseins des nautonniers ; les routes des villes et de toutes les contrées habitables leur sont familières ; toujours couverts d'un nuage qui les rend invisibles, ils embrassent, d'un vol aussi hardi qu'impétueux, tout l'empire d'Amphitrite. » Sans doute il faut préférer à un conte d'enfant tel que le récit de Virgile, cette allégorie d'Homère qui contient,

---

[1] *Argonautique*, livre I, vers 302 et suivants Ce discours est écrit avec la précision et la clarté d'Horace.

sous une forme ingénieuse, l'éloge d'un peuple navigateur. Quand la fiction cache un sens, ou qu'elle a du moins une utilité, comme dans le passage de Valérius, cité plus haut, ou comme dans la scène d'Iphigénie en Tauride, lorsque la statue de Diane, emportée par Oreste et sa sœur, emprunte la voix de la déesse pour exciter le courage des Grecs, on peut l'excuser et l'admettre ; mais que signifie et à quoi sert celle de Virgile[1] ? Malgré leur merveilleuse métamorphose, les vais-

---

[1] L'Arioste, enchérissant sur les folies de ses devanciers, compose avec des feuilles d'arbres une flotte pour Astolphe, et la fait revenir ensuite à sa forme première. Chant XXXIX, str. xxvi; ch. XLIV, str. xx. Dans le chant XXXVIII, strophe xxxiii, Astolphe, après une fervente prière à son saint instituteur, fait rouler du sommet d'une montagne une grande quantité de cailloux, qui deviennent autant de chevaux tout sellés et tout bridés, que monte aussitôt son infanterie, composée de quatre mille cent deux hommes.

L'Armide du Tasse métamorphose les chevaliers chrétiens en poissons, chant X, strophe LXVI et suivantes. ; cette imitation de la fable de Circé est absurde. En effet, quelle imprévoyance dans Armide de rendre ses prisonniers à leur forme humaine, et de s'exposer à perdre une si noble et si riche proie, au lieu de les garder enfermés dans son lac! C'est violentée par Ulysse, que la Circé d'Homère rétablit dans leur état et leur dignité d'hommes les compagnons de ce prince, dont elle aime la personne et redoute le courage.

seaux d'Énée n'en sont pas moins perdus pour ce prince, qui a un si grand besoin de leur secours[1]. Ne valait-il pas bien mieux éteindre ou détourner l'incendie par un autre prodige? Imitateur toujours judicieux des fables d'une mythologie qu'il ne pouvait bannir de son sujet, Fénelon, au neuvième livre du Télémaque, consacre le privilége réclamé par Cybèle pour ses arbres favoris : « Je vous renverrai, disait Idoménée à Mentor et à Télémaque, avec les meilleurs vaisseaux qui aient jamais été construits dans l'île de Crète; ils sont faits du bois coupé sur le véritable mont Ida, où Jupiter naquit. Ce bois sacré ne saurait périr dans les flots; les vents et les rochers le craignent et le respectent : Neptune même, dans son plus grand courroux, n'oserait soulever ses vagues contre lui. »

Si le prodige adopté par Virgile atteste un examen peu sévère de la raison, du moins est-il décrit avec une éloquence pleine de précision et d'harmonie. Ovide, dans le même sujet, commence

---

[1] Il est vrai que l'un de ces vaisseaux transformés en nymphes vient, au dixième livre, donner à Énée un avis assez important et suivi d'un secours utile.

Au cinquième chant de l'*Énéide*, la prière du fils d'Anchise, plus raisonnable et plus efficace que celle de la mère des dieux, sauve presque toute la flotte troyenne.

par deux beaux traits[1], s'abandonne à un luxe ridicule de détails[2]. Pour le fond, comme pour la forme, on doit de beaucoup préférer la métamorphose d'Ino et de Mélicerte en dieux marins, par Neptune, attendri des larmes d'Aphrodite[3].

---

[1]
>Perque leves domitis invecta leonibus auras,
>Irrita sacrilega jactas incendia dextra
>Turne, ait, eripiam.

La déesse, traînée dans les airs par des lions dociles au joug, s'écrie : En vain tu lances d'une main sacrilége l'incendie contre mes vaisseaux, Turnus, je les sauverai des flammes !

[2] Les poupes recourbées sont des visages riants ; les rames, des jambes et des pieds qui sillonnent les ondes ; les carènes forment l'épine, les antennes, des bras ; les cordages, de longues chevelures.

[3] Les vers qui terminent ce récit sont un modèle de concision, d'énergie :

>Annuit oranti Neptunus ; et abstulit illis
>Quod mortale fuit ; majestatemque verendam
>Imposuit ; nomenque simul faciemque novavit :
>Leucothoëque deum cum matre Palæmona dixit.

D'un signe de sa tête, Neptune accueille la prière ; il ôte aux corps flottants ce qu'ils avaient de mortel, imprime à leurs fronts cette majesté qu'on craint en l'adorant, et, changeant à la fois leurs noms et leur nature, il fait de Mélicerte et d'Ino sa mère, les dieux Palémon et Leucothoé. *Métamorphoses*, livre IV, vers 538 et suivants.

Le début de la harangue de Turnus est bien puisé dans les entrailles du sujet ; mais on y peut désirer de la rapidité comme de l'énergie. Il me semble que l'impétueux Turnus frapperait plus droit et plus fort au cœur de ses soldats par ces simples paroles, que j'emprunte à Virgile lui-même en l'abrégeant : « Pour les Troyens plus d'espoir de fuite : les mers leur sont fermées, la terre est à nous, et cent peuples d'Italie les enferment dans ce camp qui va devenir leur tombeau. »

Examinons la suite. Comment le roi d'Ardée, au lieu d'invoquer ses destins d'une manière vague et obscure, peut-il oublier d'opposer la fière Junon à la molle Vénus? La reine des dieux elle-même lui a mis les armes à la main, la reine des dieux marche avec lui contre les débris d'un peuple objet de sa haine immortelle ; voilà le fond des pensées de Turnus, voilà ce que Virgile n'exprime point avec sa précision et sa poésie accoutumées. La manière incidente dont Turnus parle de Lavinie sans la nommer, ses allusions déguisées à l'enlèvement d'Hélène manquent aussi de l'éloquence vive et rapide des passions. « Une épouse enlevée » par un lâche ravisseur a perdu l'empire du vieux » Priam, une épouse enlevée par un autre Pâris » perdra les restes de la race de Laomédon. » Pourquoi Turnus ne dit-il pas ces choses sans détour et sans voile à son armée. Les soldats n'entendent

pas des traits d'esprit comme ceux-ci, qui donnent
la torture, même aux commentateurs :

> Sed periisse semel satis est ; peccare fuisset
> Ante satis, penitus modo non genus omne perosos
> Femineum.

Les cris belliqueux de Turnus appelant ses Rutules à l'assaut du camp troyen suivent à propos l'argument victorieux de l'orateur sur les murs d'Ilion abîmés dans la flamme sous les yeux même de Neptune, qui les avait bâtis. Aussi je penche à croire que le reste de la harangue fait languir la situation [1]. D'ailleurs, à moins que les événements de la guerre de Troie ne fussent devenus l'entretien familier de l'Italie, les nouvelles allusions de Turnus à des faits et à des personnages de cette guerre forment autant d'énigmes pour ses audi-

---

[1] Le discours d'Aëtès aux Argonautes descendus sur ses rivages, contient, dans toute sa première partie, de très-belles choses qui vont droit au but, et dont quelques-unes figureraient bien dans la harangue de Turnus : « Nés dans un autre univers, ayant vos rivages et votre empire, quelle fureur vous a lancés à travers les ondes vers nos bords ? quel est cet amour que vous avez pour moi ? Phrixus, mon gendre, tu es la première cause de ce malheur ; si tu eusses péri dans les flots comme ta sœur, j'aurais été assez heureux pour ne jamais connaître, même de nom, un seul Grec. Quel est ce prétendu roi Pélias ? Qu'est-ce que la Thessalie ? Qu'est-ce

teurs [1]. Signalons encore une conséquence des dangers de ce génie de l'imitation qui possédait le poète latin. Si les souvenirs retracés par Turnus servent de moyen adroit pour relever les Troyens,

---

que la Grèce? Quelle race d'hommes vois-je devant mes yeux? où sont les roches Cyanées? Quel est cet hôte étranger descendu aux bords de la Scythie? Ainsi donc, ô honte! Jason aura pénétré en Asie avec cinquante exilés! un seul vaisseau, un seul m'aura choisi entre tous les autres princes pour me mépriser au point d'espérer de remporter les dépouilles d'un roi vivant. Un Grec m'ordonne d'élever moi-même un trophée à sa gloire, de lui ouvrir moi-même mes bois sacrés, et ne daignera pas même me vaincre en un combat! Dis-moi, brigand, pourquoi ne te serait-il pas permis d'enlever du temple les offrandes consacrées aux dieux, ou d'arracher nos filles de notre sein? *Argonautique,* chant VII, v. 35 et suiv.

[1] Argant, plus clair, plus concis, plus rapide, et prêt à exécuter ses menaces, crie aux chrétiens, frappés d'épouvante: « Ce n'est point ici Antioche; ce n'est point ici la nuit, si favorable à vos artifices : vous voyez la clarté du jour, un peuple debout, une autre guerre et d'autres combats. Quoi! ne vous reste-t-il rien de votre ardeur pour le butin, aucune étincelle d'amour de la gloire? Pourquoi vous arrêter si tôt? Ce court assaut aurait-il déjà épuisé vos forces? *Jérusalem,* chant XI, strophe LXI.

Dans le neuvième chant, le discours de Soliman à son armée est bien plus propre que celui de Turnus à enflammer des soldats ; il finit surtout d'une manière beaucoup plus véhémente : « Qu'aujourd'hui le règne du Christ tombe, qu'au-

ÉNÉIDE, LIVRE IX.

qu'il s'est efforcé de tant rabaisser, d'un autre côté, ce prince, par la jactance de ses paroles, se met au-dessus d'Agamemnon, de Diomède, de Pyrrhus et d'Achille; cependant l'émule de ces héros, leur vainqueur dans les rêves de son orgueilleuse

---

jourd'hui l'Asie soit libre, et vous illustres à jamais dans l'avenir ! »

Mais, du moins, le ton, l'accent, le mouvement du début de Turnus sont bien d'un orateur passionné, qui popularise les formes de son langage ainsi qu'il convient à un général d'armée. Au contraire, César ressemble à un froid rhéteur, quand il dit à ses soldats qui vont assiéger Marseille :

<pre>
            Gaudete, cohortes :
Obvia præbentur fatorum munere bella.
Ventus ut amittit vires, nisi robora densæ
Occurrant sylvæ, spatio diffusus inani ;
Utque perit magnus nullis obstantibus ignis ;
Sic hostes mihi deesse nocet, damnumque putamus
Armorum, nisi, qui vinci potuere, rebellent.
            Pharsal., lib. III, v. 360 et suiv.
</pre>

« Réjouissez-vous, soldats ; la faveur des destins vous présente des murs à renverser. Comme lorsque d'épaisses forêts ne viennent pas s'opposer à son passage, le vent perd ses forces et se dissipe dans le vague des airs; comme un grand incendie s'éteint s'il ne rencontre pas d'obstacles à sa fureur, ainsi le manque d'ennemis est nuisible à ma cause, et, suivant moi, nos armes éprouvent un dommage lorsque les adversaires que je puis vaincre ne se révoltent pas. »

Brébeuf a senti les fautes de ce passage et les a corrigées dans sa traduction.

pensée, au lieu de saisir le moment de l'enthousiasme, source de tant de prodiges à la guerre, arrête l'essor de l'action, et fait tomber les armes et les flambeaux des mains des Rutules, sous le prétexte que la plus grande partie du jour est écoulée[1]! Pour bien sentir toute la pauvreté d'invention

---

[1] L'Annibal de Silius Italicus, après avoir sommé Sagonte de se rendre, fait suivre ses menaces par des effets. Il donne lui-même le signal du carnage; l'assaut commence, et toute l'armée répond à l'exemple du général, qui a résolu d'emporter une ville si importante. *Seconde Guerre punique*, livre I, vers 296 et suivants.

Dans la *Jérusalem délivrée*, Renaud, témoin de la mort de Suénon, et irrité des insultes d'Argant, malgré la grêle de pierres et de flèches que lui lancent les Infidèles, se dégage de dessous son cheval et vole près des remparts. Il arrive, brûlant de tirer une cruelle vengeance du barbare meurtrier de Dudon. Ayant rejoint ses compagnons : « Qui vous arrête, s'écrie-t-il de toutes ses forces ? Qu'attendez-vous ? Quoi ! le héros, notre guide, est mort, et nous ne volons pas le venger ? Dans un si grave sujet de ressentiment, ces faibles murs peuvent-ils nous arrêter ? Non, fussent-ils défendus d'une double enceinte de fer ou de diamant, ils ne seraient pas impénétrables, et le féroce Argant, plein de sécurité, y chercherait en vain un refuge contre vos puissants efforts; allons à l'assaut! » A ces mots, il devance tous ses compagnons; tranquille sous l'abri de son casque, il ne craint ni la nuée de pierres, ni la grêle de traits qui fondent sur lui. Secouant sa tête altière, Renaud, montre à l'ennemi un front ende ce dénouement, il faut remarquer que les soldats, que nous devions supposer bouillonnants de courage et frémissants de colère, se laissent arracher leur proie sans le plus léger murmure, et ne répondent pas un seul mot à leur général, qui vient de faire, en pure perte, tant de frais d'éloquence ! Homère ne trompe pas ainsi notre attente après l'avoir excitée par de magnifiques promesses.

Les deux armées d'Argos et d'Ilion combattent avec un avantage presque égal ; Jupiter déploie ses balances d'or pour peser les destinées des deux peuples ; le bassin des Grecs descend vers la terre, celui des Troyens s'élève et touche la voûte immense du ciel. Aussitôt Jupiter tonne du haut de l'Ida, et lance sur les Grecs ses foudres enflammés. Dès ce moment, Hector entraîne après lui la victoire ; bientôt l'inconstante déesse change de parti, et les Troyens courraient les plus grands dangers, sans un nouveau secours de la foudre, qui effraie les chevaux de Diomède. La fuite de ce héros rallume toute l'audace du fils de Priam ; il appelle tous ses guerriers à l'incendie de la flotte d'Argos. « Troyens, Lyciens, braves

---

flammé d'une si terrible audace qu'une épouvante extraordinaire glace le cœur des défenseurs de Solime, cachés derrière leurs remparts. Chant III, strophe L et suivantes.

enfants de Dardanus, soyez hommes ; amis, souvenez-vous de votre impétueuse valeur. Je sens que le fils de Saturne veut m'accorder aujourd'hui une gloire immense et la ruine des Grecs. Les insensés! ils se confient à des murailles, faible et méprisable barrière qui ne saurait m'arrêter [1]. Mes coursiers agiles franchiront d'un saut ce fossé profond creusé par la peur. Vous, dès que j'arriverai près de leurs vaisseaux, songez à vous armer de feux dévorants. Je veux embraser la flotte argienne, et exterminer tous ces Grecs surpris au milieu des tourbillons de la fumée [2]. » En ce moment une

---

[1] Si nous opposons à ce passage les traits suivants de l'*Énéide* :

> Quibus hæc medii fiducia valli
> Fossarumque moræ, leti discrimina parva,
> Dant animos ;

non-seulement la simplicité grecque unie à tant de verve et de chaleur me paraît mériter la préférence, mais encore l'élégance et la concision elliptique du texte latin nuisent à la clarté, et, par conséquent, à l'éloquence de la pensée. Homère, se rappelant qu'il parlait à des soldats, aurait dit avec plus de franchise : « Leur confiance est dans un rempart, » seule barrière entre eux et nous; un misérable fossé, qui ne » retarde leur mort que d'un moment, voilà ce qui leur donne du courage! » Il en est quelquefois de Virgile comme de notre Racine : chez lui, l'artifice et même la beauté du travail ôtent du naturel et de la vérité au langage.

[2] *Iliade*, chant VIII, vers 173 et suiv.

ardeur si violente transporte Hector, qu'il parle à ses coursiers eux-mêmes comme aux guerriers dont il vient d'enflammer les cœurs [1].

Le héros vole, entraînant avec lui ses belliqueux compagnons, et déjà, resserrant les Grecs dans un étroit espace, il consumerait leurs vaisseaux. Un conseil de Junon les sauve ; d'accord avec la déesse, Jupiter lui-même, touché de compassion pour Atride, qui l'implore en guerrier, en homme et en roi, écarte l'incendie en ranimant la valeur des Argiens par le plus certain des augures. Le combat recommence avec fureur ; Diomède y reparaît le premier et plus terrible que jamais ; les Grecs triomphent, mais ils reculent de nouveau devant le fils de Priam, qui, les yeux étincelants comme ceux de la Gorgone ou du dieu Mars, le destructeur des hommes, chasse les Argiens vers leur flotte, et les met dans un si grand péril que Junon et Minerve brûlent de les secourir [2]. Les menaces de Jupiter, et l'annonce de nouveaux succès d'Hector pour le lendemain arrêtent les deux divinités.

---

[1] *Iliade*, ibid., vers 184 et suiv. A la vérité cette seconde harangue, plus longue que la première, contient des détails qui la rendent languissante et détruisent l'illusion.

[2] De même, après le discours que nous avons rapporté plus haut (*Voy.* pag. 30.), Argant, suivi de Soliman, fond sur

C'est à la fin de cette journée, ensanglantée par des combats atroces, féconde en catastrophes mutuelles, et couronnée enfin par une victoire éclatante et méritée, qu'Hector, éloignant à dessein son armée du spectacle odieux et décourageant du champ de bataille jonché de cadavres, s'écrie : « Écoutez-moi, Troyens, enfants de Dardanus, et vous, chers alliés ; j'espérais aujourd'hui, après avoir détruit la flotte et l'armée des Grecs, rentrer en vainqueur dans Ilion, mais la nuit est survenue pour les sauver avec leurs vaisseaux. Maintenant, obéissons à la nuit, et préparons le repas du soir... » En même temps il leur prescrit d'entretenir de grands feux jusqu'au lever de l'aurore, et de veiller à ce que les Grecs ne puis-

---

les chrétiens, en immole un grand nombre, brise les casques, les boucliers, abat les béliers, et de ces ruines accumulées semble former une montagne ; un nouveau rempart s'élève à la place du rempart détruit. Les chrétiens, qui, peu auparavant, brûlaient d'aller saisir la palme sur le haut de la muraille, n'aspirent déjà plus à la gloire d'entrer dans Solime ; on dirait que la force leur manque même pour se défendre, ils cèdent au torrent qui les poursuit, et abandonnent leurs machines en proie à la colère d'Argant et de Soliman...... *Jérusalem*, Chant XI, strophe LXIV et suivantes. Nous verrons plus loin la suite de cette scène, et comment le Tasse, exposé à l'inconvénient de se répéter, a su trouver des couleurs différentes pour chacune de ses deux peintures.

ÉNÉIDE, LIVRE IX. 37

sent remonter impunément sur leurs navires, et se dérober à la plus juste vengeance. Après avoir ainsi parlé, le prévoyant général expédie des ordres aux jeunes gens, aux vieillards, aux femmes d'Ilion pendant la veille de l'armée, et promet, pour le lendemain, avec toute l'autorité d'un oracle, la victoire à ses compagnons. Les Troyens répondent par des acclamations aux discours d'Hector; ils s'empressent d'exécuter ses volontés suprêmes. Nous les voyons ensuite, à la fois religieux et guerriers, offrir des hécatombes aux dieux, et rester sous les armes autour des feux qu'ils ont allumés. Les coursiers, les hommes, tous également animés d'une belliqueuse ardeur, attendent avec impatience que l'aurore reparaisse sur son trône de lumière. Là finit le chant huitième; mais Homère, voulant graver plus avant dans nos cœurs l'impression d'une scène si imposante, ne tarde pas à reprendre sa narration en ces termes : « Ainsi veillaient les Troyens ; une sombre terreur, compagne de la fuite glacée, règne dans le camp des Grecs; les plus braves s'abandonnent à une insupportable douleur, et leur âme est tourmentée par le trouble et l'effroi, comme la mer par le souffle des vents conjurés [1]. » Est-il possible de mettre ces

---

[1] Chant IX.

dramatiques peintures en parallèle avec les détails techniques du récit exact, mais sans vie et sans couleur, qui termine la première journée de Turnus par les dispositions militaires de deux armées presque aussi froides l'une que l'autre. Ici, le gros des Rutules, qui devraient ne respirer que la guerre, et, comme les soldats d'Hector ou de Godefroi, accuser la lenteur de la nuit, ne songe qu'à la passer au milieu des coupes ou dans le jeu, et ne laisse pas même échapper une pensée de gloire; là, debout sur leurs remparts et couverts de leurs armes, mais en proie à la terreur, les Troyens préparent leur défense sous les yeux de Séreste et de Mnesthée, régulateurs suprêmes et témoins vigilants de leurs travaux. Je ne sais pourquoi les Troyens commencent toujours par s'effrayer devant le péril. Où donc est leur confiance dans la haute prévoyance de leur chef? l'excellent capitaine, *optimus armis*, n'a-t-il pas répondu des siens, pourvu que leur témérité ne les entraînât point hors des murailles, ou bien aurait-il si mal jugé la force de la position, que son armée ne pût tenir trois jours en l'attendant? Les Grecs d'Homère tremblent, après avoir épuisé les plus terribles chances de la guerre et toutes les ressources du courage : les Troyens cèdent à la peur, avant d'avoir tenté le sort des armes, et lorsqu'ils ne sont encore que menacés. La métamorphose des vaisseaux, opérée sous leurs yeux par la protection manifeste de Cybèle, doit plutôt leur paraître un présage favorable qu'un signe de la colère céleste. Que s'ils interprètent le prodige d'une manière sinistre, pourquoi ne voit-on pas à leur tête des chefs qui sachent, ainsi que Turnus, mettre le ciel du côté de leur cause, et lui promettre audacieusement l'appui des dieux? Quoi! Séreste et Mnesthée ne trouvent pas une parole généreuse pour enflammer, au nom de la patrie et de la gloire, les compagnons d'Hector? Toute cette situation est frappée de mort dans Virgile; elle nous laisse une fâcheuse opinion des lieutenants du fils d'Anchise et de lui-même, puisqu'il a pu confier à de tels hommes le sort d'un empire. Ne serait-on pas tenté de leur appliquer, ainsi qu'à leurs soldats, ces paroles d'Hécube à Priam :

> Non tali auxilio nec defensoribus istis
> Tempus eget [1].

Le dixième chant d'Homère, si habilement lié avec les profonds souvenirs du huitième, par le début et la fin du suivant, consacré presque tout entier à l'ambassade d'Ulysse, d'Ajax et du vieux Phénix auprès de l'inexorable Achille, dont les refus sont un arrêt de mort pour l'armée des

---

[1] *Énéide,* livre II. « Ce n'est pas un tel secours et de pareils défenseurs que le moment demande. »

Grecs, nous montre le désespoir d'Agamemnon. Il veille seul dans sa tente, où il compare, en frémissant, le tumulte, la confiance, la joie belliqueuse des Troyens, avec le morne silence, l'abattement et les périls de son armée enfermée dans un cercle de feu par le redoutable Hector! Que faire pour la sauver? Tourmenté des plus dévorantes perplexités, Atride, après avoir envoyé Ménélas réveiller les autres rois [1], court chercher auprès

---

[1] La scène entre les deux frères offre ces détails de nature qu'Homère jette si heureusement au milieu des plus fortes situations de son drame. Ménélas, poursuivi pendant son sommeil par le spectacle des maux que les Argiens souffraient pour sa cause, s'est rendu dans la tente d'Agamemnon ; il le trouve déjà sous les armes, et, en l'interrogeant avec inquiétude, il trahit ses secrètes alarmes sur une mission que la peur lui révèle, et dont il pourrait être chargé. Agamemnon, qui devine son frère, le ménage, en ne répondant pas à l'objet de la question. Ce même Agamemnon, qui tout à l'heure s'arrachait les cheveux, cache son désespoir au trop faible Ménélas. Nous avons vu éclater le roi des rois dans sa querelle avec Achille ; nous avons entendu au milieu de ses triomphes ce favori de Jupiter ; reconnaîtrons-nous le superbe monarque dans le prince qui donne à Ménélas ces sages avis ? « Partout sur ton passage commande qu'on veille » avec soin ; appelle avec honneur chaque guerrier, par les » noms de son père et de sa race ; dépose tout orgueil ; et, » nous-mêmes, travaillons avec zèle, puisque Jupiter, à no-

ÉNÉIDE, LIVRE IX. 41

de Nestor les conseils de la sagesse, et voici les paroles qui sortent de son cœur : « Nestor, fils de Nélée, la gloire des Grecs, reconnais cet Atride que Jupiter accable de plus de douleurs qu'aucun autre mortel, sans doute pour tout le temps que le souffle de la vie animera mon sein et que mes genoux pourront se mouvoir. Tu me vois errant ; ces yeux ne peuvent recevoir ni retenir le doux sommeil, sans cesse éloigné de mes paupières par la pensée de la guerre et du désastre des Grecs. Je sens de mortelles frayeurs pour les enfants de Danaüs ; mon âme est chancelante, mon esprit reste frappé de stupeur ; mon cœur palpitant semble vouloir s'échapper de mon sein, et tous mes membres tressaillent au-dedans de moi [1]. » Quelle éloquence dans ce désor-

---

» tre naissance, nous imposa de si cruelles nécessités. » Voilà bien l'homme débarrassé des fumées de ce breuvage charmé de la prospérité qui offusque la raison, et la jette dans une ivresse poussée jusqu'au délire.

[1] Toute la première partie du discours d'Agamemnon, en nous rappelant ces vers de Racine :

> Oui, c'est Agamemnon, c'est ton roi qui t'éveille ;
> Viens, reconnais la voix qui frappe ton oreille.

et la suite de la première scène d'*Iphigénie en Aulide*, nous fait sentir qu'il y manque quelque chose à l'expression des angoisses paternelles du chef des Atrides. A la vérité la nature est combattue par l'ambition dans l'intérieur d'Adre de la douleur d'un roi à qui les malheurs des siens donnent des entrailles, et inspirent les sentiments d'un véritable pasteur des peuples ! On croit entendre les tribulations du cœur de David devant le seigneur : « Je me suis fatigué à gémir ; chaque nuit je lave ma couche de mes pleurs, mes tapis sont arrosés de mes larmes, mon œil est égaré d'indignation contre moi-même [1]. » On lit ailleurs : «J'ai été affligé sans mesure ; je suis tombé dans la dernière humiliation, et mes cris sortaient du fond de ma poitrine, comme des rugissements. Une tempête bouleverse mon cœur, toute ma force m'abandonne, la lumière même de mes yeux n'est plus avec moi [2]. » Après ces exclamations du désespoir, David, résigné, revient à la prière ; mais il tremble encore en invoquant le

---

gamemnon, et le roi y occupe presque autant de place que le père. Racine l'a voulu ainsi comme observateur et peintre du cœur humain gouverné par une passion souveraine ; mais, en général, Euripide, lorsqu'il ne se jette pas dans la déclamation, est un interprète plus fidèle et plus éloquent de toutes les douleurs.

[1] Psaume VI.
[2] Psaume XXXVII.

On se rappelle encore ici les déchirements du cœur de Fénelon, consterné de la mort du duc de Bourgogne, et profondément alarmé sur l'avenir de la France.

secours du Très-Haut. Dans Homère, l'excès de la plus grande des douleurs n'empêche point Atride de veiller sur les Grecs, et de parcourir le camp avec Nestor pour entraîner tous les rois au conseil où l'on va délibérer sur le sort de la patrie. Je supprime ici à regret plusieurs scènes pleines de naturel, de naïveté, de grandeur héroïque et simple qui représentent avec tant de vérité la vie humaine; je supprime également le tableau si pittoresque de l'avant-garde, où chacun veille comme si de lui seul dépendait le salut de tous, et, sans cesse tourné vers la plaine, pour écouter les pas des Troyens, reçoit les félicitations du sage Nestor, heureux de trouver les enfants des Grecs si dignes de leurs pères.

Dans l'auguste assemblée de tant de rois qui n'ont pas leur renommée à faire comme les généraux d'Énée, inconnus de la gloire, Nestor propose aux plus braves de pénétrer dans le camp d'Hector pour explorer les projets de l'armée victorieuse qui environne les Grecs de toutes parts; mission honorable, parce qu'elle est hérissée de périls, et que son succès peut réparer les affaires de la Grèce. Les rois gardent un profond silence : Diomède accepte, et demande un second, dont le secours nécessaire accroîtra son audace; tous, cette fois, s'offrent pour accompagner Diomède. Autorisé par la permission d'Agamemnon, qui décline, avec une adresse assez naïve, pour son frère, le blond Ménélas, et peut-être pour lui-même, les honneurs d'une adoption dangereuse, le fils de Tydée choisit Ulysse, le favori de Minerve. On arme les deux guerriers ; ils partent. Un présage favorable avertit Ulysse d'invoquer la déesse ; Diomède l'imite. Dès qu'ils ont imploré la fille du grand Jupiter, ces guerriers, semblables à deux lions, s'avancent au sein de la nuit ténébreuse, à travers le carnage, les cadavres, les larmes et le sang.

La même scène avait lieu d'une autre manière dans le camp d'Hector, où le présomptueux Dolon promettait plus que Diomède, et réclamait d'avance le char et les coursiers d'Achille pour récompense de ses succès. Déjà le téméraire s'élance, et bientôt, pareil au voyageur qui a pressé sans le savoir un terrible serpent, il s'arrête, éperdu de crainte devant les deux héros. Le malheureux, abusé par son méprisable cœur, croyait entendre des Troyens qui venaient le rappeler par l'ordre d'Hector, et le voilà sous deux glaives levés pour le punir ! On connaît ses terreurs, ses lâches aveux, ses révélations sans frein, ses déshonorantes prières pour conserver la vie, enfin sa mort, juste salaire d'une affreuse trahison. Tout cela fait illusion au lecteur, il croit voir et entendre des personnages vivants et passionnés. Toujours peintre, Homère a représenté avec une nouvelle énergie l'entrée d'Ulysse et de Diomède dans la tente de Rhésus sous les auspices de Minerve, la première fureur du carnage, et le retour triomphant des deux héros avec les chevaux du roi de Thrace, qui sont l'une des douze fatalités d'Ilion. Telle est la source du célèbre épisode que nous allons lire dans Virgile.

« A l'une des portes du camp veillait l'intrépide
» Nisus, fils d'Hyrtacus; habile à lancer le javelot
» et les flèches rapides, il avait abandonné l'Ida,
» chéri des chasseurs, pour suivre la fortune du
» fils d'Anchise. Près de lui est son cher Eu-
» ryale; aucun des guerriers troyens ne l'égalait en
» beauté et ne brillait comme lui sous les armes.
» Enfant encore, à peine commence à poindre sur
» ses joues virginales le duvet de l'adolescence. Eu-
» ryale et Nisus n'avaient qu'une âme; ensemble
» ils volaient au combat, et dans ce moment même
» ils gardaient ensemble la même porte. Tout à
» coup Nisus s'écrie : « Est-ce un dieu qui met cette
» ardeur dans mon sein, cher Euryale? ou chacun
» se fait-il un dieu du désir qui l'enflamme? Je ne
» sais quelle soif des combats, ou quel besoin de
» tenter une grande entreprise, agite depuis long-
» temps mon âme qui ne peut plus supporter ce tran-
» quille repos. Tu vois la folle sécurité des Rutules;
» leurs feux rares ne brillent plus que par interval-
» les; ensevelis dans le sommeil et le vin, tu les vois

»étendus sur la terre; autour de nous règne un
»vaste silence; écoute donc ce que je médite et
»quelle pensée s'élève dans mon esprit. Le peuple,
»les chefs, les soldats, tous redemandent Énée;
»tous veulent qu'on lui députe des messagers fi-
»dèles qui puissent en rapporter des nouvelles cer-
»taines. Que l'on te promette ce que je demande
»pour prix de mon courage et je pars; pour moi
»l'honneur me suffit. Je trouverai, j'espère, au pied
»de cette colline, un chemin qui me conduira aux
»murs de Pallantée.

»Dévoré tout à coup de l'amour de la gloire,
»Euryale reste un moment frappé de stupeur,
»et bientôt il adresse ces paroles à son bouil-
»lant ami: « Quoi, Nisus, tu refuses de m'associer à
»tes nobles projets? moi, je te laisserai donc mar-
»cher seul vers de si grands périls? Ce n'est pas
»ainsi que mon père, le valeureux Opheltès, au
»milieu des menaces de la Grèce et des travaux
»d'Ilion, instruisit mon enfance; ce n'est pas
»ainsi que je me suis conduit avec toi depuis que
»j'ai suivi le magnanime Énée et partagé ses der-
»niers destins. Là, oui, là, palpite un cœur qui
»méprise la mort, et qui ne croirait pas trop payer
»de la vie l'immortel honneur où tu cours. — Ja-
»mais, répond Nisus, je n'ai douté de ton courage;
»non, je ne le pouvais pas; ainsi veuille le grand Ju-
»piter, veuillent tous les dieux, favorables à mon

» projet, me ramener triomphant dans tes bras.
» Mais tu vois les nombreux dangers d'une telle
» entreprise ; si quelque fatal accident, quelque
» dieu contraire m'entraînait à ma perte, je veux
» du moins que tu me survives : ton âge est plus
» digne de la vie que le mien. Qu'il me reste un
» ami qui, après m'avoir reconquis les armes à la
» main, ou racheté à prix d'or, me confie à la terre,
» notre dernier asile à tous ; si la fortune nous
» refuse cette faveur, du moins que cet ami offre les
» sacrifices funèbres aux mânes d'un absent et m'ac-
» corde les honneurs du tombeau. Me préserve le
» ciel d'être la cause d'un éternel chagrin pour ta
» mère infortunée, elle qui, seule de tant de mères,
» osant te suivre partout, a dédaigné pour toi les
» murs du magnanime Aceste.» Euryale aussitôt :
«Tu me forges en vain de frivoles et captieux prétex-
» tes, ma résolution ne sortira pas de mon cœur ; hâ-
» tons-nous.» A l'instant il réveille les gardes : deux
» nouveaux guerriers leur succèdent et prennent
» leur place. Alors Euryale s'éloigne avec Nisus, et
» tous deux se dirigent vers la tente royale.

» Tandis que tout ce qui respire sur la terre se
» reposait de ses travaux et oubliait ses ennuis
» dans le sein du sommeil, les chefs des Troyens
» et l'élite de la jeunesse tenaient conseil sur les
» grands intérêts de l'État. Que faire ? qui devait-on
» députer vers Énée ? Appuyés sur leurs longues

»javelines, et leurs boucliers à la main, ils délibè-
»rent debout au milieu du camp. Nisus et Euryale
»se présentent tout à coup bouillants d'ardeur et de-
»mandent à être entendus sur-le-champ ; l'affaire,
»disent-ils, est importante et ne souffre pas de retard.
»Ascagne les accueille aussitôt tout frémissants d'im-
»patience, et ordonne à Nisus de parler. «Nobles com-
»pagnons d'Énée, dit le fils d'Hyrtacus, daignez m'é-
»couter avec bienveillance, et ne jugez point de nos
»propositions par notre âge. Les Rutules, ensevelis
»dans le vin et le sommeil gardent un profond si-
»lence. Du côté de la porte qui avoisine la mer, à l'en-
»droit où la route se partage, nous avons découvert
»un lieu propre à les surpendre. Leurs feux s'étei-
»gnent par degrés, et une noire fumée monte dans
»les airs. Si vous nous permettez d'user de la fortune,
»nous irons chercher Énée au murs de Pallantée, et
»bientôt vous nous verrez revenir avec lui, fiers d'un
»affreux carnage et chargés de riches dépouilles.
»Nous n'avons pas à craindre que le chemin nous
»égare ; souvent, en chassant dans ces sombres
»vallées, nous avons aperçu les abords de la ville,
»et reconnu le cours du fleuve tout entier.» Alors
»Aléthès, dont l'âge a courbé le corps et mûri la
»sagesse, s'écrie : «Dieux de ma patrie, dont la
»providence veille encore sur Troie, non, vous
»n'avez pas résolu la ruine totale des enfants de
»Teucer, puisque vous suscitez dans de jeunes

»guerriers, tant de prudence et d'intrépidité.» En
» parlant ainsi, le vieillard les pressait dans ses bras
» et baignait leurs visages de ses larmes. «Quel prix,
» ô couple magnanime, quel prix pourrait payer
» dignement de si hardis projets? votre plus noble
» récompense, vous la recevrez d'abord des dieux
» et de vos vertus. Énée bientôt vous comblera de
» ses bienfaits, et le jeune Ascagne n'oubliera ja-
» mais un si généreux dévouement. — Et moi,
» reprend Ascagne, moi qui ne vois de salut que
» dans le retour de mon père, j'en jure, ô Nisus,
» par nos divins Pénates, par les Lares d'Assaracus,
» et par les autels de l'antique Vesta, toute ma
» fortune, toutes mes espérances, je les dépose en
» vos mains. Ramenez-moi mon père, rendez-moi
» sa présence, plus de malheurs avec son retour. Je
» vous donnerai deux coupes d'argent ornées de
» figures en relief et d'un travail achevé; mon père
» s'en empara après la prise d'Arisba. J'y joindrai
» deux trépieds, deux grands talens d'or, et un cra-
» tère antique que Didon m'a donné. Enfin, si la
» victoire nous soumet l'Italie et le sceptre de ses
» rois, si le sort nous partage les dépouilles des
» vaincus, vous avez vu quel magnifique coursier
» monte Turnus, les armes étincelantes d'or dont
» il est revêtu; eh bien, ce même coursier, le bou-
» clier de Turnus, son aigrette éclatante, le sort
» n'en disposera point, et dès à présent, ô Nisus,

» ils sont ta récompense. A ces dons mon père ajou-
» tera douze captives choisies, le même nombre de
» captifs avec leurs armes, et, en outre, tout le do-
» maine du roi Latinus. Et toi dont l'âge se rap-
» proche davantage du mien, jeune homme si digne
» de respect, dès ce moment tu remplis mon cœur
» tout entier, et je t'adopte à jamais pour le com-
» pagnon de mes travaux. Sans toi l'on ne me verra
» plus voler à la gloire; dans la guerre, dans la
» paix, au combat ou dans le conseil, tu seras le
» confident de mes actions et de mes pensées. » Eu-
» ryale lui répond : « Que la fortune me soit pro-
» pice ou funeste, aucun instant de ma vie ne dé-
» mentira ce noble début. Mais il est une faveur
» que je place au-dessus de tous ces présents. J'ai
» une mère de la race antique de Priam, une mère
» infortunée que les rivages d'Ilion et la ville d'A-
» ceste n'ont pu empêcher de me suivre. Je la quitte
» sans l'instruire des périls où je cours, sans lui
» donner le baiser d'adieu : J'en atteste la nuit et
» votre main sacrée, je ne pourrais soutenir les
» pleurs de ma mère. Mais vous, de grâce, consolez
» sa détresse, secourez son abandon. Que j'em-
» porte de vous ce doux espoir, je marcherai avec
» plus d'audace, au milieu de tous les dangers. » Les
» Troyens, attendris, laissent couler leurs larmes;
» le bel Iule surtout, dont cette image touchante
» de la piété filiale a serré le cœur, ne peut retenir

ÉNÉIDE, LIVRE IX.

» les siennes. Bientôt il s'écrie : « Je te promets
» tout ce que mérite cette illustre entreprise. Ta
» mère sera la mienne, il ne lui manquera que le
» seul nom de Créüse. Quelle que soit l'issue de vos
» projets, avoir mis au monde un tel fils ne sera
» pas un faible droit à ma reconnaissance. J'en jure
» par cette tête par qui jurait mon père ; tout ce
» que ma promesse assure à ton retour et à tes
» heureux succès, deviendra aussi le partage de ta
» mère et de tous ceux de ta famille. »

» Ainsi parle Ascagne, les yeux en pleurs ; puis il
» détache et donne à Euryale son épée, brillante
» d'or, que le Crétois Lycaon avait fabriquée avec
» un art admirable, et que renfermait un fourreau
» d'ivoire. Nisus reçoit de Mnesthée la dépouille
» hérissée d'un lion, et le fidèle Aléthès échange
» son casque avec le jeune héros! Ils partent aussi-
» tôt, revêtus de leurs armes ; tous les chefs, jeunes
» hommes et vieillards, les accompagnent de leurs
» vœux jusqu'aux portes du camp. Cependant le
» bel Iule, en qui la force de l'esprit et la mâle pru-
» dence ont devancé les années, les chargeait pour
» son père de mille avis différents ; hélas ! le vent
» emporte tous ces discours et les disperse dans les
» airs.

» Ils sortent, franchissent les fossés, et gagnent,
» à la faveur des ombres de la nuit, ce camp qui
» doit leur être funeste, mais où, avant leur perte,

»leur glaive donnera la mort à beaucoup d'en-
» nemis. De tous côtés ils voient des Rutules
» étendus sur l'herbe, plongés dans le vin et le
» sommeil; ici, les chars sont dressés sur le ri-
» vage; là, des hommes dorment au milieu des
» roues et des harnais; plus loin, des armes disper-
» sées, des coupes confusément éparses jonchent
» la terre. Nisus alors : « Euryale, il faut oser et frap-
» per ; l'occasion nous appelle. Voici notre chemin :
» toi, de peur que quelque ennemi ne nous sur-
» prenne par derrière, veille et porte partout des
» regards attentifs. Je vais te faire une vaste place
» et t'ouvrir un large passage. »

» Il dit, et se tait. Soudain, le glaive à la main
» il fond sur le fier Rhamnès, que supportaient
» des tapis somptueux, et dont l'haleine s'échap-
» pait à grand bruit de sa poitrine gonflée par le
» sommeil. Pontife et roi, sa science augurale le
» rendait cher à Turnus; mais son art ne put le
» sauver de la mort. Nisus immole alors trois ser-
» viteurs couchés non loin de là au milieu de leurs
» armes, puis il frappe l'écuyer de Rémus et tran-
» che la tête du conducteur de son char, qui dor-
» mait le front penché sur ses chevaux. Il abat
» ensuite celle de leur maître, et laisse son tronc
» vomir à grand flots un sang livide qui rougit la
» terre fumante et le lit du guerrier. Il n'épargne
» ni Lamyre, ni Lamus, ni le jeune Serranus, dont

« on vantait la beauté : Serranus avait passé la plus
» grande partie de la nuit à jouer, mais vaincu par
» la toute-puissance d'un dieu, il se livrait au som-
» meil. Heureux s'il eût pu donner au jeu toute
» la nuit, et attendre debout le retour de la lumière.
» Tel, portant l'épouvante dans une bergerie nom-
» breuse, un lion à jeûn et qu'irrite une faim cruelle,
» dévore, déchire de timides agneaux, muets de
» terreur ; et de sa gueule ensanglantée sortent
» d'affreux rugissemens.

» Euryale ne fait pas un moindre carnage. En-
» flammé par l'exemple, il s'abandonne à sa fureur ;
» une foule de soldats inconnus, Fadus, Hébésus,
» Rhœtus, Abaris, passent, sous ses coups, du som-
» meil à la mort. Rhœtus veillait encore et voyait
» tout ; mais tremblant de crainte, il se tenait ca-
» ché derrière un grand cratère ; au moment où il
» se relève, Euryale lui plonge son épée tout en-
» tière dans le sein et l'en arrache avec la vie. Rhœ-
» tus vomit, en exhalant son âme, des flots de
» sang et de vin. Euryale, de plus en plus échauffé,
» poursuit ses nocturnes exploits. Déjà même il
» s'avançait vers le quartier de Messape, où les
» derniers feux achevaient de s'éteindre, où les
» coursiers paissaient l'herbe, attachés suivant l'u-
» sage, quand Nisus, qui voit son ami emporté trop
» loin par l'ardeur du carnage : « Arrêtons-nous,
» dit-il, la dangereuse aurore va paraître. C'est assez

» de victimes immolées à la vengeance, la route est
» frayée à travers les rangs ennemis. » Ils dédaignent
» d'enlever des armes d'argent pur et d'un travail
» exquis éparses de tous côtés, des vases super-
» bes, et de riches tapis. Cependant Euryale a vu
» le collier de Rhamnès et son baudrier parsemé
» de globes d'or; l'opulent Cœdicus les avait jadis
» envoyés en présent à Rémulus de Tibur, lorsque,
» malgré l'absence, il voulut s'unir à lui par les
» liens de l'hospitalité. Rémulus, en mourant, légua
» ces gages précieux à son petit-fils : après la
» mort de ce prince, les Rutules, vainqueurs, s'em-
» parèrent de ses dépouilles. Euryale s'en saisit, et
» les attache inutilement, hélas! à ses robustes épau-
» les. Il couvre enfin son front du casque de Mes-
» sape, où flottait un brillant panache. Tous deux
» sortent du camp et gagnent des lieux plus sûrs.

» Cependant des cavaliers, au nombre de trois
» cents, tous armés de vastes boucliers, et envoyés
» de Laurente en avant-garde, sous la conduite de
» Volscens, s'avançaient vers Turnus, auquel ils
» portaient un royal message, tandis que le reste
» de l'armée déployait ses rangs dans la plaine.
» Déjà ils approchaient du camp, déjà ils en tou-
» chaient l'enceinte, quand ils aperçoivent de loin
» les deux Troyens qui se glissaient vers la gauche
» par un sentier obscur. Frappé par un rayon du
» jour qui commençait à lutter avec les ombres de

» la nuit, le casque d'Euryale brilla tout à coup
» d'un éclat fatal et trahit le jeune imprudent. «Mes
» yeux ne m'ont point trompé, s'écrie Volscens,
» du milieu des siens ; guerriers, arrêtez ; que cher-
» chez-vous ? qui êtes-vous ? ou portez-vous vos pas?»
» Eux, de garder le silence, de précipiter leur fuite
» vers la forêt voisine, et de se confier aux ténèbres.
» Aussitôt les cavaliers se partagent, se postent
» à tous les détours connus, et investissent toutes
» les issues. Hérissée au loin de buissons et d'yeu-
» ses sombres, cette vaste forêt était encore embar-
» rassée partout de ronces épineuses : à peine quel-
» ques sentiers étroits en traversaient les obscurs
» défilés. Le poids du butin, la sombre épaisseur
» des rameaux ralentissent la marche d'Euryale ;
» bientôt la peur égare ses pas. Nisus passe ; déjà
» l'imprudent ami, loin de la portée des Rutules,
» avait gagné ces bois que le voisinage de la ville
» d'Albe fit nommer, dans la suite, du nom d'Al-
» bains, et où paissaient alors les riches troupeaux du
» roi Latinus. Dès qu'il s'arrête, et que, regardant
» derrière lui, il cherche en vain de tous côtés son
» ami absent : «Euryale, s'écrie-t-il, malheureux,
» en quel lieu t'ai-je laissé ? où te chercher?» Aussitôt
» il revient sur ses pas, s'engage de nouveau dans les
» détours tortueux de la forêt perfide, suit avec at-
» tention la trace de son premier passage, et, plein
» d'inquiétude, erre au milieu des taillis silencieux.

»Tout à coup il entend des chevaux, il entend le
» son des trompettes et le bruit des soldats qui s'a-
» vancent. Soudain un cri frappe son oreille ; dieux !
» voilà son Euryale qui, trahi par la nuit et par les
» lieux, troublé par une attaque imprévue, se dé-
» bat sans succès au milieu de cette troupe qui l'en-
» veloppe et l'entraîne impitoyablement. Que faire?
» avec quelles armes, par quel coup hardi arra-
» cher de leurs mains son jeune compagnon ? s'é-
» lancera-t-il, désespéré, au milieu des glaives?
» doit-il courir à travers mille blessures au-devant
» d'un glorieux trépas? aussi prompt que l'éclair,
» il prend un javelot, ramène son bras en arrière,
» et levant les yeux vers la déesse de la Nuit, il l'im-
» plore en ces termes : « Puissante fille de Latone,
» ô toi, Diane, honneur des astres, gardienne des
» forêts, viens me secourir de ta présence en ce
» péril extrême. Si jamais Hyrtacus, mon père,
» chargea pour moi tes autels de riches offrandes,
» si moi-même, ajoutant à ces dons, je suspendis
» aux dômes, aux portiques sacrés de tes temples,
» les tributs de ma chasse, permets que je sème
» l'effroi dans cette foule ennemie, et dirige mes
» traits dans les airs. »

« Il dit, et de toute la force de son bras lance
» aux Rutules le fer meurtrier. Le dard vole, fend
» les ombres de la nuit, s'enfonce dans le dos de
» Sulmon, s'y brise, et le tronçon lui perce le

ÉNÉIDE, LIVRE IX.

» cœur. Le guerrier tombe, il vomit des torrents
» de sang; un froid mortel le glace, et de longs
» sanglots font palpiter ses flancs. Ses compagnons
» regardent de tous côtés; mais, redoublant de
» hardiesse, déjà Nisus, le bras levé, balançait un
» second javelot. Tandis qu'on s'agite, le trait court
» traverser en sifflant les deux tempes de Tagus,
» et s'arrête sanglant dans son cerveau. Volscens
» écume de rage, il n'aperçoit pas la main d'où les
» coups sont partis, il ne sait de quel côté se pré-
» cipiter dans sa fureur. « Eh bien ! dit-il, ton
» sang en attendant va payer ces deux morts. » En
» même temps, l'épée nue, il fond sur Euryale.
» Alors épouvanté, hors de lui-même, Nisus jette
» un cri; il ne peut se cacher plus long-temps, ni
» supporter le plus grand des malheurs. « Moi !
» moi ! c'est moi qui ai tout fait ! tournez ce fer con-
» tre moi seul, ô Rutules ! Tout ce crime est le
» mien; cet enfant n'a osé ni pu le commettre, j'en
» atteste le ciel et ces astres, témoins de son in-
» nocence; seulement il aima trop un malheu-
» reux ami. » Ainsi parlait Nisus; mais déjà le
» fer, poussé avec violence a traversé le flanc
» d'Euryale et ouvert sa poitrine d'albâtre. Il
» roule expirant, le sang coule sur son beau
» corps, et sa tête défaillante retombe sur ses
» épaules. Telle une fleur brillante qu'en passant
» le soc a blessée, languit et meurt; ou tels,

»sur leur tige fatiguée, les pavots penchent leur
»tête appesantie par l'orage.

»Nisus se précipite au milieu de l'escadron;
»Volscens est le seul entre tous qu'il demande, il
»ne s'attache qu'au seul Volscens. De toutes parts
»les Rutules se pressent autour de lui pour l'écar-
»ter; rien ne l'arrête, il fait tournoyer sa fou-
»droyante épée, et tout à coup, tandis que Vols-
»cens pousse un cri, il plonge le fer dans sa bou-
»che entr'ouverte, et arrache en mourant la vie à
»son ennemi. Alors, percé de coups, Nisus se jette
»sur le corps inanimé de son ami, et s'endort en
»fin du paisible sommeil de la mort.

»Couple heureux! si mes vers ont quelque
»pouvoir, jamais le temps n'effacera vos noms de
»la mémoire des siècles, tant que le sang d'Énée
»régnera sur la roche éternelle du Capitole, et que
»Rome sera la maîtresse du monde.

»Les Rutules, victorieux, et chargés de butin,
»versaient des larmes en rapportant au camp les
»restes inanimés de Volscens. Là, le deuil n'est
»pas moins grand à la vue de Rhamnès égorgé,
»de tous les chefs enveloppés dans le même mas-
»sacre, Serranus, Numa et tant d'autres! On ac-
»court en foule pour contempler et ces cadavres et
»ces corps que la vie n'a pas tout-à-fait abandon-
»nés, et la terre fumante encore d'un récent car-
»nage, et les longs ruisseaux de sang qui sillon-

» nent la plaine. On reconnaît parmi les dépouilles
» le casque brillant de Messape et le riche collier
» reconquis au prix de tant de sueurs.

» Déjà la vigilante Aurore avait quitté la couche
» vermeille de Tithon, et répandait sur le monde
» sa clarté renaissante ; déjà brillait le soleil à
» l'horizon, et la lumière avait rendu aux objets
» leur forme et leur couleur. Turnus, revêtu lui-
» même de ses armes, excite les guerriers à s'ar-
» mer. Chacun des chefs prépare au combat ses
» bataillons d'airain, et par ses discours répétés de
» rang en rang, aiguillonne la fureur du soldat :
» bien plus, ô spectacle affreux ! sur deux piques
» sanglantes, on dresse les têtes d'Euryale et de
» Nisus, et l'armée poursuit de ses injurieuses cla-
» meurs cet odieux trophée. Les Troyens, infatiga-
» bles, déploient leurs forces à la gauche du camp ;
» la droite est défendue par le fleuve. Les uns sont
» commis à la garde de leurs larges fossés; d'autres,
» debout, au sommet des tours, restent tristes et
» silencieux, et, pour surcroît de douleur, les
» malheureux ne peuvent éloigner de leurs yeux
» ces deux têtes trop connues, hélas! et dégouttan-
» tes d'un sang noir et livide.

» Cependant la Renommée, dans son vol agile,
» traverse la ville alarmée, et vient frapper les
» oreilles de la mère d'Euryale. Soudain, la cha-
» leur de la vie abandonne l'infortunée, les fu-

» seaux tombent de ses mains, le lin qui lui
» échappe se déroule à ses pieds. Elle se lève
» éperdue, et poussant des cris lamentables, s'ar-
» rachant les cheveux, s'élance hors d'elle-même
» sur les murailles, aux premiers rangs : elle ne
» songe ni aux guerriers, ni aux dangers, ni aux
» traits qui la menacent, et remplit le ciel de ses
» tristes plaintes : « Est-ce bien toi que je revois, ô
» mon Euryale? toi, qui devais être l'appui de ma
» vieillesse, as-tu bien pu me laisser seule? cruel!
» Quoi! tu courais à de si grands périls, et tu
» n'as pas voulu recevoir les derniers adieux de
» ta malheureuse mère! Hélas! immolé sur une
» terre inconnue, privé de sépulture, tu serviras de
» proie aux vautours et aux chiens de ces barbares.
» Moi, ta mère, ô mon cher enfant, je n'ai point
» suivi tes funérailles, je n'ai point fermé tes yeux
» ni lavé tes blessures! Je n'ai point couvert ton
» corps de ces tissus, que la nuit, le jour, je me hâ-
» tais d'achever, et dont le travail consolait mes
» vieux ans! où te chercher? ton corps, tes mem-
» bres déchirés, ces lambeaux de funérailles, quelle
» terre maintenant les possède? Voilà donc, mon
» fils, ce que tu me rapportes de toi? c'est là ce
» que j'ai suivi sur la terre et les mers? Ah! par un
» reste de pitié, percez mon sein, épuisez sur moi
» tous vos traits, ô Rutules! que je sois votre pre-
» mière victime! Ou toi, puissant maître des dieux,

» sois sensible à ma misère ; que ta foudre plonge
» au Tartare cette tête dévouée au malheur, puisque
» je ne puis autrement terminer ma déplorable vie. »

» Ces cris ont ému tous les cœurs ; dans tous
» les rangs circule un triste gémissement, et les
» courages, abattus, sont de glace pour les combats:
» la présence de cette mère éplorée enflammait la
» douleur des soldats ; alors, par l'ordre d'Ilionée et
» d'Iule, qui fondait en larmes, Actor et Idée la
» soulèvent dans leurs bras et l'emportent sous son
» toit solitaire. »

Nous connaissons les deux héros de l'épisode par les jeux funèbres du cinquième livre, mais ils y ont jeté peu d'éclat. Nisus, jusqu'alors ignoré, s'est borné à une fraude qui prépare le triomphe de son ami[1]. Euryale n'a fait que ravir injustement le prix de la course ; aussi, Virgile a-t-il eu besoin de toute la magie du talent pour excuser à nos yeux le jeune amant de la gloire, que protègent la faveur publique, la grâce des larmes généreuses, et la vertu naissante plus aimable encore dans la compagnie de la beauté.

---

[1] Voici des vers de Stace qui conviendraient parfaitement au rôle de Nisus, et qui donneraient plus de relief à son caractère :

Hærebat juveni devinctus amore pudico

Le poète reprend avec amour le portrait de l'enfant chéri; il en fait le plus beau des guerriers qui portent les armes troyennes [1]. La première jeu-

---

> Mænelius Dorceus, cui bella, suumque timorem
> Mater, et audaces pueri mandaverat annos.

« Un chaste amour enchaînait à Parthénopée le ménalien Dorcé. Dorcé ne quittait point son élève; tel avait été l'ordre d'Atalante en confiant aux soins d'un ami, et la naissante audace de l'enfant guerrier, et ses premiers exploits, source de tant de craintes pour une mère. » *Théb.*, chant IX, vers 808.

Le dix-septième livre du *Télémaque* présente ce portrait de deux jeunes guerriers, dont l'un meurt en essayant, comme Lausus, de succéder aux périls de son père : « Le fils d'Ulysse et Iphyclès étaient tous deux beaux, vigoureux, pleins d'adresse et de courage, de la même taille, de la même douceur, du même âge; tous deux chéris de leurs parens; mais Iphyclès était comme une fleur qui s'épanouit dans un champ, et qui doit être coupée par le tranchant de la faux du moissonneur. »

[1] Virgile dit seulement :

> Quo pulchrior alter
> Non fuit Æneadum, trojana neque induit arma.

L'Arioste s'amuse à peindre ainsi la beauté du jeune Médor : « Il avait les joues blanches et vermeilles; il était plein de grâces et dans la nouveauté de son printemps. Parmi les Sarrasins accourus aux périls de cette guerre, aucun ne réunissait plus d'agréments et de beauté. Ses yeux étaient noirs, sa chevelure flottait en boucles d'or : on l'eût pris pour un ange du premier des chœurs célestes. Ch. XVIII, st. CLXVI. »

Dans une tragédie de Werner, la jeune Thérèse, ange d'in-

ÉNÉIDE, LIVRE IX.

nesse va succéder à l'adolescence sur le front d'Euryale [1]. Notre pensée y place encore la pudeur virginale de l'Hippolyte d'Euripide, si rempli de

---

nocence et de pureté, qui apparaît à Théobald, son amant, dit d'elle-même : « Moi, je suis ce que je fus sans cesse : un enfant choisi pour exercer la puissance de la grâce et de l'amour. » *Luther*, acte V, scène II.

N'est-ce pas là le portrait d'Euryale ?

[1] Le texte porte :

> Ora puer prima signans intonsa juventa.

Voilà la langue des images et de la poésie. Ovide n'est presque qu'un prosateur en disant de Narcisse, au troisième livre des *Métamorphoses* :

> .....Poteratque puer juvenisque videri.

« On pouvait le prendre pour un enfant et pour un jeune homme. » Stace mérite mieux d'être comparé à Virgile, dans ce passage de la *Thébaïde*, où Atalante dit à son fils Parthénopée, qui veut voler aux combats avant l'âge :

> Expecta, dum major honos, dum firmius ævum,
> Dum roseis venit umbra genis, vultusque recedunt
> Ore mei.

« Attends un âge plus ferme et plus de dignité dans ta personne; laisse venir une ombre à tes joues de roses; laisse mes traits s'effacer par degrés de ton visage. » Chant IV, vers 335.

On lit dans la tragédie des *Sept au siége de Thèbes*, par Eschyle, ce portrait du jeune Parthenopée : « Ainsi parle le superbe rejeton d'une nymphe des montagnes, cet enfant viril déjà homme. A peine brille sur ses joues le poil nais-

grâce dans sa prière à Diane [1]. L'attachement qui règne dans le cœur d'Euryale, et l'étroite union

sant et serré, le tendre duvet que produit la puberté; mais cruel dans son âme, farouche dans ses regards, il n'a d'une vierge que le nom. » vers 538 et suiv.

Euripide a tracé aussi de Parthenopée un portrait qui mérite d'être cité : « Cet autre, le jeune Parthenopée, est fils de la chasseresse Atalante, et le plus beau des Grecs; l'Arcadie l'a vu naître; amené dès l'enfance sur les bords de l'Inachus, il fut élevé dans Argos, et apprit à se conduire comme il convient à un étranger qui vient adopter un pays. Il ne parut jamais incommode à personne; jamais il ne donna d'ombrage à la cité; il ne se montra jamais querelleur dans ses paroles, défaut qui fait également haïr le citoyen et l'étranger. Appelé aux combats, il défendit Argos comme si elle eût été sa patrie : il triomphait de nos succès, il s'affligeait de nos revers; et, malgré la beauté qui lui attirait les cœurs, il resta chaste et pur. » *Suppliantes*, vers 890.

Ne dirait-on pas qu'il s'agit d'Euryale, dans le passage d'Ovide où Atalante, en se parlant à elle-même, trahit ainsi la secrète agitation de son cœur sur Hippomène, qui court, suivant elle, à une perte certaine pour conquérir le titre de son époux : « Je ne suis point émue de sa beauté; je pourrais l'être, cependant; mais une jeunesse encore si tendre! Ce qui me touche, ce n'est pas sa personne, c'est son âge; c'est ce courage qui brille en lui, c'est cette âme intrépide et incapable d'effroi devant la mort. » *Métam.*, liv. X, vers 614 et suiv.

Tibule a dit, en parlant d'un jeune homme :

Illi virgineus stat pudor ante genas.

[1] Vers 69 et suivants.

qui en est le fruit, rappellent un mot célèbre :
« L'amitié est une âme en deux corps. » La société de périls et de gloire, formée entre lui et
Nisus, les assimile à des Thébains du bataillon
sacré [1]. Mais ces images, renfermées en deux
vers descriptifs, qui ne font que les indiquer, suffisent-elles à la situation? Puisque le poète voulait
ramener Euryale et Nisus devant nos yeux, ne devait-il pas mieux préparer l'attention qu'il avait résolu d'attirer sur eux au moment de leur nouvelle
apparition? Pourquoi ne leur avoir pas fourni d'avance quelques heureuses occasions de révéler leurs
penchants, leur caractère et leur âme? Pourquoi ne
leur avoir pas prêté, par exemple, quelques nobles
actions au milieu de l'insurrection de l'Italie contre les Troyens? Il était facile de relever, au moyen
de quelques détails, l'honorable confiance des chefs
qui avaient remis à deux jeunes gens la garde de

Le neuvième chant de la *Jérusalem délivrée* offre, dans un jeune page de Soliman, un autre Euryale représenté sous des couleurs aussi pures que brillantes. Str. LXXXI.

[1]   His amor unus erat, pariterque in bella ruebant.

Virgile, sans y penser, a caractérisé en un seul vers de la plus grande énergie, ce corps d'élite auquel les Thébains, sous la conduite d'Épaminondas, durent en partie leur supériorité dans la guerre.

la porte de la ville, que nous verrons tout à l'heure défendue par deux géants! Dans Stace, le jeune Parthénopée se présente d'abord d'une manière plus brillante, et revient avec plus d'éclat encore au moment de signaler son courage par les glorieux exploits qui le conduiront à sa perte [1]. Pour sentir le prix de l'art d'annoncer les personnages, il faut voir comment Shakspeare nous fait connaître les nobles penchants; la hauteur d'âme et l'ardeur guerrière des fils de Cymbeline, qui, sans connaître leur naissance, montrent dans un âge si tendre des cœurs de roi [2]. La Bible, où l'histoire ressemble souvent à une Épopée, peut donner aussi une savante leçon aux poètes. David, le plus petit des fils d'Isaï, mais né avec un caractère belliqueux, et déjà plein de sagesse dans ses paroles, était encore doué d'une mine avantageuse et d'un visage parfaitement beau. Le Seigneur, qui voit le fond des cœurs, et ne juge pas des choses par ce qui en paraît aux yeux des

---

[1] *Théb.* chant IV, vers 246 et suiv.; chant IX, vers 683 et suiv. Stace se livre à trop de luxe peut-être dans la description du coursier, des ornements et du jeune orgueil de Parthénopée sous les armes; mais du moins nous voyons un guerrier dans l'enfant dont nous admirons les grâces et la beauté.

[2] *Cymbeline,* acte III.

hommes, fait un élu de cet enfant, et dit à Samuel : « Sacrez-le présentement, car c'est celui-là. » Samuel prend la corne remplie d'huile, et sacre David au milieu de ses frères ; puis, le roi futur retourne garder le troupeau paternel [1]. Bientôt Saül, agité du malin esprit, demande quelqu'un qui sache bien jouer de la harpe ; on lui amène David. Saül se sent touché d'une amitié subite pour le jeune pâtre, qu'il attache à sa personne. Chaque fois que l'esprit malin s'empare de Saül, le berger saisit sa harpe, et le puissant monarque est soulagé de ses tourments. A quelque temps de là, les Philistins viennent avec toutes leurs forces attaquer Israël ; les armées se trouvent en présence. Un géant ennemi insulte et menace tous les guerriers de Saül ; tous tremblent devant le défi de Goliath. David, qui arrivait de chez son père, entend, voit ce qui se passe, et conçoit l'audacieuse pensée de combattre et de vaincre le superbe Phi-

---

[1] Dans le prologue de la tragédie de *Jeanne d'Arc*, Schiller fait ainsi parler la vierge héroïque, qui dit adieu à ses montagnes, à ses prairies, au toit paternel et à son troupeau. « Celui qui jadis envoya au combat ce jeune berger, pieux enfant d'Isaï ; celui qui fut toujours favorable aux bergers, celui-là m'a parlé à travers les branches de l'arbre : « Va, m'a-t-il dit, tu dois témoigner pour moi sur la terre. »

listin. Instruit et jaloux de cette résolution, Eliab, frère aîné de David, se met en colère contre lui, et dit : « Pourquoi êtes-vous venu? et pourquoi avez-vous abandonné *ce peu de brebis que nous avons?* Je sais quel est votre orgueil et la malignité de votre cœur, et que vous n'êtes venu ici que pour voir le combat. » David ne s'émeut point de ces reproches, et continue à parler de son dessein devant le peuple. Saül apprend les paroles de cet enfant qui veut venger l'opprobre d'Israël, et le fait amener devant lui. Dans l'entretien du prince et du serviteur, celui-ci raconte avec naïveté, qu'au temps où il était berger, il a plusieurs fois tué des ours et des lions, qui emportaient un bélier du troupeau de son père. Voilà les commencements et les promesses du libérateur d'Israël. Rappelons ici que l'esprit du Seigneur a toujours été avec David depuis son sacre par Samuel.

Je rapporte ce passage, bien moins pour critiquer Virgile, qui ne nous devait ni de pareils développements, ni d'aussi longs détails sur des personnages secondaires de son poème, que pour recommander à toute l'attention du lecteur l'une des plus importantes parties de la composition dramatique. C'est dans le même but que je demande si nous n'aurions pas trouvé avec plaisir ici, et bien mieux encore au cinquième livre, où Virgile n'était pas pressé par la marche de l'action du drame, quelques explications sur l'origine et les charmes de l'innocente et pure affection de Nisus et d'Euryale. La Bible va résoudre ce doute. David a triomphé du géant Goliath; amené par Abner, il paraît en la présence de Saül. Au récit du combat, l'âme de Jonathas, dit la Bible, s'attacha étroitement à ce jeune vainqueur. Depuis ce jour, Saül voulut sans cesse avoir David auprès de sa personne. « David et Jonathas firent aussi alliance ensemble, car Jonathas l'aimait comme lui-même; c'est pourquoi il se dépouilla de la tunique dont il était revêtu, et la donna à David, avec le reste de ses vêtements, jusqu'à son épée, son arc et son baudrier [1]. » On sait ce que devint cette amitié appelée par la Bible *fœdus domini*, l'alliance du Seigneur, et qu'un trône même à disputer ne fut pas capable de diviser le fils du roi, qui devait obéir, et le fils du berger, qui devait commander. On sait encore que Saül ayant conçu de la jalousie et de la haine contre David, Jonathas, sans manquer aux pieux et tendres devoirs envers un monarque et un père, ne cessa de défendre son frère adoptif, et de le préserver de la colère, ainsi que des embûches du roi d'Israël, si obstinément injuste envers un serviteur fidèle et dévoué. On trouve dans

---

[1] Premier livre des Rois, chap. XVIII, verset 1 et suiv.

le poème de Lathmon, par Ossian, une amitié qui a la même origine que celle de David et de Jonathas. « Je vis Gaul sous les armes, dit Ossian, et mon âme se confondit avec la sienne ; car le feu de la guerre brillait dans ses regards. Il fixait l'ennemi avec joie. Nous nous dîmes en secret les paroles de l'amitié. »

Au quarante-cinquième chant du Roland furieux, le généreux Léon, héritier d'une couronne, touché des douleurs de Roger dans la prison où le retient la vindicative Théodora, émerveillé de cette rare valeur, qu'il regarde comme unique et même au-dessus de l'humanité, conçoit le dessein de ne pas laisser périr une si haute vertu, et trouve enfin le moyen de sauver l'ennemi qu'il admire [1]. Introduit dans le cachot du malheureux amant de Bradamante, Léon, avec la compassion la plus tendre, l'embrasse et lui parle ainsi : « Chevalier, ta vertu m'enchaîne indissolublement à toi par des nœuds éternels et volontaires. Elle m'ordonne de chérir ton intérêt plus que le mien, de négliger mon salut pour le tien, et de mettre ton amitié au-dessus de ce que je dois à mon père, et à tout ce que j'ai de parents au monde. Sache que je suis Léon, fils de Constantin. Je viens à ton secours

---

[1] Strophe XLI et suivantes.

en personne, au risque d'être chassé par mon père, s'il parvenait à savoir ma conduite, ou de n'être jamais vu de lui que d'un œil irrité ; car, depuis que tu as défait et massacré ses troupes à Belgrade, il te porte une haine invincible.» Léon poursuit, en disant au captif les choses les plus capables de le rappeler de la mort à la vie, et en même temps il le dégageait de ses fers. Roger répond : «Je vous dois des grâces infinies. Cette vie que vous me donnez, je prétends bien qu'elle vous soit restituée toutes les fois que vous voudrez la redemander et qu'il faudra l'exposer pour vous[1].» Léon délivre Roger ; un procédé si généreux métamorphose subitement le cœur du chevalier ; la haine, la jalousie, le ressentiment ont fait place à la tendresse et à la reconnaissance, et toute la nuit, tout le jour, il ne rêve qu'aux moyens de s'acquitter envers son libérateur, fût-ce par les plus grands sacrifices. Voilà de quelle manière commence entre deux âmes pareilles, un de ces attachements qui ne finissent qu'avec l'existence. Dans la suite, cette amitié, accrue par de nouvelles épreuves, et descendue plus avant dans le cœur, inspire à Léon les plus tendres consolations pour guérir les cruelles peines que l'a-

---

[1] Strophe XLVIII.

mour fait éprouver à Roger, qui reçoit une seconde fois la vie, grâce à un sacrifice sublime [1].

Les couleurs dont Virgile a peint l'amitié de ses deux jeunes Troyens, leurs mœurs, leurs habitudes, leur émulation de gloire, ont peut-être inspiré à Goëthe cet heureux et riche développement des pensées qui fermentent dans le cœur de Nisus au moment de sa brûlante confidence, et allument les transports d'Euryale :

Pilade. La gaîté, l'amitié, sont les ailes des grandes actions.

Oreste. Les grandes actions ! oui, je me rappelle le temps où elles se présentaient à nous, quand nous poursuivions les bêtes sauvages, à travers les monts et les vallées, et que nous espérions un jour, égaux en force et en adresse à notre illustre aïeul, armés comme lui d'une massue et d'une épée, donner aussi la chasse aux monstres et aux brigands; et puis, lorsque le soir nous nous asseyions tranquillement sur le bord de la mer immense, appuyés l'un sur l'autre, que les vagues venaient, en se jouant, jusqu'à nos pieds, que le monde s'ouvrait devant nous dans toute son étendue, alors souvent l'un de nous tirait son épée, et les exploits

---

[1] Chant XLVI, strophe xxx et suivantes.

se pressaient dans l'avenir, aussi innombrables que les étoiles qui brillaient autour de nous au milieu de la nuit. » Pylade, occupé tout entier du soin d'arracher Oreste au découragement de sa sombre mélancolie, n'a garde de changer le cours de l'entretien, et s'applique, au contraire, *à faire sonner bien haut* les exemples et la gloire des ancêtres[1]. Voilà comment on imite d'inspiration, et sans cesser d'être original. Mais autant il convenait à la situation qu'Oreste se plût à appuyer sur les nobles souvenirs que viennent de réveiller en lui ces paroles d'un effet magique : « La gaîté et l'amitié sont les ailes des grandes actions, » autant la raison commandait à Virgile de prêter les formes les plus vives et les plus rapides au tumulte des sentiments de Nisus[2].

Dans le discours de cet ami d'Euryale les mots: « ou chacun se fait-il un dieu de son violent désir ? »

---

[1] *Iphigénie en Tauride*, acte II, sc. 1.

[2] Dans le poème de *Lathmon*, déjà cité plus haut, Ossian et Gaul, tous deux jeunes, tous deux légers à la course, tous deux unis par une amitié guerrière, sont envoyés par le vieux roi Morni sur une colline pour observer les mouvements de Lathmon, l'ennemi de Fingal : « Nous obéimes avec joie, dit Ossian, aux ordres de Morni. Nous partons, couverts de nos armes; déjà nous sommes dans le bois de la colline. Le ciel était enflammé d'étoiles : les météores, présages de

se rapportent assez bien à un passage des Troyennes d'Euripide. Hélène, voulant se justifier devant Ménélas, rejette son crime sur Vénus, qui commande à tous les êtres et même au roi de l'Olympe; mais Hécube, armée de l'éloquence de la passion et de la vérité, répond à la coupable épouse : « Mon fils avait reçu en partage la beauté suprême; tu le vis, et ton cœur devint la Vénus qui triompha de toi; car toutes les folles passions des mortels sont pour eux autant de Vénus[1]. » Bossuet a dit : « Quand les anciens se sentaient possédés de quelque mouvement extraordinaire, ils croyaient que ce mouvement venait d'un dieu, ou bien que ce violent désir était lui-même

---

la mort des héros, volaient sur la plaine, et le bruit lointain de l'armée ennemie frappait mon oreille. Ce fut alors que Gaul (qui n'a point encore combattu), emporté par son bouillant courage, la main sur son épée à demi tirée, me dit : « Fils de Fingal, pourquoi sens-je brûler mon âme? » Mon cœur bat avec violence; mes pas sont mal assurés, et ma main tremble sur mon épée. Quand je tourne les yeux vers l'ennemi, il semble que mon âme s'élance au-devant de moi, et me montre leur troupe endormie. Ossian, est-ce que le cœur du brave tremble ainsi dans le combat? Ah! quelle joie pour mon père si nous fondions sur l'ennemi! Notre renommée croîtrait dans les chants du Barde, et les braves nous verraient marcher leurs égaux. »

[1] Vers 978 et suivants.

un dieu.» L'Oreste de Goëthe, dit à Pylade : « Avec un art merveilleux, tu rattaches les volontés des dieux à tes propres désirs.» C'est la même pensée qui a perdu tout son prix, étant dépouillée de l'expression du génie. Virgile, sans affecter la concision d'Horace, renferme quelquefois comme lui beaucoup de sens dans un petit nombre de paroles; c'est ainsi que le vers *aut pugnam, aut aliquid jam dudum invadere magnum mens agitat mihi*[1] exprime à lui seul les mouvements tumultueux, l'ardeur inquiète qui devancent la jeunesse des Achille, des Alexandre, des César, et annoncent des hommes destinés à s'emparer d'une renommée éternelle. La réponse d'Euryale est d'un jeune héros en qui les deux passions de la gloire et de l'amitié vont de pair. Ses paroles sortent d'un cœur vrai, brûlant, qui ne promet que ce qu'il pourra tenir. Euryale ne tardera point à prouver son mépris pour

---

[1] Le Tasse a fait le plus beau commentaire de ce vers. «Renaud part, emportant avec lui le désir d'une gloire immortelle et pure, dont le pressant aiguillon pique son noble cœur. L'esprit attaché aux plus magnanimes entreprises, il se prépare à exécuter des choses extraordinaires. A travers les ennemis il veut aller conquérir des cyprès ou des palmes pour la foi, dont il est le défenseur, parcourir l'Égypte, et pénétrer jusqu'aux lieux où le Nil sort d'une source inconnue.» Chant V, strophe LII.

la vie et à payer au prix de son sang l'honneur de partager les dangers d'un ami. On n'a point assez remarqué les artifices et les délicatesses du cœur cachés dans la réponse de Nisus. Inspiré comme la femme la plus tendre, avec quel soin il ménage l'ardente sensibilité d'Euryale! Loin de prononcer le mot funeste de mort, qui serait un aiguillon pour le fils d'Opheltès, il ne lui présente qu'avec la forme du doute, l'aspect d'un malheur possible. Si ce malheur arrive : « Je veux, dit-il, que tu me survives ; encore dans un âge si tendre ne mérites-tu pas mieux de vivre? » Mais cette raison ne persuaderait pas un homme généreux. Nisus se hâte d'ajouter : « qu'il me reste un ami qui, après m'avoir reconquis les armes à la main, ou racheté à prix d'or, me confie à la terre, notre asile accoutumé [1] ; ou, si la fortune refuse même cette faveur, du moins que cet ami fidèle offre les sacrifices funèbres aux mânes *d'un absent*, et m'accorde les honneurs du tombeau. » Quel ingénieux détour la passion suggère à Nisus pour sauver Euryale! quel art dans cette manière de

---

[1] Nisus n'emploie pas ici les expressions pittoresques comme *tristes exuvias, corpus exsangue meum ;* fidèle aux mêmes délicatesses dans toutes ses paroles, il dit seulement *me raptum pugna pretiove redemptum.*

faire illusion à un guerrier et à un ami, en lui montrant des périls futurs et de religieux devoirs! quelle puissance Nisus espère trouver dans un discours qui place en quelque sorte Euryale sous l'empire des dernières volontés *novissima verba*, si sacrées chez les anciens! enfin, c'est en invoquant le nom d'une mère adorée, que Nisus attaque le cœur du plus tendre des fils et se croit sans doute certain de vaincre une généreuse résistance; mais Euryale, qui a démêlé les intentions de Nisus, et compris le sens de toutes ces paroles si bien ménagées, lui répond : « Ton adresse s'applique en vain à me forger des prétextes de rester, ma résolution est immuable, et ne sortira pas de mon cœur [1]. »

Il s'en faut bien que le débat d'Oreste et de Pylade, qui veulent mourir l'un pour l'autre, puisse exciter l'enthousiasme et l'attendrissement au même degré que la scène où Virgile a laissé

---

[1] Le texte porte :

Causas nequidquam nectis inanes,
Nec mea jam mutata loco sententia cedit.

Le verbe *nectere*, qui signifie nouer, entrelacer, tresser avec art, contient le germe de mes explications, et fait voir que je les ai surprises dans le cœur de Nisus et d'Euryale. Les Latins disent *nectere catenas*, *nectere dolum alicui*, forger des chaînes pour quelqu'un, machiner une fourberie contre lui.

la double empreinte de la tendresse de sa nature et de la perfection de son talent. Pylade n'a point un cœur héroïque, fidèle et sensible comme celui d'Oreste; il n'aime pas comme il est aimé; il ne trouverait pas en lui cette prière que lui adresse le fils d'Agamemnon, déterminé à finir le cours de ses misères : « Heureux Pylade, ta maison est pure et exempte de calamités; la mienne est impie et malheureuse. Si je te sauve, tu auras des enfants de ma sœur Électre, que je t'ai donnée pour épouse. Ainsi mon nom restera sur la terre, et la race paternelle ne s'éteindra jamais faute de rejetons. Pars donc, consens à vivre, va revoir la Grèce, et habiter le palais de mon père. Mais à peine arrivé dans notre chère Argos, je t'en conjure par cette main sacrée que je tiens, élève-moi un tombeau où tu placeras des souvenirs de moi; et que ma sœur vienne répandre des larmes et déposer ses cheveux sur le monument de son frère [1]. »

Certes, le poëte latin, si supérieur à Euripide, trouve encore un bien moins digne rival dans l'Arioste, imitateur presque servile de l'épisode qui nous occupe. On a peine à concevoir que l'auteur du Roland furieux ait pu substituer à la touchante éloquence de Nisus, ces paroles glacées du pieux

---

[1] Euripide, *Iphigénie en Tauride*, vers 693 et suivants.

Médor, qui veut aller chercher sur le champ de bataille le corps de son roi Dardinel pour lui donner la sépulture :

> Tu rimarrai ; chè quando in ciel sia sculto,
> Ch' io vi debba morir, potrai narrarlo ;
> Chè se fortuna vieta si bell' opra,
> Per fama almeno il mio buon cor si scopra [1].

Shakspeare a mis au théâtre un combat de tendresse et de générosité d'autant plus dramatique et intéressant qu'il a lieu entre un père et un fils, que l'image d'une épouse et d'une mère adorée domine sur la scène entière, et que la mort présente, inévitable, environne de tous côtés les deux nobles victimes. Il y a sept ans que le célèbre Talbot n'a vu son fils Jean ; celui-ci arrive près de Bordeaux, dans le camp d'un glorieux père qui lui adresse ces mémorables paroles :

Talbot. Jeune Jean Talbot, je t'ai mandé pour t'instruire d'exemple dans l'art de la guerre, afin que le nom de Talbot pût revivre en toi, quand la vieillesse impuissante et la faiblesse de mem-

---

[1] Chant XVIII, strophe CLXIX. « Toi, demeure ici ; car s'il est gravé dans le ciel que je doive périr dans cette entreprise, tu pourras la raconter. Si la fortune s'oppose à une si belle œuvre, du moins que la renommée découvre la bonté de mon cœur. »

bres, désormais inutiles, enchaîneraient sur sa chaise ton père languissant. Mais! ô étoile fatale! ô funeste présage! Maintenant, tu n'es venu qu'à une fête de la mort, à un danger terrible et inévitable! C'est pourquoi, mon cher enfant, prends le plus rapide de mes chevaux, et je t'enseignerai le moyen d'échapper au trépas par une fuite soudaine. Allons, ne diffère pas, et pars.

Jean. Mon nom n'est-il pas Talbot? Ne suis-je pas votre fils? Et je fuirais! Oh! si vous aimez ma mère, ne déshonorez pas son honorable nom, en faisant de moi un bâtard et un lâche. L'univers dira : Il n'a rien du sang de Talbot celui qui a fui honteusement quand le noble Talbot est resté.

Talbot. Fuis, pour venger ma mort si je suis tué.

Jean. Qui fuit ainsi ne reviendra jamais au combat.

Talbot. Si nous restons tous deux, tous deux nous sommes sûrs de mourir.

Jean. Eh bien! laissez-moi rester, et vous, mon père, sauvez-vous. Votre mort est une perte immense, et vous devez vous conserver : mon mérite est inconnu; en me perdant, on ignore ce qu'on perd. Les Français tireront peu de gloire de ma mort; ils seraient fiers de la vôtre : avec vous s'évanouissent toutes nos espérances. La fuite ne peut ternir l'honneur que vous avez acquis ; elle me déshonorerait, moi, dont on ne cite encore aucun exploit. Tout le monde fera serment que vous avez fui pour vaincre un jour; mais si je recule, on dira que c'était par peur. Jamais plus d'espoir que je reste sur le champ de bataille, si, la première heure que je m'y trouve, je fléchis et me sauve. Ici, à genoux, je demande la mort plutôt qu'une vie conservée par l'infamie.

Talbot. Toutes les espérances de ta mère s'engloutiront-elles dans une seule tombe?

Jean. Oui, plutôt que de faire honte au sein de ma mère.

Talbot. Au prix de ma bénédiction, je t'ordonne de partir.

Jean. Pour combattre, mais non pour fuir l'ennemi.

Talbot. Qu'une partie de ton père soit sauvée en toi.

Jean. Je n'en sauverais rien, et je serais couvert d'opprobre.

Talbot. Tu n'as pas encore eu de gloire; tu ne peux donc pas la perdre.

Jean. Quoi! votre nom glorieux, irai-je le flétrir par la fuite?

Talbot. L'ordre de ton père t'absoudra du reproche.

Jean. Quand vous serez mort, vous ne pourrez pas rendre témoignage pour moi. Si le trépas est si sûr, fuyons ensemble.

Talbot. Et je laisserais ici mes soldats combattre et mourir ! Jamais pareille honte n'a souillé ma vie.

Jean. Et ma jeunesse commettra-t-elle cette infamie ? Je ne puis pas plus me séparer de vous, que vous ne pouvez vous-même vous partager en deux. Demeurez, fuyez, tout ce que vous ferez, je le ferai; et si mon père meurt, je ne veux plus vivre.

Talbot. Eh bien ! je prends ici congé de toi, mon noble fils ; tu es né pour voir ta vie s'éteindre en ce jour. Allons, tous deux inséparables, vivre et mourir ensemble, et que nos deux âmes réunies s'envolent de la France dans le ciel [1].

Bientôt après, on voit paraître Talbot et son fils, qui s'était jeté en héros au milieu des périls, et qu'il vient d'arracher à la furie française. Alors, plus occupé que jamais du salut d'un enfant de si haute espérance, et dont il a vu le sang couler sous l'épée de Dunois, Talbot reprend ainsi : « Dis-moi, Jean, unique souci de ton père, n'es-tu pas faible et épuisé ? Comment te trouves-tu ? Eh bien, mon enfant, veux-tu, il en est temps encore, quitter enfin ce champ de bataille? Maintenant, te voilà dignement reçu chevalier; fuis, pour venger ma mort, quand je ne serai plus.... Moi, en restant ici, je n'abrège ma vie que d'un

---

[1] *Henri VI*, première partie, acte IV.

jour; mais toi, ta mort tue ta mère et le nom de notre famille; avec toi périssent ma vengeance, ta jeunesse et la gloire de l'Angleterre.—L'épée d'Orléans, répond le Lausus anglais, je ne l'ai pas sentie; mais les paroles d'un père ont fait saigner tout mon cœur..... Ne me parlez plus de fuite, ce serait inutile; si je suis le fils de Talbot, je dois périr aux pieds de Talbot[1]. » A ces mots, le père et le fils courent chercher ensemble la plus glorieuse mort.

Nous avons entendu Euryale répondre à Nisus comme Jean Talbot à l'auteur de ses jours; mais il y a une autre ressemblance entre le personnage de l'épopée et celui de la tragédie. Dans le cœur du premier, le héros l'emporte sur le fils, sans que la nature perde aucun de ses droits, ainsi que la suite le fera connaître; dans le cœur du second, l'honneur guerrier et l'amour filial triomphent ensemble; et si le souvenir d'une mère n'empêche point le jeune Anglais de vouloir mourir avec son père, on aime à le voir plein de tendresse et de vénération pour celle qu'il va pourtant condamner à un deuil éternel. Le compagnon de l'Oreste d'Euripide n'a point la générosité d'Euryale ou celle de Jean Talbot. Soit que la mort en face l'étonne, soit qu'en

---

[1] Shakspeare, *Ibid.*

lui l'amour l'emporte sur la sainte amitié, Pylade, qui vient de jurer qu'il mêlerait ses cendres à celles d'Oreste, se laisse trop facilement persuader de vivre et d'abandonner le fils d'Agamemnon. Voilà du moins l'effet que produit sur nous cette obéissance aussi prompte qu'imprévue, et trop peu motivée dans une réponse qui n'est pourtant ni sans intention dramatique ni sans charme : « Oui, tu auras un tombeau ; oui, je n'abandonnerai jamais le lit de ta sœur ; car, malheureux que je vais être par ta perte, Oreste mort sera encore plus mon ami qu'Oreste vivant ; mais l'oracle du Dieu ne nous a point encore perdus tout-à-fait, quoique je sois avec toi presque sous le glaive. Souvent les extrémités des choses humaines, arrivées à leur comble, enfantent de grands changements au gré des caprices de la fortune[1]. » Dans cette dernière phrase, qui semblerait être un artifice d'Euripide pour expliquer l'énigme de la conduite de Pylade, Goëthe a trouvé le germe du caractère de ce héros d'une vertu qu'on pourrait regarder comme particulière à une contrée qui a produit Hercule et Philoctète, Pirithoüs et Thésée, Achille et Patrocle, Oreste et Pylade, Épaminondas et Pélopi-

---

[1] *Iphigénie en Tauride*, v. 698 et suiv. Euripide, craignant peut-être le reproche d'avoir paru rabaisser un caractère qui

das, et enfin Eudamidas, Charixenus et Areteus, immortels tous les trois dans les fastes de l'amitié. Inspiré par les anciens et par son propre génie, Goëthe a créé pour le fils d'Agamemnon un Pylade tel que cet infortuné aurait pu le demander à quelque dieu touché de voir l'innocent aux prises avec une si épouvantable fatalité.

Les lieutenants du fils d'Anchise, auprès desquels se rendent, avec tant d'empressement, Nisus et Euryale, nous semblent délibérer trop froidement sur les plus grands intérêts de l'État. Le poète ne remplit pas notre attente à leur égard. Son art devait lui faire sentir la nécessité d'exprimer les anxiétés de leurs esprits, et les incertitudes de leur délibération, autrement que par ces seuls mots : « Que devaient-ils faire ? qui fallait-il envoyer en message auprès d'Énée ? » De même, en servant d'interprète à Nisus pour la seconde fois, Virgile ne s'est pas souvenu de l'enthousias-

---

fait honneur à l'homme, représente ailleurs Pylade comme l'ami le plus tendre et le plus courageux, et lui prête plusieurs réponses qui peuvent s'appliquer à l'entretien de Nisus et d'Euryale, avant leur admission au conseil. (Voyez la tragédie d'*Oreste*.)

La dernière scène de l'*Hercule furieux* offre aussi un combat d'amitié où Thésée montre toute la tendresse de cœur de Nisus.

me du jeune amant de la gloire, qui s'écriait tout
à l'heure :

> Aut pugnam, aut aliquid jam dudum invadere magnum
> Mens agitat mihi.

Il a oublié également de conserver à la harangue
de l'ami d'Euryale, quelque chose de la joie, de
l'ardeur des deux guerriers, qui peuvent à peine
souffrir quelque retard à leur admission dans le
conseil, et qu'Ascagne y reçoit tout frémissants
d'une généreuse impatience. Un cœur comme celui de Nisus, un cœur qui brûle des flammes de
l'amitié, qui palpite au nom seul de la gloire ; un
jeune homme qui s'élance tout entier vers un grand
dessein, imprime son ardeur intérieure à toutes
ses paroles. On pardonnerait sans peine ici quelque abondance, et même quelque luxe à l'expression des sentiments de Nisus pour sa patrie et pour
son prince. Ce n'est pas, toutefois, qu'on ne puisse
s'élever même à la haute éloquence avec une brièveté pleine de simplicité, témoin l'énergique et
courte harangue de Mucius Scévola, possédé en
secret du désir de venger un peuple libre, réduit
à la honte d'être assiégé par ces mêmes Toscans
qu'il avait vus si souvent fuir devant lui : « Pères
conscripts, je veux passer le Tibre, et entrer, s'il
est possible, dans le camp de Porsenna, non pour
y chercher du butin, et rendre à l'ennemi pillage
pour pillage ; j'ai dans le cœur un plus grand

ÉNÉIDE, LIVRE IX. 87

exploit, si les dieux me secondent. » Le sénat approuve; Mucius cache un poignard sous sa robe et part[1]. » Ce passage de Tite-Live est sublime; mais un genre si sévère ne convenait point à Nisus, dont la froide harangue dément ici le caractère [2]. Les exclamations d'Aléthès font d'autant plus ressortir ce défaut, qu'elles respirent l'exaltation de l'amour de la patrie, la reconnaissance envers les dieux, et l'éloquence d'un guerrier qui conserve toute sa chaleur d'âme, malgré le froid des années. Ce vieillard Troyen a des entrailles comme le père des Horaces, qui s'écrie, à la nouvelle de la victoire remportée par le soldat de Rome :

O mon fils! ô ma joie! ô l'honneur de mes jours!
O d'un état penchant l'inespéré secours!
Vertu digne de Rome, et sang digne d'Horace!
Appui de ton pays et gloire de ta race!
Quand pourrai-je étouffer dans mes embrassements
L'erreur dont j'ai formé de si faux sentiments?
Quand pourra mon amour baigner avec tendresse
Ce front victorieux de larmes d'allégresse [3] ?

Les belles maximes sorties du cœur d'Aléthès, et

---

[1] Tite-Live, liv. II, § XII.

[2] On peut rapprocher du discours de Nisus la fin d'une belle harangue de Camille aux Ardéates pour les exciter à repousser les Gaulois. Tite-Live, liv. V, § XLIV.

[3] *Horace*, acte IV, scène II.

non pas de la bouche du poète, comme il n'arrive que trop souvent dans Lucain et dans Corneille, rappellent d'abord ce trait de Cicéron : « Il faut se souvenir qu'on a Dieu pour témoin, c'est-à-dire, suivant moi, sa propre conscience ; » et cet autre : « Le fruit d'un service, c'est le service même [1]. » Saint Paul a dit : « Notre gloire, c'est le témoignage de notre conscience [2]. » On lit dans Montaigne : « Il fault aller à la guerre pour son debvoir, et en attendre cette récompense, qui ne peult faillir à toutes belles actions, pour occultes qu'elles soyent, non pas mesme aux vertueuses pensées; c'est le contentement qu'une conscience bien réglée receoit, en soy, de bien faire [3]. » Sénèque exprime la même pensée avec autant d'énergie que de brièveté : « La récompense d'une bonne action, c'est de l'avoir faite [4]. » Mais Virgile, ou plutôt Aléthès l'emporte sur tous ces écrivains par l'accent de conviction et l'éloquence naturelle, qui donne tant d'ascendant et de charme aux préceptes de la morale ; et puis, comme le vieillard remplit son office sans usurper la place d'Ascagne, et en laissant au contraire à ce jeune prince le rôle qui lui appartient. Semblable à

---

[1] Cicéron, *de Officiis*, III, x, et *de Finib.*, lib. II, lx.
[2] Saint Paul, *Épître aux Corinth.*, II, ch. i, xii.
[3] Livre II, chap xvi.
[4] *Epist.* 81.

l'enfant roi Joas, dont toutes les paroles rendent hommage au dieu que lui a enseigné le pontife qui l'a élevé dans le temple du Seigneur comme dans la maison paternelle, Ascagne invoque d'abord tous les dieux, toutes les choses saintes qu'Énée a sauvés de l'incendie de Troie. Digne fils du héros qui reçut Anchise sur ses épaules, et l'enleva ainsi du milieu des Grecs, Ascagne ne voit, ne cherche, ne demande que son père; et quand il s'écrie: «Ramenez ici mon père, rendez-nous sa présence; plus de malheurs pour nous dès le moment de son retour,» ne croirait-on pas entendre un cri d'Énée courant arracher Anchise de son palais environné par les flammes? Les promesses d'Ascagne excèdent peut-être la mesure, mais son amour pour son père est immense, mais ce père est le seul salut d'un peuple; d'ailleurs, quoique dans un âge qui tend toutes ses voiles à l'espérance et croit tenir tout ce qu'il poursuit, le jeune prince met la condition de la victoire à la plus brillante des récompenses qu'il montre à Ninus comme un bien qui lui appartient déjà, *jam nunc tua premia, Nise*. Enfin, si Ascagne, fils de roi, et se sentant de son origine, tranche un peu du souverain, cependant il a soin de réserver ici la part de l'autorité paternelle[1]. Admettons tou-

---

[1] On peut voir dans l'*Iliade* les présents et les récompen-

tefois quelque exagération de la jeunesse dans les paroles d'Ascagne ; comme ce léger défaut, où nous retrouvons la nature avec plaisir, disparaît au milieu du pressant intérêt de la scène suivante!

Ceux qui ont connu les sympathies du premier et du second âge, qui ont éprouvé l'espèce de respect que la vertu naissante mêle, comme un attrait de plus, aux commencements de l'amitié entre deux jeunes gens ; ceux dont le cœur s'est ouvert tout entier pour recevoir un ami adopté par une espèce d'élection divine, semblable à celle des anges de Klopstock[1], peuvent seuls sentir la

---

ses qu'Agamemnon destine au fier Achille, afin de le reconquérir à la Grèce. *Iliade*, chant IX, v. 120 et suiv.

[1] Abdiel et Abbadona avaient été créés ensemble. Le sentiment d'une amitié réciproque leur avait été imprimé par l'Éternel. Dès qu'ils s'aperçurent l'un l'autre, ils éprouvèrent un ravissement mutuel, et s'écrièrent en même temps : « Ah! Séraphin, qui sommes-nous? d'où sommes-nous, ami divin? Est-ce toi qui m'a vu le premier? Depuis quand existons-nous? Existons-nous en effet?... Embrasse-moi, mon bien-aimé! Qu'éprouves-tu? Que penses-tu? » Chant II.

On lit dans le même poète, sur Eloa et Gabriel : « L'amitié ajoute un nouvel éclat à leur beauté : ils volent rapidement l'un vers l'autre, les bras ouverts ; l'expression du désir et la tendresse brillent dans leurs regards divins ; leurs âmes s'unissent et se confondent dans leurs embrassements. » Chant I.

beauté du discours d'Ascagne[1]. Et quelle révélation cet enfant nous fait de son intérieur sans y penser ! quelle vie d'homme et de roi il nous promet, en adoptant Euryale, comme compagnon de dangers, comme associé de gloire, comme confident intime de ses pensées et de ses actions, dans la paix ou dans la guerre ! Il connaît déjà tout le prix d'un ami fidèle pour un roi, et désigne de loin le soutien de sa couronne ainsi que son ministre futur dans un héros adolescent ! On a lieu de s'étonner qu'Euryale paraisse aussi peu sensible au charme et à l'honneur d'une telle adoption : serait-ce que, retenu par ces convenances sévères qui règnent dans les cours, et dont les ouvrages de Virgile et d'Horace n'attestent que trop l'empire ou la tyrannie, Euryale n'ose pas accepter l'amitié du fils d'Énée, et

---

[1] On peut rapprocher des tendres paroles et des promesses sacrées d'Ascagne les protestations de l'archiduc d'Autriche au jeune duc de Bretagne Arthur, qu'il embrasse : « Que ce tendre baiser que j'imprime sur ta joue, soit le sceau du serment que te fait mon amitié; elle te jure que jamais je ne reverrai mes États qu'après qu'Angers et les domaines qui t'appartiennent, et la fière Angleterre, t'auront reconnu et salué roi : jusqu'à ce moment, aimable enfant, je ne me souviendrai pas de ma patrie, et je ne quitterai pas ces armes. » Shakspeare, *Vie et mort du roi Jean.*

lui parler comme à son égal? on pourrait donner ce motif aux omissions du jeune guerrier, quand on lui entend dire, avec la déférence d'un sujet : « *Hanc sine me spem ferre tui.* » A quelque cause qu'on attribue cet oubli ou cette retenue, la réponse d'Euryale ne nous satisfait pas d'abord. Il proteste, avec un peu d'emphase, de ne jamais démentir l'audace d'une si haute entreprise ; toutefois la reconnaissance et l'affection restent muettes dans son cœur ou du moins sur ses lèvres, car certes, on ne prendra pas pour de convenables actions de grâces cette faible allusion à tous les dons d'Ascagne, couronnés par l'offre de son amitié : *Sed te super omnia dona unum oro.* Nous ne saurions soupçonner ici une de ces inadvertances du cœur qui trahissent une secrète ingratitude ; mais Virgile n'aurait point eu de peine à effacer cette disparate entre les premières et les dernières paroles d'Euryale, les unes qui ne sont pas exemptes de froideur et d'inconvenance, les autres animées par la plus vive expression de son amour pour sa mère. Ici toute l'éloquence d'une âme généreuse et tendre justifie entièrement le choix d'Ascagne. Oui, le sensible Euryale est digne d'entrer dans la famille du héros de la piété filiale, sous les auspices d'Iule, si semblable à l'auteur de ses jours ; et quels rapports inattendus se révèlent entre l'adoptant et l'adopté ! « Ramenez mon père, s'est

écrié Ascagne, et tous nos malheurs sont effacés. »
« Consolez ma mère, s'écrie Euryale, et j'irai avec plus d'audace au-devant de tous les dangers. » Il y a de l'écho entre ces deux âmes de la même trempe. La réponse d'Ascagne achève de montrer leur conformité morale, et complète l'intérêt de la scène que Virgile soutient jusqu'au dénouement, grâce à une sensibilité dont il n'a trouvé aucune trace dans l'épisode de l'Iliade. Homère est grave comme le sujet, sévère comme ses guerriers, calme comme leur courage, et l'on ne devait pas attendre de lui les sentiments jeunes que Virgile prête à Nisus et à Euryale. Il n'y a point de place pour des larmes pareilles à celles des Troyens, dans le conseil des rois de la Grèce.

Nisus et Euryale viennent de jouer un beau rôle assurément, ils emportent notre admiration et nos vœux; mais que deviennent les lieutenants d'Énée? Chez Homère, c'est de la tête d'Agamemnon que sort la première pensée d'un moyen de salut pour l'armée grecque; chez Virgile, tout serait désespéré sans l'heureuse inspiration survenue à deux enfants. Il y a beaucoup d'art dans la manière de faire éclater les vertus tendres, le courage et la prudence prématurée du jeune Ascagne, auquel on peut appliquer ce beau vers de Corneille sur le fils d'Attila :

Le corps attend les ans, mais l'âme est toute prête.

Mais cet aveu de la vérité ne justifie point le poète du reproche trop souvent mérité de la nullité de ses principaux personnages. Dans l'Iliade chacun remplit son devoir tout entier, et les chefs donnent partout l'exemple.

Heureux Virgile, si dans la peinture des massacres il eut imité le bon sens d'Homère! Ulysse et Diomède ne font rien au delà de ce qui importe à leur but; et quand le fils de Tydée, qui frappe seul, va se laisser emporter par la soif du sang, Minerve réprime cette ardeur insensée, et renvoie ses deux favoris au camp avec leur utile et glorieuse conquête. Dans l'Énéide, le long et inutile carnage exécuté de compagnie, et avec une espèce de rivalité, par Nisus et Euryale sur des ennemis endormis, occupe trop d'espace; les détails même auxquels le poète latin se complaît, en ôtant la rapidité nécessaire au récit de l'action, donne quelque chose de froidement cruel à la fureur des Troyens [1]. L'Arioste [2] exagère en-

---

[1] Cette fureur contraste trop avec les sentiments tendres dont les deux héros offrent le modèle.

[2] Voyez chant XVIII, depuis a strophe CLXIV jusqu'à la strophe CLXXIX inclusivement. Dans un autre passage, Roland trouve indigne d'un chevalier de frapper des ennemis pendant leur sommeil. Ossian prête les mêmes sentiments à ses guerriers. On lit dans le poème de *Lathmon :* « Le fils de

core la faute de Virgile, par suite d'un fatal penchant à jouer comme, Ovide, avec le sujet qu'il traite. Ainsi Médor, qui, pendant les nombreux massacres de Cloridan, n'a point encore ensanglanté son épée, commence par couper net et d'un seul coup les deux têtes du duc d'Albret et de sa maîtresse, si étroitement enlacés, que l'air n'aurait pu se faire un passage entre eux ! « O l'heureux mourir! ô douce destinée, ajoute le poète ! Sans doute, du moins, j'aime à le croire, leurs âmes s'embrassant comme leurs corps s'embrassaient sur la terre, se sont envolées vers la demeure céleste. » L'image est riante ; mais avec l'âge et le caractère du tendre Médor, on détourne le glaive plutôt que de choisir de pareilles victimes. L'Arioste se montre plus fidèle à la raison d'Homère dans le passage où Renaud surprend les sentinelles endormies d'Agramant, et les taille en pièces, ainsi que la garde avancée des infidèles[1]. Le Tasse ne s'amuse point à compter le nombre des guerriers qui tombent sous les coups de Clorinde et

---

Fingal veut-il fondre sur l'ennemi qui dort? Veut-il ressembler au vent furieux qui déracine en secret les jeunes arbres au milieu de la nuit ? Ce n'est pas ainsi que Fingal a immortalisé son nom ? Ce n'est pas pour de tels exploits que la gloire couronne les cheveux blancs de Morni.

[1] Chant XXXI, strophe L et suivantes

d'Argant qu'il se hâte de conduire, à travers un carnage rapide comme leur colère, au pied de la tour dont l'incendie était le but de leur sortie de Solyme. Ovide a peint deux scènes de massacres, l'une, qui s'élève aux noces d'Andromède et de Persée son libérateur; l'autre, née de l'insolence d'un centaure, ivre d'amour et de vin, qui enlève Hippodamie à Pirithoüs au milieu du festin nuptial. Ces deux scènes sont des combats acharnés, où le poète prodigue les images, varie les tableaux, et sème les mouvements dramatiques avec la richesse, la fougue et la chaleur d'Homère, sans négliger l'art de nous délasser de tant d'horreurs par des épisodes du plus touchant intérêt, tels que la mort d'Athis ou celle de Cyllare et d'Hylonome sa jeune amante [1]. Homère s'est plu à retracer en détail l'épouvantable carnage qu'Ulysse et son fils font des prétendants; mais ce carnage est plein de périls pour les deux héros; mais le fils peut périr sous les yeux du père, et le père sous les yeux du fils; mais leur vengeance est légitime; mais les femmes condamnées à éponger le sang des victimes d'une fureur si long-temps amassée dans un cœur généreux, reçoivent un

---

[1] *Métamorphoses*, livre V, vers 1 et suivants, et livre XII, vers 210 et suivants.

trépas infâme pour avoir déshonoré le palais de leur roi, souillé les regards de la chaste Pénélope, insulté Télémaque et sa mère. Et comme Homère relève ce jeune protégé de Minerve, reconnaissant des soins donnés à son enfance! C'est lui qui demande, c'est lui qui obtient le salut du héraut Médon, innocent de tout crime; c'est encore lui qui arrache au courroux enflammé d'Ulysse un favori des muses, Phémius, réduit à implorer la vie par les plus touchantes paroles. Un peu plus loin, Euryclée, nourrice d'Ulysse, environnée du sang et des cadavres, signes manifestes de la victoire du maître, et encore tout émue des terreurs qu'elle avait ressenties pendant un combat si long et si terrible, laisse éclater des cris d'allégresse à la vue de ces prodiges de valeur. Soudain Ulysse l'arrête, et modère ces transports en lui disant : « Il n'est pas permis d'insulter à des ennemis morts ; leur chute vient de leurs crimes et de la justice des dieux.[1] »

Virgile imite si souvent l'Iliade dans les scènes précédentes, que l'on y trouve à chaque moment les membres épars d'Homère, *disjecti membra poetæ*. L'Arioste en use de même avec l'auteur de l'Énéide. Nous avons déjà signalé les nom-

---

[1] *Odyssée*, liv. XXII, v. 1 et suiv.

breux larcins du chantre de Roland; nous allons en montrer de nouveaux, qui fourniront matière à des éloges, ainsi qu'à des reproches, et nous serviront d'introduction à l'analyse des beautés du modèle comparé avec la copie. « Médor et Cloridan, qui se sont fait un passage avec le glaive dans le camp des chrétiens, parviennent au champ de bataille, où, parmi les épées, les arcs, les boucliers et les lances, gisent également baignés dans un fleuve de sang, le riche, le pauvre, le roi, le soldat, les hommes enfin pêle-mêle avec les chevaux. Cet horrible mélange de corps entassés dont toute la campagne d'alentour était remplie, aurait pu rendre vaine la recherche fidèle des deux amis jusqu'à la pointe du jour, si, touchée par la prière de Médor, la lune n'eût dégagé son front du voile des nuages. » A la clarté de l'astre favorable [1], Médor reconnaît son cher maître étendu sur la poussière, et l'arrose de larmes. Les deux amis chargent sur leurs épaules le corps du jeune prince, et partagent entr'eux le poids d'un fardeau si précieux. C'est en remplissant ce pieux devoir qu'ils sont trahis par la lumière du jour. On ne peut qu'applaudir à cette manière

---

[1] Le texte dit d'une manière ingénieuse : Soit par hasard, soit l'effet d'une si grande foi, la lune, à cette prière, ouvre le nuage, etc., chant XVIII, strophe CLXXXV.

heureuse d'effacer une impression funeste, et de nous
montrer dans ces guerriers, naguère semblables à
des lions cruels au milieu d'une bergerie, les modèles d'un attachement inviolable et d'une tendresse
qui survit à la mort. Cette scène religieuse s'empare tellement de nos cœurs, que nous ne voyons
plus qu'elle, ou que, si nous portons encore un regard sur le champ de bataille, les horreurs même
qu'il étale nous rejettent bientôt vers l'action sublime et sainte de ces deux serviteurs d'un prince
qui, seul entre tant de victimes immolées par une
rage inhumaine, trouve des mains fidèles pour
rendre les derniers devoirs à ses dépouilles sacrées.
Malheureusement, le souvenir de la beauté de
Diane réunie à son cher Endymion, d'autres ana-
chronismes mythologiques, cette vieille image du
silence des vents enchaînés tout à coup par les
grâces de la douleur de Médor et la douceur de
ses plaintes, détruisent toute illusion, et trahissent le faux esprit trop fréquent dans l'école italienne. Voici de nouvelles fautes, et d'autant plus
fâcheuses, qu'elles supposent l'absence de tout
sentiment des perfections de l'original : au moment de l'arrivée imprévue des chrétiens, Clori-
ridan, avili tout à coup par l'inconcevable inadvertance de l'Arioste, se dément au point de donner à
Médor le conseil d'abandonner le corps du roi,
sous prétexte qu'il n'est pas raisonnable de perdre

deux vivants pour sauver un mort. Conséquemment à cette belle réflexion, Cloridan jette sa charge, persuadé que Médor en ferait autant; mais cet enfant, bien plus attaché à son prince, le porte à lui seul sur ses épaules [1]. L'autre s'enfuit en toute hâte; s'il savait l'embarras de Médor ainsi délaissé, ajoute le poète, il aurait plutôt bravé mille morts qu'une seule pour sauver son compagnon. Vaine et mensongère excuse. On ne trouve point de Nisus, en l'auteur d'un tel conseil et d'un tel abandon, dans l'homme coupable d'une fuite si honteuse et si mal justifiée.

Cherchons maintenant comment Virgile a traité la même scène. Nisus et Euryale vont sortir du camp, ils sont sauvés, nous l'espérons avec joie. Mais voilà les Rutules! tout à coup, sous l'ombre transparente de la nuit luttant avec le jour [2],

---

[1] Le dévoûment de ce jeune homme, encore dans un âge si tendre, rappelle ces éloquentes paroles de Massillon sur Madeleine : « Elle ajoute qu'elle l'emportera; une fille faible, accablée de tristesse, seule, elle se persuade qu'elle aura assez de force pour emporter le corps de son Sauveur : «*Et ego eum tollam;* Oui, je l'enlèverai. » Son amour croit tout possible. »

[2] Le texte dit avec un rare bonheur : *Sublustri noctis in umbra.* La Fontaine a traduit ainsi la pensée :

L'ombre et le jour luttaient dans les champs azurés.

ÉNÉIDE, LIVRE IX.

un rayon de lumière réfléchi par le casque de Messape, a trahi l'imprudent Euryale. Volscens aperçoit les deux Troyens, et leur commande de s'arrêter. Point de réponse; sans bruit ils se jettent dans la forêt, et se confient à la nuit; puisse-t-elle les protéger de son ombre! Mais déjà cette forêt est couronnée d'une foule d'ennemis à toutes ses issues [1]. Arrêté par le poids de son armure, par les ténèbres du lieu, Euryale s'égare, Nisus passe; il n'a pu, dans la rapidité de leur fuite commune, s'apercevoir que son compagnon reste en arrière; *non vidit, non sensit.* A peine hors de l'atteinte des Rutules, il cherche en vain de tous côtés son ami absent, et s'écrie: « Euryale! malheureux! où t'ai-je laissé? où te chercher?» De nouveau il se précipite dans les tortueux détours de la forêt perfide, en observant la trace de son premier passage, et s'avance, inquiet, au milieu du silence qui l'envi-

---

Les expressions de Virgile rappellent celles-ci de Massillon, qui ont toute l'élégance de la poésie : « Il reste encore dans l'âme des traces de clarté; ainsi, lorsque le soleil ne fait que se dérober à notre hémisphère, il demeure encore dans les airs certaines impressions de sa lumière, qui forment comme un jour imparfait. » *Homélie sur Lazare.*

[1] On trouve ces beaux vers dans *le Comte de Carmagnola*, par Manzoni :

ronne[1]. Un cri parvient à son oreille. O dieux! c'est Euryale! égaré par la nuit, accablé d'une attaque furieuse, il cède à la violence de la troupe qui l'entraîne malgré tous les efforts d'une courageuse résistance. Que faire? avec quelles armes, par quel coup hardi arracher de leurs mains son jeune ami? Nisus doit-il écouter son désespoir et courir à travers mille blessures, au-devant d'un glorieux trépas ? Mais son premier mouvement ne va-t-il pas hâter la mort d'Euryale? Dans ce danger extrême,

---

> Ma improvvise terribili bande.
> Ai fuggenti s'affaccian sul calle ;
> Ma si senton più presso alle spalle
> Scalpitare il temuto destrier.

« Mais voilà que des bandes imprévues, terribles, font face aux fuyards sur le chemin ; mais ils entendent à tout moment retentir plus près derrière leurs épaules le bruit du galop des redoutables coursiers. »

[1] On lit dans la treizième idylle de Théocrite, intitulée *Hylas :* « Ainsi, à travers les sentiers infréquentés, errait le grand Hercule, tourmenté de l'absence de son enfant adoptif, et, dans sa course rapide, il dévorait un chemin immense. Ah ! malheureux sont ceux qui aiment ! Que de fatigues et de sueurs pour le héros à parcourir les forêts et les montagnes !.... Il s'élançait partout où l'entraînaient ses pas, éperdu de désespoir. »

Un peu de la passion de ce morceau conviendrait aux vers de Virgile.

par une inspiration commune à tous les malheureux, il lève les yeux au ciel, et supplie la chaste Diane, au nom d'un père et d'un fils également religieux pour elle, de l'aider à dissiper ce groupe d'ennemis en dirigeant ses traits dans les airs. Ici tout est vrai, pathétique, rapide, entraînant, et la seule comparaison des deux manières contient tout un jugement en faveur du poète latin ; on ne sait même comment expliquer les fautes de bon sens, de convenance, les beautés déplacées, la lenteur inouie de l'Arioste, dans un moment où tout ordonne de voler au secours de Médor. Mais je crains que la prière de Nisus ne réponde pas à la chaleur des mouvements qui la précèdent. Je n'y sens pas « cette vive éloquence, ces pressantes sollicitations, ces mouvements persuasifs qui montent vers le ciel avec un gémissement et triomphent des retardements de Dieu même. » Massillon, à qui j'emprunte ces expressions, ajoute : « La prière est le langage de l'amour, et nous ne savons pas prier, parce que nous ne savons pas aimer ? » Une dernière citation, prise dans l'orateur sacré, achève d'expliquer ma pensée : « Après qu'on a demandé, cherché, sans avoir obtenu, il faut frapper. » Or, Nisus ne frappe point, il ne demande pas le salut d'Euryale, il ne prononce pas même le nom de l'innocente victime, il ne la met point sous la protection de la déesse, par un cri d'amour, auquel nous ajouterions «le cri invisible de son cœur encore plus puissant [1]. »

Les actions de Nisus sont plus vives que ses paroles. A peine a-t-il prié, qu'un premier trait lancé sous les auspices de la déesse, et rapide comme l'éclair, va donner la mort à Sulmon et répandre la confusion dans le groupe ennemi. Un second trait a renversé Tagus. Tout à coup, quel changement de scène! Ici les Rutules, effrayés, cherchant de quel côté la mort est venue à leur deux compagnons; là Volscens, furieux de ne pas trouver son invisible ennemi, et marchant l'épée nue contre Euryale sans défense en face de la mort; et Nisus pour témoin de ce cruel spectacle! Quelle éloquence dans les cris que lui arrache la douleur! ce sont autant de déchirements du cœur [2]; il semble entendre

---

[1] Voyez pour ces citations les deux sermons de Massillon sur la prière.

La prière du grand prêtre Chrysès au fils de Latone, au début de l'*Iliade;* celle de Thésée à Neptune dans la *Phèdre* de Racine; celle de Diomède, blessé par Pandarus, à Minerve (*Iliade,* chant V, vers 115 et suiv.), sont dans le même mouvement que la prière de Nisus, mais aucune d'elles n'aurait l'accent convenable à la situation de l'ami d'Euryale.

[2] Cette éloquence fait encore mieux sentir ce qui manque à la prière de Nisus; il était déjà profondément ému, car il voyait Euryale surpris, accablé, se débattant en vain contre des ennemis furieux. Le même cœur doit parler dans les

ÉNÉIDE, LIVRE IX.

à chaque mot ces accents du désespoir qui bouleversent les entrailles. Inutile dévoûment! le glaive enfoncé avec force par la main de Volscens, a ouvert la poitrine d'albâtre d'Euryale ; la vie est si tendre chez lui, qu'il meurt au moment même. Son sang pur coule en un filet de pourpre sur ce beau corps, et sa tête appesantie retombe à jamais sur ses épaules. Rien de plus touchant que cette mort, Virgile le sait, et la rend plus touchante encore par une comparaison dont tous les termes sont si justes, qu'ils nous font plus vivement sentir la brièveté de la vie d'Euryale, la fragilité de notre existence, et le peu de temps qu'il faut pour mourir, à tout âge. La charrue passe, la fleur tombe

---

deux passages, mais, à la vérité, avec bien plus de véhémence dans le second que dans le premier.

Remarquons, en passant, une légère faute. La situation défendait de mettre aucun intermédiaire entre ces traits :

>Tum vero exterritus, amens
>Conclamat Nisus,

et le cri sublime :

>Me, me ; adsum qui feci.
>Nec se celare tenebris
>Amplius, aut tantum potuit perferre dolorem

sont un de ces commentaires inutiles qui glacent l'intérêt. Racine a pu allanguir quelquefois une situation ou un récit par des explications, mais il les avait jugées indispensables à l'instruction des spectateurs; Virgile n'a point ici cette excuse.

et n'est plus, mais elle brille encore d'un vif éclat pendant un moment. C'est ce moment que saisit Virgile, pour nous montrer le tendre Euryale à qui le premier sommeil de la mort a laissé sa beauté. On se rappelle ici une sublime inspiration de lord Byron, à la vue de la Grèce moderne, si belle et si touchante encore dans son esclavage et son avilissement : « Celui qui s'est penché sur un corps privé de vie, avant que le premier jour de la mort soit écoulé, ce premier et sombre jour du néant, le dernier du danger et de la douleur; avant que les doigts flétrissants de la destruction aient effacé les dernières traces de la beauté; celui qui a remarqué cet air doux et céleste, cette extase du repos, ces traits fixes et néanmoins si touchants qui relèvent la langueur et le calme de la figure; celui-là, — si ce n'était cet œil triste et voilé, désormais sans éclat, sans séduction, sans larmes, et ce front immobile, glacé, où la froide apathie de la tombe effraie, sans qu'il puisse toutefois en détacher ses regards, le cœur affligé du spectateur, comme si elle allait lui faire partager cette destinée qu'il redoute; oui, sans ces choses, et ces choses seules : pendant quelques moments... une heure trompeuse... celui-là aurait pu douter encore du pouvoir tyrannique du trépas, tant il est beau, paisible et doux ce premier, ce dernier aspect révélé par la mort! » On lit dans Platon : « Les âmes elles-mêmes sont saisies d'amour pour les beaux corps qu'elles habitent, aussi les quittent-elles avec beaucoup de peine ; et lorsque le sang s'échappant par degrés, l'homme chancelle et s'affaiblit, l'âme salue d'un dernier regard le cher et beau mortel avec lequel elle a fait compagnie. » Ne semblerait-il pas que cette riante fiction du philosophe-poète s'applique de la manière la plus heureuse à Euryale, dont l'éclat et la beauté ne se sont point encore retirés de lui. Rappelons-nous le vers de Virgile :

Gratior et pulchro veniens in corpore virtus.

Quand Euryale obtenait ce touchant éloge, sa jeunesse ne nous faisait alors que des promesses de vertu ; il les a tenues maintenant. Fils religieux, guerrier plein de courage, ami fidèle, sujet dévoué, il expire pour sa patrie et pour son prince ; combien la beauté morale ajoute de puissance à la beauté physique, qui brille encore en lui et va s'effacer à jamais ! Avec quelle pitié d'amour et d'admiration nous le considérons pour la dernière fois, et comme la glorieuse fin qui couronne sa vie imprime sous une forme presque divine son image dans nos cœurs ! C'est ce magique reflet de la vertu sur toute la personne de Jonathas qui nous associe à la tendresse et aux souvenirs de David, pleurant l'ami fidèle qui est tombé sous les coups des Philistins : « Votre mort me perce de douleur, Jonathas, mon frère, le plus beau des princes, plus aimable que les plus aimables des femmes. Je vous aimais comme une mère aime son fils unique [1]. » Placez ici Pâris, l'indigne violateur des saintes lois de l'hospitalité, au lieu d'admirer dans le juge des trois déesses les avantages extérieurs qui corrompirent la foi d'Hélène et renversèrent l'empire de Priam, votre juste colère brûlera du désir d'avancer pour le ravisseur le moment prédit par Nérée : « Enfin, mais trop tard, hélas ! tu parfumeras dans la poussière et dans le sang tes cheveux adultères. » Quintus Calaber a senti le besoin de cette vengeance et nous entendons les nymphes indignées poursuivre le coupable jusque dans la nuit par ces cruels reproches : « Quoi ! le lâche Pâris a osé quitter une épouse chaste pour s'attacher à une impudique. Le parjure a dédaigné une femme vertueuse qui, malgré ses mépris, le chérissait plus que la lumière du soleil [2]. »

Homère décrit ainsi la mort d'Euphorbe, fils de Panthoüs, qui s'était élancé pour venger la mort de son frère Hypérénor, immolé sous ses yeux : « Ménélas pousse un trait avec furie, et

---

[1] Les *Rois,* livre II, chap. I, verset 26.
[2] Chant X.

perce de part en part le cou délicat et tendre du Troyen, qui tombe renversé sur ses armes. Le sang coule sur sa chevelure, semblable à celle des Grâces, et dont les boucles étaient attachées avec des nœuds d'or et d'argent. Tel s'élève un jeune plant d'olivier, par le soin d'une main habile, dans un lieu solitaire, d'où jaillit une source abondante. L'arbre magnifique déploie un feuillage balancé par l'haleine des vents, et se couvre d'une neige de fleurs. Soudain, l'impétueux autan accourt en tourbillons, le déracine et le couche sur la terre; ainsi, l'illustre fils de Panthoüs tombe sous les coups de Ménélas, qui, après lui avoir ôté la vie, va le dépouiller encore de ses armes. » Il faudrait être aveugle et avoir un cœur de glace pour ne pas voir et sentir la vérité, la fraîcheur, la richesse, le charme et l'harmonie de la comparaison d'Homère. Toutefois, celle de Virgile pénètre plus avant dans nos cœurs, parce que notre pitié pour Euryale vient de plus loin que celle qui nous surprend pour Euphorbe. Nous ne connaissons ce jeune guerrier que par sa fin cruelle et prématurée; mais, depuis la généreuse réponse d'Euryale à Nisus, depuis les belles paroles qui lui ont mérité l'adoption d'Ascagne, et les larmes des Troyens, notre admiration et notre tendresse pour lui se sont accrues de scène en scène jusqu'au dernier moment. Ajoutons que, pour augmenter nos regrets, ou plutôt inspiré par sa propre douleur sur cet enfant qu'il avait adopté, le chantre de Pallas et de Lausus a imprimé aux vers de sa comparaison une mélodie pleine de tristesse, qui semble appartenir à la musique de l'âme [1].

Après Homère, et avant Virgile, Catulle avait dit :

> Nec meum respectet, ut ante, amorem,
> Qui illius culpa cecidit, velut prati
> Ultimi flos, prætereunte postquam
>   Tactus aratro est [2].

Les naïves images de Catulle, que Virgile a certainement regrettées, auraient fait un contre-sens avec le coup violent qui donne la mort à Euryale, et même le *succisus aratro*, qui est d'une harmonie si douce, n'a point toute la justesse des expressions de

---

[1] On sentira tout le pouvoir de cette magie des sons, en opposant la comparaison de Virgile aux vers qui précèdent la peinture de la mort de Parthénopée, dans la *Thébaide*, liv. IX, vers. 877 et suiv.

[2] « Qu'elle ne compte plus, comme autrefois, sur un retour de mon amour ; grâce à l'infidèle cet amour est tombé ainsi que la dernière fleur d'un champ que la charrue a touchée en passant. » *Pièce* IXe à ses amis Furius et Aurelius.

On peut rapprocher des images de Catulle ce trait du cantique d'Ézéchias, dans Isaïe : « Le tissu de ma vie a été tranché comme la trame par le tisserand. »

l'Iliade. Homère oppose au glaive foudroyant de Ménélas ou d'Achille l'ouragan qui renverse et déracine. Averti par l'un et l'autre de ces poètes, l'Arioste n'aurait pas dû mettre en parallèle la redoutable épée de Renaud, enfoncée tout entière dans la poitrine du jeune roi Dardinel, avec la charrue qui coupe en passant et par hasard une jeune et brillante fleur [1]. Camoëns commet la même faute que l'Arioste et d'autres encore, comme l'atteste ce passage : «Telle paraît Inès sous le fer de ses meurtriers. Ils frappent. Des flots de sang inondent le sein d'albâtre où reposaient les amours, ces lis si purs, qu'elle a baignés de tant de larmes, cette tête charmante que Dom Pèdre ornera un jour du diadème. » Comment le trait de Virgile, *pulchrosque per artus it cruor*, et son respect pour la beauté d'Euryale n'ont-ils pas éclairé le goût du Camoëns? Comment ce grand poète n'a-t-il pas senti tout ce qu'avait d'odieux le voile de

---

[1]   Come purpereo fior languendo more,
    Che'l vomere al passar tagliato lassa,
    O come carco di soverchio umore
    Il papaver nell' orto il capo abassa.
                Chant XVIII, strophe CLIII.

Dans cette imitation si belle, et pourtant inférieure aux deux comparaisons originales, le second vers ajoute quelque chose à la pensée de Catulle.

sang jeté sur la tête et le sein d'Inès, et que cette funeste image détruisait à la fin la justesse et le charme de la comparaison qu'il allait emprunter au poète latin [1].

La fable d'Hyacinthe, dans les *Métamorphoses*, contient une assez heureuse imitation de la comparaison de Virgile, qu'Ovide a surtout fait précéder par des traits de la plus vive sensibilité [2]. Stace, dans sa Thébaïde, nous intéresse de même au sort du jeune Cydimon, près de périr victime du cruel attentat des femmes de Lemnos, transportées de fureur contre leurs maris. Sœur et désarmée par la pitié, Lycaste gémit sur son frère, Cydimon, jeune homme de son âge. L'infortuné va mourir, et Lycaste pleure en regardant ce visage si semblable au sien, cette joue parée de la fleur de la jeunesse, ces cheveux qu'elle-même avait entrelacés de fils d'or. Soudain paraît leur impitoyable mère, déjà couverte du sang d'un époux : elle excite Lycaste par des menaces, et enfonce elle-même son épée dans le sein de son fils [3]. Non

---

[1] Voyez les *Lusiades*, iiie chant.

[2] Livre X, vers 182. Voltaire a imité faiblement la comparaison de Virgile en l'appliquant au jeune duc de Joyeuse, tué à la bataille de Coutras.

[3] Le style est fort beau, mais peut-être doit-on reprocher au poète une affectation de brièveté :

ÉNÉIDE, LIVRE IX.

moins habile à nous émouvoir, l'Arioste dit : « Plein
» de courroux et de fureur, Lerbin s'approche de
» Médor, en lui criant : Tu paieras pour le coupa-
» ble. » Ce coupable, c'est Cloridan, qui n'a point
tardé à rougir d'une honteuse fuite, et qui, revenant sur ses pas, comme Nisus, a lancé la mort à
plusieurs reprises parmi les compagnons de Lerbin. Celui-ci saisit Médor par sa blonde chevelure,
et l'entraîne à lui avec une grande violence; mais ses
regards étant tombés sur cette charmante figure, un
mouvement de pitié change son cœur, et arrête le
coup mortel. Le jeune homme a recours aux prières : « Chevalier, dit-il, au nom de ton Dieu, ne
sois pas assez cruel pour m'empêcher d'ensevelir
le corps de mon roi; je ne demande pas pour moi
d'autre grâce. Ne crois pas que je tienne à la vie; je
ne désire la conserver que le temps nécessaire pour
donner la sépulture à mon prince [1]. » Ces paroles

Flet super æquævum soror exarmata Lycaste
Cydimon ; heu similes perituro in corpore vultus
Adspiciens, floremque genæ, et quas finxerat auro
Ipsa comas : tum sæva parens jam conjuge fuso
Adstitit, impellitque minis, atque inserit ensem.
       Livre V, vers 226.

[1] Chant XIX, strophe XI.
Dans la *Vie et la Mort du roi Jean*, tragédie de Shakspeare, le jeune duc Arthur de Bretagne, neveu du roi, est
enfermé avec les bourreaux, chargés de lui crever les yeux

sont touchantes, et la chute violente du jeune Médor nous inspire une grande pitié; mais comme la scène languit! où sont les cris à l'aspect du glaive levé? où est la mort d'Euryale qui nous remue les entrailles et nous déchire le cœur? où, cette comparaison d'autant plus belle que sa brièveté ne ralentit pas la situation, et qu'aussitôt Euryale couché par terre, comme le jeune olivier d'Homère, Nisus s'empare de toute notre attention. S'élancer dans les rangs des Rutules, y chercher le seul meur-

---

à l'aide d'un fer rouge, et nous rend tout brûlants d'amour et de pitié, comme dit l'Arioste. Cet enfant est naïf, il est tendre, facile à la reconnaissance; ses inspirations sortent d'un cœur qui conserve sans altération l'empreinte de la sensibilité maternelle; comme le sexe auquel il tient encore de si près par son extrême jeunesse, il aborde avec un mélange de crainte et d'adresse naturelle le cœur qu'il veut fléchir; il a quelque chose de caressant dans sa voix de femme et de vierge : aussi, chacune de ses paroles nous fait venir les larmes aux yeux; et, lorsque faible et seul, sa douce éloquence triomphe de la résolution du ministre des fureurs d'un cruel monarque, nous nous sentons soulagés d'un poids horrible. Pourquoi Shakspeare profane-t-il la vérité de cette scène par les recherches et les concetti qu'il met dans la bouche d'Arthur? Chose utile à remarquer : Arthur aurait pu trouver en lui tous les beaux traits que Shakspeare lui prête, mais jamais l'affectation et le mauvais goût du poète ne se seraient présentés à la pensée de l'enfant. (Voy. acte IV.)

trier d'Euryale, écarter, avec une épée terrible comme la foudre, les nombreux soldats qui défendent Volscens, l'atteindre, le frapper, et, soi-même, en mourant, arracher la vie à un ennemi barbare, tout cela n'est pour Nisus que l'affaire d'un instant [1]. Toute cette scène est de feu

---

[1] Le Tasse a peint la même situation en vrai poète. Gernand, cédant à sa destinée, outrage Renaud en tournant contre lui les traits perçants d'une langue abreuvée d'un poison infernal. Renaud le voit, l'entend, et, ne pouvant plus contenir sa rage : « Tu as menti ! » s'écrie-t-il ; et soudain, de la main droite, saisissant son fer nu, il fond sur Gernand. Sa voix semble un tonnerre, son épée, un éclair qui annonce et précède la chute de la foudre. Gernand tremble ; nul espoir de salut contre la mort présente, inévitable. Mais à la vue de tout un camp pour témoin, il affecte l'audace et l'intrépidité. De pied ferme il attend son terrible rival, et, l'épée à la main, il se montre dans l'attitude de la défense. Un tumulte effroyable s'élève... ; en vain mille voix veulent ralentir l'impétueuse colère du guerrier outragé : il méprise les cris, les obstacles, tout ce qui s'efforce de lui fermer le passage ; il n'aspire qu'à la vengeance. Au milieu des hommes, au milieu des armes il s'élance, il fait tournoyer son glaive foudroyant, ouvre un large cercle devant lui, et seul, à la honte de mille défenseurs, il affronte Gernand, le couvre de blessures, et ne cesse de frapper jusqu'à ce qu'il ait plongé une ou deux fois sa redoutable épée dans le sein du coupable. Chant V, strophe XXVI — XXXI.

Tout cela est beau, sans doute, mais Virgile a l'avantage

dans Virgile; comment l'Arioste a-t-il pu l'éteindre ainsi qu'il l'a fait? comment un si grand poète n'a-t-il pas su égaler, ou, du moins, respecter la perfection, et pourtant la simplicité de ces vers, où le chantre de Didon a mis toute l'expression d'un cœur digne de servir de sanctuaire à la vertu de l'amitié ?

> Tunc super exanimem sese projecit amicum
> Confossus, placidaque ibi demum morte quievit.

Volscens a expié sa cruauté, Euryale et ses mânes ont reçu leur victime, Nisus n'a plus qu'à mourir. Ses nombreuses blessures ne lui laissent plus de forces que pour se jeter sur le corps glacé d'Euryale. *Ibi omnis effusus labor, effusus sanguis, effusa vita, effusa anima.* C'est là qu'expire son dernier effort, là qu'il exhale son sang, là qu'il exhale sa vie, là qu'il exhale son âme; c'est là qu'il trouve enfin une paix

---

de la rapidité, et, par conséquent, de la vraisemblance et de l'illusion de la scène.

Voyez encore la fureur qui transporte Soliman, à l'aspect de la mort de Lesbin, son page chéri, tué par le cruel Argillan. Lesbin est beau, courageux, dans la fleur de la jeunesse; avide de gloire comme Euryale, il meurt comme lui, et, comme lui, il est vengé. Les vers du poète sont d'une grâce et d'une mélodie enchanteresses. Chant IX, strophe LXXXI—LXXXVII.

éternelle et semblable à un doux sommeil. Nisus obtient ce qu'il a désiré de toutes les puissances de son âme, ce qu'il a cherché avec toute l'ardeur du courage, ce qu'il demandait avant l'heure suprême, une place auprès d'Euryale, et une part à sa mort. Tous deux, exempts des orages de la vie, n'ayant plus rien à craindre des hommes, et pouvant tout espérer des dieux, ils sont unis pour jamais[1]. Voilà les

---

[1] Je citerai encore, dans la pièce de *Cymbeline*, par Shakspeare, une scène où Imogène, cachée sous le nom de Fidèle, et inconnue de ses frères, qui l'ont adoptée comme s'ils connaissaient le secret de sa naissance, passe pour morte à leurs yeux. Affligés de la perte de cette amie d'un jour, aussi chère à leur cœur qu'une amie du berceau, ils ont déposé son corps sur le lit élevé de gazon qui sert de tombe à Euriphile, qu'ils ont toujours prise pour leur mère. Voici quelques-unes des tendres paroles qu'ils adressent à la jeune victime :

Arviragus. Elle est morte la colombe tant chérie de nous ! J'aurais mieux aimé, passant d'un saut de seize ans à soixante, avoir changé ma souple jeunesse contre le bâton du faible vieillard, que d'être témoin de cette mort.

Guiderius. O le plus beau, le plus tendre des lis ! penché sur les bras de mon frère, tu n'as pas la moitié des grâces que tu avais quand tu te soutenais toi-même !

Mais ce qu'il faut remarquer, c'est l'hymne que les deux frères chantent sur la tombe d'Imogène, et qui renferme toutes les pensées que peut suggérer l'éternel repos où Nisus et Euryale viennent d'entrer. *Cymbeline*, acte IV.

douces consolations que Virgile répand, comme un baume, sur les vives blessures qu'il a faites à nos cœurs agités, tour à tour par l'admiration, la terreur et la pitié.

La scène admirable qui termine le drame de Virgile donne lieu à d'intéressantes comparaisons. En voici quelques-unes que j'ai choisies entre beaucoup d'autres. De ce nombre est la peinture des derniers moments du fils de Créon, déterminé à partager la mort d'Antigone, son amante. Il vient de se frapper avec le glaive; alors, maître encore de lui-même, il entoure de ses bras les membres délicats d'Antigone, et exhale son dernier souffle sur les joues pâles de la vierge. Mort, il repose ainsi auprès d'Antigone, morte comme lui, et l'infortuné va célébrer la fête nuptiale dans le séjour de Pluton [1].

Il y a des rapports entre la fin d'Euryale, tué par Volscens, et celle de l'Indien Athis, immolé sous les yeux de Lycabas, prince Assyrien, dont il est tendrement aimé. De même, on retrouve les derniers moments de Nisus dans ceux de Lycabas :

Jam moriens, oculis sub nocte natantibus atra,
Circumspexit Athin, seque acclinavit in illum;
Et tulit ad manes junctæ solatia mortis.

---

[1] *Antigone*, tragédie de Sophocle, vers 1246.

« L'Assyrien, près de mourir, et les yeux déjà nageants dans les vapeurs de la nuit éternelle, cherche de tous côtés, avec de longs regards, son cher Athis, se penche tout entier sur lui, et emporte chez les mânes la consolation d'avoir uni sa mort à la mort d'un ami [1]. » *Junctæ solatia mortis* est une de ces beautés que notre langue ne saurait atteindre, parce que son génie, quelquefois trop timide, n'admet pas l'ellipse qu'Ovide a pu se permettre sans s'exposer à être inintelligible. L'Écriture nous fournit un heureux commentaire des expressions d'Ovide, dans la complainte de David sur Saül et Jonathas, qui ont péri d'une manière différente, mais presque à la même heure, en combattant les Philistins. « Saül et Jonathas, si aimables durant leur vie, plus prompts et plus légers que les aigles, plus courageux que les lions, sont demeurés inséparables dans leur mort même [2]. »

L'auteur des Métamorphoses, si riche de sentiments et de formes de la plus heureuse variété pour rendre les mêmes choses, retrace ainsi la fin cruelle de deux des fils de Niobé : « L'infortuné Phédime et Tantale, son frère, héritier du nom de son aïeul, venaient de passer de la course à l'exercice

---

[1] *Métamorphoses*, livre V, vers 71 et suivants.
[2] *Les Rois*, livre II, chapitre I, verset XXIII.

de la lutte. Déjà ils se tenaient embrassés poitrine contre poitrine par les nœuds les plus étroits, lorsque la flèche, chassée avec force de l'arc homicide, vint les traverser tous deux unis comme ils l'étaient. Ensemble ils gémirent, ensemble ils laissèrent couler vers la terre leurs membres courbés par la douleur. Étendus sur le sol, ensemble ils tournèrent leurs derniers regards vers le ciel, ensemble leurs âmes s'exhalèrent [1]. »

Mais Shakspeare me semble bien plus digne du rapprochement avec Virgile dans le morceau que j'emprunte à la tragédie de Henri V. Le duc d'Exeter raconte en ces termes, au roi son neveu, la mort du duc d'York : «Le brave guerrier repose tout sanglant dans la plaine. A ses côtés, gît aussi

---

[1] Le texte est d'une rare beauté :

>   Et jam conluctarant arcto luctantia nexu
>   Pectora pectoribus ; cum tento concita cornu,
>   Sicut erant juncti, trajecit utrumque sagitta.
>   Ingemuere simul, simul incurvata dolore
>   Membra solo posuere : simul suprema jacentes
>   Lumina versarunt, animam simul exhalarunt.
>   Livre VI, vers 242 et suivants.

On trouve dans la même fable : « Couvertes des voiles du deuil, les cheveux épars, ses filles étaient debout autour des lits funèbres de leurs frères ; l'une d'elles arrachant le trait fatal attaché à ses entrailles se penche mourante sur son frère, et, la bouche appliquée sur sa bouche, elle expire. »

le noble Suffolk, compagnon de ses honorables blessures! Suffolk a expiré le premier. York, tout mutilé, se traîne auprès de son ami, et, soulevant sa tête, il baise les blessures ouvertes et sanglantes de son visage, et lui crie, comme à celui qui vivrait encore : « Arrête un instant, cher Suffolk, mon âme veut monter de compagnie avec la tienne vers les cieux; chère ombre, attends moi ; nos âmes voleront unies ensemble comme dans cette plaine glorieuse et dans ce beau combat, nous sommes restés unis en chevaliers. » Au moment où il disait ces mots, je me suis approché, et je l'ai consolé. Il m'a souri, m'a tendu la main, et, serrant faiblement la mienne, il m'a dit : « Cher lord, recommande mes services à mon souverain. » Ensuite, il s'est retourné, et, jetant son bras blessé autour du cou de Suffolk, il a baisé ses lèvres, et, ainsi marié à la mort [1], il a scellé de son sang le testament d'une tendre amitié qui a si glorieusement fini [2]. »

---

[1] *Espoused to death.* Voilà le *junctæ mortis* d'Ovide rendu par Shakspeare.

[2] *Henri V*, acte IV.

On trouve dans la tragédie de *Richard III*, par le même poète, ce touchant récit de la mort des deux neveux de ce monstre qui les a fait égorger : « Hélas, c'est ainsi, me disait Dighton, qu'étaient couchés ces aimables enfants. — Ils

Toutes ces inspirations du même ordre, sur des sujets de la même nature, attestent la variété du génie des poètes; mais, dans aucun des tableaux qu'ils ont créés, en y comprenant la fable de Médor et de Cloridan, si bien rattachée au poème, couronnée par un événement non moins heureux qu'imprévu, on ne trouve un drame complet et sans reproche tel que l'épisode de Virgile. Nous avons vu quel admirable dénouement le termine, et, prêts à nous retirer comme des spectateurs qui n'attendent plus rien, qui ne veulent plus rien, nous ne soupçonnons pas même que l'on puisse ajouter quelque chose à nos impressions; cependant

---

se tenaient ainsi, ajoutait Forrest, l'un l'autre enlacés de leurs bras innocents et blancs comme l'albâtre; leurs lèvres *semblaient quatre roses vermeilles sur une seule tige, qui, dans tout l'éclat de leur fraîcheur*, se baisaient mutuellement. Un livre de prières était posé sur leur chevet ; cette vue, reprit Forrest, a presque changé mon âme. Mais, oh! le démon.... Le scélérat s'est arrêté à ce mot, et Dighton a continué : «Nous avons étouffé le plus charmant, le plus parfait ouvrage que la nature ait jamais formé depuis la création!» Acte IV.

Sauf l'affectation de quelques expressions, qui altèrent le charme de la plus naïve des images; assurément cette description méritait d'être citée. Observez qu'elle a été faite par des meurtriers, que la beauté, l'innocence et les caresses mutuelles de deux enfants ont failli désarmer.

Virgile nous surprend et nous rappelle encore par cette exclamation inattendue :

> Fortunati ambo ! si quid pia carmina possunt,
> Nulla dies unquam memori vos eximet ævo,
> Dum domus Æneæ Capitoli immobile saxum
> Accolet, imperiumque pater romanus habebit.

Ne croit-on pas entendre dans ces vers l'hymne de gloire sur la tombe de deux héros de l'amitié ? leurs noms, ineffaçables dans la mémoire des siècles, dureront autant que la puissance du peuple appelé à l'empire de l'univers ; quelle récompense sublime pour deux enfants ! Il n'y a que le génie et Dieu qui paient avec cette magnificence [1].

Nous avons fait, au nom de la douleur et de la gloire, les derniers adieux à Nisus et à Euryale. Nous ne pensions plus à eux que pour applaudir à leur juste immortalité ; Virgile veut rouvrir la source de nos larmes ; la forme affreuse sous la-

---

[1] Voyez Stace, chant X, vers 247 ; Valérius, chant II, vers 242 ; Le Tasse, chant XII, strophe LIV.

J'indique ici, comme une dernière comparaison avec l'épisode de Nisus et d'Euryale, l'intéressante histoire de Judith, dans la Bible ; histoire où la composition, l'heureux enchaînement des faits, depuis le début jusqu'au dénouement, la beauté des mœurs, les habiles prévoyances de l'écrivain, l'observation des plus délicates convenances malgré toutes les difficultés du sujet, le contraste des vertus domestique

quelle il nous représente ces deux jeunes guerriers, le matin encore parés de tout l'éclat de la jeunesse, et le soir indignement mutilés et défigurés par la main des hommes, aussi cruels dans leur rage que les bêtes féroces, réveille à la fois tous les sentiments qui avaient successivement rempli notre âme, et nous fait frissonner d'horreur. Que cette seconde mort est hideuse auprès de la première, qui avait du moins respecté, dans ses victimes, la noble image de la divinité! Quel spectacle pour les Troyens que ces lambeaux humains, qui leur signifient, d'une manière si barbare, que leur position est maintenant désespérée! Il ne leur manque plus que d'entendre la mère d'Euryale : cette mère, la voilà sur les remparts et au milieu des bataillons, exhalant les cris les plus déchirants de la douleur et du désespoir. J'ai parlé ailleurs de l'éloquence de ce discours (tome Ier, page 323).

On peut opposer à ce morceau les plaintes d'Hé-

---

et simples et de l'audace d'un grand dessein, la délivrance d'un peuple, due à une femme qui a toute sa force dans le ciel, l'éclat du triomphe et la modestie de l'héroïne, qui rentre sous son toit paisible, et n'en sort que pour paraître avec gloire au milieu des fêtes d'Israël, concourent à former un poème presque parfait. Si ce poème était dû à l'antiquité grecque ou romaine, il serait consacré dans nos souvenirs comme un modèle.

cube sur la mort de Pâris [1] ; mais Ovide approche bien mieux des mouvements passionnés de Virgile lorsqu'il représente Niobé, instruite de la ruine de sa famille par la renommée, par le deuil du peuple et les larmes du palais. «Naguère, superbe dans sa démarche de reine, au milieu de la ville, enviée dans sa gloire par tous ses sujets, et maintenant objet de pitié, même pour un ennemi, Niobé s'assied sur les corps glacés de ses enfants, et distribue au hasard, à chacun d'eux les derniers baisers. Prosternée auprès de leurs cadavres, et de là, levant vers le ciel ses bras pâles et livides : «Repais-toi, dit-elle, ô Latone, repais-toi de ma douleur ! savoure à longs traits ta joie et mon deuil ! assouvis ton cœur barbare : je meurs dans mes sept enfants ! Tu as vaincu, implacable ennemie, triomphe [2] !» Stace a prêté des accents vrais à la douleur de la mère du jeune Crénée, immolé par le farouche Hippomédon [3]; toutefois, on donnera, je crois, la préférence aux apostrophes rapides que la malheureuse Argie adresse à son cher Polynice, dont elle cherche à étancher et à recueillir le sang, en prodiguant ses caresses à un corps inanimé [4]. Mal-

---

[1] *Quintus Calaber*; chant X, vers 151 et suivants.
[2] *Métamorphoses*, livre VI, vers 267 et suivants.
[3] *Thébaïde*, Chant IX, vers 376 et suivants.
[4] *Ibid.* Chant XII, vers 322 et suivants.

heureusement le texte contient des longueurs et de froides exagérations.

Shakspeare est plus passionné, plus dramatique, plus déchirant lorsqu'il sert d'interprète au désespoir de la reine Marguerite, à l'aspect du prince Édouard, son fils, poignardé sous ses yeux par les ducs de Clarence et de Glocester et par le roi Édouard, usurpateur de la couronne [1].

Virgile, avant de rentrer dans la lice des combats, n'a point été prendre le feu sacré sur les autels d'Homère. Attaqués froidement, les Troyens se défendent de même : quels impétueux assaillants que ce terrible Mézence et ce fameux Messape dompteur de coursiers ! L'un agite en ses mains un flambeau ; l'autre arrache la palissade et demande des échelles ! Voilà toute leur audace ; voilà toute leur colère [2] ! Virgile nous montre un mo-

---

[1] *Henri VI*, IIIe partie, acte V.

Au troisième chant de la *Messiade*, Klopstock prête les paroles suivantes au désespoir de Lebbée, disciple de Jésus, qu'il croit mort : « O mon maître ! tu es tombé sous le fer des impies, et je ne t'ai pas vu mourir ! et je ne t'ai pas fermé les yeux ! Parlez, scélérats, parlez : dans quel champ l'avez-vous égorgé ? dans quel désert inconnu l'avez-vous traîné ? dans quel tombeau l'avez-vous caché ? Dans quel lieu reposes-tu, homme divin ? Ah ! tes farouches meurtriers t'auront jeté parmi les morts pâle et défiguré,.... etc. »

[2] Delille a pensé comme moi, et senti la nécessité d'ajouter au texte

ment ces deux rois alliés de Turnus, dans lesquels il a voulu représenter des personnages importants, *ductores primi*, et, sauf un petit exploit qu'il prête à Mézence, il les oublie tout le reste du chant, comme si l'éclat jeté par ses lieutenants n'ajouterait pas à la gloire du héros qu'il ramène devant nos yeux. Pour juger si les premiers travaux de Turnus, de retour, méritaient la pompe de la nouvelle invocation du poète à Calliope, nous devons d'abord citer une scène de la *Jérusalem délivrée*. L'armé chrétienne vient donner l'assaut à Solime. Les infidèles couronnent les remparts ; on leur apporte, par l'ordre d'Aladin, de la chaux, du soufre, du bitume, des pierres et des dards ; le mur qui domine la plaine paraît couvert d'armes et de machines. Soliman, tel qu'un horrible géant, s'élève de la moitié du corps au-dessus du rempart ; près de lui Argant paraît, semblable à une tour menaçante et qui se découvre de loin. Au milieu du bastion, et sur la tour angulaire la plus haute,

---

Terrible par son air comme par sa vaillance,
Le feu, le fer en main, marche l'affreux Mézence ;
Par le feu, par le fer il poursuit ses assauts ;
Tandis que ce guerrier, enfant du dieu des eaux,
Messape, des remparts méditant l'escalade,
Arrache, foule aux pieds leur vaine palissade,
Et, plantant son échelle, ardent, audacieux,
Ressemble à ces géants qui menaçaient les cieux.

Clorinde plane au-dessus d'eux tous ; dans l'intérieur, le vieux monarque veille partout à la défense commune.

Quant à l'assaut, si le Tasse y est moins ardent, moins impétueux qu'Homère, il paraît cent fois plus peintre que Virgile sur le même sujet. A la place de Messape, qui parle et ne fait rien, je vois l'audacieux Adraste ; il se montre le premier, le premier il pose une échelle et y monte : ni les traits, ni le bitume bouillant qui pleuvent sur lui ne peuvent l'arrêter [1]. Au lieu de Mézence, avec un flambeau qu'il semble agiter inutilement, voici Argant et le sultan de Nicée qui viennent d'arracher la victoire et Solime aux chrétiens. « Déjà ils demandent des flammes aux assiégés ; déjà ils ont saisi deux torches brûlantes, et marchent vers la tour. Telles avaient coutume de sortir de la porte du Tartare pour bouleverser le monde, les deux sœurs impies, ministres de Pluton, armées de flambeaux et de serpents qu'elles secouaient dans les airs. Dès que Tancrède, qui ailleurs encourageait les chrétiens à l'assaut, a vu ces incroyables exploits, ces doubles flammes, ces deux grandes torches menaçantes, soudain il s'arrête au milieu de ses paroles et vole contenir la fureur des Sarrasins ; alors, il

---

[1] Chant XI, strophe XXV — LI.

donne des preuves si terribles de sa bravoure que les vainqueurs prennent la fuite et perdent tous leurs avantages [1]. »

Dans une autre circonstance, après avoir enfoncé les chrétiens, après avoir mis le feu à cette même tour sauvée par Tancrède, et qui dominait sur Solime comme le cheval de bois dominait sur Ilion, Argant et Clorinde se retirent à l'approche de toute l'armée ennemie; mais les deux rivaux de gloire reculent aussi fièrement qu'Ajax devant Hector et les siens, mais leur retraite victorieuse s'exécute à la clarté d'un vaste embrasement et au bruit de la chute de la fatale machine, qui détruit en un moment le fruit de tant de travaux, et fait courir aux armes les soldats de Godefroi, frappés de terreur[2]. Comme auprès de ces vives et riches peintures pâlit la situation esquissée dans les vers de Virgile, d'ailleurs si beaux d'expression! Delille a développé à propos l'original avec une liberté de poète :

> De Turnus, le premier, la main impatiente
> Fait voler sur la tour une torche fumante :
> La flamme siffle, vole, et s'attache à ses flancs ;
> Le vent au loin la roule en tourbillons brûlants ;
> Sur ses aîles de feu sa fureur se déploie,
> Et d'étage en étage elle poursuit sa proie.

---

[1] Chant XI, strophe LXVI et LXVII.
[2] Chant XII, strophe XLIII et suivantes.

Mais chez lui, ainsi que dans le texte, il nous manque l'image du triomphe de l'incendie allumé par Turnus. La chute de la tour et les supplices de ses malheureux défenseurs, qu'elle entraîne avec elle, sont froidement décrits ; aussi le judicieux traducteur a-t-il encore essayé de réchauffer cette scène qui devait inspirer une pitié si profonde pour les compagnons d'Énée.

A travers quelques exploits, plus ou moins imités d'Homère, et qui de même que les précédents, attirent sur Turnus toute l'attention, tandis que ses généraux, comme les lieutenants d'Énée, restent confondus parmi la foule, ou n'en sortent que par des actions vulgaires, nous arrivons à un épisode destiné à mettre dans tout son jour le courage du petit-fils d'Anchise, qui nous est rendu ainsi après une longue éclipse :

« Alors, pour la première fois, dit-on, Ascagne,
» qui jusqu'à ce moment n'avait porté la terreur
» que chez les timides habitants des forêts, tendit
» son arc, dont la flèche rapide terrassa le vaillant Nu-
» manus, surnommé Rémulus, que l'hymen avait
» naguère uni à la jeune sœur du monarque d'Ardée.
» On le voyait au premier rang, orgueilleux de l'hon-
» neur de sa récente alliance, s'emporter en ou-
» trages indignes, et marcher en poussant d'inso-
» lentes clameurs. «N'avez-vous point honte de ce
» nouveau siége et des remparts qui vous empri-

» sonnent, Phrygiens, deux fois captifs ? Ne rou-
» gissez-vous pas d'opposer encore vos murailles
» au dieu de la guerre ? Les voilà donc ces héros
» qui, le fer à la main, nous demandent nos fem-
» mes ? Quelle divinité ennemie, quelle démence
» vous a poussés sur nos bords ? Ici, point d'Atrides,
» point d'Ulysse aux discours fallacieux. Nous som-
» mes issus d'une race indomptable ; nos fils, à leur
» naissance, sont plongés dans les fleuves où leurs
» membres s'endurcissent au sein des glaces et des
» flots. Enfants encore, et déjà chasseurs intrépides,
» ils devancent le jour dans les forêts ; gouverner les
» coursiers, tendre un arc menaçant, voilà leurs jeux.
» Ici, la jeunesse, infatigable au travail, contente
» de peu, ou dompte la terre avec le soc, ou ébranle
» les cités dans un assaut. Jamais le fer ne quitte
» nos mains, et c'est avec nos lances renversées que
» nous aiguillonnons les flancs de nos taureaux. La
» pesante vieillesse n'énerve point notre courage,
» n'altère point notre vigueur : un casque presse
» encore nos cheveux blanchis; toujours nous nous
» plaisons à conquérir une proie nouvelle, à vivre
» de butin. Mais sous vos habits que la pourpre
» éclatante ou le safran ont colorés, battent des
» cœurs sans énergie. Vous ne respirez que les dan-
» ses; vos tuniques à longues manches cachent des
» bras efféminés, vos mîtres sont nouées sous le
» menton avec des bandelettes. O véritables Phry-

» giennes, et non Phrygiens! allez sur le Dindyme,
» où le double son de vos flûtes charme mollement
» vos oreilles; les tambours et les fifres de la mère
» des dieux vous redemandent : laissez les armes
» aux hommes, et quittez le fer, trop pesant pour
» vos mains. »

Le discours de Numanus, si propre à provoquer la colère d'Ascagne, offre un de ces tableaux de mœurs où se complaît la poésie épique, et que César, dans ses *Commentaires*, Tacite, dans sa *Germanie*, M. de Châteaubriand, lorsqu'il a peint les Francs et les Gaulois [1], ont aussi tracé avec bonheur. Quant aux injures prodiguées au peuple troyen par Numanus, dont le langage devrait ressembler davantage à celui du Pharasmane de Crébillon, nous les retrouvons à plusieurs reprises dans l'*Iliade* [2]. Les invectives d'Argillan aux Arabes, et la fin de la harangue du Rhin à ses défenseurs éperdus devant les troupes de Louis XIV [3], se rapportent parfaitement aux paroles du roi guerrier de Virgile.

---

[1] *Martyrs*, chant VI.

[2] Chant III, vers 38 et suivants; chant VII, vers 96 et suivants.

[3] Boileau, *Épitre au roi* sur le passage du Rhin. *Voyez* aussi la farouche armée de Henri opposée à celle de Valois, pleine de courtisans efféminés. *Henriade*, chant III.

Le courroux, la prière, l'action, la réponse d'Ascagne sont exprimés en très-beaux vers, qui pourtant n'égalent point ceux d'Homère, dans la scène où Pandarus lance le trait fatal qui décida du sort d'Ilion[1]. Mais comment approuver l'intervention d'Apollon, compromettant d'abord son caractère au point de prodiguer à un jeune homme qui n'a rien fait, cet éloge insensé : « Courage, enfant, déploie ta naissante valeur, c'est ainsi qu'on arrive au ciel!.... Déjà Troie ne peut plus te contenir. » On ne conçoit guères une application si intempestive du mot célèbre et prophétique de Philippe à Alexandre, qui venait de se révéler tout entier à la bataille de Chéronnée : « Cherche un autre royaume, car la Macédoine ne peut plus te contenir. » Et puis, quelle imitation peu judicieuse d'Homère que la métamorphose du dieu caché, on ne sait pourquoi, sous les traits de l'écuyer Butès, et ordonnant tout-à-coup la retraite au fils d'Énée, qu'il excitait il n'y a qu'un instant, et dont toute la gloire se borne au mérite d'avoir abattu Numanus de loin, avec une flèche! Dans l'*Iliade*, Apollon, empruntant la forme de Périphas, apparaît à Énée, pour ranimer le courage des Troyens; le fils d'Anchise reconnaît l'immortel, et, enflammé d'une

---

[1] *Iliade*, chant IV, vers 116 et suivants.

nouvelle ardeur, il crie à Hector: «Un dieu lui-même, je l'ai vu à mes côtés, vient de m'annoncer que Jupiter, arbitre souverain des combats, embrasse notre défense : marchons droit aux ennemis [1]. »

Voyons, dans la *Thébaïde*, une rencontre pareille à celle d'Ascagne et de Numanus. Par combien d'exploits Parthénopée signale son ardeur pour la gloire! combien de flèches victorieuses lancées par lui! ses mains, ses flèches, on dirait qu'elles se multiplient; chacune d'elles donne la mort. Un coursier belliqueux bondit sous lui au milieu des cadavres et du sang ; en face, à gauche, à droite, partout les ennemis trouvent le fils d'Atalante. Amphion survient; ignorant l'auteur de ce carnage, il crie à Parthénopée : « Jusques à quand penses-tu mettre à profit les délais du destin qui t'épargne, enfant, dont l'imprudence va désoler des parents qui ne l'auront que trop mérité? Cette audace qui enfle ton âme et s'accroît sans mesure, elle vient de ce que personne ne daigne essuyer la rencontre d'un si faible combattant; chacun te laisse de côté, comme au-dessous de la colère. Va! retourne en Arcadie, et là, mêlé à des compagnons de ton âge, joue aux combats chez ton père, tandis que, couvert de sang et de poussière, Mars déploiera ses

---

[1] Chant XVII, vers 323 et suivants.

fureurs sur un vrai champ de bataille[1]. » Cette ironie enflamme le cœur du fils d'Atalante ; et, de-là, une réponse insultante, comme le discours de Numanus, puis un combat dans lequel Amphion est dérobé par Diane à la vengeance inévitable de Parthénopée.

M. de Châteaubriand a élevé aussi un débat de paroles entre un Franc et un Gaulois. Ce débat, qui roule sur le même fond que les deux précédents, étincelle de verve et d'éloquence ; il amène une violente attaque, que suivrait infailliblement la mort de l'un ou de l'autre guerrier, si on ne venait les séparer par la force[2]. Je regrette de ne pouvoir citer la réponse du Gaulois, réponse empreinte d'une beauté presque sublime, mais surtout remarquable parce qu'on y trouve toutes les glorieuses fatalités attachées au nom des Gaulois dans l'univers, comme le discours de Jupiter à Vénus[3] renferme toutes les glorieuses fatalités du peuple romain.

Le nouveau combat qui s'engage après la retraite d'Ascagne et le départ d'Apollon est, suivant Pope, l'un des passages de l'*Énéide* auxquels Homère a

---

[1] Stace, *Thébaïde*, chant IX, vers 736 et suivants.
[2] *Martyrs*, chant VII.
[3] *Énéide*, livre I.

mis le feu. Je souscrirais sans peine à cette observation de l'illustre Anglais, si la vive peinture de Virgile couronnait les détails d'une véritable action, où les deux partis se feraient reconnaître, surtout les Troyens, qui ont tant besoin d'éclater par des travaux dignes de mémoire. Mais comment se distinguent les seuls d'entre eux qu'on puisse remarquer, Bitias et Pandarus, ces deux géants, aussi grands, aussi sauvages que les chênes de leurs sauvages forêts, et, pareils à deux tours qui défendent le camp? Sans ordres, sans motifs, sans passion qui expliquent leur entraînement et leur fatale désobéissance, ils commettent la haute imprudence d'ouvrir la porte confiée à leur garde et de provoquer l'ennemi! les Rutules, comme les vents enchaînés dans l'antre d'Éole, s'élancent vers le passage ouvert, *qua data porta ruunt*, et veulent le forcer; bientôt les uns sont contraints de fuir, les autres expirent sur le seuil même de la ville. Ce spectacle enflamme de fureur les deux partis opposés ; accourus de toutes parts, les Troyens se rassemblent, osent en venir aux mains, et même s'éloigner de la porte. Voilà ce que Virgile se contente de nous dire en quelques vers élégants, mais froids, quand nous attendions des exploits incroyables comme ceux des Hector, des Diomède, des Ajax, ou ceux des Argant, des Rodomont, des Renaud, héros de la même famille et de la même physionomie, en quelque sorte, quoique nés en des pays et des siècles différents. Pendant que les Phrygiens, furieux, se hasardent si timidement, plus prompt que la foudre, et encore plus indigné que Régulus à l'aspect des portes de Carthage, insolemment ouvertes, Turnus accourt, et prélude par le massacre de plusieurs victimes à la mort du terrible Bitias, qu'il tue d'un coup de phalarique. Ici une comparaison d'une folle grandeur affaiblit le peu d'effet de la trop facile défaite de l'un des guerriers sur qui reposait, en ce moment, le salut de l'armée. M. de Châteaubriand a eu recours à une comparaison plus hyperbolique encore au sujet de deux armées, l'une de Francs, l'autre de Gaulois, de Grecs et de Romains; mais nous ne pensons point à critiquer l'écrivain, parce que l'aspect, les menaces, les cris furieux de deux cent mille sauvages altérés de sang, et prêts à en venir aux mains avec les premiers soldats du monde, sont plus effrayants peut-être que tous les bruits du ciel, de la terre et des mers ébranlés.

Les Troyens, dans l'essor de la rage guerrière que Virgile leur prête si gratuitement, auraient dû au moins arrêter l'impétueux Turnus, et prévenir ou retarder la mort de leur défenseur; apparemment la présence du roi d'Ardée aura glacé leur courage; nous sommes autorisés à le croire, en voyant leur inaction devant l'ennemi qui les affronte, bientôt suivie de la frayeur et de la fuite la plus honteuse. Le poète fait intervenir le terrible Mars, pour rejeter sur lui le malheur ou le crime des Troyens : vaine excuse qui ne saurait nous abuser; ici, le véritable Mars c'est Turnus.

L'épouvante de ces timides guerriers laisse le camp d'Énée à la merci des Rutules [1] : Pandarus voit le péril, et repousse la porte avec d'incroyables efforts. L'imprudent! il vient de renfermer le redoutable Turnus, qui s'élance dans la ville comme un grand tigre d'Asie au milieu d'un lâche troupeau. Rien de plus fièrement dessiné que ce nouvel Achille aux proportions homériques. Aucun des Troyens n'ose l'attaquer ou l'attendre, le seul Bitias aura cette audace; mais, que l'amour fraternel, que la fureur, que la soif de la vengeance qui devraient le transporter, sont loin d'avoir en lui le ferment des passions indomptées d'un sauvage enfant des forêts! que sa froide apostrophe à Turnus représente mal ces paroles violentes et terribles qui s'échappent d'un cœur orageux, comme

---

[1] Turnus pénètre dans un camp ouvert; l'Hector d'Homère enfonce, brise la porte du camp des Grecs avec un énorme rocher, et il entre sur les débris de cette porte longtemps attaquée et défendue. On trouverait peu de tableaux aussi pittoresques que le récit de cette action; Homère y montre tout son génie pour les grandes scènes de la guerre. *Iliade*, chant XII.

la foudre que l'aquilon arrache et fait jaillir du choc des nuages. D'ailleurs, pourquoi ses efforts se réduisent-ils à différer d'un moment la rapidité de sa mort? Les Troyens tenteront-ils du moins de le venger? essaieront-ils de retenir un instant le torrent prêt à tout inonder? Non, ils fuiront encore devant Turnus; et, comme pour aggraver l'énormité de leur faute envers la patrie et leur compagnons d'armes, le poète ajoutera imprudemment : « Que si le vainqueur eût songé à ouvrir la barrière et à introduire ses troupes dans le camp, ce jour aurait été le dernier de la guerre et de la race troyenne. » Ainsi donc, les défenseurs du nouvel Ilion l'ont mis eux-mêmes à deux doigts de sa ruine; et la conduite de leurs généraux, qui ont laissé les portes du camp ouvertes si long-temps à l'ennemi, sans envoyer ni ordres, ni forces pour l'arrêter, et qui, en outre, ont tant de peine à triompher d'un homme, ne prouve que trop évidemment qu'ils eussent été incapables de sauver d'un danger extrême les restes du peuple troyen. L'Arioste dit, à l'exemple de Virgile : « Si, pendant que ce maudit Sarrasin exerçait tant de ravages, Agramant eût continué d'assaillir les dehors avec plus de vigueur, Paris, dans ce jour, eût été perdu[1]. » Mais Paris est

---

[1] Chant XVI, strophe XXVIII.

attaqué par deux cent mille hommes, mais Charlemagne, qui a tout prévu, tout ordonné pour la défense, est en face d'Agramant, pendant que le roi d'Alger exerce toutes ses fureurs dans la ville qu'il a incendiée ; et si Paris venait à succomber, Charlemagne, digne d'un meilleur sort, n'aurait pas perdu toute sa gloire et mérité les reproches de la postérité.

Dans l'*Iliade*, les portes du camp d'Agamemnon ne sont point ouvertes par la vaine arrogance ou la coupable témérité de leurs gardiens; elles le sont pour recevoir les Grecs, fugitifs devant l'armée troyenne. Là, se précipite le roi Asius, avec tous les siens; animé par l'espoir de remporter une victoire facile, il se trouve en face de Polypœtès, fils de Pyrithoüs, et de Léontée, semblable au cruel Mars. A l'aspect de l'ennemi, les deux descendants des belliqueux Lapithes enflamment le courage de leurs soldats ; mais bientôt, entendant les cris de terreur poussés par les Grecs, au moment de l'approche des Phrygiens, ils s'élancent hors des portes au-devant de ceux-ci, comme deux sangliers en furie[1]. L'airain, frappé de toutes parts, retentit sur la poitrine de ces guerriers. Du haut des tours, au pied des tours, de tous côtés autour

---

[1] L'Arioste a imité cette belle comparaison, chant XVIII, strophe XIX.

des remparts, l'action est terrible. Le roi Asius, consterné de cette défense inattendue, adresse ses plaintes à Jupiter, le protecteur d'Hector. Cependant, Polypœtès et Léontée se précipitent au milieu des bataillons troyens; seuls, entre tant de combattants, ils se signalent par des exploits qui secondent la résistance opiniâtre des Grecs. Comment ceux-ci se laisseraient-ils abattre lorsque, sous leurs yeux, deux hommes, armés d'un indomptable courage, triomphent au plus fort d'une affreuse mêlée? Dans le reste du chant, Hector et Polydamas, Sarpédon et Glaucus, Ménesthée, les deux Ajax, Teucer, leur émule, suivis de soldats dignes de leurs chefs, font assaut de constance et d'intrépidité. Et, quoique Jupiter et la Victoire paraissent avoir adopté Hector et ses Troyens, on suit avec une anxiété pleine d'une vive admiration les paroles, les actions, les travaux, les dangers de leurs généreux adversaires. Les Grecs, près de succomber, pourraient dire comme Didon : « *Nunc nos fata impia tangunt,* nous voilà sous la main des cruelles destinées! » Néanmoins, au lieu de baisser la tête sous le joug d'airain de la nécessité, ils tentent tous les moyens de reconquérir la fortune et les dieux[1].

La fureur de Turnus ne trouve aucun obstacle ;

---

[1] *Iliade,* chant XII, vers 120, et suivants.

il frappe, il renverse, il immole comme un lion égorgerait des brebis en l'absence du pasteur. Où sont donc les lieutenants du fils d'Anchise ? Quoi! le camp est ouvert, ses défenseurs sont morts ou en fuite, le glaive de Turnus moissonne tout sur son passage, et aucun d'eux, je le répète, n'a donné des ordres, envoyé des renforts, ou paru sur le théâtre du carnage! On ne conçoit rien à cette manière de remplir les devoirs du commandement. On ne s'explique pas comment Virgile a pu oublier de justifier leur négligence ou leurs retards. A la fin, cependant, le bouillant Séreste et Mnesthée accourent au devant d'une foule éperdue. Il y a une certaine impétuosité dans la harangue du second, mais les étranges paroles qui la terminent ne nous révèlent que trop la nature vulgaire des soldats troyens : « Quoi, lâches ! votre malheureuse pa- » trie, vos antiques dieux, Énée, votre roi, ne trou- » vent en vous ni honte ni pitié ! [1] » Là se révèle un défaut grave du poème. Si, dans le cours de l'action, ce nom sacré de la patrie, qui retentit aujourd'hui à leurs oreilles par hasard, échauffait les discours d'Énée à son peuple; si lui-même exerçait sur les âmes l'autorité d'une âme supérieure; si des lieutenants dignes de lui l'avaient

---

[1] Charlemagne n'insulte pas ainsi le peuple de Paris, fuyant devant Rodomont. Chant XVII, strophe VII.

sans cesse représenté comme un roi chéri de la gloire et des dieux, les Troyens ne céderaient pas au désespoir, après trois jours d'une faible défense, et ne fuiraient pas devant un seul homme enfermé dans leur camp. Toutefois, ils se rallient à la voix des généraux, et leur colère va jusqu'au point de serrer leurs rangs et de tenir ferme. Dans une circonstance pareille, Silius Italicus exprime ainsi les effets de la harangue d'Annibal à ses troupes : « Les âmes s'enflamment et s'exaltent; Annibal a passé tout entier dans leurs veines avec ses paroles, et leur inspire l'ardeur de suivre et d'embrasser toutes les guerres de ce grand capitaine [1] » Au seul nom de Henri IV, annoncé par Mornay, l'armée française se rallie et promet de vaincre sous les yeux de son roi; mais le mouvement est sans enthousiasme dans les vers froids et négligés de Voltaire [2].

Cependant, seul en face d'une armée, Turnus se retire vers le fleuve. Les Troyens, dont le nombre grossit toujours, fondent sur lui en poussant de grands cris, et toujours ils le serrent de plus près. Turnus recule à pas lents, comme un lion furieux et assailli par une multitude de chasseurs;

---

[1] Livre I, vers 545.
[2] *Henriade,* chant IV.

deux fois encore il s'élance au milieu des rangs ennemis, les enfonce et les contraint à la fuite. Mais bientôt le camp se réunit tout entier contre ce nouvel Ajax, et Junon n'ose plus soutenir ses forces. Abandonné du ciel, il ne s'abandonne pas lui-même. Tout le reste de sa défense, jusqu'à l'instant où il se précipite dans le Tibre avec ses armes, est un chef-d'œuvre de vérité, d'imagination, de poésie d'images et d'expression ; malheureusement, chacun des traits de cette scène semble tourner à l'humiliation des Troyens, que le secours injurieux du ciel achève de déshonorer[1]. Il faut en convenir, les Troyens sont un peuple de Pygmées devant un géant qui semblerait justifier l'exagération de ces vers, où Racine sent un peu son Lucain, et auxquels je me permets de faire un léger changement :

> Mais, quoique seul *contre* elle, Achille, furieux,
> Épouvantait l'armée et partageait les dieux.

Tite-Live, dans un récit digne de lutter avec ce que Virgile a de plus pittoresque et de plus hardi, attribue aussi des merveilles inouïes à Coclès, et

---

[1] Mnesthée, devenu tout à coup un foudre de guerre, parce qu'il marche à la tête d'une armée contre un seul homme, est assurément une des plus grandes inadvertances de la raison de Virgile.

lui prête une prière au dieu du Tibre,[1] qui conviendrait bien à Turnus. On peut consulter encore une narration de Quinte-Curce sur les exploits prodigieux d'Alexandre, dans la ville des Oxydraques, narration qui, malgré des hyperboles dignes de l'Arioste, contient une foule de détails pleins de chaleur, empruntés à la nature et à la vérité [2].

L'assaut de Paris, dans le *Roland furieux,* renferme toutes les beautés de composition, toutes les images d'une véritable et terrible action qui manquent à l'assaut du camp troyen par Turnus. Agramant, ses Africains et ses alliés, assiègent la ville, non-seulement avec acharnement, mais encore avec habileté. Charlemagne, secondé du reste de ses paladins, remplit tous les devoirs d'un grand capitaine et d'un héros. D'un côté, exposé à l'attaque de deux cent mille hommes, de l'autre, en proie aux fureurs de Rodomont, qui, après avoir forcé un passage, grâce à des exploits d'une grandeur presque gigantesque, porte partout le fer et la flamme, Paris est sur le point de périr tout entier. En ce moment, le roi d'Alger, plus redoutable que Turnus, apparaît comme un ministre de Satan, ou comme Satan lui-même, avec sa

---

[1] Livre II, § x.
[2] Livre IX, chap. IV et V.

stature, sa puissance et sa rage, aux yeux de la foule épouvantée. Cette partie du récit de l'Arioste, semble avoir été inspirée par l'*Enfer* du Dante, dont elle reproduit le grandiose et la sombre couleur. L'empereur français, qui a sur les bras presque toutes les forces ennemies, ne peut voir ce qui se passe loin de lui; heureusement Renaud arrive avec un secours important. Ses belles dispositions, ses exploits, la double action qui les suit dans la plaine et sur les bords du fleuve; la rivalité, les efforts des héros des deux partis; la fuite des Maures, bientôt ralliés par Ferragus; l'arrivée d'Agramant, avec la moitié de l'armée; le changement de la fortune, et la défaite des alliés de Charlemagne; la valeur de Renaud, qui les ramène à la victoire; Charlemagne instruit des ravages de Rodomont, et accourant à la tête d'une grande partie de ses troupes sur cet autre théâtre de carnage; la place publique inondée de fantassins, de cavaliers, de peuple, et, semblable à une mer qu'agite en mille tourbillons le souffle impétueux des vents; l'inconcevable résistance de Rodomont, qui s'élance enfin dans la Seine, emportant le regret de laisser derrière lui cette ville, qu'il venait de traverser tout entière, et de n'avoir pu la détruire et la bouleverser jusqu'aux fondements, forment un drame égal ou supérieur aux plus brûlantes scènes du grand drame d'Homère [1]. Mais l'Arioste doit à l'*Énéide* le fond de son sujet et le type du personnage, à la fois fabuleux et vrai, de Rodomont. Ce Mars africain est le Turnus de Virgile; et si la copie a des beautés plus admirables que celles du tableau qu'elle s'est proposé de reproduire; si, par un privilége du génie, qui semble n'avoir appartenu qu'au Dante, à l'Arioste et à Milton, cette copie respire une audace, une liberté, une vigueur de pinceau que l'original n'offre pas au même degré; le mérite de la pensée première, l'honneur de l'invention, la puissance de rester dans les bornes du vrai, la perfection d'une poésie presque sans tache, laissent encore beaucoup de gloire à Virgile, exempt des folles exagérations et des autres fautes de son imitateur.

---

[1] *Voyez* les chants XIV, XV, XVI, XVII et XVIII du *Roland furieux*.

ÆNEIDOS

LIBER NONUS.

Atque ea diversa penitus dum parte geruntur,
Irim de cœlo misit Saturnia Juno
Audacem ad Turnum. Luco tum forte parentis
Pilumni Turnus sacrata valle sedebat.
Ad quem sic roseo Thaumantias ore locuta est:
   Turne, quod optanti divum promittere nemo
Auderet, volvenda dies en attulit ultro:
Æneas, urbe, et sociis, et classe relicta,
Sceptra Palatini sedemque petit Evandri.
Nec satis: extremas Corythi penetravit ad urbes;
Lydorumque manum, collectos armat agrestes.
Quid dubitas? nunc tempus equos, nunc poscere currus:
Rumpe moras omnes; et turbata arripe castra.
   Dixit; et in cœlum paribus se sustulit alis;
Ingentemque fuga secuit sub nubibus arcum.
Agnovit juvenis, duplicesque ad sidera palmas
Sustulit, et tali fugientem est voce secutus:
Iri, decus cœli, quis te mihi nubibus actam
Detulit in terras? unde hæc tam clara repente
Tempestas? medium video discedere cœlum,

LIBER XI.

Palantesque polo stellas : sequor omina tanta,
Quisquis in arma vocas. Et sic effatus ad undam
Processit, summoque hausit de gurgite lymphas,
Multa deos orans; oneravitque æthera votis.

Jamque omnis campis exercitus ibat apertis,
Dives equum, dives pictaï vestis et auri.
Messapus primas acies, postrema coërcent
Tyrrhidæ juvenes, medio dux agmine Turnus
Vertitur arma tenens, et toto vertice supra est :
Ceu septem surgens sedatis amnibus altus
Per tacitum Ganges, aut pingui flumine Nilus,
Quum refluit campis, et jam se condidit alveo.
Hic subitam nigro glomerari pulvere nubem
Prospiciunt Teucri, ac tenebras insurgere campis.
Primus ab adversa conclamat mole Caicus :
Quis globus, o cives, caligine volvitur atra!
Ferte citi ferrum, date tela, scandite muros;
Hostis adest, eia! Ingenti clamore per omnes
Condunt se Teucri portas, et mœnia complent.
Namque ita discedens præceperat optimus armis
Æneas : si qua interea fortuna fuisset,
Ne struere auderent aciem, neu credere campo;
Castra modo et tutos servarent aggere muros.
Ergo, etsi conferre manum pudor iraque monstrat,
Objiciunt portas tamen, et præcepta facessunt,
Armatique cavis exspectant turribus hostem.
Turnus, ut ante volans tardum præcesserat agmen,
Viginti lectis equitum comitatus, et urbi
Improvisus adest; maculis quem Thracius albis
Portat equus, cristaque tegit galea aurea rubra.

Ecquis erit mecum, juvenes? qui primus in hostem..?
En, ait: et jaculum adtorquens emittit in auras,
Principium pugnæ, et campo sese arduus infert.
Clamore excipiunt socii, fremituque sequuntur
Horrisono: Teucrum mirantur inertia corda;
Non æquo dare se campo, non obvia ferre
Arma viros, sed castra fovere. Huc turbidus atque huc
Lustrat equo muros, aditumque per avia quærit.
Ac veluti pleno lupus insidiatus ovili,
Quum fremit ad caulas, ventos perpessus et imbres,
Nocte super media; tuti sub matribus agni
Balatum exercent: ille, asper et improbus ira,
Sævit in absentes; collecta fatigat edendi
Ex longo rabies, et siccæ sanguine fauces.
Haud aliter Rutulo muros et castra tuenti
Ignescunt iræ; duris dolor ossibus ardet:
Qua tentet ratione aditus, et quæ via clausos
Excutiat Teucros vallo, atque effundat in æquor.
Classem, quæ lateri castrorum adjuncta latebat,
Aggeribus sæptam circum et fluvialibus undis,
Invadit; sociosque incendia poscit ovantes;
Atque manum pinu flagranti fervidus implet.
Tum vero incumbunt; urget præsentia Turni,
Atque omnis facibus pubes accingitur atris.
Diripuere focos; piceum fert fumida lumen
Tæda, et commixtam Vulcanus ad astra favillam.

   Quis deus, o musæ, tam sæva incendia Teucris
Avertit? tantos ratibus quis depulit ignes?
Dicite: prisca fides facto, sed fama perennis.
   Tempore quo primum Phrygia formabat in Ida

Æneas classem, et pelagi petere alta parabat,
Ipsa deum fertur genetrix Berecyntia magnum
Vocibus his affata Jovem : Da, nate, petenti,
Quod tua cara parens domito te poscit Olympo.
Pinea Silva mihi, multos dilecta per annos,
Lucus in arce fuit summa, quo sacra ferebant,
Nigranti picea trabibusque obscurus acernis :
Has ego Dardanio juveni, quum classis egeret,
Læta dedi; nunc sollicitam timor anxius urget.
Solve metus, atque hoc precibus sine posse parentem,
Ne cursu quassatæ ullo, neu turbine venti,
Vincantur : prosit nostris in montibus ortas.
Filius huic contra, torquet qui sidera mundi :
O genetrix, quo fata vocas? aut quid petis istis ?
Mortaline manu factæ immortale carinæ
Fas habeant ? certusque incerta pericula lustret
Æneas? Cui tanta deo permissa potestas ?
Immo, ubi defunctæ finem portusque tenebunt
Ausonios, olim quæcumque evaserit undas,
Dardaniumque ducem Laurentia vexerit arva,
Mortalem eripiam formam, magnique jubebo
Æquoris esse deas : qualis Nereïa Doto
Et Galatea secant spumantem pectore pontum.
Dixerat; idque ratum Stygii per flumina fratris,
Per pice torrentes atraque voragine ripas,
Annuit; et totum nutu tremefecit Olympum.
    Ergo aderat promissa dies, et tempora Parcæ
Debita complerant, quum Turni injuria Matrem
Admonuit ratibus sacris depellere tædas.
Hic primum nova lux oculis offulsit, et ingens

ÆNEIDOS

Visus ab aurora cœlum transcurrere nimbus,
Idæique chori; tum vox horrenda per auras
Excidit, et Troum Rutulorumque agmina complet:
Ne trepidate meas, Teucri, defendere naves,
Neve armate manus; maria ante exurere Turno
Quam sacras dabitur pinus. Vos, ite solutæ,
Ite, deæ pelagi; genetrix jubet. Et sua quæque
Continuo puppes abrumpunt vincula ripis,
Delphinumque modo demersis æquora rostris
Ima petunt. Hinc virgineæ (mirabile monstrum),
Quot prius æratæ steterant ad littora proræ,
Reddunt se totidem facies, pontoque feruntur.

   Obstupuere animis Rutuli; conterritus ipse
Turbatis Messapus equis; cunctatur et amnis
Rauca sonans, revocatque pedem Tiberinus ab alto.
At non audaci cessit fiducia Turno;
Ultro animos tollit dictis, atque increpat ultro:
Trojanos hæc monstra petunt; his Juppiter ipse
Auxilium solitum eripuit: non tela nec ignes
Exspectant Rutulos. Ergo maria invia Teucris,
Nec spes ulla fugæ: rerum pars altera adempta est;
Terra autem in nostris manibus; tot millia gentes
Arma ferunt Italæ. Nil me fatalia terrent,
Si qua Phryges præ se jactant responsa deorum.
Sat fatis Venerique datum tetigere quod arva
Fertilis Ausoniæ Troës: sunt et mea contra
Fata mihi ferro sceleratam exscindere gentem,
Conjuge præropta. Nec solos tangit Atridas
Iste dolor, solisque licet capere arma Mycenis.
Sed periisse semel satis est. Peccare fuisset

Ante satis, penitus modo non genus omne perosos
Femineum : quibus hæc medii fiducia valli,
Fossarumque moræ, leti discrimina parva,
Dant animos. At non viderunt mœnia Trojæ,
Neptuni fabricata manu, considere in ignes ?
Sed vos, o lecti, ferro qui scindere vallum
Apparat, et mecum invadit trepidantia castra?
Non armis mihi Vulcani, non mille carinis
Est opus in Teucros. Addant se protenus omnes
Etrusci socios; tenebras et inertia furta
Palladii, cæsis summæ custodibus arcis,
Ne timeant; nec equi cæca condemur in alvo :
Luce, palam, certum est igni circumdare muros.
Haud sibi cum Danais rem faxo et pube Pelasga
Esse putent, decimum quos distulit Hector in annum.
Nunc adeo, melior quoniam pars acta diei,
Quod superest, læti bene gestis corpora rebus
Procurate, viri; et pugnam sperate parati.

Interea vigilum excubiis obsidere portas
Cura datur Messapo, et mœnia cingere flammis.
Bis septem Rutulo muros qui milite servent
Delecti; ast illos centeni quemque sequuntur
Purpurei cristis juvenes auroque corusci.
Discurrunt, variantque vices, fusique per herbam
Indulgent vino, et vertunt crateras ahenos.
Collucent ignes, noctem custodia ducit
Insomnem ludo.

Hæc super e vallo prospectant Troes, et armis
Alta tenent; nec non trepidi formidine portas
Explorant, pontesque et propugnacula jungunt;

Tela gerunt. Instant Mnestheus acerque Serestus,
Quos pater Æneas, si quando adversa vocarent,
Rectores juvenum et rerum dedit esse magistros.
Omnis per muros legio sortita periclum
Excubat, exercetque vices, quod cuique tuendum est.

 Nisus erat portæ custos, acerrimus armis,
Hyrtacides; comitem Æneæ quem miserat Ida
Venatrix, jaculo celerem levibusque sagittis :
Et juxta comes Euryalus, quo pulchrior alter
Non fuit Æneadum, Trojana neque induit arma;
Ora puer prima signans intonsa juventa.
His amor unus erat, pariterque in bella ruebant;
Tum quoque communi portam statione tenebant.
Nisus ait : Dine hunc ardorem mentibus addunt,
Euryale? an sua cuique deus fit dira cupido ?
Aut pugnam, aut aliquid jam dudum invadere magnum,
Mens agitat mihi; nec placida contenta quiete est.
Cernis, quæ Rutulos habeat fiducia rerum :
Lumina rara micant; somno vinoque sepulti
Procubuere; silent late loca. Percipe porro
Quid dubitem, et quæ nunc animo sententia surgat.
Ænean acciri omnes, populusque patresque,
Exposcunt, mittique viros qui certa reportent.
Si tibi quæ posco promittunt, nam mihi facti
Fama sat est, tumulo videor reperire sub illo
Posse viam ad muros et moenia Pallantea.
Obstupuit, magno laudum percussus amore,
Euryalus; simul his ardentem affatur amicum :
Mene igitur socium summis adjungere rebus,
Nise, fugis? solum te in tanta pericula mittam?

LIBER IX.

Non ita me genitor bellis assuetus Opheltes
Argolicum terrorem inter Trojæque labores
Sublatum erudiit; nec tecum talia gessi,
Magnanimum Æneam et fata extrema secutus.
Est hic, est animus lucis contemptor, et istum
Qui vita bene credat emi, quo tendis, honorem.
Nisus ad hæc : Equidem de te nil tale verebar,
Nec fas; non : ita me referat tibi magnus ovantem
Juppiter, aut quicumque oculis hæc adspicit æquis.
Sed, si quis (quæ multa vides discrimine tali),
Si quis in adversum rapiat casusve deusve,
Te superesse velim : tua vita dignior ætas.
Sit qui me raptum pugna, pretiove redemptum,
Mandet humo solita; aut, si qua id fortuna vetabit,
Absenti ferat inferias, decoretque sepulcro.
Neu matri miseræ tanti sim causa doloris;
Quæ te, sola, puer, multis e matribus ausa,
Persequitur, magni nec mœnia curat Acestæ.
Ille autem : Causas nequicquam nectis inanes,
Nec mea jam mutata loco sententia cedit.
Acceleremus, ait : vigiles simul excitat ; illi
Succedunt, servantque vices : statione relicta
Ipse comes Niso graditur, regemque requirunt.

Cetera per terras omnes animalia somno
Laxabant curas, et corda oblita laborum :
Ductores Teucrum primi, delecta juventus,
Consilium summis regni de rebus habebant;
Quid facerent, quisve Æneæ jam nuntius esset.
Stant longis adnixi hastis, et scuta tenentes,
Castrorum et campi medio. Tum Nisus et una

Euryalus confestim alacres admittier orant;
Rem magnam, pretiumque moræ fore. Primus Iulus
Accepit trepidos, ac Nisum dicere jussit.
Tum sic Hyrtacides : Audite o mentibus æquis
Æneadæ; neve hæc nostris spectentur ab annis
Quæ ferimus. Rutuli somno vinoque soluti
Procubuere : locum insidiis conspeximus ipsi,
Qui patet in bivio portæ quæ proxima ponto.
Interrupti ignes, aterque ad sidera fumus
Erigitur. Si fortuna permittitis uti,
Quæsitum Ænean ad mœnia Pallantea
Mox hic cum spoliis, ingenti cæde peracta,
Affore cernetis. Nec nos via fallit euntes :
Vidimus obscuris primam sub vallibus urbem
Venatu assiduo, et totum cognovimus amnem.
Hic annis gravis atque animi maturus Aletes :
Di patrii, quorum semper sub numine Troja est,
Non tamen omnino Teucros delere paratis,
Quum tales animos juvenum et tam certa tulistis
Pectora. Sic memorans, humeros dextrasque tenebat
Amborum, et vultum lacrymis atque ora rigabat.
Quæ vobis, quæ digna, viri, pro laudibus istis,
Præmia posse rear solvi? Pulcherrima primum
Di moresque dabunt vestri : tum cetera reddet
Actutum pius Æneas, atque integer ævi
Ascanius, meriti tanti non immemor unquam.
Immo ego vos, cui sola salus genitore reducto,
Excipit Ascanius, per magnos, Nise, Penates,
Assaracique Larem, et canæ penetralia Vestæ,
Obtestor; quæcumque mihi fortuna fidesque est,

In vestris pono gremiis : revocate parentem;
Reddite conspectum; nihil illo triste recepto.
Bina dabo argento perfecta atque aspera signis
Pocula, devicta genitor quæ cepit Arisba;
Et tripodas geminos; auri duo magna talenta;
Cratera antiquum, quem dat Sidonia Dido.
Si vero capere Italiam sceptrisque potiri
Contigerit victori, et prædæ ducere sortem;
Vidisti quo Turnus equo, quibus ibat in armis
Aureus : ipsum illum, clypeum cristasque rubentes,
Excipiam sorti, jam nunc tua præmia, Nise.
Præterea bis sex genitor lectissima matrum
Corpora, captivosque dabit, suaque omnibus arma :
Insuper his, campi quod rex habet ipse Latinus.
Te vero, mea quem spatiis propioribus ætas
Insequitur, venerande puer, jam pectore toto
Accipio, et comitem casus complector in omnes :
Nulla meis sine te quæretur gloria rebus;
Seu pacem, seu bella geram, tibi maxima rerum
Verborumque fides. Contra quem talia fatur
Euryalus : Me nulla dies tam fortibus ausis
Dissimilem arguerit; tantum : fortuna secunda
Aut adversa cadat. Sed te super omnia dona
Unum oro : genitrix, Priami de gente vetusta,
Est mihi, quam miseram tenuit non Ilia tellus
Mecum excedentem, non mœnia regis Acestæ.
Hanc ego nunc ignaram hujus quodcumque pericli est,
Inque salutatam linquo : nox et tua testis
Dextra quod nequeam lacrymas perferre parentis.
At tu, oro, solare inopem, et succurre relictæ.

Hanc sine me spem ferre tui; audentior ibo
In casus omnes. Percussa mente dederunt
Dardanidæ lacrymas; ante omnes pulcher Iulus;
Atque animum patriæ strinxit pietatis imago.
Tum sic effatur :
Spondeo digna tuis ingentibus omnia cœptis.
Namque erit ista mihi genitrix, nomenque Creüsæ
Solum defuerit; nec partum gratia talem
Parva manet, casus factum quicumque sequentur.
Per caput hoc juro, per quod pater ante solebat;
Quæ tibi polliceor reduci rebusque secundis,
Hæc eadem matrique tuæ generique manebunt.
Sic ait illacrymans : humero simul exuit ensem
Auratum, mira quem fecerat arte Lycaon
Gnosius, atque habilem vagina aptarat eburna.
Dat Niso Mnestheus pellem horrentisque leonis
Exuvias : galeam fidus permutat Aletes.
Protenus armati incedunt; quos omnis euntes
Primorum manus ad portas juvenumque senumque
Prosequitur votis : nec non et pulcher Iulus,
Ante annos animumque gerens curamque virilem,
Multa patri portanda dabat mandata; sed auræ
Omnia discerpunt, et nubibus irrita donant.

Egressi superant fossas, noctisque per umbram
Castra inimica petunt, multis tamen ante futuri
Exitio. Passim somno vinoque per herbam
Corpora fusa vident; arrectos littore currus,
Inter lora rotasque viros; simul arma jacere,
Vina simul. Prior Hyrtacides sic ore locutus :
Euryale, audendum dextra : nunc ipsa vocat res.

Hac iter est : tu, ne qua manus se attollere nobis
A tergo possit, custodi, et consule longe.
Hæc ego vasta dabo, et lato te limite ducam.
Sic memorat, vocemque premit : simul ense superbum
Rhamnetem aggreditur, qui forte tapetibus altis
Exstructus toto proflabat pectore somnum :
Rex idem, et regi Turno gratissimus augur;
Sed non augurio potuit depellere pestem.
Tres juxta famulos temere inter tela jacentes,
Armigerumque Remi premit, aurigamque sub ipsis
Nactus equis, ferroque secat pendentia colla.
Tum caput ipsi aufert domino truncumque relinquit
Sanguine singultantem : atro tepefacta cruore
Terra toriquemadent. Nec non Lamyrumque, Lamumque,
Et juvenem Sarranum, illa qui plurima nocte
Luserat, insignis facie, multoque jacebat
Membra deo victus : felix si protenus illum
Æquasset nocti ludum, in lucemque tulisset !
Impastus ceu plena leo per ovilia turbans,
Suadet enim vesana fames, manditque trahitque
Molle pecus, mutumque metu; fremit ore cruento.
Nec minor Euryali cædes : incensus et ipse
Perfurit, ac multam in medio sine nomine plebem,
Fadumque, Herbesumque subit, Rhœtumque, Arabimque,
Ignaros; Rhœtum vigilantem et cuncta videntem,
Sed magnum metuens se post cratera tegebat;
Pectore in adverso totum cui comminus ensem
Condidit assurgenti, et multa morte recepit.
Purpuream vomit ille animam, et cum sanguine mixta
Vina refert moriens : hic furto fervidus instat.

ÆNEIDOS

Jamque ad Messapi socios tendebat, ubi ignem
Deficere extremum, et religatos rite videbat
Carpere gramen equos; breviter quum talia Nisus,
(Sensit enim nimia cæde atque cupidine ferri,)
Absistamus, ait; nam lux inimica propinquat.
Pœnarum exhaustum satis est; via facta per hostes.
Multa virum solido argento perfecta relinquunt
Armaque, craterasque simul, pulchrosque tapetas.
Euryalus phaleras Rhamnetis et aurea bullis
Cingula; Tiburti Remulo ditissimus olim
Quæ mittit dona, hospitio quum jungeret absens,
Cædicus; ille suo moriens dat habere nepoti:
Post mortem bello Rutuli pugnaque potiti.
Hæc rapit, atque humeris nequicquam fortibus aptat.
Tum galeam Messapi habilem cristisque decoram
Induit. Excedunt castris, et tuta capessunt.

    Interea præmissi equites ex urbe Latina,
Cetera dum legio campis instructa moratur,
Ibant, et Turno regis responsa ferebant,
Tercentum, scutati omnes, Volscente magistro.
Jamque propinquabant castris, murosque subibant,
Quum procul hos lævo flectentes limite cernunt;
Et galea Euryalum sublustri noctis in umbra
Prodidit immemorem, radiisque adversa refulsit.
Haud temere est visum, conclamat ab agmine Volscens:
State, viri; quæ causa viæ? quive estis in armis?
Quove tenetis iter? Nihil illi tendere contra;
Sed celerare fugam in silvas, et fidere nocti.
Objiciunt equites sese ad divortia nota
Hinc atque hinc, omnemque abitum custode coronant.

Silva fuit late dumis atque ilice nigra
Horrida, quam densi complerant undique sentes;
Rara per occultos lucebat semita calles.
Euryalum tenebræ ramorum onerosaque præda
Impediunt; fallitque timor regione viarum.
Nisus abit : jamque imprudens evaserat hostes,
Ad lucos qui post, Albæ de nomine, dicti
Albani; tum rex stabula alta Latinus habebat.
Ut stetit, et frustra absentem respexit amicum :
Euryale, infelix qua te regione reliqui?
Quave sequar? Rursus perplexum iter omne revolvens
Fallacis silvæ, simul et vestigia retro
Observata legit, dumisque silentibus errat.
Audit equos, audit strepitus et signa sequentum.
Nec longum in medio tempus, quum clamor ad aures
Pervenit, ac videt Euryalum, quem jam manus omnis,
Fraude loci et noctis, subito turbante tumultu,
Oppressum rapit et conantem plurima frustra.
Quid faciat? qua vi juvenem, quibus audeat armis
Eripere? an sese medios moriturus in enses
Inferat, et pulchram properet per vulnera mortem?
Ocius adducto torquens hastile lacerto,
Suspiciens altam lunam, sic voce precatur :
Tu, dea, tu præsens nostro succurre labori,
Astrorum decus, et nemorum Latonia custos.
Si qua tuis unquam pro me pater Hyrtacus aris
Dona tulit; si qua ipse meis venatibus auxi,
Suspendive tholo, aut sacra ad fastigia fixi;
Hunc sine me turbare globum, et rege tela per auras.
Dixerat; et toto connixus corpore ferrum

Conjicit : hasta volans noctis diverberat umbras,
Et venit aversi in tergum Sulmonis, ibique
Frangitur, ac fisso transit præcordia ligno.
Volvitur ille vomens calidum de pectore flumen
Frigidus, et longis singultibus ilia pulsat.
Diversi circumspiciunt. Hoc acrior idem
Ecce aliud summa telum librabat ab aure :
Dum trepidant, iit hasta Tago per tempus utrumque,
Stridens, trajectoque hæsit tepefacta cerebro.
Sævit atrox Volscens, nec teli conspicit usquam
Auctorem, nec quo se ardens immittere possit :
Tu tamen interea calido mihi sanguine pœnas
Persolves amborum, inquit. Simul ense recluso
Ibat in Euryalum. Tum vero exterritus, amens,
Conclamat Nisus; nec se celare tenebris
Amplius, aut tantum potuit perferre dolorem :
Me, me; adsum qui feci: in me convertite ferrum,
O Rutuli; mea fraus omnis : nihil iste nec ausus,
Nec potuit; cœlum hoc et conscia sidera testor :
Tantum infelicem nimium dilexit amicum.
Talia dicta dabat; sed viribus ensis adactus
Transabiit costas, et candida pectora rumpit.
Volvitur Euryalus leto, pulchrosque per artus
It cruor, inque humeros cervix collapsa recumbit :
Purpureus veluti quum flos succisus aratro
Languescit moriens; lassove papavera collo
Demisere caput, pluvia quum forte gravantur.
At Nisus ruit in medios, solumque per omnes
Volscentem petit, in solo Volscente moratur.
Quem circum glomerati hostes hinc comminus atque hinc

LIBER IX.

Proturbant: instat non secius, ac rotat ensem
Fulmineum; donec Rutuli clamantis in ore
Condidit adverso, et moriens animam abstulit hosti.
Tum super exanimum sese projecit amicum
Confossus, placidaque ibi demum morte quievit.

  Fortunati ambo, si quid mea carmina possunt,
Nulla dies unquam memori vos eximet ævo,
Dum domus Æneæ Capitoli immobile saxum
Accolet, imperiumque pater Romanus habebit.

  Victores præda Rutuli spoliisque potiti·
Volscentem exanimum flentes in castra ferebant.
Nec minor in castris luctus, Rhamnete reperto
Exsangui, et primis una tot cæde peremptis,
Sarranoque, Numaque; ingens concursus ad ipsa
Corpora, seminecesque viros, tepidaque recentem
Cæde locum et pleno spumantes sanguine rivos.
Agnoscunt spolia inter se, galeamque nitentem
Messapi, et multo phaleras sudore receptas.

  Et jam prima novo spargebat lumine terras
Tithoni croceum linquens Aurora cubile;
Jam sole infuso, jam rebus luce retectis,
Turnus in arma viros, armis circumdatus ipse,
Suscitat, æratasque acies in prœlia cogit:
Quisque suos; variisque acuunt rumoribus iras.
Quin ipsa arrectis, visu miserabile, in hastis
Præfigunt capita, et multo clamore sequuntur,
Euryali et Nisi.

Æneadæ duri murorum in parte sinistra
Opposuere aciem, nam dextra cingitur amni,
Ingentesque tenent fossas, et turribus altis

Stant mæsti : simul ora virum præfixa movebant,
Nota nimis miseris, atroque fluentia tabo.
Interea pavidam volitans pennata per urbem
Nuntia fama ruit, matrisque adlabitur aures
Euryali : at subitus miseræ calor ossa reliquit;
Excussi manibus radii, revolutaque pensa :
Evolat infelix, et femineo ululatu,
Scissa comam, muros amens atque agmina cursu
Prima petit : non illa virum, non illa pericli
Telorumque memor; cœlum dehinc questibus implet :
Hunc ego te, Euryale, adspicio? tune ille, senectæ
Sera meæ requies? potuisti linquere solam,
Crudelis? nec te, sub tanta pericula missum,
Affari extremum miseræ data copia matri?
Heu! terra ignota, canibus data præda Latinis
Alitibusque, jaces! nec te, tua funera, mater
Produxi, pressive oculos, aut vulnera lavi,
Veste tegens, tibi quam noctes festina diesque
Urgebam, et tela curas solabar aniles!
Quo sequar, aut quæ nunc artus, avulsaque membra,
Et funus lacerum, tellus habet? Hoc mihi de te,
Nate, refers? hoc sum terraque marique secuta?
Figite me, si qua est pietas; in me omnia tela
Conjicite, o Rutuli; me primam absumite ferro.
Aut tu, magne pater divum, miserere, tuoque
Invisum hoc detrude caput sub tartara telo,
Quando aliter nequeo crudelem abrumpere vitam.

Hoc fletu concussi animi, mæstusque per omnes
It gemitus : torpent infractæ ad prœlia vires.
Illam incendentem luctus Idæus et Actor,

Ilionei monitu, et multum lacrymantis Iuli,
Corripiunt, interque manus sub tecta reponunt.
  At tuba terribilem sonitum procul ære canoro
Increpuit : sequitur clamor, cœlumque remugit.
Accelerant, acta pariter testudine, Volsci,
Et fossas implere parant, ac vellere vallum.
Quærunt pars aditum, et scalis ascendere muros,
Qua rara est acies, interlucetque corona
Non tam spissa viris. Telorum effundere contra
Omne genus Teucri, ac duris detrudere contis,
Assueti longo muros defendere bello.
Saxa quoque infesto volvebant pondere, si qua
Possent tectam aciem perrumpere; quum tamen omnes
Ferre juvat subter densa testudine casus.
Nec jam sufficiunt; nam, qua globus imminet ingens,
Immanem Teucri molem volvuntque ruuntque,
Quæ stravit Rutulos late, armorumque resolvit
Tegmina : nec curant cæco contendere marte
Amplius audaces Rutuli; sed pellere vallo
Missilibus certant.
Parte alia horrendus visu quassabat Etruscam
Pinum, et fumiferos infert Mezentius ignes.
At Messapus, equum domitor, Neptunia proles,
Rescindit vallum, et scalas in mœnia poscit.
  Vos, o Calliope, precor, adspirate canenti,
Quas ibi tunc ferro strages, quæ funera Turnus
Ediderit, quem quisque virum demiserit Orco;
Et mecum ingentes oras evolvite belli :
Et meministis enim, divæ, et memorare potestis.
  Turris erat vasto suspectu et pontibus altis,

Opportuna loco, summis quam viribus omnes
Expugnare Itali, summaque evertere opum vi,
Certabant, Troës contra defendere saxis,
Perque cavas densi tela intorquere fenestras.
Princeps ardentem conjecit lampada Turnus,
Et flammam affixit lateri, quæ plurima vento
Corripuit tabulas, et postibus hæsit adesis.
Turbati trepidare intus, frustraque malorum
Velle fugam : dum se glomerant, retroque residunt
In partem quæ peste caret, tum pondere turris
Procubuit subito, et cœlum tonat omne fragore.
Semineces ad terram, immani mole secuta,
Confixique suis telis, et pectora duro
Transfossi ligno, veniunt. Vix unus Helenor,
Et Lycus, elapsi; quorum primævus Helenor,
Mæonio regi quem serva Licymnia furtim
Sustulerat, vetitisque ad Trojam miserat armis,
Ense levis nudo, parmaque inglorius alba.
Isque ubi se Turni media inter millia vidit,
Hinc acies atque hinc acies adstare Latinas;
Ut fera, quæ densa venantum sæpta corona
Contra tela furit, seseque haud nescia morti
Injicit, et saltu supra venabula fertur;
Haud aliter juvenis medios moriturus in hostes
Irruit, et qua tela videt densissima tendit.
At pedibus longe melior Lycus, inter et hostes,
Inter et arma, fuga muros tenet, altaque certat
Prendere tecta manu, sociumque attingere dextras.
Quem Turnus, pariter cursu teloque secutus,
Increpat his victor : Nostrasne evadere, demens,

Sperasti te posse manus? Simul arripit ipsum
Pendentem, et magna muri cum parte revellit :
Qualis ubi aut leporem aut candenti corpore cycnum
Sustulit alta petens pedibus Jovis armiger uncis;
Quæsitum aut matri multis balatibus agnum
Martius a stabulis rapuit lupus. Undique clamor
Tollitur : invadunt, et fossas aggere complent;
Ardentes tædas alii ad fastigia jactant.
Ilioneus saxo atque ingenti fragmine montis
Lucetium, portæ subeuntem, ignesque ferentem ;
Emathiona Liger, Corynæum sternit Asylas ;
Hic jaculo bonus, hic longe fallente sagitta ;
Ortygium Cæneus, victorem Cænea Turnus,
Turnus Itym, Cloniumque, Dioxippum, Promolumque,
Et Sagarim, et summis stantem pro turribus Idan ;
Privernum Capys : hunc primo levis hasta Temillæ
Strinxerat : ille manum, projecto tegmine, demens
Ad vulnus tulit; ergo alis allapsa sagitta,
Et lævo adfixa est lateri manus, abditaque intus
Spiramenta animæ letali vulnere rumpit.
Stabat in egregiis Arcentis filius armis,
Pictus acu chlamydem, et ferrugine clarus Ibera,
Insignis facie, genitor quem miserat Arcens,
Eductum Matris luco, Symæthia circum
Flumina, pinguis ubi et placabilis ara Palici.
Stridentem fundam, positis Mezentius hastis,
Ipse ter adducta circum caput egit habena,
Et media adversi liquefacto tempora plumbo
Diffidit; ac multa porrectum extendit arena.
Tum primum bello celerem intendisse sagittam

Dicitur, ante feras solitus terrere fugaces,
Ascanius, fortemque manu fudisse Numanum,
Cui Remulo cognomen erat, Turnique minorem
Germanam, nuper thalamo sociatus, habebat.
Is primam ante aciem, digna atque indigna relatu
Vociferans, tumidusque novo præcordia regno,
Ibat, et ingentem sese clamore ferebat:

   Non pudet obsidione iterum valloque teneri,
Bis capti Phryges, et Marti prætendere muros?
En qui nostra sibi bello connubia poscunt!
Quis deus Italiam, quæ vos dementia adegit?
Non hic Atridæ, nec fandi fictor Ulysses.
Durum ab stirpe genus, natos ad flumina primum
Deferimus, sævoque gelu duramus et undis:
Venatu invigilant pueri, silvasque fatigant:
Flectere ludus equos, et spicula tendere cornu.
At patiens operum parvoque assueta juventus,
Aut rastris terram domat, aut quatit oppida bello.
Omne ævum ferro teritur; versaque juvencum
Terga fatigamus hasta: nec tarda senectus
Debilitat vires animi, mutatque vigorem;
Canitiem galea premimus; semperque recentes
Comportare juvat prædas, et vivere rapto.
Vobis picta croco et fulgenti murice vestis;
Desidiæ cordi; juvat indulgere choreis,
Et tunicæ manicas et habent redimicula mitræ.
O vere Phrygiæ, neque enim Phryges, ite per alta
Dindyma, ubi assuetis biforem dat tibia cantum.
Tympana vos buxusque vocant Berecynthia matris
Idææ: sinite arma viris, et cedite ferro.

Talia jactantem dictis ac dira canentem
Non tulit Ascanius; nervoque obversus equino
Intendit telum, diversaque bracchia ducens
Constitit, ante Jovem supplex per vota precatus :
Juppiter omnipotens, audacibus annue cœptis :
Ipse tibi ad tua templa feram solemnia dona;
Et statuam ante aras aurata fronte juvencum
Candentem, pariterque caput cum matre ferentem,
Jam cornu petat et pedibus qui spargat arenam.
Audiit et cœli genitor de parte serena
Intonuit lævum : sonat una fatifer arcus.
Effugit horrendum stridens adducta sagitta,
Perque caput Remuli venit, et cava tempora ferro
Trajicit. I, verbis virtutem illude superbis.
Bis capti Phryges hæc Rutulis responsa remittunt.
Hoc tantum Ascanius. Teucri clamore sequuntur,
Lætitiaque fremunt, animosque ad sidera tollunt.
Ætheria tum forte plaga crinitus Apollo
Desuper Ausonias acies urbemque videbat,
Nube sedens; atque his victorem affatur Iulum:
Macte nova virtute, puer; sic itur ad astra,
Dis genite, et geniture deos : jure omnia bella
Gente sub Assaraci fato ventura resident :
Nec te Troja capit. Simul hæc effatus, ab alto
Æthere se mittit, spirantes dimovet auras,
Ascaniumque petit : formam tum vertitur oris
Antiquum in Buten. Hic Dardanio Anchisæ
Armiger ante fuit, fidusque ad limina custos;
Tum comitem Ascanio pater addidit. Ibat Apollo
Omnia longævo similis, vocemque, coloremque,

Et crines albos, et saeva sonoribus arma;
Atque his ardentem dictis affatur Iulum :
Sit satis, Aeneada, telis impune Numanum
Oppetiisse tuis : primam hanc tibi magnus Apollo
Concedit laudem, et paribus non invidet armis.
Cetera parce, puer, bello. Sic orsus Apollo
Mortales medio adspectus sermone reliquit,
Et procul in tenuem ex oculis evanuit auram.
Agnovere deum proceres divinaque tela
Dardanidae, pharetramque fuga sensere sonantem.
Ergo avidum pugnae dictis ac numine Phoebi
Ascanium prohibent : ipsi in certamina rursus
Succedunt, animasque in aperta pericula mittunt.
It clamor totis per propugnacula muris :
Intendunt acres arcus, amentaque torquent.
Sternitur omne solum telis : tum scuta cavaeque
Dant sonitum flictu galeae : pugna aspera surgit;
Quantus ab occasu veniens pluvialibus Haedis
Verberat imber humum; quam multa grandine nimbi
In vada praecipitant, quum Juppiter horridus austris
Torquet aquosam hiemem, et coelo cava nubila rumpit.
    Pandarus et Bitias, Idaeo Alcanore creti,
Quos Jovis eduxit luco silvestris Iaera,
Abietibus juvenes patriis et montibus aequos,
Portam, quae ducis imperio commissa, recludunt
Freti armis, ultroque invitant moenibus hostem.
Ipsi intus dextra ac laeva pro turribus adstant,
Armati ferro, et cristis capita alta corusci :
Quales aëriae liquentia flumina circum,
Sive Padi ripis, Athesim seu propter amoenum,

Consurgunt geminæ quercus, intonsaque cœlo
Attollunt capita, et sublimi vertice nutant.
Irrumpunt, aditus Rutuli ut videre patentes.
Continuo Quercens, et pulcher Aquicolus armis,
Et præceps animi Tmarus, et mavortius Hæmon,
Agminibus totis aut versi terga dedere,
Aut ipso portæ posuere in limine vitam.
Tum magis increscunt animis discordibus iræ;
Et jam collecti Troës glomerantur eodem,
Et conferre manum et procurrere longius audent.
   Ductori Turno diversa in parte furenti,
Turbantique viros, perfertur nuntius hostem
Fervere cæde nova, et portas præbere patentes.
Deserit incœptum, atque immani concitus ira
Dardaniam ruit ad portam fratresque superbos;
Et primum Antiphaten, is enim se primus agebat,
Thebana de matre nothum Sarpedonis alti,
Conjecto sternit jaculo : volat Itala cornus
Aëra per tenerum, stomachoque infixa sub altum
Pectus abit ; reddit specus atri vulneris undam
Spumantem, et fixo ferrum in pulmone tepescit.
Tum Meropem atque Erymanta manu, tum sternit
   Aphidnum;
Tum Bitian ardentem oculis, animisque frementem,
Non jaculo, neque enim jaculo vitam ille dedisset ;
Sed magnum stridens contorta falarica venit,
Fulminis acta modo, quam nec duo taurea terga,
Nec duplici squama lorica fidelis et auro
Sustinuit : collapsa ruunt immania membra;
Dat tellus gemitum, et clypeum super intonat ingens.

Qualis in Euboïco Baiarum littore quondam
Saxea pila cadit, magnis quam molibus ante
Constructam ponto jaciunt : sic illa ruinam
Prona trahit, penitusque vadis illisa recumbit :
Miscent se maria, et nigræ attolluntur arenæ ;
Tum sonitu Prochyta alta tremit, durumque cubile
Inarime Jovis imperiis imposta Typhœo.

Hic Masr armipotens animum viresque Latinis
Addidit, et stimulos acres sub pectore vertit ;
Immisitque fugam Teucris atrumque timorem.
Undique conveniunt, quoniam data copia pugnæ,
Bellatorque animos deus incidit.
Pandarus, ut fuso germanum corpore cernit,
Et quo sit fortuna loco, qui casus agat res,
Portam vi multa converso cardine torquet,
Obnixus latis humeris, multosque suorum
Mœnibus exclusos duro in certamine linquit :
Ast alios secum includit recipitque ruentes ;
Demens ! qui Rutulum in medio non agmine regem
Viderit irrrumpentem, ultroque incluserit urbi,
Immanem veluti pecora inter inertia tigrim.
Continuo nova lux oculis effulsit, et arma
Horrendum sonuere; tremunt in vertice cristæ
Sanguineæ, clypeoque micantia fulmina mittit.
Agnoscunt faciem invisam atque immania membra
Turbati subito Æneadæ. Tum Pandarus ingens
Emicat, et, mortis fraternæ fervidus ira,
Effatur : Non hæc dotalis regia Amatæ,
Nec muris cohibet patriis media Ardea Turnum :
Castra inimica vides; nulla hinc exire potestas.

Olli subridens sedato pectore Turnus :
Incipe, si qua animo virtus, et consere dextram ;
Hic etiam inventum Priamo narrabis Achillem.
Dixerat : ille rudem nodis et cortice crudo
Intorquet summis adnixus viribus hastam.
Excepere auræ vulnus; Saturnia Juno
Detorsit veniens; portæque infigitur hasta.
At non hoc telum, mea quod vi dextera versat,
Effugies; neque enim is teli nec vulneris auctor.
Sic ait, et sublatum alte consurgit in ensem,
Et mediam ferro gemina inter tempora frontem
Dividit impubesque immani vulnere malas.
Fit sonus; ingenti concussa est pondere tellus ;
Collapsos artus atque arma cruenta cerebro
Sternit humi moriens; atque illi partibus æquis
Huc caput atque illuc humero ex utroque pependit.

 Diffugiunt versi trepida formidine Troës :
Et, si continuo victorem ea cura subisset
Rumpere claustra manu, sociosque immittere portis,
Ultimus ille dies bello gentique fuisset;
Sed furor ardentem cædisque insana cupido
Egit in adversos.
Principio Phalerim et succiso poplite Gygen
Excipit; hinc raptas fugientibus ingerit hastas
In tergum : Juno vires animumque ministrat.
Addit Halym comitem, et confixa Phegea parma;
Ignaros deinde in muris, martemque cientes,
Alcandrumque, Haliumque, Noëmonaque, Prytanimque :
Lyncea tendentem contra, sociosque vocantem,
Vibranti gladio connixus ab aggere dexter

Occupat; huic uno dejectum comminus ictu
Cum galea longe jacuit caput : inde ferarum
Vastatorem Amycum, quo non felicior alter
Ungere tela manu, ferrumque armare veneno :
Et Clytium Æolidem, et amicum Crethea Musis;
Crethea Musarum comitem, cui carmina semper
Et citharæ cordi, numerosque intendere nervis;
Semper equos atque arma virum pugnasque canebat.

 Tandem ductores, audita cæde suorum,
Conveniunt Teucri, Mnestheus acerque Serestus;
Palantesque vident socios, hostemque receptum.
Et Mnestheus : Quo deinde fugam? quo tenditis? inquit.
Quos alios muros, quæ jam ultra mœnia habetis?
Unus homo, et vestris, o cives, undique sæptus
Aggeribus, tantas strages impune per urbem
Ediderit? juvenum primos tot miserit Orco?
Non infelicis patriæ, veterumque deorum,
Et magni Æneæ, segnes miseretque pudetque?
Talibus accensi firmantur, et agmine denso
Consistunt. Turnus paulatim excedere pugna,
Et fluvium petere, ac partem quæ cingitur unda.
Acrius hoc Teucri clamore incumbere magno,
Et glomerare manum : ceu sævum turba leonem
Quum telis premit infensis : at territus ille,
Asper, acerba tuens, retro redit; et neque terga
Ira dare aut virtus patitur; nec tendere contra,
Ille quidem hoc cupiens, potis est per tela virosque.
Haud aliter retro dubius vestigia Turnus
Improperata refert, et mens exæstuat ira.
Quin etiam bis tum medios invaserat hostes;

Bis confusa fuga per muros agmina vertit.
Sed manus e castris propere coit omnis in unum :
Nec contra vires audet Saturnia Juno
Sufficere; aëriam cœlo nam Juppiter Irim
Demisit, germanæ haud mollia jussa ferentem,
Ni Turnus cedat Teucrorum mœnibus altis.
Ergo nec clypeo juvenis subsistere tantum
Nec dextra valet, injectis sic undique telis
Obruitur. Strepit assiduo cava tempora circum
Tinnitu galea, et saxis solida æra fatiscunt;
Discussæque jubæ capiti; nec sufficit umbo
Ictibus : ingeminant hastis et Troës et ipse
Fulmineus Mnestheus. Tum toto corpore sudor
Liquitur, et piceum (nec respirare potestas)
Flumen agit; fessos quatit acer anhelitus artus.
Tum demum præceps saltu sese omnibus armis
In fluvium dedit : ille suo cum gurgite flavo
Accepit venientem, ac mollibus extulit undis ;
Et lætum sociis, abluta cæde, remisit.

LIVRE X.

« Cependant le palais du tout-puissant Olympe
» s'est ouvert. Le père des dieux et le roi des hommes
» assemble le céleste conseil dans le séjour étoilé,
» où, du haut de son trône, il embrasse à la fois
» de ses regards toutes les régions de la terre, et le
» camp des Troyens et les peuples du Latium. Les
» immortels ont pris place sous un dôme immense
» et majestueux. Jupiter commence en ces termes :
« Augustes habitants des cieux, d'où vient ce
» retour à vos premiers sentiments? Pourquoi ces
» débats violents qui vous divisent? J'avais défendu
» que l'Italie s'armât contre les Troyens; pourquoi
» cette guerre au mépris de mes lois? Quelle crainte
» a forcé l'un ou l'autre parti de courir aux armes,
» de provoquer la fureur du glaive? Il arrivera (ne le
» prévenez pas) le temps des combats légitimes,
» lorsque l'altière Carthage s'ouvrira les Alpes et
» précipitera sur les remparts romains un horrible
» fléau. Alors la haine pourra éclater, alors seront
» permises la guerre et ses violences. Maintenant,
» cessez vos discordes, et souscrivez avec joie à la
» paix que je désire. » Ainsi s'exprime Jupiter en
peu de mots; mais la belle Vénus laisse plus long-

» temps parler ses plaintes : « O mon père ! ô sou-
» verain éternel des hommes et des dieux ! (et quel
» autre appui pouvons-nous désormais implorer?)
» vous voyez l'insolence des Rutules, et comme
» l'audacieux Turnus, enflé des faveurs de Mars,
» précipite au milieu de nos bataillons ses coursiers
» effrénés. Déjà les Troyens ne sont plus en sûreté
» dans l'enceinte de leurs murailles; on vient enga-
» ger les combats à leurs portes, sur les remparts
» de leur ville, et les fossés regorgent de sang. Énée
» absent l'ignore. Les avez-vous donc condam-
» nés à un siége sans fin? Un autre ennemi, une
» autre armée menace les murs de Troie renais-
» sante; et voilà que des plaines d'Arpos Diomède
» s'apprête à fondre encore une fois sur les enfants
» de Teucer. Sans doute de nouvelles blessures m'at-
» tendent, et votre fille doit rougir de son sang les
» armes d'un mortel. Si c'est sans votre aveu, con-
» tre vos ordres absolus, que les Troyens ont abordé
» en Italie, qu'ils soient punis de leur audace et pri-
» vés de vos secours. Mais s'ils n'ont fait qu'obéir
» aux oracles du ciel et des enfers, qui peut main-
» tenant changer vos décrets et créer à son gré de
» nouveaux destins? Rappellerai-je l'embrâsement
» de nos vaisseaux sur les rivages d'Éryx, le roi des
» tempêtes excité contre nous, les vents furieux dé-
» chaînés en Éolie, ou le voyage d'Iris sur la terre?
» Aujourd'hui même (cette dernière tentative man-

» quait encore;) on soulève les divinités du Tartare,
» et, lancée tout à coup sous la voûte des cieux,
» Alecton, Bacchante infernale, remplit de ses fureurs
» toutes les villes d'Italie. Ce n'est plus l'empire qui
» me touche; nous l'avons espéré au temps de notre
» bonheur; qu'ils triomphent ceux que vous voulez
» faire triompher. S'il n'est point dans l'univers un
» asile que laisse aux Troyens votre épouse inflexible,
» ô mon père, je vous en conjure par les ruines fu-
» mantes de Troie, accordez-moi de sauver au
» moins Ascagne des périls de la guerre; accordez-
» moi de conserver mon petit-fils! qu'Énée, je m'y
» résigne, soit jeté sur des bords inconnus et lointains,
» qu'il suive la route que lui tracera la fortune; mais
» cet enfant, que je puisse le protéger et l'arracher
» aux horreurs des combats. Je possède Amathonte,
» Paphos, Cythère, et les retraites d'Idalie; qu'As-
» cagne, déposant les armes, obtienne de couler
» en ces lieux une vie tranquille et ignorée de la
» gloire. Ordonnez que le joug de l'altière Carthage
» pèse sur l'Ausonie; rien de nous désormais ne fera
» plus obstacle à la grandeur tyrienne! Que sert aux
» Troyens d'avoir évité les derniers coups de la guerre,
» d'avoir pu fuir à travers les feux des Grecs, d'avoir
» épuisé tous les dangers de la mer et de la terre, pour
» chercher dans le Latium une autre Pergame qui
» doit périr encore? Ne vaudrait-il pas mieux fouler
» les cendres de leur malheureuse patrie et le sol où

» fut Troie? Rendez, je vous en prie, à ces infortu-
» nés le Xanthe et le Simoïs ; accordez aux Phrygiens
» de recommencer le cours des anciens malheurs
» d'Ilion. » Alors la reine des dieux, enflammée
» d'une ardente colère : « Pourquoi me forcez-vous de
» rompre un profond silence, et de divulguer des cha-
» grins que j'étouffais dans mon cœur? Qui donc des
» mortels ou des dieux a contraint votre Énée de
» recourir aux armes, et de se présenter en ennemi
» au roi Latinus? Les destins l'ont poussé en Italie,
» dites plutôt les fureurs de Cassandre; mais, soit:
» maintenant lui avons-nous persuadé de quitter son
» camp, de confier sa vie aux vents infidèles, d'a-
» bandonner aux soins d'un enfant et le sort de la
» guerre et la défense de ses murs, d'ébranler la
» foi des Toscans, et d'agiter des nations paisibles?
» Quel dieu, quel coup fatal de ma puissance a
» trompé ses desseins? Que font ici Junon et les
» messages d'Iris? C'est un crime aux Italiens d'en-
» tourer de flammes la nouvelle Troie ; à Turnus,
» de conserver le royaume de ses pères, lui qui a
» pour aïeul Pilumnus, et pour mère la divine Vé-
» nilie! Que dira-t-on des Troyens qui portent le fer et
» le feu chez les Latins, mettent sous le joug une
» terre étrangère, et se gorgent de ses dépouilles?
» Que sera-ce de choisir, à son gré, des beaux-pè-
» res, d'arracher des bras de leurs mères les épouses
» promises, d'implorer la paix, l'olive à la main, et

» d'arborer sur ses vaisseaux l'appareil des ar-
» mes? Il vous est permis de soustraire Énée à la
» fureur des Grecs, d'offrir à la place d'un guerrier
» un nuage, un vain fantôme de vapeurs; vous pou-
» vez changer en nymphes ses vaisseaux menacés;
» et, pour nous, c'est un affreux attentat de prêter
» quelque secours aux Rutules! Énée, absent, l'i-
» gnore; eh bien! qu'il l'ignore, qu'il soit absent.
» Paphos, Idalie et Cythère sont à vous; pourquoi
» provoquer une cité belliqueuse et des cœurs pleins
» d'une mâle énergie? Est-ce nous qui avons sapé
» les fondements de l'empire de vos chers Phry-
» giens? Nous? ou celui qui livra les malheureux
» Troyens à la vengeance des Grecs? Pour quel mo-
» tif l'Europe et l'Asie se sont-elles levées tout en-
» tières? Quel rapt infâme a rompu les traités? Ai-je
» conduit le Troyen adultère qui a violé les rem-
» parts de Sparte? M'a-t-on vu lui fournir des ar-
» mes et allumer la guerre par un coupable amour?
» C'est alors qu'il fallait trembler pour vos peuples
» chéris; il n'est plus temps aujourd'hui d'élever
» d'injustes plaintes et d'inutiles débats.» Ainsi par-
» lait Junon. Partagés en sentiments divers, les im-
» mortels font entendre un murmure confus. Tel-
» les, au premier souffle du vent, frémissent les
» forêts profondes; un bruit sourd se prolonge dans
» les airs, et annonce aux matelots l'approche de
» la tempête.

» Alors le dieu tout-puissant, l'arbitre souverain
» du monde, élève la voix ; aussitôt l'Olympe tout
» entier fait silence, la terre tremble, le calme et la
» paix règnent dans les cieux, les zéphyrs retiennent
» leur haleine, et l'Océan aplanit ses flots paisibles
» et respectueux. « Écoutez mes paroles, dit-il, et
» qu'elles restent gravées dans vos cœurs. Puisqu'un
» traité d'alliance ne peut unir les Ausoniens et les
» enfants de Teucer, et que je ne vois point de terme
» à vos discordes, quelle que soit aujourd'hui la for-
» tune des deux peuples, quelles que soient les es-
» pérances qu'ils nourrissent chacun de leur côté,
» Troyens et Rutules seront égaux devant moi.
» Qu'un destin fatal ait entraîné les Italiens au siége
» du camp d'Énée, ou que ce siége provienne d'er-
» reurs funestes à Troie et d'oracles trompeurs, je
» ne favoriserai ni les uns ni les autres. Aucun n'é-
» vitera les succès ou les revers qui l'attendent :
» Jupiter sera le même pour tous. Les lois du sort
» s'accompliront. » Il dit, et, jurant par les ondes du
» Styx, soumis à l'empire de son frère, par ces rives
» redoutables où roulent des torrents de bitume, il
» inclina sa tête, et l'Olympe à ce signe s'ébranla
» tout entier. Jupiter se lève de son trône d'or ;
» les immortels l'environnent, et le reconduisent
» jusqu'au seuil de son palais.

» Cependant les Rutules se pressent à toutes les
» portes, renversent les Troyens, entourent les mu-

» railles de flammes. Ainsi, les guerriers d'Énée sont
» captifs dans leurs retranchements, et tout espoir
» de fuite leur est enlevé. En vain les malheureux
» veillent debout au sommet de leurs tours et cou-
» ronnent les remparts de leurs rangs éclaircis. A
» leur tête se montrent Asius, fils d'Imbrasis; Thy-
» mète, fils d'Hicétaon; les deux Assaracus; Cas-
» tor et le vieux Thymbris. Enfants de la Lycie et
» tous deux frères de Sarpédon, Thémon et Clarus
» combattent à leurs côtés. Plus loin, réunissant
» toutes ses forces pour soulever un roc immense,
» vaste débris d'un mont, s'avance Acmon de Lyr-
» nesse, digne rival de Clytius, son père, et de son
» frère Mnesthée. Les uns se défendent avec des ja-
» velots, les autres avec des pierres. Ceux-ci sont
» armés de torches; ceux-là lancent des flèches ho-
» micides. Au milieu d'eux le juste objet des soins
» de Vénus, le jeune et bel Ascagne, brille le front
» découvert; tel sur la tête ou sur le sein d'une vierge
» éclate un rubis que l'or enferme, tel l'ivoire en-
» châssé par une main savante dans le buis ou le
» térébinthe. Autour de son cou d'albâtre flotte mol-
» lement sa chevelure, dont un cercle d'or rattache
» avec grâce les anneaux ondoyants. Et toi, aussi,
» généreux Ismare, elles t'ont vu ces nations magna-
» nimes armer tes flèches de poisons, et lancer de loin
» de cruelles blessures, toi, noble enfant de la Méo-
» nie, de cette terre où l'homme cultive des champs

» toujours féconds, où le Pactole roule l'or avec ses
» flots. Mnesthée, encore tout énorgueilli d'avoir
» repoussé Turnus du camp, était monté sur le
» haut des remparts ainsi que Capys, qui donna
» son nom à la ville de Capoue.

» Tous ces chefs s'étaient partagé entr'eux les
» fatigues de cette guerre fatale. De son côté, Énée,
» pendant la nuit, s'avance sur les flots. Dès qu'il est
» arrivé de la ville d'Évandre au camp des Étrus-
» ques, il se présente à leur roi, lui révèle son nom,
» sa naissance, les secours qu'il demande, les forces
» que Troie apporte, les peuples que Mézence en-
» gage dans sa querelle et la violence impétueuse de
» Turnus. Le sage Énée rappelle encore à Tarchon
» la fragilité des espérances humaines, et mêle les
» prières à ses avis. Aussitôt Tarchon scelle par un
» traité sa nouvelle alliance et joint ses troupes à
» celles des Troyens. Alors, affranchis du destin, et
» dociles à l'ordre des dieux, les Lydiens s'embar-
» quent sous la conduite d'un chef étranger. Le vais-
» seau du prince vogue au premier rang ; sur la proue
» s'élèvent deux lions phrygiens ; au-dessus d'eux, le
» mont Ida, dont l'aspect est si doux pour les exilés de
» Troie ! Là, s'assied le grand Énée méditant sur les
» divers évènements de la guerre. A sa gauche est
» Pallas ; tantôt il interroge le prince sur les astres
» qui le guident dans l'ombre de la nuit, tantôt sur
» les dangers que la terre et l'onde lui ont suscités.

» Muses ! ouvrez-moi maintenant les sentiers
» d'Hélicon ; inspirez mes chants. Dites quels hé-
» ros des rivages toscans avaient armé leurs navires
» pour suivre Énée sur les mers. Massique, à leur
» tête, fend les flots de son Tigre d'airain. Sous ce
» chef, s'avancent mille jeunes guerriers qui ont
» quitté les murs de Clusium et la ville de Cosa.
» Ils portent des traits, des flèches, un léger car-
» quois, un arc homicide. A ses côtés vogue le
» farouche Abas ; toute sa troupe est parée d'armes
» éclatantes, et sur sa poupe resplendit un Apollon
» doré. Populonie, sa ville natale, lui a donné six
» cents jeunes combattants éprouvés dans la guerre;
» Ilva, cette île dont les flancs généreux produisent
» un acier inépuisable, lui en fournit trois cents au-
» tres. Ensuite venait Asylas, interprète des dieux
» et des hommes ; pour lui les entrailles des victi-
» mes, les astres du ciel, le chant des oiseaux,
» les éclats prophétiques de la foudre, n'ont point
» de secrets. Sur ses pas, il entraîne mille soldats
» dont les rangs serrés sont hérissés de lances. Ori-
» ginaire des bords de l'Alphée, et transplantée
» dans l'Étrurie, Pise les rangea sous ses ordres.
» Après lui paraît le bel Astur ; Astur, fier de son
» coursier fidèle et des mille couleurs de sa su-
» perbe armure. Trois cents guerriers intrépides et
» tous animés du même zèle, ont abandonné, pour
» le suivre, les murs de Céré, les champs que baigne

» le Minio, l'antique cité des Pyrgiens, et Gravis-
» que, aux marais empestés.

» Je ne t'oublierai pas, vaillant chef des Ligu-
» riens, noble Cinyras; ni toi, Cupavon, qu'accom-
» pagne un petit nombre de soldats, et dont le
» casque est surmonté de plumes de cygne. L'a-
» mour fit le malheur de ta famille, et ce panache
» rappelle encore la nouvelle forme de ton père.
» Tandis qu'à l'ombre des peupliers qui furent les
» sœurs de Phaéton, Cycnus, accablé de la mort
» d'un ami si tendre, charmait par ses doux ac-
» cords les douleurs de l'amour, il vit, dit-on, son
» corps vieilli blanchir sous un moelleux duvet, et,
» quittant la terre, il s'éleva en chantant vers la
» voûte des cieux. Son fils, qu'accompagnent des
» guerriers de son âge, ébranle sous la rame le vaste
» Centaure. Le monstre se dresse au-dessus des
» flots, qu'il menace incessamment d'un énorme
» rocher, et sa longue carène sillonne les mers pro-
» fondes.

» Fils de la prophétesse Manto et du fleuve d'É-
» trurie, Ocnus amène aussi les troupes des con-
» trées qui l'ont vu naître. C'est lui, Mantoue, qui
» te donna des remparts et le nom de sa mère;
» Mantoue, dont les divers fondateurs n'ont pas
» tous la même origine. Elle commande à trois
» peuples, divisés chacun en quatre tribus; mais
» c'est le sang étrusque qui fait la force de l'É-

» tat. Des murs de cette ville sortirent cinq cents
» guerriers que Mézence a soulevés contre lui.
» Le fils de Bénacus, le Mincio, couronné de ro-
» seaux verdoyants, ornait leur poupe menaçante,
» et semblait la guider sur les ondes. Enfin
» s'avance le pesant Aulestes ; ses matelots, se
» dressant avec effort, battent les flots de cent lar-
» ges rames, et le fleuve bouleversé se couvre d'é-
» cume. C'est un immense Triton qui le porte; le
» monstre de sa conque énorme épouvante les plai-
» nes liquides; plongé dans l'eau jusqu'aux flancs,
» sous un front hérissé, son buste offre les traits
» d'un homme, son corps se termine en poisson,
» et l'onde qui bouillonne se brise en murmurant
» contre sa poitrine sauvage. Tous ces chefs illus-
» tres, sur leurs trente vaisseaux, volaient au se-
» cours de Troie, et fendaient de leurs proues d'ai-
» rain les campagnes de Neptune.

» Déjà le jour avait abandonné les cieux, et la
» paisible Phébé, sur son char nocturne, avait at-
» teint la moitié de l'Olympe. Énée, à qui les soucis
» ne permettent pas le repos, assis à la poupe de
» son navire, dirigeait lui-même le gouvernail et les
» voiles. Tout à coup, au milieu de sa course, ap-
» paraissent devant lui ses fidèles compagnes, les
» nymphes qui furent jadis ses vaisseaux, nymphes
» que la voix de Cybèle avait mises au rang des di-
» vinités de la mer. Elles nageaient de front, et sil-

» lonnaient le sein des flots, égales en nombre aux
» proues d'airain qui naguère avaient bordé le
» rivage. De loin, elles reconnaissent leur roi,
» et vont l'environner de leur brillant cortège.
» Cymodocée, la plus éloquente, suit ses traces
» de plus près ; de la main droite elle s'attache à
» la poupe, de l'autre fend les ondes paisibles, et,
» levant au-dessus des eaux ses épaules d'albâtre,
» elle instruit le prince des évènements qu'il ignore :
« Veilles-tu, fils des dieux, Énée ? Veille, et livre
» aux vents toutes tes voiles ! Nous sommes les
» pins sacrés qui couronnaient les hauteurs de
» l'Ida ; aujourd'hui nymphes de l'Océan, jadis
» nous formions ta flotte. Le perfide Rutule, le fer
» et la flamme à la main, menaçait de nous dé-
» truire ; nous avons à regret rompu tes liens, et
» nous te cherchons sur les mers. Cybèle, touchée
» de nos périls, nous a donné cette forme nouvelle ;
» elle a fait de nous autant de déesses desti-
» nées à vivre sous les ondes. Cependant le jeune
» Ascagne, assiégé dans l'enceinte de tes remparts,
» ne voit autour de lui que des traits ennemis et des
» Latins animés de la rage des batailles. Déjà les
» cavaliers arcadiens, mêlés aux braves Toscans,
» occupent tous les lieux indiqués. Turnus, pour
» empêcher la réunion des deux camps, a résolu
» d'opposer ses bataillons à leur passage. Lève-toi
» sans retard ; et, au retour de l'aurore, ordonne le

»premier à tes soldats de prendre les armes. Saisis
»ce bouclier impénétrable que t'a donné le dieu
»du feu lui-même, et dont il entoura le contour
»d'un or étincelant. Demain, tu peux ajouter foi
»à mes paroles, le soleil verra les cadavres des Ru-
»tules amoncelés sur le champ du carnage. » Elle
»dit, et d'une main habile, la nymphe en reculant
»pousse le navire, qui fuit sur les ondes, plus
»prompt que le trait ou la flèche, rivale des vents.
»Aussitôt les autres vaisseaux accélèrent leur mar-
»che. Le fils d'Anchise s'étonne d'un prodige qu'il
»ne comprend pas, et toutefois s'assure en cet heu-
»reux présage. Alors, les yeux tournés vers le ciel,
»il prononce cette courte prière : « Déesse de l'Ida,
»mère auguste des immortels, qui chérissez Dindy-
»me et les villes couronnées de tours, qui vous plai-
»sez à soumettre au frein deux lions dociles; c'est
»de vous que je reçois maintenant le signal du com-
»bat ; accomplissez votre promesse, ô Cybèle, et,
»favorable à notre cause, soyez avec les Phry-
»giens. » Ainsi parlait le héros : cependant la lu-
»mière de retour brillait de tout son éclat après
»avoir dissipé les ombres de la nuit. D'abord Énée
»commande à ses compagnons de se ranger sous
»leurs drapeaux, de s'armer de courage, et de se
»préparer au combat. Debout sur le haut de la
»poupe, déjà il aperçoit les Troyens et ses rem-
»parts ; soudain, de la main gauche il élève son

ÉNÉIDE, LIVRE X. 189

» bouclier resplendissant. A cette vue, les Troyens
» poussent un cri vers les cieux. Un nouvel espoir
» aiguillonne leur courroux; leurs mains font pleu-
» voir une grêle de traits. Tels, sous un ciel chargé
» de sombres nuages, les oiseaux du Strymon se
» donnent le signal du départ, traversent les airs à
» grand bruit, et poussent des cris d'allégresse en
» fuyant les autans orageux. Cette ardeur subite
» étonne le roi des Rutules et les chefs ausoniens;
» bientôt ils voient les poupes tournées vers le ri-
» vage, et la mer qui s'avance avec toute la flotte
» d'Énée. Son casque étincelle sur sa tête, de son
» panache superbe jaillit une flamme éclatante, et
» son bouclier d'or vomit des torrents de clartés.
» Telles, dans une nuit sans nuages, les comètes
» sanglantes brillent d'un rouge lugubre ; tel, ap-
» portant aux mortels accablés la soif et les cruelles
» maladies, l'ardent Sirius se lève, et contriste les
» cieux de sa sinistre lumière.

» Cependant l'audacieux Turnus n'a pas perdu l'es-
» poir de s'emparer le premier du rivage, et d'en in-
» terdire l'accès à ses nouveaux adversaires. Lui-mê-
» me, par ses paroles, il enflamme le courage des Ru-
» tules, il aiguillonne leur valeur : « Soldats, les enne-
» mis que vous attendiez, que vous brûliez d'écraser
» sous vos coups, les voici : Mars lui-même les li-
» vre en vos mains. Maintenant, que chacun songe
» à son épouse, à ses foyers; maintenant, rappelez-

» vous les nobles exploits et la gloire de vos pères.
» Courons vers la rive, tandis que cette troupe trem-
» blante pose à peine sur la terre un pied mal as-
» suré. La fortune sourit à l'audace. » Il dit, et dési-
» gne dans sa pensée ceux qu'il doit conduire à l'en-
» nemi, ceux qu'il doit laisser autour des remparts
» assiégés.

» Cependant Énée, à l'aide de ponts mobiles,
» fait descendre ses compagnons de leurs vaisseaux.
» Les uns épient l'instant où le flot languissant se
» retire, et, d'un saut léger, s'élancent sur le sable;
» d'autres se glissent le long des rames. Tarchon
» observe un endroit de la côte où l'on n'entend
» point les vagues mugir, ni l'onde se briser en
» murmurant, mais où la mer s'enfle et s'étend par
» degrés et sans fureur. Il y tourne à l'instant ses
» proues, et s'écrie : « Allons, braves amis, voici le
» moment; courbez-vous sur vos rames pesantes;
» enlevez, emportez vos galères; déchirez ce sol
» ennemi de leurs becs tranchants, et que la ca-
» rène elle-même s'y creuse un large sillon. Dût
» mon navire s'y briser, il suffit que j'aborde au ri-
» vage. » A ces paroles de Tarchon, tous, à l'envi,
» se dressent sur leurs rames, et lancent vers les
» champs latins leurs nefs écumantes; bientôt les
» becs s'enfoncent dans la terre où les carènes
» viennent s'asseoir sans dommage; mais ton na-
» vire, ô Tarchon, ne fut pas aussi heureux. Tan-

» dis que engagé dans les sables, long-temps chan-
» celant, incertain, il demeure suspendu sur leur
» dos inégal, et fatigue les flots de son poids, le
» vaisseau s'ouvre, et dépose, au milieu des ondes,
» les guerriers qui le montaient. Les débris de ra-
» mes, les bancs qui surnagent, embarrassent leurs
» pas, et la vague, en se retirant, entraîne leur
» pied mal affermi. Le bouillant Turnus ne souffre
» point de délai; impétueux, il vole avec ses nom-
» breux bataillons, et les déploie en face des
» Troyens, sur le rivage. »

Homère ouvre trois chants de l'Iliade par un conseil des dieux. Dans le premier de ces chants[1], Jupiter, animé d'un esprit conciliateur, voudrait cimenter l'alliance récemment jurée entre les Troyens et les Grecs. A la seule expression de ce désir, Pallas et Junon, qui méditaient la ruine de l'empire de Priam, frémissent de dépit; l'une, quoique possédée d'un violent courroux, garde le silence du respect devant un père; l'autre ne peut contenir les mouvements de son âme. Jupiter, prêt à tout permettre aux fureurs de Junon, intercède en faveur du religieux monarque de l'Asie; l'orgueilleuse déesse insiste comme une femme qui affecte l'égalité avec le maître de l'univers, et propose un traité qui est une victoire pour elle. L'immortel et

---

[1] Chant IV.

débonnaire époux se rend, et pousse même la complaisance au point d'ordonner à Minerve d'aller exciter les Troyens au crime de violer la trève pour rallumer la guerre. A l'entrée du huitième chant, le souverain de l'Olympe, dont la volonté n'est point immuable comme un arrêt du destin, profère les menaces les plus redoutables contre les téméraires qui tenteraient de secourir Troie ou la Grèce; les dieux restent muets d'effroi; la seule Minerve ose essayer de modifier la volonté suprême par quelques paroles pleines d'intérêt pour ses chers Argiens; Jupiter lui répond avec un doux sourire : « Rassure-toi, Tritonie, ma fille; mon » courroux n'est pas si grand que tu le penses; tu » trouveras toujours en moi un père indulgent. » Le vingtième chant rassemble d'abord à nos regards tous les immortels, depuis les grands dieux jusqu'aux nymphes des forêts; c'est Thémis qui les a convoqués; en voyant leurs fureurs, on jurerait qu'ils sont accourus sous les auspices d'Érynnis. Jupiter, au lieu de déclarer ouvertement ses intentions, se laisse interroger d'une manière presque menaçante par Neptune. Dans sa réponse, le mari de Junon avoue assez timidement un reste d'affection pour le peuple de Priam; mais, oubliant sans doute ce qu'il a dit de sa toute-puissance à l'Olympe épouvanté, il ne voit plus d'autres moyens d'arracher les descendants de Dardanus au courroux d'Achille et de retarder leur perte, que d'accorder à tous les immortels la liberté d'embrasser le parti qui les entraîne, tandis que, assis sur le haut de l'Olympe, il repaîtra ses yeux du spectacle affreux qui se prépare.

Il faut se rappeler que les dieux d'Homère représentent des hommes, et partagent toutes les passions de la terre, pour tolérer le conseil parjure que Jupiter envoie aux Troyens par l'entremise de la déesse de la sagesse. Mais comment expliquer ce mélange de force et d'impuissance, de majesté et d'abaissement, qui paraît dans le souverain du ciel? Pourquoi l'avoir fait si terrible en paroles et si faible en actions? Quand le roi Latinus se relègue au fond de son palais, et abandonne les rênes du pouvoir pour laisser aller les choses à l'aventure, au moins il n'a point menacé de foudroyer ses sujets rebelles. On trouve à tout moment dans l'Iliade les traces d'une belle et grande imagination, et l'on gémit de voir ses plus merveilleux enfantements mêlés trop souvent aux fictions inconcevables d'un cerveau malade.

Jupiter, dans Virgile, ne parle ni en père qui prie ou qui conseille, ni en maître qui commande et veut être obéi; sous ces deux rapports, son discours manque de physionomie. L'allusion secrète qu'il contient aux guerres de Carthage et de son éternelle ennemie n'est pas plus raisonnable que la promesse étrange qui l'accompagne, et que Virgile n'a imaginée que parce que Rome usurpait sans cesse la place de Troie dans l'Énéide ; mais du moins le dieu ne commet aucune des inconvenances par lesquelles l'Iliade le rabaisse au niveau d'un prince sans caractère qui se réserve l'occasion de se venger de la permission insensée qu'on vient d'arracher à sa faiblesse [1].

Si la description de la demeure et de l'assemblée des dieux offre des beautés remarquables d'images et de style dans Stace, d'un autre côté, son Jupiter descend au rôle d'un furieux, que Junon accable de reproches aussi mérités que sanglants, et dont elle triomphe par des raisons puisées dans les lois de l'éternelle justice qui défendent de punir les fils des crimes de leur père [2].

Ailleurs, le même dieu, transporté d'un véritable délire, et rallumant la colère de Mars, qui revient fatigué de carnage, après une guerre chez les Sarmates, lui commande d'aller souffler ses fureurs dans les âmes des Grecs et des Thébains [3]. Il y a loin de ces ordres barbares aux imprécations de Jupiter contre l'implacable destructeur des hom-

---

[1] Chant IV, vers 40 et suivants.
[2] *Théb.*, livre I.
[3] Livre III, vers 218 et suivants. On peut justement attaquer le fond du discours de Jupiter, mais le style est plein de hardiesse, d'énergie et de précision.

mes, contre ce dieu cruel, trop semblable à sa mère, et bien plus digne du Tartare que du ciel.

On aura remarqué au premier coup d'œil dans la réponse de la Vénus de l'Énéide à son père un début éloquent sur les nouvelles calamités d'Ilion ; la perfide réticence qui, sans la nommer jamais, montre partout une audacieuse rivale prête à renverser la seconde Troie comme elle a renversé la première, malgré le maître de l'univers ; l'adresse de la déesse qu'il appelle sa fille à réveiller en lui la tendresse paternelle, en même temps que l'orgueil et la jalousie du pouvoir souverain. On aura senti également avec quel art Vénus, habile à connaître les accès et le faible des cœurs, redouble d'efforts pour enflammer le courroux de Jupiter et de tout l'Olympe par la brûlante peinture des nouveaux attentats d'une épouse rebelle à l'autorité suprême, peinture qui forme un contraste si brusque et si tranchant avec le ton de la prière insinuante dont la séduction est irrésistible dans la bouche de la tendre déesse. Je crains toutefois que personne n'ait songé à observer des ressemblances frappantes entre l'Andromaque de Racine et la mère d'Énée. Cependant leurs infortunes, leurs douleurs, leurs sujets de craintes, leurs moyens de sauver un enfant, objet des plus vives affections, se rapportent parfaitement. Vénus tremble pour Ascagne devant l'inexorable ennemie de la race phrygienne, mais la faveur déclarée de Jupiter soutient les espérances de sa fille sans la rassurer entièrement, parce qu'elle connaît l'empire de Junon sur lui ; car le dieu qui gouverne la foudre et le monde ne tient pas toujours le sceptre dans sa famille : Andromaque redoute auprès de Pyrrhus la beauté, la jalousie, l'influence de l'altière Hermione conjurée avec les Grecs contre les jours d'Astyanax[1]; mais elle espère en l'amour de l'héritier d'Achille, et ressent toutefois de mortelles frayeurs, parce que sa religieuse fidélité à des cendres chéries ne lui permet pas d'encourager cet amour qui fait sa force, et que le cœur du violent et irrésolu Pyrrhus, sujet à des retours terribles, peut résoudre en un moment la perte du fils d'Hector. Les deux mères ont souvent les mêmes inspirations. Vous avez entendu Vénus : corrigée de l'ambition par l'excès de l'infortune, en promettant de cacher la vie d'Ascagne sous les ombrages d'Idalie, et de le sevrer à jamais de la gloire pour rassurer l'orgueilleuse puissance qui redoute un enfant, ne vient-elle pas d'adresser à Jupiter le langage d'Andromaque à Pyrrhus?

---

[1] Hermione dit elle-même :

Aux yeux de tous les Grecs rendons-le criminel.
J'ai déja sur le fils attiré leur colère ;
Je veux qu'on vienne encor lui demander la mère.

Seigneur, tant de grandeurs ne nous touchent plus guère ;
Je les lui promettais tant qu'a vécu son père [1].
Non, vous n'espérez plus de nous revoir encor,
Sacrés murs, que n'a pu conserver mon Hector !
A de moindres faveurs des malheureux prétendent,
Seigneur ; c'est un exil que mes pleurs vous demandent.
Souffrez que, loin des Grecs, et même loin de vous,
J'aille cacher mon fils, et pleurer mon époux [2].

et plus loin :

Que craint-on d'un enfant qui survit à sa perte ?
Laissez-moi le cacher en quelque île déserte ;
Sur les soins de sa mère on peut s'en assurer,
Et mon fils avec moi n'apprendra qu'à pleurer.

Dans Athalie, Josabeth, pressée aussi des plus vives sollicitudes de l'amour maternel pour Joas, dit au grand-prêtre :

Avant qu'on l'environne, avant qu'on nous l'arrache,
Une seconde fois souffrez que je le cache :
Les portes, les chemins lui sont encore ouverts.
Faut-il le transporter aux plus affreux déserts ?
Je suis prête [3].

On peut consulter encore comme exemple d'une

---

[1] Ces deux premiers vers sont presque la traduction de ceux-ci de Virgile :

Nil super imperio moveor : speravimus ista,
Dum fortuna fuit ; vincant, quos vincere mavis.

[2] Acte I, scène IV.
[3] Acte III, scène VI.

prière naïve, pleine de tendresse et de chaleur, le discours de la jeune reine Marie à son père Alphonse IV de Portugal, en faveur de la Castille et d'un époux menacé d'une affreuse invasion par l'immense armée de l'empereur de Maroc [1].

Junon prend la parole dans le conseil après Vénus. Prodigue d'interrogations pressantes, de mouvements rapides, de traits tout empreints d'une ironie amère, semé d'arguments irrésistibles, échauffé par les plus grands intérêts et par une conviction profonde, comme l'une des Catilinaires ou des Verrines de Cicéron, le discours de la reine des dieux réunit l'éloquence de la passion et l'entraînement de la vérité à laquelle rien ne résiste. Jupiter lui-même essaierait en vain de réfuter sa triomphante épouse. Mais plus les arguments de cette déesse sont victorieux, plus ils accusent la conduite imprudente d'Énée ; ces arguments produisent encore un effet bien autrement dangereux, car ils ruinent toutes les bases du poème, en mettant la bonne foi, la justice, la véritable gloire du côté de Turnus, qui défend l'Italie, ses propres États, un amour légitime, une épouse promise, et les droits les plus sacrés contre l'agression, la violence et les armes d'un usurpateur qu'Amate a droit

---

[1] Camoëns, chant III.

d'appeler un brigand. Toutefois, l'excuse de la volonté du destin est une objection invincible dans l'Olympe en faveur d'Énée. Junon qui connaît la force de cette objection se contente de la détourner. Suivant cette ennemie passionnée, les seules fureurs de Cassandre ont poussé les Phrygiens en Italie. Cette partie du discours de Junon nous fait sentir que Vénus dans le sien n'invoque pas assez hautement les promesses de son père, et l'autorité de la souveraine puissance à laquelle les dieux et leur maître lui-même étaient soumis [1].

Virgile, pour mieux peindre le frémissement des diverses opinions dans le conseil des dieux, emprunte à Catulle une belle comparaison reproduite depuis, et peut-être embellie par le Tasse [2], Milton [3] et Klopstock [4]. Le silence solennel qui renaît lorsque Jupiter reprend la parole a été décrit dans quelques vers d'Ennius; mais ces vers sont bien faibles auprès de l'imitation de génie que Virgile en a faite et que Klopstock a employée d'une manière sublime au troisième chant de sa Messiade :

---

[1] Voyez, au premier livre de l'*Énéide*, la prière de Vénus et la réponse de Jupiter.
[2] Chant III, strophe vi.
[3] Chant II, vers 284.
[4] Chant I, vers 145.

«Tandis que le père et le fils avaient leurs regards
» attachés l'un sur l'autre, toute la nature en silence
» s'humilia devant eux : les globes divers, saisis de
» respect, restent sans mouvement; et le chérubin,
» attentif à l'action des immortels, poursuit sa route
» à travers les nues qu'il craint d'agiter du bruit de
» ses ailes. »

Après les admirables images de Virgile, on
s'attend à un discours éclatant de majesté, de
grandeur et d'autorité; mais le poète ne se soutient pas et réduit tout à coup le dieu de Phidias aux proportions d'un mortel vulgaire. Jupiter, qui devrait donner des consolations à sa
fille chérie, et prononcer les irrévocables arrêts du destin; Jupiter, qui, après avoir conseillé
et même ordonné la paix aux deux partis, aurait
le droit de l'imposer comme une loi de sa volonté; Jupiter, qui a toujours aimé le peuple du
vaillant et religieux Hector, se retranche dans une
impartialité pleine d'indifférence, et dans une espèce
de doute et d'ignorance inconcevable; il abandonne
à la fortune ou au destin le soin de trouver une voie
pour trancher la question, et termine cette étrange
déclaration[1] par un grand serment dont on ne

---

[1] On lit au commencement de l'Odyssée un discours de
Jupiter, discours plein de sagesse et de philosophie; Féne-

sent pas bien la nécessité. Déraison pour déraison, j'aime mieux les imaginations d'Homère et le passage où le modérateur des cieux menace celui des immortels qui oserait désobéir à ses ordres de le précipter dans le Tartare, en ajoutant pour donner la plus haute idée de sa force à l'Olympe entier : « Faisons descendre du ciel une
» chaîne d'or, et tous attachés à cette chaîne,
» vous dieux, et vous déesses, vous n'arracherez
» point de son trône le sage et puissant Jupiter;
» mais, quand je le voudrai, j'enleverai la terre et
» la mer elle-même, en sorte que l'univers paraîtra
» suspendu devant moi. » Voilà du moins parler en souverain, et Jupiter nous montre ici, par une image admirable, ce que la nature entière est devant son sublime auteur[1].

Ce sont de pauvres assiégeants que les Rutules :

---

lon, qui ouvre le dix-septième livre de son poème par un discours à peu près pareil, est moins éloquent peut-être que son modèle.

[1] J'ai remarqué ailleurs la beauté des vers de Virgile sur l'Olympe ébranlé par un signe de tête de Jupiter. Horace, aussi grand que la Bible, a dit :

> Regum timendorum in proprios greges,
> Reges in ipsos imperium est Jovis,
>   Clari giganteo triumpho,
>   Cuncta supercilio moventis.

après tant de menaces et de bruit, après une action si heureuse pour eux, si meurtrière pour l'ennemi, nous les retrouvons au pied des remparts et dans la même attitude qu'au premier jour de l'investissement de la place. Turnus lui-même, au lieu de se montrer à son armée dans tout l'orgueil de la jeunesse et de la gloire, comme Pyrrhus sur le seuil du palais de Priam, ne paraît point à nos yeux. Pour peu que les Troyens eussent de constance, ils ne craindraient pas, ainsi qu'ils le font, des guerriers qui se bornent encore à des démonstrations d'incendie. Mais Virgile manque rarement une occasion d'abattre le courage des compagnons d'Énée en face du danger. Quel effet a donc produit sur eux la présence de Mnesthée, que l'honneur d'avoir chassé Turnus élève si haut dans leur esprit? Quoi, des soldats osent trembler devant le héros qui les a sauvés! Lui-même que fait-il en ce moment? quels sont ses discours, ses actions, les moyens que son génie lui inspire pour arracher à Turnus la proie qu'il brûle de dévorer? Et le jeune Ascagne, que les ordres d'un dieu viennent d'écarter du théâtre des combats, comme une dernière espérance de la patrie, pourquoi reparaît-il au milieu des périls sans aucun motif qui explique cette désobéissance, et surtout sans l'excuse de quelques mouvements généreux, de quelques transports irrésistibles de son amour de la gloire ? Comme il grandirait à nos yeux s'il ressemblait tout entier au Spartiate dont Plutarque parle en ces termes : « On dit aussi qu'il y eut alors un Isadas, fils de Phébidas, qui fit des prouesses étranges et admirables à voir, non-seulement pour les citoyens, mais aussi aux ennemis ; car il était fort beau de visage et de taille, et se trouvait justement en la plus agréable fleur et en la plus belle saison de son âge, lorsque l'homme passe de l'enfance à la jeunesse ; d'ailleurs, étant nu non-seulement d'armes défensives, mais encore de tous vêtements, et ayant tout le corps oint d'huile, comme pour lutter, tenant en l'une de ses mains une pertuisane (hallebarde) et de l'autre une épée, il sortit impétueusement de sa maison, et alla se jeter en la presse de ceux qui combattaient, frappant et abattant tous ceux des ennemis qu'il rencontrait devant lui ; et si n'y fut jamais blessé, soit qu'un dieu le voulût préserver à cause de son excellente vertu, ou que les ennemis eussent opinion qu'il y eut en ce fait là quelque chose plus que d'homme.[1] »

On a vu le portrait du jeune Ascagne au moment où il reparaît sur la scène dans une attitude noble, sans doute, mais sans mouvement

---

[1] Plutarque, vie d'Agésilas.

et sans vie ; on dirait qu'il pose comme un modèle. Stace, non content des nombreux exploits qui ont déjà signalé la valeur du fils d'Atalante, le ramène de nouveau devant nous dans tout l'éclat de la parure guerrière, et monté sur un cheval avec lequel il s'élance au milieu des bataillons ennemis. C'est là que le poète achève de peindre son héros. «Dans la chaleur du combat, obligé d'ôter son casque fumant, il apparaît la tête nue et comme un astre qui se lève ; sa chevelure dorée, les éclairs de ses regards brillent d'une douce lumière ainsi que ses joues vermeilles, qu'il s'afflige de ne pas voir ombragées par un léger duvet. Loin de s'applaudir de sa beauté, il arme de courroux son visage menaçant ; mais plein de grâce encore sous cette colère, son front conserve l'éclat virginal. » Le poète ajoute avec le plus rare bonheur : «Les Thébains s'écartent d'eux-mêmes sur son passage, au souvenir de leurs enfants, et arrêtent dans leurs mains les traits déjà dirigés contre lui. Insensible à leur pitié, le belliqueux adolescent les accable d'une grêle de flèches. » Sous le rapport de la composition, Stace l'emporte ici de beaucoup sur Virgile et peut-être même pour l'expression poétique.

Trop inhabile à manier l'action d'un drame, à prêter aux scènes qui le constituent l'importance et l'intérêt qu'elles réclament; trop accoutumé à raconter les faits plutôt en historien exact qu'en peintre qui passionne le tableau des choses que son imagination a vues avant de les représenter, Virgile esquisse à peine l'entrevue d'Énée avec Tarchon, et le traité par lequel ce prince joint ses forces à celles des Troyens. A la vérité, le moment presse ; mais un poète se réserve toujours les moyens de donner du relief, de la vie et de l'éclat à ses personnages. Homère ne manque jamais à cette première condition de l'épopée. Ici, quelques paroles solennelles d'Énée, interprète de la volonté des dieux ; la soumission de Tarchon, entraîné par un ascendant supérieur ; la cérémonie auguste et simple de l'alliance ; enfin, les honneurs du commandement remis entre les mains d'un chef étranger, auraient rempli notre attente, et annoncé dignement les grandes choses qui doivent éclore. Toutes ces nécessités du sujet ont été méconnues par Virgile. De même, en se contentant de ces vagues paroles : «Là veille le grand Énée, méditant avec lui-même sur la guerre et ses vicissitudes;» le poète omet de nous laisser voir dans l'âme du fils d'Anchise, pendant sa navigation, les hautes pensées d'un homme qui porte le succès d'une guerre et les destins d'un empire. Et Pallas? Où est la peinture de la noble curiosité d'un amant de la gloire qui va faire ses premières armes sous le successeur d'Hector? Quelle occasion Virgile a perdue d'inspirer à son héros quelqu'un de ces traits qui vivent éternellement! Dans l'entrevue de Télémaque et de Narbal, sur un vaisseau phénicien qui doit les emmener tous deux, Fénelon n'oublie pas de faire éclater l'amour filial et les jeunes vertus du premier à côté de la bonté paternelle, de la pitié tendre, de la sagesse accomplie du second [1].

Si le court dénombrement des forces qui se joignent à Énée ne semblait pas exiger le faste d'une invocation, du moins la plus rare élégance, et quelquefois la plus haute poésie de style caractérisent ici Virgile; mais, puisqu'il appelait à son aide les muses, qui se souviennent de tout et savent tout raconter avec grâce, il aurait bien dû leur demander quelques détails rapides sur les mœurs et les sentiments des guerriers réunis sous les ordres de Tarchon. La narration aurait plus d'intérêt, par exemple, si nous lisions dans le cœur des sujets indignés qu'une si juste colère enflamme contre Mézence. Un souvenir de ce que nous avons vu à cet égard au huitième livre [2] était nécessaire dans la circonstance où ces nouveaux acteurs paraissent sur la scène. Au charme de la peinture de Cycnus, se consolant avec les muses de la perte de Phaéton,

---

[1] Liv. III.
[2] Vers 481 et suivants.

qu'il chante à l'ombre des peupliers qui furent jadis les sœurs de cet infortuné, on croit entendre Virgile lui-même, le mélancolique et tendre Virgile, pleurant sur la lyre son cher Quintilius[1], dans quelque solitude voisine de Mantoue. Deux vers, de la plus grande beauté, ont suffi à l'ami d'Horace pour la métamorphose de Cycnus ; Ovide qui la décrit aussi est plus long et moins poète ; cependant son génie se trahit par des traits d'imagination qui tournent en sentiment. « Cycnus devient un nouvel oiseau, mais il n'ose se confier ni au ciel, ni à Jupiter; il se souvient de la foudre injustement lancée par ce dieu sur Phaéton; il habite les étangs, les vastes lacs, et, haïssant le feu, choisit pour asile l'élément contraire à la flamme[2]. »

Les critiques mettent au rang des dénombrements la scène fameuse dans laquelle, répondant aux questions de Priam, Hélène révèle à ce prince le nom et le caractère des différents chefs de la Grèce; scène imitée tour à tour par Euripide, par Stace et par l'auteur de la *Jérusalem délivrée*. Euripide et Stace restent bien inférieurs à leur maître;

---

[1] Voyez la XXI° ode du Ier livre adressée par Horace à Virgile sur la mort de Quintilius. Cette ode est bien plus éloquente que les verbeuses consolations du philosophe Sénèque à Helvidia, à Polybe ou à Marcia.

[2] *Métam.*, livre II, vers 367 et suivants.

cependant quelques parties de leur narration méritent l'attention du lecteur. Ovide n'aurait pas désavoué le combat du fleuve Asope contre Jupiter, qui lui a ravi sa fille OEgine ; si la fiction de Stace est folle, la poésie est admirable. Le Tasse, dans sa belle imitation de l'épisode grec, surpasse peut-être le modèle en variété, en mouvement, et en richesse de couleurs ; mais la coupable Hélène, avec ses remords, ses souvenirs de la patrie, ses regrets sur ses deux frères Castor et Pollux, est plus dramatique et plus pressante que l'innocente Herminie, qui, semblable à l'Ériphile de Racine, adore le destructeur de sa famille[1].

Le début des poèmes d'Apollonius de Rhodes et de Valérius Flaccus offre des dénombrements qui ne sont pas sans beauté. Le Camoëns, au chant IV° des *Lusiades*, laisse bien loin derrière lui ces deux poètes, et Virgile, et Milton lui-même, chez qui l'histoire de l'idolâtrie, mêlée sans nécessité à l'énumération des forces de Satan, manque de rapports assez intimes avec l'action et de tout intérêt dramatique. Quelques personnages fièrement dessinés animent un peu la revue des armées de Marsile et d'Agramant, trop long-temps interrompue par l'agréable récit des combats de Mandri-

---

[1] *Jérusalem*, chant III, strophe VII et suivantes. Voyez aussi le dénombrement du chant Ier, strophes XXXVI et suivantes.

card contre les gardes de la belle Doralice[1]. Dans le chant suivant, on ne saurait lire sans admiration le portrait des capitaines de Charles-Quint et l'éloge d'André Doria, le père et le libérateur de sa patrie. J'ai du plaisir à citer comme l'un des plus riches dénombrements qui existent dans l'épopée la description de l'armée des Romains et des Francs, par M. de Châteaubriand ; il a trouvé, surtout pour les Barbares, des traits et une couleur qui rappellent la hardiesse du dessin et la vigueur du pinceau de Michel-Ange [2].

L'apparition du chœur des Nymphes, l'avis qu'elles donnent, quoique peu nécessaire pour Énée, que les plus importantes raisons pressent de hâter sa course ; le secours qu'elles prêtent si à propos, rendent utile la métamorphose des vaisseaux troyens, et ne sont pas un médiocre ornement du poème. Seulement on peut s'étonner que Cymodocée adresse à un père séparé de son fils, à un roi occupé du salut de tout un peuple, cette question au moins étrange : « Veilles-tu, enfant des dieux ? » Énée veillait, la déesse devait le savoir [3]. La fiction

---

[1] *Roland furieux*, chant XIV, de la strophe x à la str. LXV.
[2] *Les Martyrs*, Livre VI.
[3] Voyez l'apparition et le discours éloquent d'Hellé à Jason sur le point de franchir avec audace l'Hellespont, illustré par la chute de cette sœur de Phryxus. *Argonautique* de Valérius-Flaccus, chant II, vers 585 et suivants.

4. 14

de Virgile aurait plus de mérite si elle n'était pas imitée presque tout entière du poème d'Apollonius de Rhodes où elle attache davantage à cause des dangers pressants de Jason, dont les Néréides, par l'ordre de Thétis, viennent conduire le vaisseau à travers le détroit de Charybde et de Scylla. Les détails même du récit ont peut-être plus d'agrément que chez le poète latin [1]. On lit dans Camoëns : « Ainsi partaient les joyeux Argonautes. Les ondes se séparaient sur leur passage, et revenaient, en se jouant, s'appuyer aux flancs des navires : on eût dit que les filles de Nérée se plaisaient à former aux guerriers un riant cortége. » Plus loin, Vénus, qui vient de plaider devant l'Olympe la cause des Portugais, appelle les vents pour chasser d'un rivage funeste les navires de son peuple favori [2]. Dans le second chant des Lusiades, le poète, revenant au même moyen pour sauver les enfants de Lusus, nous offre un tableau semblable à celui de Virgile, avec quelques circonstances de plus.

Après des nouvelles qui doivent remuer si profondément ses entrailles de roi et de père; après un prodige propre à relever, à enflammer ses es-

---

[1] Appollonius de Rhodes, *Poème des Argonautes*, chant IV.
[2] Chant Ier. Lisez dans les *Fastes d'Ovide* (livre IV, v. 305 jusqu'à 325) le miracle opéré par Cybèle en faveur de l'innocence et de la chasteté de la vestale Claudia.

pérances, la prière d'Énée à Cybèle est d'une froideur extrême et sans aucun accent de reconnaissance. On chercherait vainement ici la ferveur des prières et des actions de grâces de Godefroi de Bouillon au dieu protecteur des chrétiens, ou l'éloquence de Moïse remerciant Jéhovah de ces fréquentes merveilles qui sont des secours et des bienfaits pour Israël [1]. Puisque le prince troyen a négligé de publier l'apparition des Nymphes et de se montrer à ses nouveaux alliés comme un homme environné de la protection du ciel, au moins devait-il leur adresser, au lieu d'ordres vulgaires, quelques-unes de ces paroles de feu qui excitent le courage, et inspirent une haute confiance. Virgile manque aussi la peinture des effets de la présence d'Énée, qui, debout sur sa poupe, élève à la vue des siens son bouclier étincelant; il n'y a point d'enthousiasme dans les Troyens, point de flamme dans leur action, en apercevant pour la première fois ce bouclier divin, nouveau gage de la faveur céleste; et après ces mots, qui répondent déjà si mal à l'attente du lecteur : *spes addita suscitat iras*, ceux-ci : *tela manu jaciunt*, touchent de près au ridicule. La comparaison empruntée à

---

[1] Dans *Richard III*, de Shakspeare, acte V, le duc de Richemont adresse en peu de mots une très-belle prière au dieu des armées, dont il se regarde comme le capitaine.

Homère n'est pas plus heureuse que tout le reste du passage, où le poète n'a rien mis de ce que demandait la situation. Énée n'avait pas besoin d'une longue harangue ; mais encore fallait-il quelques mots de génie prononcés avec une voix d'airain comme celle d'Achille, et entendus des deux camps. On regrette que Virgile ait oublié de peindre l'étonnement des Rutules à l'aspect imprévu de la flotte, circonstance capable d'ébranler tout le moral d'une armée. Cette omission paraît d'autant plus fâcheuse que de magnifiques comparaisons rendent Énée presque aussi effrayant à voir qu'Achille en colère contre les Troyens après la mort de Patrocle [1] ; du moins, ces comparaisons servent de lustre à la confiante audace du généreux Turnus, dont la harangue condamne encore davantage le silence d'Énée [2]. En effet, il semblait bien plus nécessaire d'échauffer des

---

[1] *Iliade*, chant XX.

Le Tasse, après nous avoir montré Soliman vainqueur des chrétiens, et entré dans leur camp avec eux, le représente sous un aspect qui répand la terreur et la confusion parmi tous ceux qui osent soutenir sa vue. Chant IX, strophe xxxvi.

[2] Renaud arrivant avec l'armée des Anglais et des Écossais au secours de Paris, près de succomber sous les efforts d'Agramant et de Rodomont, ne manque pas de leur adresser d'une voix ferme et assurée les conseils du courage. Arioste, chant XVI, strophe xxxii et suivantes.

soldats non encore éprouvés par leur nouveau général, et près de courir les périls d'un débarquement en face d'un ennemi maître de la terre, que d'exciter des guerriers déjà victorieux qui n'ont qu'à défendre une position si favorable [1].

Le débarquement, écrit avec élégance et rapidité, pêche par défaut d'invention et de mouvement dans les détails. Énée n'apparaît pas aux soldats comme une Providence, et ne remplit pas les cœurs de la flamme du sien. Il débute d'une manière vulgaire contre les milices latines, c'est-à-dire contre des cultivateurs levés à la hâte par Messape et Mézence. Ses autres exploits rassemblés dans un récit, véritable centon d'Homère, n'ont rien de merveilleux [2], et la mêlée qui les suit n'est ni brûlante ni acharnée. A la vérité, les nouveaux adversaires de Turnus ne nous ont fait que peu de promesses en arrivant à la vue du rivage et en face des ennemis. Énée lui-même est resté calme et froid au moment de la descente, tandis que nous aurions voulu le voir

---

[1] Le discours de Turnus n'est pas non plus sans reproche, il lui manque ce qu'on trouve dans Tacite : « Pendant qu'Agricola parlait encore l'ardeur des Romains brillait sur leur visage, et à peine eut-il fini qu'elle éclata par un frémissement général d'allégresse; ils courent aussitôt à leurs armes, et s'élancent sur l'ennemi. »

[2] Ainsi, par exemple, sept frères lui lancent à la fois leurs traits, dont les uns sont repoussés par le bouclier, les autres

empressé de saisir la terre et de prendre possession du théâtre de sa gloire. Dira-t-on que le caractère pieux du sage héros de l'Énéide ne comportait pas ces emportements du courage que nous lui demandons ici? Mais, outre que Virgile donne parfois au fils d'Anchise les mouvements impétueux d'Ajax ou d'Achille, regardons Louis IX, à l'aspect des côtes de l'Égypte, et jugeons si les vertus du saint éteignaient en lui la fougue et l'inspiration du guerrier. Vainement quelques chefs sont d'avis qu'avant de descendre on attende que plusieurs vaisseaux écartés par les vents aient rallié la flotte, Louis ne veut pas laisser refroidir l'ardeur de ses soldats, et ordonne que le débarquement se fasse sans nul retard. « Abordons hardiment, dit-il à ses chefs, quelle que soit la résistance des ennemis ; ne considérez pas ma personne.... ; je ne suis qu'un homme dont Dieu peut d'un souffle éteindre l'existence. Si nous succombons, nous sommes martyrs ; si nous sommes vainqueurs, Dieu est glorifié et la gloire de la France augmentée. Dieu, qui prévoit

---

détournés par Vénus. J'aime mieux Rodomont soutenant avec sa cuirasse le choc de huit guerriers qui baissent en même temps leurs lances contre lui, et se redressant après ce coup terrible comme l'antenne lorsque le nocher relâche les cordages à l'approche d'un vent trop fort. Arioste, chant XVIII, strophe IX.

tout, ne m'a pas envoyé ici en vain : il a sans doute quelque grand dessein ; combattons pour lui, il triomphera pour nous. » Les actions du prince répondent à ses paroles ; il ne peut modérer son impatience de joindre les Sarrazins. « Quant le bon roy saint Loys, dit le sire de Joinville, dont j'emprunte le naïf langage, sceut que l'enseigne saint-Denis fut arrivée à terre, il sortit de son vessel, qui ja estoit près de la rive, et n'eut pas loisir que le vesseau où il estoit fust à terre : ains se gette outre le gré du légat (c'était Odon, évêque de Tusculum) qui estoit avecques lui, en la mer, et fut en eauë jusques aux espaulles. Et s'en alla à eulx l'escu au coul, son heaume en la teste et son glaive au poing. Et, quant il fut à sa gent, il cogneut les Sarrazins de leur cousté, et demanda quelz gens c'estoient. Et on lui dist que c'estoient Turcs et Sarrazins. Et il cuide prandre courre sur eulx tout seullet, pour leur courir sus. Mais ses gens le firent arrester et demourer jusques à ce que tous ses gens d'armes fussent en leurs places, et tous arméz. »

Revenons aux Troyens et à leurs adversaires, que nous avons laissés en présence. Vers une partie de la sanglante arène, les cavaliers arcadiens, obligés de mettre pied à terre à cause de la difficulté des lieux, où un torrent avait roulé des débris de rochers et des arbres enlevés à ses rives, sont en fuite. Pallas les voit, et s'écrie : « Où fuyez-vous, compagnons? par vous, par vos hauts faits, par le nom d'Évandre votre roi, par vos guerres victorieuses, par l'espoir qui m'anime d'égaler un jour la gloire de mon père, ne vous fiez pas ainsi à la vitesse de vos pieds. Il faut vous ouvrir, le glaive en main, une route à travers les rangs les plus épais de l'ennemi qui nous presse ; c'est là que vous appelle, avec Pallas votre chef, la voix souveraine de la patrie. Aucun dieu ne nous poursuit; mortels, nous n'allons combattre que des mortels, et comme eux nous avons des bras et du courage! Cette mer nous enferme ici en nous opposant une barrière immense ; la terre manque à notre fuite. De la mer ou de Troie, laquelle irons-nous chercher ? »

Cette vive éloquence manque presque partout au pieux Énée, et encore plus à ses généraux, qui insultent leurs soldats pour les encourager ; et, par une fatalité attachée au héros de Virgile, le fils d'Évandre efface d'abord en paraissant le successeur d'Hector. A la vérité, Pallas ne jette tant d'éclat que parce qu'il ne doit pas rester long-temps sur la scène. Il déploie une brillante valeur, et rallume la rage des deux partis. Virgile, souvent stérile et froid dans les détails, fait ici des efforts pour réchauffer la narration : « Ainsi, lorsqu'à la faveur des vents d'été, qu'ont tant appelés ses vœux, un berger a répandu les semences de l'incendie au centre d'une forêt, soudain elle s'embrâse, et bientôt, de progrès en progrès, l'horrible armée de Vulcain s'étend au loin dans les vastes campagnes ; le berger, cependant, assis sur une hauteur, contemple d'un œil satisfait les flammes triomphantes : ainsi tes guerriers, ô Pallas, marchent tous ensemble au combat, et ce spectacle réjouit ton cœur. Aussitôt contre les Arcadiens s'élance le belliqueux Halésus, ramassé sous ses armes. Devant lui tombent Ladon, Phérès et Démodocus; de son glaive étincelant il abat la main que Strymonius levait pour lui percer la gorge; d'une pierre il frappe Thoas au front, et parmi les débris de son crâne sanglant fait voler en éclats sa cervelle fracassée. Le père d'Halésus, qui lisait dans l'avenir, avait caché son fils au fond des forêts ; mais, dès que la mort eut fermé les yeux du vieillard, les Parques jetèrent une main cruelle sur ce fils chéri et le dévouèrent aux traits de Pallas. Avant de l'attaquer, le jeune héros prononce cette courte prière : «Dieu du Tibre, accorde à ce fer que ma main balance le bonheur de s'ouvrir un passage mortel dans le cœur du farouche Halésus; vainqueur, je suspendrai sa dépouille et ses armes à un chêne de tes bords. Le dieu entendit les vœux de Pallas, et, tandis qu'Halésus veut couvrir Imaon, le malheureux livre au trait de l'Arcadien son sein désarmé. »

Voici une partie de la même scène dans l'Iliade, où Agamemnon vient aussi de réveiller par son exemple l'ardeur des Grecs, lassés d'une journée de carnage dans laquelle la victoire étoit restée indécise. Homère, qui a prêté au chef des Grecs des exploits supérieurs à ceux de Pallas, même à ceux du prince troyen, termine ainsi cette éloquente peinture : « Il abandonne ces guerriers morts, et, suivi de ses valeureux soldats, il se précipite au fort des plus épaisses phalanges. Alors le fantassin égorge le fantassin qui s'enfuit, le cavalier renverse le cavalier, et du sein de la plaine s'élèvent des nuages de poussière sous les pas bruyants des chevaux. Agamemnon ne cesse d'immoler les ennemis, et d'exciter les Argiens. Ainsi, lorsque le feu dévorant s'empare d'une forêt que la hache a toujours respectée, de toutes parts les vents roulent des torrents de flammes, et les branches tombent avec les troncs abattus par la violence de l'incendie : ainsi sous les coups d'Atride tombaient les têtes des Troyens fugitifs ; les coursiers, la crinière hérissée, emportent les chars vides à travers le champ de bataille ; ils regrettent leurs habiles conducteurs, mais ceux-ci restent étendus sur la terre, plus agréables aux vautours qu'à leurs épouses [1]. » Peut-on nier que la justesse, la chaleur et

---

[1] *Iliade*, chant XI, depuis le vers 90 jusqu'au 162°. Au

la fougue ne se réunissent ici pour élever Homère au-dessus de Virgile, et montrer combien son épopée est plus dramatique que celle du chantre d'Énée ou plutôt d'Auguste.

Il est fâcheux que le belliqueux Halésus ne soit pas dessiné sous des traits plus fiers, et que sa défaite coûte si peu d'efforts à Pallas. L'arrivée de Lausus, qui ne veut pas laisser à ses soldats le temps de s'effrayer d'une si grande perte, et leur donne l'exemple du carnage, produirait plus d'effet parce que nous sentirions mieux la pressante nécessité de sa présence. La nouvelle mêlée qui suit se réduit encore à une esquisse, à un premier crayon par lequel le peintre ne fait qu'indiquer les choses. La plus complaisante indulgence ne saurait voir là deux corps d'armée conduits, échauffés, profondément engagés par deux rivaux de jeunesse et de gloire comme Pallas et Lausus. Sans les mettre aux mains l'un contre l'autre dans un combat singulier, puisqu'on réservait leur chute à de plus redoutables ennemis, on pouvait faire briller leur courage et leur génie belliqueux à la tête de leurs

---

vingtième chant, v. 490 et suivants, Homère applique avec non moins de bonheur la même comparaison aux exploits d'Achille, qui échauffe le carnage, et répand l'incendie de la guerre dans les plaines de Troie.

troupes respectives. Il y avait une nécessité telle de développer la situation que Lausus, qui n'a encore eu qu'une occasion de se révéler à nos yeux par ses exploits, et qui ne reparaîtra un instant que pour protéger son père et mourir, ne nous semblera point, même après son glorieux trépas, avoir mérité la pompeuse expression que le poète emploie en amenant ce héros au secours des Latins, *Lausus pars ingens belli*, «Lausus, l'un des plus grands soutiens de la guerre italique [1].» De même, si la mêlée ressemblait davantage à une de ces actions de feu où le combat se compose de mille combats, où il y a mille Hectors sur le champ de bataille, comme dit Shakspeare, dans la tragédie de Troïle et Cresside, Pallas nous apparaîtrait plus digne et plus capable de se mesurer avec Turnus, qui accourt au-devant de ce jeune victorieux. Reprenons le récit :

«Dans ce moment, averti par sa sœur compatissante, Turnus vole au secours de Lausus, et, sur un char rapide, il fend l'épaisseur de ses bataillons.»

---

[1] Sarpédon a rendu de grands services et consacré son nom par d'illustres et nombreux exploits, quand Homère dit, après le récit de Glaucus : «Une douleur profonde, inconsolable s'empare des Troyens; Sarpédon, quoique étranger, était le rempart de leur ville; des troupes nombreuses le suivaient, et au milieu d'elles il se montrait le plus brave dans les combats. *Iliade*, chant XVI, vers 548 et suivants.

Aussitôt : « Arrêtez ! s'écrie-t-il, suspendez ce combat; seul j'attaquerai Pallas ; c'est à moi seul que Pallas est dû. Je voudrais avoir son père lui-même pour témoin. » Il dit, à sa voix ses compagnons se retirent, et lui laissent le champ libre. Cette prompte obéissance des Rutules, cet ordre impérieux, frappent le jeune héros de surprise ; il s'étonne à l'aspect de Turnus, il mesure des yeux sa taille immense : de loin il le parcourt tout entier d'un regard farouche, et répond ainsi aux paroles du fier monarque : « Je m'illustrerai par une noble victoire et de riches dépouilles, ou par un trépas glorieux ; l'un ou l'autre est égal à mon père : épargne-toi de vaines menaces. » A ces mots, il s'avance au milieu de la plaine. Les Arcadiens, dans leurs veines sentent le sang se glacer d'effroi. Turnus s'est élancé de son char : c'est à pied et de près qu'il veut combattre. Tel un lion qui, du haut d'un rocher, a vu dans un pré lointain un fier taureau se préparer au combat vole vers son ennemi : tel Turnus s'approche. Dès que Pallas le croit à la portée du trait, dans l'espoir que la fortune favorisera son audace, malgré l'inégalité des forces, il marche à lui le premier, et, les yeux levés au ciel : « Par l'hospitalité que t'offrit mon père, par ce banquet où tu daignas t'asseoir à ton arrivée parmi nous, Alcide, je t'en conjure, seconde mes périlleux efforts. Que Turnus expirant me voie lui arracher ses armes sanglantes, et que ses yeux mourants reconnaissent son vainqueur. »

» Hercule entend la voix du jeune prince; il étouffe dans le fond de son cœur un long gémissement, et verse des larmes inutiles. Alors Jupiter adresse à son fils ces paroles bienveillantes : « Chaque mortel a son jour marqué ; la vie pour tous n'est qu'un moment , et sa perte est irréparable ; mais éterniser son nom par de glorieux travaux, voilà l'œuvre de la vertu. Sous les murs superbes de Troie que d'enfants des dieux ont péri ! Sarpédon lui-même, Sarpédon mon fils, a succombé comme eux. Déjà les destins appellent aussi Turnus, déjà il touche au terme de sa vie. » Il dit, et détourne ses regards loin des champs des Rutules. Cependant Pallas, de toute la force de son bras, lance un javelot, et tire du fourreau son épée étincelante. Le trait part, et, frappant à l'endroit de l'épaule que couvre l'extrémité de la cuirasse, se fraie une route à travers les bords du bouclier, et vient enfin effleurer le corps du grand Turnus. Alors Turnus balance long-temps une lourde javeline armée d'un fer aigu, et la fait voler contre Pallas : « Vois, s'écrie-t-il, si mes dards ne sont pas plus perçants. » Il dit, et, malgré tant de lames de fer et d'airain, malgré les cuirs robustes repliés l'un sur l'autre , la pointe meurtrière traverse en frémissant le milieu du bouclier, perce l'épaisseur de la cuirasse , et s'enfonce dans le cœur de l'infortuné. Pallas arrache en vain de sa poitrine le trait brûlant; le sang et la vie s'échappent ensemble par la même voie. Il tombe sur sa blessure, ses armes retentissent autour de lui, et de sa bouche sanglante il mord, en expirant, cette terre ennemie. Turnus, debout devant sa victime : « Arcadiens, dit-il, souvenez-vous de rapporter mes paroles à Évandre. Je lui renvoie Pallas tel qu'il a mérité de le revoir. Tous les honneurs de la tombe, toutes les consolations du trépas, je les permets à sa douleur; il aura payé cher l'accueil fait au grand Énée son hôte. » A ces mots, pressant d'un pied barbare ce corps inanimé, il enlève l'énorme et pesant baudrier où l'art a reproduit un affreux forfait : Égorgés tous ensemble dans la nuit nuptiale, une troupe de jeunes époux inondaient de leur sang la couche perfide qui les a reçus. Le fils d'Eurytès, Clonus, avait gravé sur l'or cet horrible attentat. Turnus s'enorgueillit de ces dépouilles, et s'applaudit de les posséder. Fatal aveuglement de l'homme ignorant de l'avenir et des décrets du sort! il ne sait pas garder la modération, et se laisse transporter hors de lui-même par la prospérité. Un temps viendra où Turnus voudra racheter bien cher la vie de Pallas, et maudira ce jour de victoire et ce funeste trophée. Cependant, rassemblés en foule autour de Pallas, ses compagnons gémissants et les yeux baignés de larmes l'emportent tristement étendu sur son bouclier. O douleur! ô gloire! Quel retour chez un père! Infortuné Pallas, le même jour te donne et t'enlève aux combats; mais du moins tu laisses des monceaux de Rutules immolés par ta main.

» Ce n'est plus un vain bruit, c'est un messager trop fidèle qui vole instruire Énée d'un si grand malheur, et lui apprendre que les siens touchent à leur ruine, et qu'il est temps de secourir les Troyens déjà mis en fuite. Furieux, il moissonne tout ce que rencontre son glaive, et s'ouvre un large passage à travers les rangs ennemis. C'est toi qu'il cherche, Turnus, toi, tout orgueilleux encore de ton récent triomphe. Pallas, Évandre, sont seuls présents à ses yeux ; il ne voit plus que cette table qui l'accueillit la première en Italie, et ces mains pressées en signe d'alliance. Il entraîne vivants quatre fils de Sulmon, quatre fils d'Ufens; il jure de les immoler à l'ombre de Pallas, et bientôt de leur sang captif ils arroseront les flammes de son bûcher. De loin il lance à Magus un javelot meurtrier; l'adroit guerrier courbe le front, et le javelot passe en sifflant au-dessus de sa tête. Soudain, tombant aux genoux du héros, il l'implore d'une voix suppliante : « Par les mânes d'Anchise, par le jeune Iule, ta douce espérance, je t'en conjure, conserve mes jours, et pour un fils

et pour un père. J'habite un vaste palais ; je possède, entassés sous des voûtes profondes, des monceaux d'argent que l'art a façonné, des amas d'or brut ou travaillé. Ce n'est point de mon trépas que dépend le triomphe des Troyens ; une seule existence ne sera pas d'un si grand poids dans la balance du destin. »
— « Ces immenses richesses, lui répond Énée, tout cet or, tout cet argent dont tu parles, épargne-les pour tes enfants. Turnus, le premier, en égorgeant Pallas, vient d'abolir ces rachats de la vie permis par la guerre. Ainsi pensent Anchise et le jeune Iule. » Aussitôt il saisit de la main gauche le casque de Magus, et, repoussant en arrière la tête du suppliant, il lui enfonce dans la gorge une épée homicide. Non loin, le fils d'Hémon, pontife d'Apollon et de Diane, le front ceint de la tiare, éblouissait par la pompe de ses vêtements et de sa superbe armure. Énée court à lui, le renverse, l'immole, et le plonge dans la nuit éternelle ; Séreste charge ses épaules des armes brillantes du vaincu, et promet d'en dresser un trophée au dieu puissant des combats.

» Le fils de Vulcain, Céculus, et Umbron, sorti des montagnes des Marses, veulent rallier leurs soldats ; Énée tourne contre eux sa fureur. Déjà son glaive vient d'abattre la main gauche d'Anxur et a brisé l'orbe de son bouclier. Ce guerrier avait prononcé des mots mystérieux, et croyant au pouvoir de ses paroles, peut-être il élevait sa gloire jusqu'au ciel, et s'était promis une vieillesse heureuse et de longues années. Issu du Dieu Faune et de la nymphe Dryope, Tarquitus, qui s'enorgueillissait de l'éclat de ses armes, ose s'opposer à l'ardeur du héros. D'un dard lancé avec vigueur Énée perce à la fois le bouclier pesant et l'épaisse cuirasse de ce nouvel ennemi; alors, malgré ses prières, malgré ses efforts pour parler davantage, il fait tomber la tête de l'infortuné, et, roulant le tronc fumant dans la poudre, il insulte ainsi à sa victime : « Reste-là désormais, redoutable guerrier; ta mère éplorée n'ensevelira point ton cadavre, n'enfermera pas ta dépouille dans le tombeau de tes pères; tu serviras de pâture aux vautours dévorants, ou ton corps, englouti dans l'abîme, sera le jouet des ondes, et les poissons affamés viendront lécher et sucer le sang de tes blessures. »

» Aussitôt, il attaque Antée et Lycas, qui combattaient aux premiers rangs ; il poursuit vivement et le valeureux Numa et le blond Camertès, Camertès, fils du magnanime Volscens, et qui, possesseur des plus riches domaines de l'Ausonie, régna dans la silencieuse Amyclée. Tel on nous peint Égéon, armé de cent bras, de cent mains, et vomissant par cinquante bouches les flammes recélées dans ses vastes flancs, alors qu'il opposait avec fracas aux foudres de Jupiter cinquante boucliers et autant d'épées nues : tel Énée triomphant se livre à sa fureur sur le champ de bataille, dès qu'une fois son glaive s'est échauffé au carnage. Dans ce moment il vole à la rencontre de Niphée, qui dirigeait contre lui ses quatre coursiers ; mais soudain, à l'aspect du héros qui s'avance, impétueux et frémissant de fureur, ils reculent épouvantés, renversent leur guide, et emportent le char vers le rivage.

» Cependant, traîné par deux coursiers blancs, Lucagus se jette dans la mêlée avec Liger son frère ; et tandis que Liger tient les rênes, l'intrépide Lucagus fait tourner dans l'air son glaive étincelant. Indigné de tant d'audace, Énée se précipite, et, la lance en arrêt, paraît devant eux comme un géant terrible. Alors Liger : « Ce ne sont ici, dit-il, ni les coursiers de Diomède, ni le char d'Achille, ni les champs phrygiens ; sur cette terre vont finir et la guerre et tes jours. » Ainsi s'exhalaient les vaines menaces de l'insensé Liger ; le prince troyen dédaigne d'y répondre, et lance à l'instant son javelot. Pendant que Lucagus, penché sur les rênes, aiguillonnait ses coursiers avec son dard, et, le pied gauche en avant, s'apprêtait au combat, le trait fatal traverse le bord inférieur de son brillant bouclier, et s'enfonce dans l'aine gauche du Rutule. Il tombe de son char, et roule expirant sur la poussière. Alors Énée l'accable de ces amères paroles : « Lucagus, n'accuse point tes coursiers d'avoir, en fuyant lâchement, livré ton char, ou d'avoir, à l'aspect d'un vain fantôme, reculé devant l'ennemi; c'est toi dont la chute les abandonne et les laisse sans guide. » Il dit, et saisit les deux coursiers. Le malheureux Liger, tombé du même char, élève vers le vainqueur ses mains désarmées : « Par toi, dit-il, par les auteurs d'une si belle vie, généreux Troyen, permets-moi de vivre, et prends pitié d'un suppliant. » Énée l'interrompt : « Tu tenais tantôt un autre langage ; meurs, et frère va rejoindre un frère. » A ces mots, il perce avec le glaive le sein du guerrier, et arrache son âme à sa demeure ténébreuse. Ainsi le héros phrygien, tel qu'un torrent furieux, tel qu'un noir tourbillon, couvrait la plaine de funérailles. Enfin les Troyens, le jeune Ascagne à leur tête, se font jour et s'élancent hors de leurs remparts vainement assiégés.

» En ce moment Jupiter adresse à Junon ce discours ironique : « Ma sœur, mon épouse bien-aimée, vous ne vous trompiez pas ; c'est Vénus qui soutient les Troyens. En effet, ces hommes n'ont ni fermeté dans le cœur, ni courage au milieu des périls. » Junon lui répond d'une voix soumise : « Pourquoi, divin époux, aigrir une compagne affligée et qui redoute vos sévères reproches ? Si votre amour était toujours ce qu'il fut jadis, ce qu'il devrait être encore, dieu tout-puissant, vous ne me refuseriez pas le pouvoir de soustraire Turnus au combat, et de le rendre sain et sauf à son père Daunus. Mais il faut qu'il succombe, et que son sang religieux assouvisse la vengeance des Troyens. Pourtant ce héros tient de nous son origine : Pilumnus est son troisième aïeul, et souvent ses mains généreuses ont chargé vos autels de riches offrandes. »

» Le souverain de l'Olympe réplique en peu de mots : « Si vous ne voulez que retarder le trépas et reculer la dernière heure d'un jeune guerrier près de périr ; si vous comprenez bien les bornes que je mets à cette faveur, enlevez Turnus, dérobez-le aux destins qui le pressent : mon indulgence peut aller jusque-là. Mais si vos prières cachent de plus hautes prétentions, si vous pensez que le sort des combats sera changé ou troublé selon vos vœux, vous vous flattez d'une espérance vaine. » Junon, les yeux en pleurs : « Ah ! si ce que votre bouche n'ose prononcer votre cœur l'accordait ! Si Turnus était assuré de vivre ! mais une fin cruelle, ou je m'abuse, attend ce héros, qui ne l'a point méritée. Que ne suis-je, hélas, le jouet de fausses alarmes ! Et vous, dont la puissance est sans limites, que ne daignez-vous adoucir la rigueur de vos décrets ! »

» A ces mots elle s'élance des hauteurs du ciel entourée d'un nuage, précurseur de la tempête, et vole aux lieux où combattent les Troyens et les Latins. Alors la déesse forme à l'image d'Énée une ombre légère et sans force, qu'elle revêt, ô prodige! d'une armure phrygienne ; elle imite le bouclier du héros et l'aigrette de son front divin, elle donne à ce simulacre et de vaines paroles, et des sons sans idées, et la démarche du prince. Tels on dit que voltigent les spectres de ceux qui ne sont plus; tels les songes menteurs se jouent de nos sens plongés dans le sommeil. Devant les premiers rangs le fantôme s'avance d'un air de triomphe; ses traits provoquent Turnus, sa voix le défie au combat. Turnus s'attache à lui, et de loin lui lance un javelot qui traverse l'air en sifflant. L'ombre tourne le dos, et prend la fuite. Turnus croit que le Troyen lui cède la victoire, et déjà son orgueil se repaît d'une chimérique espérance : « Où fuis-tu, Énée? N'abandonne pas l'hymen qui t'est promis ; cette main va te donner la terre que tu cherchais à travers les flots. » En prononçant ces mots avec fureur, il poursuit le fantôme, fait briller son glaive étincelant, et ne voit pas que les vents emportent le sujet de sa joie. A la base d'une roche élevée était attaché un navire avec ses échelles encore dressées et son pont abattu. Il avait naguère amené sur ces bords le roi de Clusium, le puissant Osinius. L'image tremblante du héros fugitif court s'y ensevelir dans les ténèbres ; non moins agile, Turnus vole sur ses traces, surmonte tous les obstacles, et d'un saut il franchit le pont. A peine a-t-il touché la proue, la fille de Saturne rompt les câbles, et l'onde, en revenant sur elle-même, entraîne la nef loin du rivage.

» Cependant Énée appelle au combat son rival absent, et précipite chez les morts une foule de guerriers qui s'offrent à ses coups. Mais déjà l'image légère du héros ne cherche plus à se cacher, et soudain, s'élevant dans les airs, elle va se perdre au sein des nues, tandis que les vents emportent Turnus au milieu des flots. Ignorant la cause de ce prodige, et maudissant l'auteur de son salut, Turnus regarde en arrière, puis levant au ciel ses mains et sa voix : « Puissant maître des dieux ! m'avez-vous donc condamné à une telle infamie ? m'avez-vous jugé digne de subir un pareil châtiment ? Où vais-je ? d'où viens-je ? Quand et dans quel état reparaître après une telle fuite ? reverrai-je encore mon camp et les murs de Laurente ? Que diront ces braves guerriers qui m'ont suivi pour défendre ma cause, et que j'abandonne, ô crime ! sous le coup d'une mort cruelle ? Déjà je les vois fuir en déroute, j'entends les cris des mourants. Que faire ? Quel abîme assez profond s'ouvrira pour m'engloutir ! Ah ! plutôt, vents rapides, ayez pitié de moi ; poussez (Turnus lui-même vous en conjure), poussez ce navire contre les rocs et les écueils, jetez-le parmi les syrtes inaccessibles, où ne me poursuivent ni les Rutules ni le bruit de mon déshonneur. » Tandis qu'il parle ainsi, mille pensées l'agitent en sens contraire. Dans son désespoir, doit-il effacer tant de honte avec son sang, et se percer le sein de son épée? doit-il s'élancer au milieu des flots, gagner le bord à la nage, et courir affronter encore les armes des Troyens? Trois fois il tente l'un et l'autre parti; trois fois l'auguste Junon le retient, trois fois sa pitié réprime la fureur du guerrier. Il vogue, favorisé des vents et de l'onde, et vient aborder à l'antique cité de son père Daunus. »

Virgile a certainement eu devant les yeux la rencontre de Sarpédon et de Patrocle pour tracer celle de Pallas et de Turnus. Il faut admirer chez Homère l'entrée en scène du chef des Lyciens, plus naturelle et plus vive que l'arrivée du roi d'Ardée, sur un avis de Juturne, sa sœur; la pitié que Jupiter ressent du haut de l'Olympe pour le généreux rejeton de son sang, les préludes et les détails du combat, où l'imagination a emprunté ses couleurs à la vérité; la chute de Sarpédon peinte avec tant d'énergie, et sa mort, qui devient si dramatique au moyen de la belle comparaison dans laquelle nous le voyons terrible encore, sous le glaive de Patrocle, comme un taureau rugissant sous la dent cruelle du lion élancé au milieu d'un troupeau. Les paroles de Turnus, qui accourt, ordonnant à ses compagnons de lui laisser le champ libre, annoncent bien son courage, son rang et son autorité ; mais on ne comprend pas comment il peut désirer que le père de Pallas soit présent au combat pour être lui-même témoin du trépas de son fils ; ce vœu barbare n'est pas pris dans la nature en général, il ne l'est pas non plus dans le caractère connu du roi d'Ardée. Pallas, un instant étonné devant ce fier ennemi, le mesure avec des yeux farouches, et répond en héros à son cruel discours ; cependant l'effroi glace nos cœurs comme celui des Arcadiens, quand nous voyons Turnus tel qu'un lion écumant s'avancer dans l'arène contre le nouveau David, qui ne craint pas d'attaquer un autre Goliath. En ce moment la prière de Pallas rappelle les paroles d'Hector, après l'apparition d'Achille[1]. Le grand Alcide se souvient de l'hospitalité

---

[1] *Iliade*, chant XVIII, v. 305 et suivants. Voyez aussi l'invocation d'Achille à Jupiter en faveur de Patrocle, *Iliade*, chant XVI, vers 233.

Dans Valérius-Flaccus, Hylas, après avoir raconté son malheur à Hercule désespéré de l'avoir perdu, lui adresse, avec l'autorité d'un nouveau membre de la famille des dieux et l'accent d'un cœur jeune, tendre et fidèle, ces dernières paroles : « Courage donc, ne fléchis jamais sous les cruelles épreuves de ta vie héroïque ; bientôt tu seras présent au ciel,

du roi pasteur, ainsi que des promesses de gloire de l'enfant qui est aujourd'hui Pallas ; sans doute il le contemplait, du haut du ciel, sur le champ de bataille, puisqu'il entend sa voix. Quel éloge que la douleur d'Alcide au sujet de l'héritier d'Évandre ! quelle émotion et quelles alarmes nous causent ces pleurs inutiles qui coulent des yeux du dompteur de monstres, devant Jupiter lui-même ! Comme le dieu dans les consolations qu'il accorde à son fils Hercule se montre bien plus tendre, plus vrai, plus éloquent que dans son entretien avec Junon à l'égard de Sarpédon, qu'il voudrait sauver du trépas[1] ! Ici Virgile devient, en quelque sorte, un contemporain du cygne de Cambrai ; il corrige Homère avec la raison et le goût d'un écrivain du dix-septième siècle. Cependant Pallas ne se défend point assez long-temps pour répondre à notre attente ; sa mort paraît trop prompte ; condamné à être mois-

---

et les astres rouleront sous tes pieds ; mais, admis dans l'Olympe, ressouviens-toi de notre amour, et que l'image de ton compagnon chéri ne sorte jamais de ton cœur. » Chant IV, vers 22 et suivants.

Voyez encore l'admirable prière de Bolingbroke en demandant la bénédiction paternelle de Gaunt comme un baptême de gloire, avant d'aller combattre le traître Mowbray. Shakspeare, *Richard II*, acte Ier.

[1] *Iliade*, chant XVI, vers 433 et suivants.

sonné sitôt par le glaive, nous lui souhaiterions beaucoup de gloire, et nous murmurons sur lui comme un vœu les dernières paroles de Jupiter à Hercule : *Sed famam extendere factis, hoc virtutis opus.* L'un de ces mots d'une grande âme que l'adieu suprême révèle tout entière manque aussi dans la bouche de Pallas ; enfin, le nom d'Évandre errant sur les lèvres de son fils, faible consolation bien due au malheureux père dont nous avons entendu les tristes pressentiments et les angoisses déchirantes, au moment d'une séparation qui devait être éternelle, nous inspirerait une pitié profonde. Mais attentif à relever d'avance par une opposition la piété, l'humanité d'Énée envers Lausus, et surtout préoccupé de son dénoûment, que peut-être il ne prépare pas encore avec assez d'adresse, Virgile n'a pensé qu'à nous montrer l'orgueil presque cruel de Turnus [1], et son fatal empressement à s'emparer des dépouilles du vaincu. La réflexion philosophique qui sort ici du sujet en découle si naturellement qu'on oublie l'intervention du poète rarement bien placée dans l'épopée. Je crois néanmoins qu'on préférera cette exclamation de Jupiter sur

---

[1] Si cet orgueil de Turnus mérite la mort, il semble que la justice des hommes et celle des dieux pourraient s'offenser aussi des barbares paroles d'Énée à Tarquitus, qui n'a provoqué en rien cet excès de rage.

Hector victorieux de Patrocle : « Tu ne songes point à la mort, et déjà elle est près de toi; tu revêts la superbe armure d'un homme vaillant devant qui tremblent tous les autres guerriers; tu as immolé son ami, qui était à la fois plein de douceur et de courage, tu as indignement dépouillé la tête et les épaules de Patrocle : cependant je veux t'accorder une grande victoire, faible dédommagement à tes malheurs ; car tu ne reviendras pas des combats, et ton Andromaque ne recevra pas les armes éclatantes du fils de Pélée [1]. » Non-seulement la morale est ici dans la bouche de l'un des personnages de l'action, mais elle arrive plus droit à notre cœur à cause de la forme dramatique et du mouvement du discours.

Avant d'abandonner la vie sous les coups de Patrocle, Sarpédon ordonne à son cher Glaucus d'exciter les Lyciens à combattre autour de leur chef pour s'épargner la honte d'avoir laissé son armure au pouvoir des ennemis. Après lui avoir permis ces dernières paroles, sans doute par respect pour la mort présente, Patrocle immole le fils de Jupiter. Ici une admirable prière de Glaucus blessé qui demande au puissant Apollon de lui rendre la force de défendre le corps inanimé d'un

---

[1] Chant XVII, vers 201 et suivants.

ami. Le prodige est accordé ; Glaucus court éveiller l'ardeur des Lyciens, il vole ensuite vers Hector et les autres généraux Troyens auxquels son désespoir reproche la chute de Sarpédon comme un effet de leur oubli pour les périls d'un magnanime allié. A cette vive harangue succède la douleur universelle des Troyens, et sans retard ils se précipitent contre les Grecs. D'un côté, Hector, irrité du trépas de Sarpédon, de l'autre, Patrocle, enflammé par sa victoire, entraînent les deux partis, que confond bientôt ensemble un combat terrible, au milieu duquel l'éloge du roi des Lyciens sort à la fois de la bouche de ses amis et de ses ennemis. Pendant cette action, le corps de Sarpédon reste sous nos yeux comme un trophée que se dispute l'élite des guerriers de Troie et de la Grèce. A la fin, les Argiens s'emparent de ses armes ; mais Jupiter, lui-même, sauve d'outrages les restes sacrés de son fils, et ordonne au Sommeil et à la Nuit de le transporter en Lycie, où les peuples lui rendront les honneurs suprêmes. Cette composition n'a-t-elle pas bien plus d'importance, de mouvement et d'intérêt que celle de Virgile ? Pallas n'est qu'un enfant qui vient d'entrer dans la carrière dont il sort sans avoir assez fait pour la postérité. Sarpédon est un héros tout entier, il quitte une vie couverte de gloire. Voisine de la catastrophe de l'empire troyen, sa chute amène l'une des plus grandes batailles de l'Iliade, où triomphent les

Argiens avec le secours de Jupiter; enivre Patrocle des vapeurs de l'orgueil, arrache de son cœur le souvenir des ordres d'un ami, et le conduit à cette mort qui va rendre Achille à la Grèce pour la ruine d'Hector et de Troie. Voilà les funérailles de Sarpédon.

Que faisait Énée pendant la lutte qui a précédé le combat de Pallas et de Turnus, et pendant ce combat lui-même? continuait-il le carnage commencé, ou bien le voyait-on planer comme le génie sur l'ensemble et les détails de l'action générale? nous n'en savons rien; nous restons aussi dans l'incertitude, relativement à la conduite de Turnus, depuis l'apparition de la flotte jusqu'au moment où Pallas renversait tout devant lui. Homère ne nous laisse pas ignorer ainsi la part qu'Agamemnon ou Hector prennent aux affaires. Un message ordinaire amène Énée sur le champ de bataille, et pour la seconde fois Virgile emploie la même forme, sans penser qu'elle ne convient pas à des situations de feu [1]. Ensuite la douleur du prince n'a point assez de violence pour motiver des

---

[1] Sans parler de cent passages de l'*Iliade* qui devaient avertir Virgile de la nécessité d'être plus passionné, on peut voir au premier livre de Quintus Calaber avec quelle rapidité, avec quelle colère Mars descend de l'Olympe pour venger la mort de sa fille Penthésilée.

fureurs pareilles à celles d'Achille, courant en désespéré au meurtrier de Patrocle. De ce défaut dans la peinture résulte encore que l'arrêt prononcé contre les huit jeunes guerriers, victimes vivantes, qu'Énée destine au tombeau de Pallas, nous semble plus barbare que le même arrêt prononcé par le fils de Thétis, qui poursuit jusque dans les eaux du Xanthe la foule des Troyens fugitifs. Il en est de même de la mort de Magus, image décolorée de celle de Lycaon, l'un des enfants de Priam, et dont la prière, à la fois naïve et touchante, a tant de charme dans Homère. Privée de l'attitude et des paroles du jeune et royal suppliant, la situation a perdu tout son prix. Que dire donc si, au lieu de ces deux traits précis, mais trop peu développés pour une scène dramatique : «Turnus le premier, en égorgeant Pallas, vient d'abolir ces rachats de la vie dans les combats,» on entend sortir de la bouche du héros d'Homère ces mots terribles qui annoncent la ruine de tout un peuple : « Avant que Patrocle eût atteint son jour fatal, j'aimais quelquefois à pardonner ! Mais aujourd'hui aucun Troyen, surtout aucun fils de Priam qu'un dieu jetera en mes mains, devant les remparts d'Ilion, n'éviteront la mort; ainsi, meurs donc à ton tour. »

On désirerait que le glaive du pieux Énée épargnât dans le fils d'Hémon un prêtre d'Apollon et de Diane. Ainsi encore, avec plus d'attention, nous ne verrions pas Virgile, oubliant la tendresse et la piété qu'il a données pour premières vertus au fils d'Anchise, démentir un caractère si beau par les affreuses imprécations qu'il mêle aux coups de sa colère. Ces imprécations, nous les concevons, et cependant elles nous font horreur dans Achille devenu, comme je l'ai dit ailleurs, l'Oreste de l'amitié. Jugez à quel point elles révoltent proférées par Énée contre un inconnu qui n'a fait que se présenter en face du glaive. Mézence luimême, le cruel Mézence ne s'emportera pas à cet excès de rage en frappant Orode, qui lui annonce une mort prochaine. Jamais le fatal génie de l'imitation n'inspira plus mal le copiste de l'Iliade ; au contraire, Homère respire tout entier dans les autres exploits du prince Troyen. Pourquoi faut-il que son épée une fois échauffée se montre encore avide du sang de deux victimes intéressantes? Son courroux contre Liger, qui l'a insulté par d'orgueilleuses paroles a des motifs suffisants peut-être, surtout au milieu d'une action où le cœur de l'homme partage la fureur aveugle du lion et du tigre ; mais ces motifs qui entraînent la perte du jeune présomptueux, ont bien autrement de force dans l'Iliade. Agamemnon tue Pisandre et Hyppoloque, malgré leurs ardentes supplications, parce que, au nom de leur père, Antimaque, imprudemment invoqué par eux, il se rappelle que, vendant sa conscience à l'or et aux riches présents, Antimaque ne permit pas qu'on rendît Hélène à Ménélas, et donna en outre l'affreux conseil d'immoler, dans Troie, ce héros avec Ulysse, sans respect de leur caractère sacré d'ambassadeurs. Les crimes du père retombent sur la tête de ses fils. Dans Shakspeare, Cliffort, plus furieux et à plus juste titre qu'Achille et Agamemnon, répond aux prières du jeune Rutland : « Tu parles en vain, malheureux enfant; le sang de mon père, immolé par le tien, a fermé l'entrée de ce cœur, où ta plainte voudrait pénétrer.... Eussé-je ici tous tes frères en face de mon glaive, leur vie et la tienne ne suffiraient pas pour assouvir ma vengeance. La vue de tout homme de la maison d'Yorck est une furie qui tourmente mon âme [1]. » Je ne sais par quelle inadvertance du poète le sensible Énée choisit presque toujours ses victimes parmi les rejetons d'un même sang, et semble tuer de préférence plusieurs frères à la fois.

Virgile, après avoir consacré trente vers à deux personnages jusqu'alors inconnus et qui ne paraissent que pour mourir, nous apprend en deux mots

---

[1] Cette scène déchirante, que je ne fais qu'indiquer, est bien supérieure aux deux scènes de l'*Iliade* qu'elle rappelle, et prouve que l'Eschyle anglais invente et motive souvent avec le bon sens d'Homère. Voyez *Henri VI*, IIIe partie, acte I.

la sortie des assiégés et leur réunion avec Énée. Nul étonnement, nul transport de joie à un spectacle si intéressant, nul entretien, pas même une parole du père qui a sauvé son fils, et du fils qui a recouvré son père! Cette augmentation des forces troyennes ne fait point impression sur les deux armées, et ne donne lieu à aucun de ces brusques retours qui transportent la victoire d'un camp dans un autre. A la place de l'action terrible que nous attendons, le poète nous offre en vers de la plus exquise élégance une assez froide entrevue de Jupiter avec Junon, qui semble abjurer un caractère altier pour descendre à l'humble prière, sans oser même, comme la timide Vénus, prendre quelquefois le ton du reproche. Junon, qui veut à son tour arracher Turnus aux périls de la guerre et le rendre au palais paternel, a-t-elle les sujets de crainte de la mère d'Énée pour Ascagne et les restes de Troie enfermés dans un camp par toute une armée, sans espoir de secours? certainement non. Tout ce qui précède, et tous les avantages de la situation de Turnus annoncent au contraire qu'il peut balancer la fortune. Mais si la fiction qui nous le montre fugitif malgré lui devant Énée ne repose pas sur ces données du bon sens, que l'on trouve partout dans Homère, cette même fiction pleine de mouvement, de chaleur et d'éloquence, égale peut-être en intérêt dramatique le plus riche tableau d'un grand peintre de batailles. Que sont, en effet, les incidents si connus d'une action où la mort frappe au hasard tant de victimes vulgaires auprès des transports de Turnus, qui menace et qui presse avec acharnement un ennemi qu'il pense tenir au bout de sa lance. Comme la fuite de l'image d'Énée sur le vaisseau, la rapidité de Turnus à y poursuivre sa proie, la colère du véritable Énée demandant à grands cris son rival, font ressortir sans disparate, et avec une illusion parfaite l'admirable et brûlante prière du roi des Rutules, qui croit voir son armée exposée à la défaite ou à la mort, et entendre les discours accusateurs de ses soldats indignés! La voix désespérée de Turnus retentit au fond de nos cœurs, et quand il veut approcher le glaive de son sein, quand il va se jeter à la merci des ondes pour gagner les bords du Tibre à la nage, nous bénissons l'heureuse intervention de Junon, sa protectrice, qui nous remet devant les yeux la justesse du précepte d'Horace :

Nec deus intersit, nisi dignus vindice nodus [1].

Le Tasse imite la fiction de Virgile, mais ce n'est pas pour enlever du champ de bataille un

---

[1] Et qu'un dieu n'intervienne pas, à moins que l'action ne soit digne d'être dénouée par un Dieu.

guerrier frémissant de rage et doué d'une valeur indomptable. Après un combat terrible dans lequel un ange protège le comte Raimond, Argant est sur le point de périr; effrayé de ce danger, Belzébut compose un fantôme à la ressemblance de Clorinde, et l'envoie donner au fameux archer Oradin le conseil d'abreuver ses traits dans le sang du comte. Oradin obéit, la flèche part et vient blesser Raimond. Celui-ci retire la flèche, il voit jaillir son sang, et d'un ton menaçant et plein d'indignation il reproche au Circassien la foi violée. Godefroi, qui a toujours les yeux attachés sur Raimond, Godefroi, témoin de la perfidie, excite les croisés à venger son ami. Chrétiens, Sarrazins, les hommes, les coursiers, tout s'ébranle et se précipite dans la plaine. Une horrible mêlée engage les deux armées. Argant, délivré du péril, s'élance au milieu de la foule, arrache à un guerrier une massue de fer, rompt les Chrétiens, les renverse, les foule aux pieds, et s'ouvre un large chemin. Il ne cherche que Raimond, il tourne contre lui seul son bras, son glaive et sa fureur [1]. Tel qu'un loup avide, Argant semble ne pouvoir apaiser sa faim que dans les entrailles de la victime qu'il brûle de dévorer. Mais de terribles obstacles em-

---

[1] Tel est Nisus courant sur Volscens.

barrassent son passage et se multiplient sur ses pas. Devant lui se trouvent Orman, Roger de Bernaville, Guy, les deux Gérard; rien ne l'arrête, rien ne ralentit ses coups; plus il éprouve de résistance, plus il devient furieux : ainsi la flamme captive qui s'échappe violemment de sa prison n'en produit que plus de ravages. Il tue Orman, blesse Guy, terrasse Roger, qui tombe parmi les morts, faible et languissant. La foule augmente contre le Sarrazin; un cercle épais, hérissé d'armes, le serre et l'environne; cependant son seul courage paraît maintenir la victoire indécise entre les deux partis. Alors le sage Bouillon appelle son frère : « Maintenant, lui dit-il, fais avancer toute ta troupe; attaque l'aile gauche, où le combat est le plus sanglant, et cours envelopper l'ennemi. » Baudouin s'élance; il fond si brusquement sur le flanc des infidèles que toute cette populace asiatique tombe sans force et sans défense, et ne peut soutenir l'impétuosité des Français; les rangs se rompent, tout est renversé, hommes, drapeaux et coursiers. Le même choc met l'aile droite en déroute. Entre tant de soldats on ne voit qu'Argant faire face à l'orage; tout le reste, frappé de terreur, fuit à bride abattue. Argant seul demeure immobile, et montre son visage aux ennemis. Un géant à cent mains, à cent bras, qui agiterait à la fois cinquante boucliers, autant de glaives, serait moins terrible que le Sarrazin[1]. Il soutient, et les coups des massues, des épées, des lances, et le choc impétueux des coursiers ; seul il suffit contre tous ; il s'élance tantôt contre l'un, tantôt contre l'autre ; tous ses membres sont brisés, ses armes rompues et déchirées ; sa sueur coule avec son sang, et il semble ne pas le sentir. La foule qui le heurte et le presse est si épaisse qu'à la fin elle l'ébranle et l'entraîne avec elle. Argant cède à la force et à la violence de ce déluge ; mais, si on peut juger le cœur par les exploits de la main, il n'a ni la marche ni l'attitude d'un homme qui fuit ; ses yeux respirent encore la terreur, et toutes les menaces de sa fureur accoutumée. Il tente tous les moyens de retenir sa troupe fugitive; hélas! ils sont inutiles. Les généreux efforts de cette grande âme ne peuvent ni arrêter, ni rallier les siens, parce que la frayeur ne connaît nul frein, nulle discipline, et ne sait pas plus écouter la prière que le commandement[2].

L'étendue de cette peinture, qui n'a pas moins de cent vers, ne détruirait-elle pas en partie la vraisemblance qui doit faire le premier mérite de la situation? La raison admet difficilement qu'un homme seul suffise à soutenir aussi long-temps de pareils assauts ; mais du moins le génie du poète a trouvé

---

[1] Argant mérite bien mieux qu'Énée cette comparaison.
[2] *Jérusalem délivrée*, ch. VII, str. xcix—cxii.

une foule de ressources pour mettre dans tout leur jour la valeur et l'intrépidité de l'un des principaux personnages de son poème ; et certes ce genre de création l'emporte singulièrement ici sur une fiction dont toute la beauté unie à un art infini, et même à beaucoup de chaleur et d'intérêt, ne peut remplir le vide qu'elle laisse dans l'action au moment où le lecteur attend de grandes choses. Virgile continue ainsi sa narration :

«Cependant, par l'ordre de Jupiter, le fougueux Mézence remplace Turnus et fond sur les Troyens triomphants. Aussitôt les Toscans se réunissent, se jettent tous ensemble contre lui seul, déchargent contre lui seul et leur haine et leurs traits. Mais tel qu'un rocher, qui, s'élevant au-dessus des vastes plaines de l'Océan, défiant la fureur des tempêtes et des flots, supporte les efforts conjurés, brave les menaces du ciel et de la mer, et demeure inébranlable sur sa base profonde, Mézence résiste à tous les assauts. Il terrasse Hébrus, fils de Dolichaon, et Latagus, et Palmus qui fuyait devant lui. D'une pierre pesante, immense débris d'un mont, il frappe Latagus au visage ; il tranche le jarret du lâche Palmus, qu'il laisse rouler dans la poussière, et donne son armure à Lausus, qui en revêt ses épaules, et pare sa tête du brillant panache du vaincu. Il immole encore Évas le Phrygien, et Mimas, l'ami, le compagnon de Pâris, son égal en âge, Mimas, qui, fils d'Amycus et de la belle Théano, vint au monde la nuit même où la fille de Cissée, croyant porter dans son sein une torche enflammée, donna la naissance à Pâris. Mais Pâris repose dans la ville de ses pères, et Mimas, sans le prévoir, est tombé aux champs de Laurente. Tel un sanglier farouche, qu'abrita long-temps le Vésule couronné de pins, que nourrit long-temps dans ses forêts de roseaux le marais de Laurente, précipité du haut des montagnes par une meute ardente, s'arrête tout à coup, dès qu'il se voit au milieu des filets, hérisse ses crins sauvages et frémit de fureur : aucun des chasseurs ne se sent le courage de l'affronter ou même d'approcher ; mais de loin, hors du danger, ils le poursuivent de leurs javelots et de leurs cris prudents : l'intrépide animal présente le front de toutes parts, et, grinçant des dents, secoue les traits qui viennent mourir sur son dos. Ainsi, dans cette foule de guerriers qu'un courroux légitime anime contre Mézence nul n'a l'audace de l'attaquer le glaive à la main ; c'est de loin qu'ils le fatiguent de leurs dards impuissants, et de leurs longues clameurs.

» Venu des confins de l'antique Corythe, Acron, Grec d'origine, avait, pour suivre les Troyens, laissé son hymen imparfait. Mézence le voit, paré d'un panache et d'une toge de pourpre, que lui donna sa jeune fiancée, porter le trouble au milieu des bataillons latins. Comme un lion qui, avide de carnage, rôde long-temps autour d'une immense bergerie, poussé par une faim dévorante; si le hasard offre à sa vue un timide chevreuil, un cerf orgueilleux de sa haute ramure, soudain, tressaillant d'une joie féroce, il ouvre une gueule profonde, hérisse sa crinière, et, fondant sur sa proie, s'attache à ses entrailles palpitantes; un sang noir ruisselle de la gueule béante du monstre : tel le fougeux Mézence s'élance au fort des ennemis. Sous lui tombe le malheureux Acron ; de ses pieds, en mourant, il bat la terre et ensanglante ses armes brisées. Orode, à cet aspect, prend la fuite; Mézence dédaigne de le frapper par-derrière, de le percer d'un trait que sa victime ne verra pas. Il vole, le devance, l'attaque corps à corps, et triomphe, non par la ruse, mais par la force et le courage. Alors sur son rival abattu appuyant le pied et la lance : «Amis, s'écrie-t-il, ce grand Orode, qui n'était pas un médiocre soutien de la guerre, le voilà couché sur le sable.» Ses soldats lui répondent par des cris de joie et des chants de victoire: «Qui que tu sois, lui dit Orode expirant, ma mort sera vengée, tu ne jouiras pas long-temps de ton triomphe. Un destin pareil t'attend, et bientôt la même terre te possédera.» Alors Mézence, avec un sourire mêlé de colère : « Meurs, lui dit-il, c'est au père des mortels et des dieux à décider de mon sort. » A ces mots, il retire sa lance du corps d'O-rode. Un cruel repos, un sommeil d'airain pèse sur les paupières de cet infortuné, et ses yeux se couvrent d'une nuit éternelle.

» Cédicus tranche la tête d'Alcathoüs, Sacrator frappe Hydaspe; Rapon immole Parthénius et le robuste Orsès. Messape terrasse Clonius et le Lycaonien Éricète; l'un est renversé par la chute de son coursier, que nul frein ne retenait; l'autre est vaincu dans un combat à pied. Agis de Lycie s'avance hors des rangs; digne héritier de la valeur de ses ancêtres, Valérus l'abat à ses pieds. Authronius tombe sous les coups de Salius; Salius, sous les coups de Néalcès, habile à lancer le javelot et la flèche qui porte au loin une mort imprévue.

» Ainsi l'impitoyable Mars semait également le deuil et les funérailles dans l'une et l'autre armées; tous, vainqueurs et vaincus, donnaient tour à tour et recevaient le trépas; mais nul ne songe à fuir. Les dieux, dans le palais de l'Olympe, déplorent ces vaines fureurs des deux partis, et le sort des mortels condamnés à de si rudes travaux. D'un côté Vénus, de l'autre la fille de Saturne, contemplent ce cruel spectacle. La pâle Tisiphone échauffe le carnage au milieu des bataillons.

» Cependant, Mézence s'avance au milieu du champ de bataille, furieux et brandissant une énorme javeline. Tel, fendant le sein des vastes plaines de Nérée, le gigantesque Orion s'ouvre un chemin au milieu des mers, et domine les ondes de ses larges épaules; ou tel, descendant du haut des montagnes, appuyé sur le tronc d'un vieux frêne, de ses pieds il foule la terre et cache sa tête dans les nues : tel se montre Mézence sous son immense armure. Énée, qui l'aperçoit à travers les longues files de guerriers, se prépare à marcher sur lui. Mézence, incapable d'effroi, attend son magnanime adversaire, et s'affermit par son poids. Bientôt, mesurant de l'œil la portée de sa javeline : « Ce bras, ce dard que je balance, voilà mes dieux, qu'ils me secondent! Je te voue, Lausus, les dépouilles que je vais ravir à ce brigand ; paré de ses armes, toi-même tu seras le trophée de ma victoire sur Énée.» Il dit, et de loin lance son javelot, qui siffle dans les airs; le trait vole, et, repoussé par le bouclier du héros, va loin de là frapper le noble Antor, dont il déchire les flancs. Antor, jadis compagnon d'Hercule, et sorti d'Argos pour s'attacher à la fortune d'Évandre, Antor s'était fixé dans une ville d'Italie. Atteint d'un coup qui ne lui était pas destiné, l'infortuné tombe, regarde le ciel, et donne, en mourant, son dernier souvenir à sa chère Argos. Énée, à son tour, fait siffler sa lance. Le fer traverse le triple airain du bouclier, traverse les trois cuirs épais que recouvre un lin trois fois replié sur lui-même, et s'enfonce dans l'aine de Mézence, où sa force expire enfin. Énée voit couler le sang du Tyrrhénien ; il triomphe, et soudain, saisissant l'épée qui presse ses flancs, il fond avec fureur sur son ennemi déjà troublé. A l'aspect des dangers d'un père chéri, Lausus gémit profondément, et des larmes roulent sur son visage. Jeune héros, digne d'une éternelle renommée, si la postérité peut croire à tant de vertus, ta mort déplorable, tes exploits sublimes et ton nom glorieux ne seront point oubliés dans mes chants.

» Hors de combat, embarrassé dans ses armes, Mézence reculait à pas lents, et traînait à son bouclier la lance fatale. Le jeune prince s'élance ; il se jette entre les deux adversaires. Déjà Énée, levant le bras, allait porter à Mézence le coup mortel, Lausus se présente devant le glaive, et soutient les assauts du vainqueur. Ses compagnons l'applaudissent à grands cris, tandis qu'à l'ombre du bouclier du fils le père se retire en sûreté ; en même temps ils font pleuvoir une grêle de traits, et de loin ils écartent l'ennemi. Énée, dont la fureur est au comble, se couvre de ses armes. Ainsi, quand du sein des nues déchirées la grêle se précipite sur la terre en tourbillons impétueux, laboureurs, bergers, voyageurs, tous laissent les champs déserts, et vont chercher un abri paisible contre l'orage, ou sous les arbres qui bordent les rives du fleuve ou sous la voûte d'une roche élevée, jusqu'à ce que le soleil de retour leur permette de reprendre les travaux de la journée : ainsi, de toutes parts, assailli d'un nuage de traits, Énée soutient la tempête des combats, tant qu'elle gronde sur sa tête, et cependant il gourmande et menace Lausus : « Où cours-tu ? à la mort ! ton audace est au-dessus de tes forces, ton amour filial trompe ton inexpérience. » Mais l'insensé n'en éclate qu'avec plus d'ardeur. Les ondes de la colère s'élèvent de plus en plus dans le cœur du prince troyen, et déjà les Parques filent les derniers moments de Lausus. Énée lui enfonce sa redoutable épée dans le milieu du corps, et l'y plonge tout entière. Le fer traverse et le bouclier, légère armure du jeune présomptueux, et la tunique dont sa mère a tissé l'or flexible : des flots de sang inondent son sein d'albâtre. Son âme, à regret abandonnant ce beau corps, s'exhale dans les airs, et s'envole chez les mânes.

» A l'aspect de Lausus expirant, à l'aspect de ces joues couvertes de la pâleur de la mort, le fils d'Anchise, touché d'une profonde pitié, gémit amèrement, et, tendant la main à sa victime, sentit son cœur ému de cette image de la tendresse filiale: « Jeune infortuné, que peut maintenant la piété d'Énée pour récompenser tant de vertus, pour honorer dignement un si noble courage? Ces armes qui faisaient ta joie, conserve-les; que ta cendre, si cette faveur t'est chère, soit déposée au tombeau de tes aïeux. Dans ton malheur, du moins, il te reste une consolation de cette cruelle mort, tu tombes sous la main du grand Énée. » Alors il appelle les compagnons de Lausus, qui hésitaient encore; lui-même il soulève le jeune prince, dont les beaux cheveux sont souillés de sang.

» Cependant Mézence, assis au bord du Tibre, étanchait sa blessure avec le secours de l'onde, et allégeait ses souffrances, appuyé contre le tronc d'un arbre. Près de lui, son casque d'airain pend à un rameau, et ses armes pesantes reposent sur le gazon. L'élite de ses guerriers veille debout autour de leur roi; lui, faible, haletant, il soutient sa tête inclinée, et laisse tomber sur sa poitrine les flots de sa barbe en désordre. A chaque instant il s'informe de son fils, sans cesse il envoie ses amis lui porter les ordres d'un père alarmé, et le rappeler du combat. Cependant les Tyrrhéniens, en pleurs, rapportaient, étendu sur ses armes, le corps du magnanime Lausus, héros tombé sous les coups d'un héros. Le vieillard, de loin, a entendu leurs gémissements et pressenti son malheur; il souille ses cheveux blancs d'une immonde poussière, lève ses deux mains au ciel, et se jette sur ces restes inanimés qu'il embrasse fortement : « O mon fils! l'indigne amour de la vie m'a donc possédé au point de souffrir que celui à qui j'ai donné le jour, s'offrît pour moi au glaive meurtrier! Moi, ton père, je dois mon salut à tes blessures, et je vis par ta mort! malheureux! c'est maintenant que je sens l'horreur de mon exil, c'est maintenant que le trait a pénétré jusqu'au fond de mon cœur! c'est aussi moi, mon fils, qui, par mes crimes, ai flétri ton nom; moi, que la juste haine de mes sujets a chassé du trône et privé du sceptre paternel. Je devais mon sang à ma patrie, au courroux des miens, je devais moi-même offrir ma criminelle existence à tous les supplices, et je respire encore! et je ne quitte pas à l'instant et les hommes et la lumière! mais je les quitterai. » A ces mots, il se dresse sur sa cuisse souffrante, et, sans être arrêté par la violence de sa profonde blessure, il ordonne qu'on lui amène son coursier. Ce coursier faisait sa gloire, sa consolation, et avec lui il était sorti victorieux de tous les combats. Il le voit, comme lui-même, triste, affligé, et lui parle ainsi : «Rhèbe, nous avons long-temps vécu, s'il est rien de longue durée sur la terre : aujourd'hui, ou tu reviendras vainqueur et chargé de dépouilles sanglantes, tu rapporteras la tête d'Énée, et tu vengeras avec moi la mort de Lausus ; ou, si mes efforts sont vains, nous périrons ensemble ; car enfin, généreux ami, je te crois incapable de subir un joug étranger, et de daigner accepter un Troyen pour maître. »

» Il dit, et se place sur le dos de son coursier, qui

reçoit le poids accoutumé. Mézence charge ses deux mains de javelots aigus : il couvre sa tête d'un casque dont l'airain étincelle, et que surmonte une aigrette de crins hérissés. Ainsi revêtu de ses armes, il se précipite au sein de la mêlée. Au fond de son cœur bouillonnent, ensemble confondus, la honte, le délire du désespoir, les furies de l'amour paternel, et le sentiment de son courage. Trois fois, d'une voix tonnante, il appelle Enée. Le héros le reconnaît, et s'écrie plein de joie : «Fasse le père des dieux, fasse le grand Apollon que tu engages le combat! » Il dit, et marche à sa rencontre, la lance en arrêt. Alors Mézence : « Barbare ! après avoir égorgé mon fils, tu crois encore m'effrayer; tu as trouvé le seul moyen de me frapper au cœur; va, je ne crains pas la mort, et mon mépris n'épargne aucun des dieux. Cesse tes menaces; je viens mourir, et d'abord, voici les dons que je te destine.» Il dit, et lance un trait contre son ennemi; un second part, un troisième lui succède. Il fait décrire à son coursier un vaste cercle ; mais le bouclier d'or soutient tous les assauts. Trois fois Mézence vole autour d'Énée, et l'accable d'une grêle de javelots; trois fois le prince troyen tourne avec son bouclier hérissé d'une forêt de dards. Enfin, impatient de tant de retards, fatigué d'arracher tant de traits, las d'être pressé dans cette lutte inégale, agité de mille pensées différentes, il s'élance tout à coup, et enfonce sa javeline dans le front du coursier belliqueux. Le quadrupède, en fureur, se cabre, frappe l'air de ses pieds, tombe sur son maître, qu'il a renversé, et l'accable de son poids.

» A cet aspect, les cris des Troyens et des Latins s'élèvent ensemble vers la nue. Énée vole, arrache son épée du fourreau, et s'écrie : «Où est maintenant le fougueux Mézence, où est sa féroce audace?» Le Toscan, levant les yeux au ciel, respire un instant, et, reprenant ses esprits : «Cruel ennemi, dit-il, pourquoi ces insultes et ces menaces de mort? je puis périr sans crime, je ne suis pas venu combattre dans la pensée d'être épargné, et mon noble fils Lausus n'a point fait avec toi d'indignes traités pour la vie de son père. Mais, s'il est encore quelque pitié pour les vaincus, je te demande une seule grâce : permets qu'un peu de terre recouvre mon corps. Je sais de quelle haine implacable m'environnent mes sujets; défends-moi, je t'en conjure, de leur fureur; et consens que je repose dans le tombeau du fils infortuné dont je partage le sort.» En achevant ces mots, il reçoit dans la gorge le fer qu'il attendait, et son âme s'échappe avec les flots de sang qui coulent sur ses armes. »

Toujours les mêmes formes dans les changements de scènes : Juturne avertit son frère de voler au secours de Lausus; un messager, qui ne vient pas même au nom de quelques chefs de l'armée, annonce à Énée la mort de Pallas et la défaite des Troyens ; un avis de Jupiter, dont on ne connaît pas l'interprète, ordonne à Mézence de prendre la place de Turnus. Du moins si le maître de l'Olympe, indigné contre le roi des malheureux Étrusques, l'envoyait aux combats pour y trouver le légitime salaire de ses crimes, ce motif, puisé dans le sujet lui-même, cette satisfaction promise à la terre et au ciel, en rattachant le présent au passé, ranimerait l'intérêt de la situation. Toutefois il y manquerait la peinture de ce tyran farouche qui va braver l'explosion de tous les ressentiments de son peuple. Cette peinture donnerait un nouveau prix à la juste et vive comparaison qui représente si bien l'inébranlable fermeté du père de Lausus. Après quelques exploits assez vulgaires, une seconde comparaison de ce monstre couronné avec un sanglier frémissant de rage au milieu des toiles des chasseurs ajoute à la terreur que Mézence inspire. Mais pour que cette comparaison devînt plus belle et plus dramatique encore il faudrait qu'elle fût précédée par une victoire mieux disputée, et que les Toscans eussent éprouvé des malheurs plus graves : la mort de cinq hommes tués sans avoir eu le temps ou la volonté de se défendre ne peut pas avoir ainsi glacé le courage d'une armée qu'échauffe la soif de la vengeance, et la fureur de Mézence n'a point la vertu de la tête de Méduse. Homère a employé plusieurs fois la même similitude ; s'il n'égale jamais la vigueur, la richesse du pinceau de Virgile, du moins il montre plus de jugement, plus d'exactitude, et chez lui, les actions qui précèdent ou suivent les comparaisons justifient mieux l'honneur que le poète a voulu faire à son héros par de si vives images [1].

Mézence est l'un des princes de l'Énéide ; Virgile aurait dû prendre soin de l'illustrer par des faits plus importants, et surtout de lui opposer des rivaux dont la résistance aurait donné plus de relief à des travaux qui sont les préludes et les avant-coureurs de sa chute. Mais que nous importent le Grec Acron, venu, on ne sait comment, au secours de Troie, son hymen imparfait, et sa superbe parure? quelle gloire peut-il résulter pour Mézence de la défaite d'un ennemi semblable à un timide chevreuil ou à un cerf fugitif? Combien plus judicieux, plus intéressant, le naïf et grand Homère, dans le récit de la mort du vaillant Iphidamas, qui, après avoir quitté le lit de la belle Théano pour voler à la défense de la patrie, attaque avec courage le roi Agamemnon, et pé-

---

[1] *Iliade*, chant XI, v. 414; XII, v. 41; XIII, v. 470; XVII, v. 281 et 725. Voyez aussi Hésiode, que Virgile semble avoir traduit en l'embellissant ; *Bouclier d'Hercule*, vers 386 et suivants.

rit loin de cette jeune épouse, dont il avait à peine reçu quelques marques d'amour [1]. A propos du trop faible Acron, Virgile déploie tout le luxe d'une troisième comparaison riche de la plus brillante poésie, mais qui, même par son effrayante énergie, ne sert qu'à faire ressortir la nullité des exploits qu'elle annonce. En effet, à quoi aboutit le renouvellement de la colère de Mézence? à oser lutter d'homme à homme avec un guerrier pusillanime qu'il arrête dans sa fuite, et, comme si ce n'était pas assez de cette inadvertance qui touche de si près au ridicule, le vainqueur, appuyant la lance et le pied sur son rival abattu, s'écrie en vrai fanfaron de gloire : « Compagnons! cet Orode qui n'était pas un médiocre soutien de la guerre, ce grand Orode, le voilà terrassé.» Or, quel est cet Orode? d'où vient-il? comment a-t-il mérité sa renommée? Au cinquième chant de l'Iliade, plus terrible que Mézence, Diomède se livre à toute la fougue de son courage ; d'abord vous ne sauriez connaître si ce héros combattait pour les Grecs ou pour les Troyens; de toutes parts il s'élance comme un fleuve qui emporte tout dans son furieux passage. Le fils de Lycaon, Pandarus, brûlant de mettre un terme aux ravages de Diomède, l'atteint de loin avec un jave-

---

[1] *Iliade*, chant XI, vers 218 et suivants.

lot, et s'écrie à la vue du sang ennemi qui coule :
« Courage ! nobles et valeureux Troyens ! le plus
vaillant des Grecs est blessé ; je ne crois pas qu'il
lutte long-temps contre le trait douloureux, s'il est
vrai qu'un dieu, fils de Jupiter, ait ici conduit mes
pas quand j'ai quitté la Lycie. » C'est ainsi qu'Homère n'oublie jamais les lois de la composition, qui
sont les mêmes pour un tableau particulier que
pour l'épopée entière. La prédiction d'Orode à
Mézence et la réponse du vainqueur au mourant
sont encore prises du grand poète dont Virgile
adore et presse toujours la trace [1]. Les derniers
moments de Dudon, tué par le féroce Argant, ressemblent à ceux d'Orode ; mais l'auteur de la Jérusalem ajoute à son imitation quelques traits
empruntés à l'agonie de la reine de Carthage,
et qui fixent l'intérêt sur la noble victime du Sarrasin. Dans la scène suivante de Virgile, Mézence
ne fait absolument rien, et les autres acteurs dont
on aurait peine à reconnaître le parti, sans le secours de quelques terminaisons différentes, ne
jouent pas un rôle bien propre à les tirer de leur obscurité. Les Troyens paraissent une troupe sans chef,
sans direction, lancée au hasard contre Mézence
et les soldats conduits du moins par son exemple.

---

[1] *Iliade*, chant XVI, vers 852 ; chant XXII, vers 365.

Virgile nous annonce une grande bataille, qu'il ne donne point ; sa muse parle du dieu Mars et de la cruelle Tisiphone ; mais nous ne les voyons pas agir, et nous ne pouvons concevoir pourquoi le poète met en scène l'Olympe tout entier, qui gémit sur la vaine fureur des mortels, et sur les rudes travaux qu'ils s'imposent. On ne saurait lire toute cette partie du chant sans déplorer la faiblesse d'une imitation où Homère est traité comme un aigle captif auquel une indigne mutilation aurait ôté ses ongles, ses ailes et son audace [1].

Mézence, dont la plus magnifique des comparaisons nous promet des prodiges, Mézence, semblable à Orion, qui, traversant les ondes de la mer, les surpasse de toutes ses épaules, ou cache sa tête dans la nue, tandis que ses pieds foulent la terre, Mézence se contente ici d'attendre avec fermeté le choc d'Énée, de prononcer quelques paroles bien éloignées de la sauvage énergie des menaces et des imprécations du Capanée d'Eschyle et d'Euripide [2], et

---

[1] Voyez le début du onzième chant de l'*Iliade* jusqu'au vers 84. Voyez encore les batailles de feu qui remplissent le reste de ce chant sublime.

[2] Voltaire a développé assez froidement les paroles de Mézence dans la réponse du jeune d'Aumale à Turenne, qui vient de manifester sa confiance en l'appui de Dieu. Mais le combat entre ces deux rivaux est bien supérieur à celui de Mézence et d'Énée. *Henriade*, chant X.

de jeter un trait qui, au lieu d'atteindre le fils d'Anchise, va frapper le Grec Antor. Cette victime tombée, le géant reçoit un javelot dans l'aine, et le voilà hors de combat. Dans l'Iliade, Hector, furieux de la perte de son écuyer Archeptolème blessé par un dard que Teucer avait destiné au héros troyen, descend de son char en poussant un cri formidable, et lance un éclat de rocher contre ce guerrier, qu'il renverse [1]. Mais avant sa chute et sa retraite forcée, le frère d'Ajax a signalé son bras par des exploits qui lui ont mérité les éloges d'Agamemnon sur le champ de bataille [2]. Homère dit de l'un de ses plus illustres personnages : « Dès qu'il a revêtu ses armes, il s'élance comme le farouche Mars, lorsque ce dieu court allumer la guerre parmi les peuples que Jupiter excite à combattre avec toutes les fureurs de la rage : tel paraît le grand Ajax, rempart des Grecs ; il sourit d'un air menaçant, et s'avance à pas pressés en agitant sa longue javeline. » Cette pompeuse annonce sert en quelque sorte de prélude à un combat terrible dans lequel Hector et Ajax disputent de courage, de force et de constance, et terminent leur duel d'une manière plus héroïque encore que le combat lui-

---

[1] Chant VIII, vers 320 et suivants.
[2] Même chant, vers 265 jusqu'à 320.

même[1]. Quelle haute idée Homère nous donne de ses guerriers! combien Virgile néglige la gloire de ses héros! Mézence soutient faiblement le rôle que Jupiter lui a imposé; Énée, que nous avons vu si furieux d'avoir perdu sa proie dans Turnus, ne fond pas sur son nouvel adversaire avec l'impétuosité que nous attendons des passions qui l'agitent; tous deux enfin répondent assez mal à notre attente. On dira peut-être que Virgile réserve ses forces pour l'instant décisif; mais, après le premier combat d'Argant et de Tancrède, où le Tasse a déployé tant de chaleur et d'énergie, s'aperçoit-on que sa palette soit épuisée lorsqu'il faut peindre la lutte acharnée qui conduit le fier Sarrasin à la mort?

Enfin, l'intérêt va commencer dans le récit de Virgile. A l'aspect du péril de son père, Lausus verse des larmes et accourt le délivrer. Ce moment rapide ne permettait pas les belles mais in-

---

[1] *Iliade*, chant VII, vers 206 jusqu'au vers 306. Les paroles d'Hector sont ici d'autant plus remarquables qu'elles contiennent un magnifique éloge d'Ajax, et respirent une certaine générosité chevaleresque, qu'on ne trouve guère dans l'antiquité : « Toutefois, faisons-nous l'un à l'autre des présents glorieux, et que chacun des Grecs et des Troyens dise : Ils combattirent animés d'une égale fureur, mais ils se séparèrent unis par l'amitié. »

discrètes réflexions du poète, qui ont le double inconvénient de refroidir la situation, et de nous annoncer, sans aucun besoin, le funeste dénouement [1]. Au reste tout ce passage de la narration trahit un certain embarras; il y manque surtout des traits nécessaires au caractère du tyran de l'Étrurie. Quoi! ce farouche Mézence, qui ne craint ni les hommes, ni les dieux, ni la mort; ce Capanée, cet Orion, qui faisait reculer toute l'armée alliée d'épouvante, ce furieux, qui vient de promettre la tête de son adversaire pour trophée à Lausus, se retire sans prononcer un seul mot! nous ne l'entendons pas maudire le ciel, nous ne le voyons pas écumer de rage, et chercher à arra-

---

[1] On trouve dans la sixième Pythique de Pindare le plus touchant éloge de la piété filiale d'Antiloque, qui racheta par sa mort la vie de son père ; cet éloge, adroitement enchaîné au sujet, fait tout le prix de l'ode grecque.

Tite-Live a dit, au sujet de Cornélius Scipion, sauvé de la mort dans un combat près du Tésin, où Annibal remporta la victoire : « Ce mouvement épouvanta les Romains, et leur frayeur fut encore augmentée par la blessure du consul, et par le péril dont le délivra l'élan de son fils, qui, à peine dans l'âge de puberté, se jeta entre lui et les ennemis. Cet enfant sera le guerrier à qui appartiendra la gloire d'avoir terminé cette guerre, et que sa brillante victoire sur Annibal et les Carthaginois fera surnommer l'Africain. » Livre XXI, § XLVI.

cher violemment le fer de sa blessure pour essayer de revenir au combat! C'est manquer de vérité que d'oublier ainsi le caractère et les mœurs de ses personnages[1]. Si Satan garde le silence au moment où le glaive d'Abdiel tombe sur lui comme la foudre, au moins reste-t-il imposant dans sa chute :

> Il recule dix pas, et son corps, qui succombe,
> Sur son genou ployé tremble, chancelle et tombe ;
> Mais sur sa lance énorme il demeure appuyé ;
> Tel roule d'un vieux roc le sommet foudroyé :
> Tel, attaqué soudain dans sa base profonde
> Par les flots souterrains et les efforts de l'onde,
> A demi renversé croule un antique mont
> Avec les vieux sapins qui couronnent son front.

D'ailleurs le fier Satan, loin de quitter le champ de bataille, ne cesse de se montrer digne de soutenir la guerre céleste. A la fin le glaive tiré de l'arsenal de Dieu et confié au bras de Michel remporte la victoire. Affaibli par les flots du sang divin qui coule de sa large blessure, et replacé sur son char avec l'aide de ses complices les plus hardis, l'orgueilleux archange s'éloigne en grinçant les dents, de honte et de douleur; cependant il médite des combats plus terribles que ceux qu'il

---

[1] Quand on emmène du champ de bataille Sarpédon, vainqueur de Tlépolême, et presque mourant lui-même, son silence ne coûte rien à sa gloire. *Iliade*, chant V, vers 663.

vient de livrer, et, dans la nuit même, son fatal génie inventera le secret d'opposer la foudre de la terre à la foudre du ciel.

La singulière attitude des Latins devant un homme qui n'a pas pour les effrayer les conditions attachées aux crimes, aux barbaries, à la fureur de l'impitoyable Mézence, la tempête qu'Énée brave sans péril, sa faible colère, encore refroidie à nos yeux par une comparaison peu judicieuse, ses apostrophes à Lausus, qu'il menace comme s'il n'avait affaire qu'à lui seul, trahissent dans Virgile les efforts impuissants de son pinceau. Voici la même situation dans une scène d'Homère, d'autant plus belle que la raison n'y peut rien reprendre, et que la constance du héros n'a pas sa seule défense pour objet. «Renversés par les Grecs et par le vaillant Patrocle, qu'ils prennent pour Achille, les Troyens ne songent plus qu'à l'horrible fuite ; ils ont oublié toute leur ancienne valeur. Le grand Ajax poursuit sans cesse et voudrait frapper Hector, vêtu d'airain ; mais ce héros, savant dans la guerre, et les épaules couvertes de son vaste bouclier, observe, écoute le sifflement des flèches, le bruit des traits, et juge que la victoire incline d'un autre côté que le sien ; cependant il reste encore inébranlable pour sauver ses chers compagnons [1].»

---

[1] *Iliade*, chant XVI, vers 356 et suivants.

Stace, en représentant Tydée dans la position d'Énée, a soin de l'expliquer par les exploits surhumains qui ont frappé de terreur toute l'armée Thébaine; et d'ailleurs il peint en poète les assauts que soutient le fils du roi de Calydonie, avant son heure dernière : « Déjà il s'était fait un rempart de morts et de mourants ; l'armée consume autour de lui tous ses efforts ; c'est lui seul que tous les traits vouent au trépas. Les uns l'atteignent faiblement, les autres tombent inutiles à ses pieds; Pallas en arrache une partie; plusieurs restent enfoncés dans le bouclier qui en est hérissé, et semble mouvoir une forêt de dards [1]. »

Mais à côté des reproches que le seul intérêt de la vérité nous a suggérés, combien de beautés marquées au coin du talent particulier de Virgile ! Ce Grec immolé par Mézence en Italie, et qui mourant se ressouvient de sa chère Argos ; la bonté paternelle imprimée aux paroles d'Énée à Lausus ; la folle témérité du fils de Mézence ; la colère un peu trop prompte peut-être à surmonter dans le cœur du héros troyen, les inspirations d'une douce vertu ; le tableau de la mort du jeune audacieux, où l'on admire la grâce et le charme du pinceau d'une femme; cette âme qui abandonne avec peine ce beau corps, son asile chéri, comme André Chénier

---

[1] *Thébaïde*, chant VIII, vers 701 et suivants.

quittait avec tristesse et la vie et la muse dont les chants futurs retentissaient au dedans de lui à son heure dernière[1], ce sont là autant de choses achevées. Cependant le poète en puise de plus touchantes encore dans la sensibilité qui fait ici tout son génie. Je ne connais rien de plus dramatique que le retour de la pitié d'Énée à l'aspect de l'effrayante pâleur qui se répand par degrés sur tous les traits de Lausus, et surtout au souvenir de la piété filiale dont il est la déchirante image. Dans ce moment le prince troyen place en secret son Ascagne à côté de la noble victime, et murmure tout bas : «Voilà quel serait mon fils, c'est ainsi qu'il voudrait mourir pour moi! Ah! malheureux Lausus, que ne puis-je te sauver de la mort, comme je souhaiterais qu'un ennemi sauvât Ascagne tombé dans le même péril que toi pour la même cause!» Une fausse délicatesse des critiques a prétendu trouver quelque jactance dans le trait: «Tu tombes sous la main du grand Énée ;» mais les anciens, plus vrais que les

---

[1] Chénier, au moment de périr d'une manière cruelle, disait, en se frappant le front : «Mourir! et pourtant j'avais quelque chose là!...» Lausus qui succombe pour sauver un père, Lausus dans l'âge de la gloire et des amours, aurait pu dire, en mettant la main sur son cœur : «Mourir! et pourtant j'avais quelque chose là.» Effectivement, toutes les belles actions ont leur source dans le cœur.

modernes, dont la modestie cache souvent beaucoup d'orgueil, ne craignaient pas de laisser éclater le sentiment de leur propre grandeur; Ajax, Hector, Achille, se rendent justice à eux-mêmes, comme ils la rendent à leurs rivaux. Homère et Virgile ont agrégé le fils d'Anchise à la famille de ces grands hommes; ses dernières paroles sont la plus magnifique des consolations pour le jeune héros, qui emporte ainsi dans la tombe l'espoir de l'immortalité.

L'Argant du Tasse, dont la vie s'échappe à travers les horribles et nombreuses blessures qu'il a reçues dans un combat à mort contre Tancrède, donne un libre cours à sa fureur; Mézence encore tout entier, et atteint d'un seul coup, nous a paru terrassé par la souffrance; un corps de fer et une âme de fer devaient mieux le soutenir sous le poids des douleurs physiques [1]. Comment la honte, la colère, la soif de la vengeance, qui fermentent dans son sein, ne lui inspirent-elles pas quelque imprécation contre l'adversaire que naguère il appelait en face un brigand? Toutes ces fautes, que le parallèle établi plus haut entre Mézence et le Satan de Milton a fait ressortir encore davantage, nous les pardonnerions peut-être si des alarmes paternelles

---

[1] Dans l'*Iliade*, voyez comment Hector revient du champ de bataille après une lutte terrible avec Ajax, et reconnais-

du vieillard n'étaient pas décrites avec tant de froideur dans deux vers où il n'y a point d'entrailles, et qui annoncent mal les profondes émotions de la scène suivante. Ici Virgile est un des peintres les plus éloquents du cœur humain : rien de plus vrai que les tristes pressentiments, espèce d'instinct prophétique du malheur ou de la passion; rien de plus déchirant que les transports du désespoir de Mézence penché sur le corps de Lausus, et se reprochant la mort de son fils, avec la cruelle ironie d'Oreste accusant les dieux; mais surtout quelle profonde révélation de la nature dans cette exclamation : *Nunc alte vulnus adactum!* La haine des Toscans, leur révolte, la honte d'avoir été chassé, la perte du trône, l'amertume du pain de l'exil n'avaient qu'effleuré cette âme de bronze, et voilà que tous ces coups du sort y pénètrent avec le glaive qui a percé l'infortuné Lausus. Maintenant les forfaits du tyran se réveillent comme autant de furies, viennent lui faire entendre une seconde fois les cris de rage de ses sujets, et forcent le coupable à prononcer lui-même son propre arrêt ! Cette métamorphose ne me paraît pas moins sublime que le changement opéré dans le cœur d'A-

---

sez dans Homère un peintre aussi fidèle à la vérité que soigneux de la gloire de ses héros. Chant XIV, vers 402.

chille par la nouvelle de la mort de Patrocle. Ici se présente une autre révélation de l'homme. Tant que le pervers jouit de son crime et du sommeil de la colère des dieux, le silence du remords lui procure une espèce de paix ; souvent même il triomphe de son impunité ; mais une fois sous la main de fer de la vengeance, sœur de la justice, les voiles de ses yeux tombent, la nuit de sa conscience se dissipe, et fait place à un jour affreux qui en éclaire les replis les plus secrets. Le pervers se reconnaît avec épouvante, et voit d'un seul coup toute l'étendue comme toutes les conséquences de ses forfaits. Le moment de cette découverte est aussi terrible, plus terrible peut-être que l'heure qui précède le supplice.

Loin de blâmer l'entretien de Mézence avec son cheval de bataille, je trouve l'idée aussi dramatique que naturelle, et surtout plus habilement motivée que dans aucun autre poème [1]. En horreur à la nature entière, Mézence n'a plus depuis longtemps d'amis que ce serviteur fidèle ; il lui con-

---

[1] Homère associe avec vérité les coursiers d'Achille au deuil de l'armée sur la mort de Patrocle. Achille, près de partir pour le venger, prie ces mêmes coursiers de ne pas le laisser périr comme son ami ; l'un d'eux répond à son maître et lui prédit la mort. *Iliade*, chant XIX, vers 400 et suivants.

Dans le *Mazeppa* de lord Byron, l'hetman et son cheval ne font pour ainsi dire qu'un seul être.

fie sa dernière pensée, et veut vaincre ou mourir avec le compagnon de toute sa destinée ; car il ne le croit pas capable d'accepter le joug d'un Troyen [1]. L'instant du départ de Mézence et l'orage des passions qui bouillonnent en lui justifient par l'autorité de l'exemple du maître les observations que nous avons faites un peu plus haut sur l'état de langueur et de faiblesse morale du vieux guerrier.

Les deux adversaires sont en présence. On s'étonne que Virgile n'ait pas prêté à Énée quelques paroles héroïques ou religieuses. L'exclamation impie de Mézence, dans un moment où presque tous les méchants entendent une voix du ciel qui les éclaire et les épouvante, achève la peinture d'un caractère incapable de se démentir même en face de la mort. Un combat trop court, trop peu

---

[1] Le *Richard II* de Shakspeare, enfermé au château de Pomfret, apprend que le cheval Barbary, qu'il avait coutume de monter lui-même, marchait avec tant de fierté sous Bolingbroke, le jour du couronnement de cet usurpateur, qu'il semblait dédaigner la terre : « Quoi, s'écrie alors l'infortuné monarque, est-il si fier de porter Bolingbroke ! et cet animal ingrat mangeait le pain dans ma main royale ! et il s'enorgueillissait quand il sentait ma main le caresser ! Ne devait-il pas broncher et renverser (car l'orgueil doit être précipité tôt ou tard) l'orgueilleux qui avait usurpé sur lui la place de son maître ? » Acte V.

digne de cette fureur, amène la chute de Mézence.
Le Tasse, plus judicieux et plus dramatique, ne
fait tomber Argant qu'après des prodiges de courage, de désespoir et de constance à disputer la
victoire jusqu'à sa dernière heure ; Argant meurt
tel qu'il a vécu, ne respirant que rage, orgueil
et férocité. Sans doute il ne faut pas exiger
tant d'efforts du vieux Mézence, qui court au
devant du coup fatal ; mais les seules furies de
l'amour paternel devaient le ranimer comme un
flambeau qui ne jette jamais un plus vif éclat que
lorsqu'il va s'éteindre. Nous souffrons de le voir
renversé, presque écrasé par son cheval, nous souffrons encore plus des insultes peu généreuses d'Énée à un ennemi sans défense. Les trop justes reproches du vaincu, ferme et calme sous le glaive,
rabaissent à nos yeux le vainqueur. Bientôt nous
nous sentons attendris au souvenir de la noble mort
de Lausus, si bien placé dans la bouche de Mézence en ce moment extrême, et si propre à réveiller
la pitié d'Énée, sans porter la moindre atteinte au
caractère du roi d'Étrurie. D'ailleurs, Mézence
ne demande pas la vie, il est venu pour mourir ;
il demande seulement une place à côté de son fils.
Le vers :

> Et me consortem nati concede sepulcro

renferme dans le choix des expressions plusieurs

beautés qui augmentent beaucoup celle de la pensée. « Mon fils m'appelle auprès de lui, seras-tu sourd à la prière de ce généreux guerrier que tu aurais voulu sauver. Je meurs comme lui de ta main; laisse-moi partager son sort. Ouvre sa tombe pour me recevoir, voilà la seule grâce que j'implore [1]. » Mais ce n'est pas seulement la tendresse paternelle qui parle ici; Mézence se voit environné de ses sujets furieux, et veut dérober ses restes à leurs insultes. L'infortuné se dit en secret : « Quand je serai réuni à Lausus, à ce brillant élève de la gloire, à ce modèle de la piété filiale, les haines les plus acharnées viendront expirer sur le monument qui nous renfermera tous deux; on respectera Mézence dans ce dernier asile, et le

---

[1] Dans *la Vie et la Mort du roi Jean*, de Shakspeare, le comte de Melun, qui a trahi le roi d'Angleterre, est blessé à mort. Au moment suprême le souvenir de la patrie se réveille avec les remords; il conjure ses complices d'abandonner l'étendard de la révolte en leur révélant le sort affreux que leur prépare le fils du roi de France, qui a juré d'immoler après la victoire les traîtres qui l'ont aidé à détrôner leur prince. Alors, attestant de la vérité de ses paroles l'autre monde, dont un mensonge l'exclurait à jamais, il demande pour seule récompense d'être transporté loin du champ de bataille, en quelque asile où son âme puisse se séparer doucement de son corps dans la contemplation de la vie future et dans les pieux désirs des mourants. Acte V.

fils qui a voulu périr pour moi protégera encore son père après le trépas. »

Nous abhorrions Mézence, nous souhaitions sa mort, nos cœurs sont changés, nous ne voyons plus en lui qu'un père, et la pitié nous suggère cette exclamation : « Oubli à ses fautes; paix à ses » mânes; respect à son tombeau. » Par une délicatesse de sentiment, par une inspiration, qui n'appartiennent qu'à un goût exquis, Virgile nous montre Mézence allant au-devant du coup mortel; Énée, désormais sans fureur, frappe comme le sacrificateur qui offre une victime aux dieux.

ÆNEIDOS

LIBER DECIMUS.

Panditur interea domus omnipotentis Olympi,
Conciliumque vocat divum pater atque hominum rex
Sideream in sedem; terras unde arduus omnes
Castraque Dardanidum adspectat populosque Latinos.
Considunt tectis bipatentibus. Incipit ipse:
    Cœlicolæ magni, quia nam sententia vobis
Versa retro, tantumque animis certatis iniquis?
Abnueram bello Italiam concurrere Teucris:
Quæ contra vetitum discordia? quis metus aut hos
Aut hos arma sequi ferrumque lacessere suasit?
Adveniet justum pugnæ, ne arcessite, tempus,
Quum fera Carthago Romanis arcibus olim
Exitium magnum atque Alpes immittet apertas.
Tum certare odiis, tum res rapuisse licebit:
Nunc sinite; et placitum læti componite fœdus.
    Juppiter hæc paucis, at non Venus aurea contra
Pauca refert:
O pater, o hominum divumque æterna potestas,
Namque aliud quid sit quod jam implorare queamus?
Cernis ut insultent Rutuli, Turnusque feratur

Per medios insignis equis, tumidusque secundo
Marte ruat : non clausa tegunt jam mœnia Teucros;
Quin intra portas atque ipsis prœlia miscent
Aggeribus murorum : et inundant sanguine fossæ.
Æneas ignarus abest. Numquamne levari
Obsidione sines? muris iterum imminet hostis
Nascentis Trojæ; nec non exercitus alter,
Atque iterum in Teucros Ætolis surgit ab Arpis
Tydides. Equidem, credo, mea vulnera restant;
Et tua progenies mortalia demoror arma.
Si sine pace tua atque invito numine Troës
Italiam petiere, luant peccata; neque illos
Juveris auxilio : sin tot responsa secuti,
Quæ superi Manesque dabant; cur nunc tua quisquam
Vertere jussa potest? aut cur nova condere fata?
Quid repetam exustas Erycino in littore classes?
Quid tempestatum regem ventosque furentes
Æolia excitos? aut actam nubibus Irim?
Nunc etiam Manes (hæc intentata manebat
Sors rerum) movet; et superis immissa repente
Allecto, medias Italum bacchata per urbes.
Nil super imperio moveor : speravimus ista,
Dum fortuna fuit; vincant, quos vincere mavis.
Si nulla est regio Teucris, quam det tua conjux
Dura; per eversæ, genitor, fumantia Trojæ
Excidia obtestor, liceat dimittere ab armis
Incolumem Ascanium, liceat superesse nepotem.
Æneas procul ignotis jactetur in oris,
Et quamcumque viam dederit fortuna sequatur :
Hunc tegere et diræ valeam subducere pugnæ.

Est Amathus; est celsa mihi Paphos, atque Cythera,
Idaliæque domus; positis inglorius armis
Exigat hic ævum : magna ditione jubeto
Carthago premat Ausoniam, nihil urbibus inde
Obstabit Tyriis. Quid pestem evadere belli
Juvit, et Argolicos medium fugisse per ignes,
Totque maris vastæque exhausta pericula terræ,
Dum Latium Teucri recidivaque Pergama quærunt?
Non satius cineres patriæ insedisse supremos,
Atque solum quo Troja fuit? Xanthum et Simoënta
Redde, oro, miseris; iterumque revolvere casus
Da, pater, Iliacos Teucris. Tum regia Juno,
Acta furore gravi : Quid me alta silentia cogis
Rumpere, et obductum verbis vulgare dolorem?
Æneam hominum quisquam divumve subegit
Bella sequi, aut hostem regi se inferre Latino?
Italiam fatis petiit auctoribus, esto,
Cassandræ impulsus furiis. Num linquere castra
Hortati sumus, aut vitam committere ventis?
Num puero summam belli, num credere muros?
Tyrrhenamve fidem aut gentes agitare quietas?
Quis deus in fraudem, quæ dura potentia nostri
Egit? ubi hic Juno, demissave nubibus Iris?
Indignum est Italos Trojam circumdare flammis
Nascentem, et patria Turnum consistere terra,
Cui Pilumnus avus, cui diva Venilia mater :
Quid face Trojanos atra vim ferre Latinis,
Arva aliena jugo premere, atque avertere prædas?
Quid soceros legere, et gremiis abducere pactas;
Pacem orare manu, præfigere puppibus arma?

ÆNEIDOS

Tu potes Æneam manibus subducere Graium,
Proque viro nebulam et ventos obtendere inanes;
Et potes in todidem classem convertere Nymphas:
Nos aliquid Rutulos contra juvisse nefandum est?
Æneas ignarus abest: ignarus et absit.
Est Paphus Idaliumque tibi, sunt alta Cythera:
Quid gravidam bellis urbem et corda aspera tentas?
Nosne tibi fluxas Phrygiæ res vertere fundo
Conamur? nos? an miseros qui Troas Achivis
Objecit? Quæ causa fuit consurgere in arma
Europamque Asiamque, et fœdera solvere furto?
Me duce Dardanius Spartam expugnavit adulter?
Aut ego tela dedi, fovive cupidine bella?
Tum decuit metuisse tuis: nunc sera querelis
Haud justis assurgis, et irrita jurgia jactas.

    Talibus orabat Juno; cunctique fremebant
Cœlicolæ assensu vario: ceu flamina prima
Quum deprensa fremunt silvis, et cæca volutant
Murmura, venturos nautis prodentia ventos.
Tum pater omnipotens, rerum cui summa potestas,
Infit: eo dicente, deum domus alta silescit,
Et tremefacta solo tellus; silet arduus æther;
Tum Zephyri posuere; premit placida æquora pontus.

    Accipite ergo animis, atque hæc mea figite dicta.
Quandoquidem Ausonios conjungi fœdere Teucris
Haud licitum, nec vestra capit discordia finem;
Quæ cuique est fortuna hodie, quam quisque secat spem,
Tros Rutulusve fuat, nullo discrimine habebo;
Seu fatis Italum castra obsidione tenentur,
Sive errore malo Trojæ monitisque sinistris:

LIBER X.

Nec Rutulos solvo. Sua cuique exorsa laborem
Fortunamque ferent. Rex Juppiter omnibus idem.
Fata viam invenient. Stygii per flumina fratris,
Per pice torrentes atraque voragine ripas,
Annuit; et totum nutu tremefecit olympum.
Hic finis fandi. Solio tum Juppiter aureo
Surgit; coelicolae medium quem ad limina ducunt.
    Interea Rutuli portis circum omnibus instant
Sternere caede viros, et moenia cingere flammis.
At legio Æneadum vallis obsessa tenetur:
Nec spes ulla fugae. Miseri stant turribus altis
Nequidquam, et rara muros cinxere corona.
Asius Imbrasides, Hicetaoniusque Thymoetes,
Assaracique duo, et senior cum Castore Thymbris,
Prima acies. Hos germani Sarpedonis ambo,
Et Clarus, et Themon, Lycia comitantur ab alta.
Fert ingens toto connixus corpore saxum,
Haud partem exiguam montis, Lyrnessius Acmon,
Nec Clytio genitore minor, nec fratre Menestheo.
Hi jaculis, illi certant defendere saxis,
Molirique ignem, nervoque aptare sagittas.
Ipse inter medios, Veneris justissima cura,
Dardanius caput ecce puer detectus honestum,
Qualis gemma, micat, fulvum quae dividit aurum,
Aut collo decus, aut capiti; vel quale per artem
Inclusum buxo, aut Oricia terebintho,
Lucet ebur: fusos cervix cui lactea crines
Accipit, et molli subnectens circulus auro.
Te quoque magnanime viderunt, Ismare, gentes
Vulnera dirigere, et calamos armare veneno,

Mæonia, generose, domo; ubi pinguia culta
Exercentque viri, Pactolosque irrigat auro.
Affuit et Mnestheus, quem pulsi pristina Turni
Aggere murorum sublimem gloria tollit:
Et Capys; hinc nomen Campanæ ducitur urbi.
   Illi inter sese duri certamina belli
Contulerant; media Æneas freta nocte secabat.
Namque ut ab Evandro castris ingressus Etruscis
Regem adit, et regi memorat nomenque genusque;
Quidve petat, quidve ipse ferat, Mezentius arma
Quæ sibi conciliet, violentaque pectora Turni,
Edocet; humanis quæ sit fiducia rebus
Admonet; immiscetque preces: haud fit mora; Tarcho
Jungit opes, fœdusque ferit. Tum libera fati
Classem conscendit jussis gens Lydia divum,
Externo commissa duci. Æneia puppis
Prima tenet, rostro Phrygios subjuncta leones:
Imminet Ida super, profugis gratissima Teucris.
Hic magnus sedet Æneas, secumque volutat
Eventus belli varios: Pallasque, sinistro
Affixus lateri, jam quærit sidera, opacæ
Noctis iter, jam quæ passus terraque marique.
   Pandite nunc Helicona, Deæ, cantusque movete;
Quæ manus interea Tuscis comitetur ab oris
Æneam, armetque rates, pelagoque vehatur.
   Massicus ærata princeps secat æquora Tigri:
Sub quo mille manus juvenum, qui mœnia Clusi,
Quique urbem liquere Cosas, queis tela, sagittæ,
Corytique leves humeris et letifer arcus.
Una torvus Abas; huic totum insignibus armis

LIBER X.

Agmen, et aurato fulgebat Apolline puppis.
Sexcentos illi dederat Populonia mater
Expertos belli juvenes : ast Ilva trecentos
Insula, inexhaustis Chalybum generosa metallis.
Tertius, ille hominum divumque interpres Asylas,
Cui pecudum fibræ, cœli cui sidera parent,
Et linguæ volucrum, et præsagi fulminis ignes,
Mille rapit densos acie atque horrentibus hastis.
Hos parere jubent Alpheæ ab origine Pisæ,
Urbs Etrusca solo. Sequitur pulcherrimus Astur,
Astur equo fidens, et versicoloribus armis.
Tercentum adjiciunt (mens omnibus una sequendi)
Qui Cærete domo, qui sunt Minionis in arvis,
Et Pyrgi veteres, intempestæque Graviscæ.

Non ego te, Ligurum ductor fortissime bello,
Transierim, Cinyra; et paucis comitate Cupavo,
Cujus olorinæ surgunt de vertice pennæ :
Crimen amor vestrum, formæque insigne paternæ;
Namque ferunt luctu Cycnum Phaëthontis amati,
Populeas inter frondes umbramque sororum
Dum canit, et mæstum musa solatur amorem,
Canentem molli pluma duxisse senectam,
Linquentem terras, et sidera voce sequentem.
Filius, æquales comitatus classe catervas,
Ingentem remis Centaurum promovet : ille
Instat aquæ, saxumque undis immane minatur
Arduus, et longa sulcat maria alta carina.

Ille etiam patriis agmen ciet Ocnus ab oris,
Fatidicæ Mantus et Tusci filius amnis,
Qui muros matrisque dedit tibi, Mantua, nomen :

Mantua dives avis, sed non genus omnibus unum :
Gens illi triplex, populi sub gente quaterni;
Ipsa caput populis : Tusco de sanguine vires.
Hinc quoque quingentos in se Mezentius armat,
Quos patre Benaco, velatus arundine glauca,
Mincius infesta ducebat in æquora pinu.
It gravis Aulestes, centenaque arbore fluctus
Verberat assurgens; spumant vada marmore verso.
Hunc vehit immanis Triton, et cærula concha
Exterrens freta : cui laterum tenus hispida nanti
Frons hominem præfert, in pristin desinit alvus,
Spumea semifero sub pectore murmurat unda.
Tot lecti proceres ter denis navibus ibant
Subsidio Trojæ, et campos salis ære secabant.

 Jamque dies cœlo concesserat, almaque curru
Noctivago Phœbe medium pulsabat olympum.
Æneas, neque enim membris dat cura quietem,
Ipse sedens clavumque regit velisque ministrat.
Atque illi, medio in spatio, chorus ecce suarum
Occurrit comitum, Nymphæ, quas alma Cybele
Numen habere maris, Nymphasque e navibus esse,
Jusserat : innabant pariter, fluctusque secabant,
Quot prius æratæ steterant ad littora proræ.
Agnoscunt longe regem, lustrantque choreis.
Quarum quæ fandi doctissima Cymodocea,
Pone sequens, dextra puppim tenet, ipsaque dorso
Eminet, ac læva tacitis subremigat undis.
Tum sic ignarum alloquitur : Vigilasne, deum gens,
Ænea? vigila, et velis immitte rudentes.
Nos sumus Idææ sacro de vertice pinus,

Nunc pelagi Nymphæ, classis tua. Perfidus ut nos
Præcipites ferro Rutulus flammaque premebat,
Rupimus invitæ tua vincula, teque per æquor
Quærimus. Hanc genetrix faciem miserata refecit,
Et dedit esse deas, ævumque agitare sub undis.
At puer Ascanius muro fossisque tenetur
Tela inter media atque horrentes Marte Latinos.
Jam loca jussa tenent forti permixtus Etrusco
Arcas eques : medias illis opponere turmas,
Ne castris jungant, certa est sententia Turno.
Surge age; et aurora socios veniente vocari
Primus in arma jube; et clypeum cape, quem dedit ipse
Invictum ignipotens, atque oras ambiit auro.
Crastina lux, mea si non irrita dicta putaris,
Ingentes Rutulæ spectabit cædis acervos.
Dixerat; et dextra discedens impulit altam,
Haud ignara modi, puppim : fugit illa per undas
Ocior et jaculo et ventos æquante sagitta.
Inde aliæ celerant cursus. Stupet inscius ipse
Tros Anchisiades; animos tamen omine tollit.
Tum breviter, supera adspectans convexa, precatur :
   Alma parens Idæa deum, cui Dindyma cordi,
Turrigeræque urbes, bijugique ad frena leones;
Tu mihi nunc pugnæ princeps, tu rite propinques
Augurium; Phrygibusque adsis pede, Diva, secundo.
Tantum effatus; et interea revoluta ruebat
Matura jam luce dies, noctemque fugarat.
   Principio sociis edicit signa sequantur,
Atque animos aptent armis, pugnæque parent se.
Jamque in conspectu Teucros habet et sua castra,

Stans celsa in puppi; clypeum quum deinde sinistra
Extulit ardentem. Clamorem ad sidera tollunt
Dardanidæ e muris; spes addita suscitat iras;
Tela manu jaciunt : quales sub nubibus atris
Strymoniæ dant signa grues, atque æthera tranant
Cum sonitu, fugiuntque notos clamore secundo.
At Rutulo regi ducibusque ea mira videri
Ausoniis; donec versas ad littora puppes
Respiciunt, totumque allabi classibus æquor.
Ardet apex capiti, cristisque a vertice flamma
Funditur, et vastos umbo vomit aureus ignes.
Non secus ac liquida si quando nocte cometæ
Sanguinei lugubre rubent, aut sirius ardor;
Ille, sitim morbosque ferens mortalibus ægris,
Nascitur, et lævo contristat lumine cœlum.

 Haud tamen audaci Turno fiducia cessit.
Littora præcipere, et venientes pellere terra.
Ultro animos tollit dictis, atque increpat ultro :
Quod votis optastis, adest, perfringere dextra;
In manibus Mars ipse, viri : nunc conjugis esto
Quisque suæ tectique memor : nunc magna referto
Facta, patrum laudes : ultro occurramus ad undam,
Dum trepidi, egressique labant vestigia prima.
Audentes fortuna juvat.
Hæc ait; et secum versat, quos ducere contra,
Vel quibus obsessos possit concredere muros.

 Interea Æneas socios de puppibus altis
Pontibus exponit. Multi servare recursus
Languentis pelagi, et brevibus se credere saltu;
Per remos alii. Speculatus littora Tarcho,

Qua vada non spirant, nec fracta remurmurat unda,
Sed mare inoffensum crescenti allabitur æstu,
Advertit subito proras, sociosque precatur :
Nunc, o lecta manus, validis incumbite remis;
Tollite, ferte rates; inimicam findite rostris
Hanc terram, sulcumque sibi premat ipsa carina.
Frangere nec tali puppim statione recuso,
Arrepta tellure semel. Quæ talia postquam
Effatus Tarcho, socii consurgere tonsis,
Spumantesque rates arvis inferre Latinis;
Donec rostra tenent siccum, et sedere carinæ
Omnes innocuæ : sed non puppis tua, Tarcho;
Namque inflicta vadis dorso dum pendet iniquo,
Anceps, sustentata diu, fluctusque fatigat,
Solvitur, atque viros mediis exponit in undis;
Fragmina remorum quos et fluitantia transtra
Impediunt, retrahitque pedem simul unda relabens.
  Nec Turnum segnis retinet mora; sed rapit acer
Totam aciem in Teucros, et contra in littore sistit.
Signa canunt. Primus turmas invasit agrestes
Æneas, omen pugnæ; stravitque Latinos,
Occiso Therone, virum qui maximus ultro
Ænean petit : huic gladio, perque ærea suta,
Per tunicam squalentem auro, latus haurit apertum.
Inde Lichan ferit, exsectum jam matre perempta,
Et tibi, Phœbe, sacrum, casus evadere ferri
Quod licuit parvo. Nec longe Cissea durum,
Immanemque Gyan, sternentes agmina clava,
Dejecit leto. Nihil illos Herculis arma,
Nec validæ juvere manus, genitorque Melampus,

Alcidæ comes usque graves dum terra labores
Præbuit. Ecce Pharo, voces dum jactat inertes,
Intorquens jaculum clamanti sistit in ore.
Tu quoque, flaventem prima lanugine malas
Dum sequeris Clytium infelix, nova gaudia, Cydon,
Dardania stratus dextra, securus amorum,
Qui juvenum tibi semper erant, miserande, jaceres,
Ni fratrum stipata cohors foret obvia, Phorci
Progenies; septem numero septenaque tela
Conjiciunt : partim galea clypeoque resultant
Irrita; deflexit partim stringentia corpus
Alma Venus. Fidum Æneas affatur Achaten :
Suggere tela mihi, non ullum dextera frustra
Torserit in Rutulos, steterunt quæ in corpore Graium
Iliacis campis. Tum magnam corripit hastam,
Et jacit : illa volans clypei transverberat æra
Mæonis, et thoraca simul cum pectore rumpit.
Huic frater subit Alcanor, fratremque ruentem
Sustentat dextra : trajecto missa lacerto
Protinus hasta fugit, servatque cruenta tenorem;
Dexteraque ex humero nervis moribunda pependit.
Tum Numitor, jaculo fratris de corpore rapto,
Ænean petiit; sed non et figere contra
Est licitum, magnique femur perstrinxit Achatæ.
Hic Curibus, fidens primævo corpore, Clausus
Advenit, et rigida Dryopen ferit eminus hasta
Sub mentum, graviter pressa, pariterque loquentis
Vocem animamque rapit, trajecto gutture : at ille
Fronte ferit terram, et crassum vomit ore cruorem.
Tres quoque Threicios, Boreæ de gente suprema,

Et tres, quos Idas pater et patria Ismara mittit,
Per varios sternit casus. Accurrit Halesus,
Auruncæque manus; subit et Neptunia proles,
Insignis Messapus equis : expellere tendunt
Nunc hi, nunc illi : certatur limine in ipso
Ausoniæ. Magno discordes æthere venti
Prœlia ceu tollunt, animis et viribus æquis :
Non ipsi inter se, non nubila, non mare cedunt :
Anceps pugna diu; stant obnixa omnia contra.
Haud aliter Trojanæ acies aciesque Latinæ
Concurrunt; hæret pede pes, densusque viro vir.

 At parte ex alia, qua saxa rotantia late
Impulerat torrens arbustaque diruta ripis,
Arcadas, insuetos acies inferre pedestres,
Ut vidit Pallas Latio dare terga sequaci,
Aspera queis natura loci dimittere quando
Suasit equos; unum quod rebus restat egenis,
Nunc prece, nunc dictis virtutem accendit amaris :

 Quo fugitis, socii? per vos et fortia facta,
Per ducis Evandri nomen, devictaque bella,
Spemque meam, patriæ quæ nunc subit æmula laudi,
Fidite ne pedibus. Ferro rumpenda per hostes
Est via, qua globus ille virum densissimus urget :
Hac vos et Pallanta ducem patria alta reposcit.
Numina nulla premunt : mortali urgemur ab hoste
Mortales : totidem nobis animæque manusque.
Ecce maris magna claudit nos obice pontus ;
Deest jam terra fugæ : pelagus, Trojamne petemus ?

 Hæc ait, et medius densos prorumpit in hostes.
Obvius huic primum, fatis adductus iniquis,

Fit Lagus : hunc, magno vellit dum pondere saxum,
Intorto figit telo, discrimina costis
Per medium qua spina dedit, hastamque receptat
Ossibus hærentem. Quem non super occupat Hisbo,
Ille quidem hoc sperans; nam Pallas ante ruentem,
Dum furit, incautum crudeli morte sodalis
Excipit, atque ensem tumido in pulmone recondit.
Hinc Sthenelum petit, et Rhœti de gente vetusta
Anchemolum, thalamos ausum incestare novercæ.
Vos etiam gemini Rutulis cecidistis in arvis,
Daucia, Laride Thymberque, simillima proles,
Indiscreta suis, gratusque parentibus error :
At nunc dura dedit vobis discrimina Pallas :
Nam tibi, Thymbre, caput Evandrius abstulit ensis;
Te decisa suum, Laride, dextera quærit,
Semianimesque micant digiti, ferrumque retractant.
    Arcadas accensos monitu, et præclara tuentes
Facta viri, mixtus dolor et pudor armat in hostes.
Tum Pallas bijugis fugientem Rhœtea præter
Trajicit : hoc spatium, tantumque moræ fuit Ilo :
Ilo namque procul validam direxerat hastam,
Quam medius Rhœteus intercipit, optime Teuthra,
Te fugiens fratremque Tyren; curruque volutus
Cædit semianimis Rutulorum calcibus arva.
Ac velut optato ventis æstate coortis
Dispersa immittit silvis incendia pastor;
Correptis subito mediis, extenditur una
Horrida per latos acies vulcania campos :
Ille sedens victor flammas despectat ovantes.
Non aliter socium virtus coit omnis in unum,

LIBER X.

Teque juvat, Palla. Sed bellis acer Halesus
Tendit in adversos, seque in sua colligit arma.
Hic mactat Ladona, Pheretaque, Demodocumque :
Strymonio dextram fulgenti deripit ense
Elatam in jugulum; saxo ferit ora Thoantis,
Ossaque dispersit cerebro permixta cruento.
Fata canens silvis genitor celarat Halesum :
Ut senior leto canentia lumina solvit,
Injecere manum Parcæ, telisque sacrarunt
Evandri; quem sic Pallas petit, ante precatus :
Da nunc, Thybri pater, ferro, quod missile libro,
Fortunam atque viam duri per pectus Halesi :
Hæc arma exuviasque viri tua quercus habebit.
Audiit illa deus : dum texit Imaona Halesus,
Arcadio infelix telo dat pectus inermum.
 At non cæde viri tanta perterrita Lausus;
Pars ingens belli, sinit agmina. Primus Abantem
Oppositum interimit, pugnæ nodumque moramque.
Sternitur Arcadiæ proles; sternuntur Etrusci;
Et vos, o Graiis imperdita corpora, Teucri.
Agmina concurrunt ducibusque et viribus æquis :
Extremi addensent acies; nec turba moveri
Tela manusque sinit. Hinc Pallas instat et urget,
Hinc contra Lausus, nec multum discrepat ætas,
Egregii forma; sed queis fortuna negarat
In patriam reditus. Ipsos concurrere passus
Haud tamen inter se magni regnator olympi :
Mox illos sua fata manent majore sub hoste.
 Interea soror alma monet succurrere Lauso
Turnum, qui volucri curru medium secat agmen.

Ut vidit socios : Tempus desistere pugnæ :
Solus ego in Pallanta feror; soli mihi Pallas
Debetur : cuperem ipse parens spectator adesset.
Hæc ait ; et socii cesserunt æquore jusso.
At Rutulum abscessu juvenis, tum jussa superba
Miratus, stupet in Turno, corpusque per ingens
Lumina volvit, obitque truci procul omnia visu ;
Talibus et dictis it contra dicta tyranni :
Aut spoliis ego jam raptis laudabor opimis,
Aut leto insigni : sorti pater æquus utrique est :
Tolle minas. Fatus medium procedit in æquor.
Frigidus Arcadibus coit in præcordia sanguis.

 Desiluit Turnus bijugis ; pedes apparat ire
Comminus. Utque leo, specula quum vidit ab alta
Stare procul campis meditantem in prœlia taurum,
Advolat : haud alia est Turni venientis imago.
Hunc ubi contiguum missæ fore credidit hastæ,
Ire prior Pallas, si qua fors adjuvet ausum
Viribus imparibus ; magnumque ita ad æthera fatur :
Per patris hospitium, et mensas quas advena adisti,
Te precor, Alcide, cœptis ingentibus adsis ;
Cernat semineci sibi me rapere arma cruenta,
Victoremque ferant morientia lumina Turni.
Audiit Alcides juvenem, magnumque sub imo
Corde premit gemitum, lacrymasque effudit inanes.
Aum genitor natum dictis affatur amicis :
Stat sua cuique dies, breve et irreparabile tempus
Omnibus est vitæ ; sed famam extendere factis,
Hoc virtutis opus. Trojæ sub mœnibus altis
Tot nati cecidere deum ; quin occidit una

LIBER X.

Sarpedon, mea progenies : etiam sua Turnum
Fata vocant, metasque dati pervenit ad ævi.
Sic ait, atque oculos Rutulorum rejicit arvis.
  At Pallas magnis emittit viribus hastam,
Vaginaque cava fulgentem deripit ensem.
Illa volans, humeri surgunt qua tegmina summa,
Incidit; atque, viam clypei molita per oras,
Tandem etiam magno strinxit de corpore Turni.
Hic Turnus ferro præfixum robur acuto
In Pallanta diu librans jacit, atque ita fatur:
Adspice num mage sit nostrum penetrabile telum.
Dixerat : at clypeum, tot ferri terga, tot æris,
Quum pellis toties obeat circumdata tauri,
Vibranti medium cupis transverberat ictu,
Loricæque moras et pectus perforat ingens.
Ille rapit calidum frustra de vulnere telum;
Una eademque via sanguis animusque sequuntur.
Corruit in vulnus; sonitum super arma dedere;
Et terram hostilem moriens petit ore cruento.
Quem Turnus super assistens :
Arcades, hæc, inquit, memores mea dicta referte
Evandro : qualem meruit Pallanta remitto.
Quisquis honos tumuli, quidquid solamen humandi est,
Largior : haud illi stabunt Æneia parvo
Hospitia. Et lævo pressit pede, talia fatus,
Exanimem, rapiens immania pondera baltei,
Impressumque nefas : una sub nocte jugali
Cæsa manus juvenum fœde, thalamique cruenti;
Quæ Clonus Eurytides multo cælaverat auro :
Quo nunc Turnus ovat spolio gaudetque potitus :

Nescia mens hominum fati sortisque futuræ,
Et servare modum, rebus sublata secundis !
Turno tempus erit, magno quum optaverit emptum
Intactum Pallanta, et quum spolia ista diemque
Oderit. At socii multo gemitu lacrymisque
Impositum scuto referunt Pallanta frequentes.
O dolor atque decus magnum rediture parenti !
Hæc te prima dies bello dedit, hæc eadem aufert,
Quum tamen ingentes Rutulorum linquis acervos !

 Nec jam fama mali tanti, sed certior auctor
Advolat Æneæ, tenui discrimine leti
Esse suos, tempus versis succurrere Teucris.
Proxima quæque metit gladio, latumque per agmen
Ardens limitem agit ferro; te, Turne, superbum
Cæde nova quærens. Pallas, Evander, in ipsis
Omnia sunt oculis ; mensæ, quas advena primas
Tunc adiit, dextræque datæ. Sulmone creatos
Quatuor hic juvenes, totidem, quos educat Ufens,
Viventes rapit, inferias quos immolet umbris,
Captivoque rogi perfundat sanguine flammas.
Inde Mago procul infensam contenderat hastam;
Ille astu subit, ac tremebunda supervolat hasta :
Et genua amplectens effatur talia supplex :
Per patrios manes, per spes surgentis Iuli,
Te precor, hanc animam serves natoque patrique.
Est domus alta : jacent penitus defossa talenta
Cælati argenti : sunt auri pondera facti
Infectique mihi : non hic victoria Teucrum
Vertitur, aut anima una dabit discrimina tanta.
Dixerat. Æneas contra cui talia reddit :

Argenti atque auri memoras quæ multa talenta,
Gnatis parce tuis : belli commercia Turnus
Sustulit ista prior, jam tum Pallante perempto.
Hoc patris Anchisæ manes, hoc sentit Iulus.
Sic fatus, galeam læva tenet, atque reflexa
Cervice orantis capulo tenus applicat ensem.
Nec procul Hæmonides, Phœbi Triviæque sacerdos,
Infula cui sacra redimibat tempora vitta,
Totus collucens veste atque insignibus armis ;
Quem congressus agit campo, lapsumque superstans
Immolat, ingentique umbra tegit : arma Serestus
Lecta refert humeris, tibi, rex Gradive, tropæum.
Instaurant acies, Vulcani stirpe creatus
Cæculus, et veniens Marsorum montibus Umbro.
Dardanides contra furit. Anxuris ense sinistram,
Et totum clypei ferro dejecerat orbem.
Dixerat ille aliquid magnum, vimque affore verbo
Crediderat, cœloque animum fortasse ferebat,
Canitiemque sibi et longos promiserat annos.
Tarquitus exsultans contra fulgentibus armis,
Silvicolæ Fauno Dryope quem Nympha crearat,
Obvius ardenti sese obtulit : ille reducta
Loricam clypeique ingens onus impedit hasta.
Tum caput orantis nequidquam, et multa parantis
Dicere, deturbat terræ; truncumque tepentem
Provolvens, super hæc inimico pectore fatur :
Istic nunc, metuende, jace : non te optima mater
Condet humi, patrioque onerabit membra sepulcro :
Alitibus linquere feris; aut gurgite mersum
Unda feret, piscesque impasti vulnera lambent.

Protenus Antæum et Lucam, prima agmina Turni,
Persequitur, fortemque Numam, fulvumque Camertem,
Magnanimo Volscente satum, ditissimus agri
Qui fuit Ausonidum, et tacitis regnavit Amyclis.
Ægeon qualis, centum cui brachia dicunt
Centenasque manus, quinquaginta oribus ignem
Pectoribusque arsisse, Jovis quum fulmina contra
Tot paribus streperet clypeis, tot stringeret enses:
Sic toto Æneas desævit in æquore victor,
Ut semel intepuit mucro. Quin ecce Niphæi
Quadrijuges in equos adversaque pectora tendit:
Atque illi longe gradientem et dira frementem
Ut videre, metu versi, retroque ruentes,
Effunduntque ducem, rapiuntque ad littora currus.

 Interea bijugis infert se Lucagus albis
In medios, fraterque Liger: sed frater habenis
Flectit equos; strictum rotat acer Lucagus ensem.
Haud tulit Æneas tanto fervore furentes;
Irruit, adversaque ingens apparuit hasta.
Cui Liger:
Non Diomedis equos, nec currus cernis Achilli,
Aut Phrygiæ campos: nunc belli finis et ævi
His dabitur terris. Vesano talia late
Dicta volant Ligeri: sed non et Troius heros
Dicta parat contra; jaculum nam torquet in hostem.
Lucagus, ut pronus pendens in verbera telo
Admonuit bijugos, projecto dum pede lævo
Aptat se pugnæ; subit oras hasta per imas
Fulgentis clypei, tum lævum perforat inguen.
Excussus curru moribundus volvitur arvis.

Quem pius Æneas dictis affatur amaris :
Lucage, nulla tuos currus fuga segnis equorum
Prodidit, aut vanæ vertere ex hostibus umbræ :
Ipse rotis saliens juga deseris. Hæc ita fatus,
Arripuit bijugos. Frater tendebat inermes
Infelix palmas, curru delapsus eodem :
Per te, per qui te talem genuere parentes,
Vir Trojane, sine hanc animam, et miserere precantis.
Pluribus oranti Æneas : Haud talia dudum
Dicta dabas : morere, et fratrem ne desere frater.
Tum latebras animæ, pectus, mucrone recludit.
Talia per campos edebat funera ductor
Dardanius, torrentis aquæ vel turbinis atri
More furens. Tandem erumpunt et castra relinquunt
Ascanius puer et nequidquam obsessa juventus.

 Junonem interea compellat Juppiter ultro :
O germana mihi atque eadem gratissima conjux,
Ut rebare, Venus, nec te sententia fallit,
Trojanas sustentat opes : non vivida bello
Dextra viris, animusque ferox, patiensque pericli.
Cui Juno submissa : Quid, o pulcherrime conjux,
Sollicitas ægram et tua tristia dicta timentem?
Si mihi, quæ quondam fuerat, quamque esse decebat,
Vis in amore foret; non hoc mihi namque negares,
Omnipotens : quin et pugnæ subducere Turnum,
Et Dauno possem incolumem servare parenti.
Nunc pereat, Teucrisque pio det sanguine poenas.
Ille tamen nostra deducit origine nomen,
Pilumnusque illi quartus pater, et tua larga
Sæpe manu multisque ornavit limina donis.

Cui rex ætherii breviter sic fatur olympi:
Si mora præsentis leti tempusque caduco
Oratur juveni, meque hoc ita ponere sentis;
Tolle fuga Turnum, atque instantibus eripe fatis:
Hactenus indulsisse vacat. Sin altior istis
Sub precibus venia ulla latet, totumque moveri
Mutarive putas bellum; spes pascis inanes.
Et Juno adlacrymans: Quid si, quod voce gravaris,
Mente dares; atque hæc Turno rata vita maneret?
Nunc manet insontem gravis exitus, aut ego veri
Vana feror: quod ut o potius formidine falsa
Ludar; et in melius tua, qui potes, orsa reflectas!

    Hæc ubi dicta dedit, cœlo se protenus alto
Misit, agens hiemem, nimbo succincta per auras:
Iliacamque aciem et Laurentia castra petivit.
Tum dea nube cava tenuem sine viribus umbram
In faciem Æneæ (visu mirabile monstrum)
Dardaniis ornat telis; clypeumque jubasque
Divini assimulat capitis; dat inania verba;
Dat sine mente sonum, gressusque effingit euntis:
Morte obita quales fama est volitare figuras,
Aut quæ sopitos deludunt somnia sensus.
At primas læta ante acies exsultat imago,
Irritatque virum telis, et voce lacessit.
Instat cui Turnus, stridentemque eminus hastam
Conjicit; illa dato vertit vestigia tergo.
Tum vero Æncan aversum ut cedere Turnus
Credidit, atque animo spem turbidus hausit inanem.
Quo fugis, Ænea? thalamos ne desere pactos:
Hac dabitur dextra tellus quæsita per undas.

Talia vociferans sequitur, strictumque coruscat
Mucronem, nec ferre videt sua gaudia ventos.

  Forte ratis, celsi conjuncta crepidine saxi,
Expositis stabat scalis et ponte parato,
Qua rex Clusinis advectus Osinius oris.
Huc sese trepida Æneæ fugientis imago
Conjicit in latebras; nec Turnus segnior instat,
Exsuperatque moras, et pontes transilit altos.
Vix proram attigerat, rumpit Saturnia funem,
Avulsamque rapit revoluta per æquora navem.
Illum autem Æneas absentem in proelia poscit :
Obvia multa virum demittit corpora morti.

  Tum levis haud ultra latebras jam quærit imago,
Sed sublime volans nubi se immiscuit atræ :
Quum Turnum medio interea fert æquore turbo.
Respicit ignarus rerum, ingratusque salutis;
Et duplices cum voce manus ad sidera tendit :
Omnipotens genitor, tanton' me crimine dignum
Duxisti ? et tales voluisti expendere poenas ?
Quo feror ? unde abii ? quæ me fuga quemve reducit ?
Laurentesne iterum muros aut castra videbo ?
Quid manus illa virum qui me meaque arma secuti ?
Quosne (nefas) omnes infanda in morte reliqui ?
Et nunc palantes video, gemitumque cadentum
Accipio. Quid ago ? aut quæ jam satis ima dehiscat
Terra mihi ? Vos o potius miserescite, venti :
In rupes, in saxa, volens vos Turnus adoro,
Ferte ratem, sævisque vadis immittite syrtis,
Quo neque me Rutuli, nec conscia fama sequatur.
Hæc memorans, animo nunc huc nunc fluctuat illuc :

An sese mucrone ob tantum dedecus amens
Induat, et crudum per costas exigat ensem;
Fluctibus an jaciat mediis, et littora nando
Curva petat, Teucrumque iterum se reddat in arma.
Ter conatus utramque viam : ter maxima Juno
Continuit, juvenemque animi miserata repressit.
Labitur alta secans, fluctuque æstuque secundo :
Et patris antiquam Dauni defertur ad urbem.

   At Jovis interea monitis Mezentius ardens
Succedit pugnæ, Teucrosque invadit ovantes.
Concurrunt Tyrrhenæ acies; atque omnibus uni,
Uni odiisque viro telisque frequentibus instant.
Ille, velut rupes vastum quæ prodit in æquor,
Obvia ventorum furiis, expostaque ponto,
Vim cunctam atque minas perfert cœlique marisque,
Ipsa immota manens; prolem Dolichaonis Hebrum
Sternit humi, cum quo Latagum, Palmumque fugacem :
Sed Latagum saxo atque ingenti fragmine montis
Occupat os faciemque adversam; poplite Palmum
Succiso volvi segnem sinit, armaque Lauso
Donat habere humeris, et vertice figere cristas.
Nec non Evanthen Phrygium, Paridisque Mimanta
Æqualem comitemque, una quem nocte Theano
In lucem genitori Amyco dedit, et face prægnans
Cisseis regina Parin : Paris urbe paterna
Occubat; ignarum Laurens habet ora Mimanta.
Ac velut ille canum morsu de montibus altis
Actus aper (multos Vesulus quem pinifer annos
Defendit, multosve palus Laurentia), silva
Pastus arundinea : postquam inter retia ventum est,

Substitit, infremuitque ferox, et inhorruit armos;
Nec cuiquam irasci propiusve accedere virtus,
Sed jaculis tutisque procul clamoribus instant:
Ille autem impavidus partes cunctatur in omnes,
Dentibus infrendens, et tergo decutit hastas.
Haud aliter, justæ quibus est Mezentius iræ,
Non ulli est animus stricto concurrere ferro;
Missilibus longe et vasto clamore lacessunt.

  Venerat antiquis Corythi de finibus Acron,
Graius homo, infectos linquens profugus hymenæos.
Hunc ubi miscentem longe media agmina vidit,
Purpureum pennis et pactæ conjugis ostro;
Impastus stabula alta leo ceu sæpe peragrans
(Suadet enim vesana fames) si forte fugacem
Conspexit capream, aut surgentem in cornua cervum,
Gaudet hians immane, comasque arrexit, et hæret
Visceribus super incumbens; lavit improba teter
Ora cruor:
Sic ruit in densos alacer Mezentius hostes.
Sternitur infelix Acron, et calcibus atram
Tundit humum exspirans, infractaque tela cruentat.
Atque idem fugientem haud est dignatus Oroden
Sternere, nec jacta cæcum dare cuspide vulnus;
Obvius, adversoque occurrit, seque viro vir
Contulit, haud furto melior, sed fortibus armis.
Tum super abjectum posito pede nixus et hasta:
Pars belli haud temnenda, Viri, jacet altus Orodes.
Conclamant socii, lætum pæana secuti.
Ille autem exspirans : Non me, quicumque es, inulto,
Victor, nec longum lætabere; te quoque fata

Prospectant paria, atque eadem mox arva tenebis.
Ad quem subridens mixta Mezentius ira :
Nunc morere : ast de me divum pater atque hominum rex
Viderit. Hoc dicens, eduxit corpore telum :
Olli dura quies oculos et ferreus urget
Somnus; in æternam clauduntur lumina noctem.

    Cædicus Alcathoum obtruncat, Sacrator Hydaspen,
Partheniumque Rapo et prædurum viribus Orsen;
Messapus Cloniumque, Lycaoniumque Ericeten;
Illum infrenis equi lapsu tellure jacentem,
Hunc peditem pedes. Et Lycius processerat Agis,
Quem tamen haud expers Valerus virtutis avitæ
Dejicit; at Thronium Salius; Saliumque Nealces,
Insignis jaculo et longe fallente sagitta.

    Jam gravis æquabat luctus et mutua Mavors
Funera; cædebant pariter pariterque ruebant
Victores victique, neque his fuga nota neque illis.
Di Jovis in tectis iram miserantur inanem
Amborum, et tantos mortalibus esse labores.
Hinc Venus, hinc contra spectat Saturnia Juno.
Pallida Tisiphone media inter millia sævit.
At vero ingentem quatiens Mezentius hastam
Turbidus ingreditur campo. Quam magnus Orion,
Quum pedes incedit medii per maxima Nerei
Stagna, viam scindens, humero supereminet undas;
Aut summis referens annosam montibus ornum,
Ingrediturque solo, et caput inter nubila condit :
Talis se vastis infert Mezentius armis.
Huic contra Æneas, speculatus in agmine longo,
Obvius ire parat. Manet imperterritus ille,

Hostem magnanimum opperiens, et mole sua stat;
Atque oculis spatium emensus quantum satis hastæ :
Dextra mihi deus, et telum, quod missile libro,
Nunc adsint. Voveo prædonis corpore raptis
Indutum spoliis ipsum te, Lause, tropæum
Æneæ. Dixit, stridentemque eminus hastam
Injicit : illa volans clypeo est excussa, proculque
Egregium Antorem latus inter et ilia figit,
Herculis Antorem comitem, qui missus ab Argis
Hæserat Evandro, atque Itala consederat urbe.
Sternitur infelix alieno vulnere, cœlumque
Adspicit, et dulces moriens reminiscitur Argos.
Tum pius Æneas hastam jacit : illa per orbem
Ære cavum triplici, per linea terga, tribusque
Transiit intextum tauris opus, imaque sedit
Inguine; sed vires haud pertulit. Ocius ensem
Æneas, viso Tyrrheni sanguine, lætus,
Eripit a femine, et trepidanti fervidus instat.
Ingemuit cari graviter genitoris amore,
Ut vidit, Lausus, lacrymæque per ora volutæ.
Hic mortis duræ casum, tuaque optima facta,
Si qua fidem tanto est operi latura vetustas,
Non equidem, nec te, juvenis memorande, silebo
Ille pedem referens, et inutilis, inque ligatus,
Cedebat, clypeoque inimicum hastile trahebat.
Prorupit juvenis, seseque immiscuit armis.
Jamque assurgentis dextra, plagamque ferentis,
Æneæ subiit mucronem, ipsumque morando
Sustinuit : socii magno clamore sequuntur,
Dum genitor nati parma protectus abiret;

Telaque conjiciunt, proturbantque eminus hostem
Missilibus : furit Æneas, tectusque tenet se.
Ac velut effusa si quando grandine nimbi
Præcipitant, omnis campis diffugit arator,
Omnis et agricola, et tuta latet arce viator,
Aut amnis ripis, aut alti fornice saxi,
Dum pluit in terris, ut possint, sole reducto,
Exercere diem : sic obrutus undique telis
Æneas nubem belli, dum detonet, omnem
Sustinet; et Lausum increpitat, Lausoque minatur:
Quo, moriture, ruis? majoraque viribus audes?
Fallit te incautum pietas tua. Nec minus ille
Exsultat demens : sævæ jamque altius iræ
Dardanio surgunt ductori, extremaque Lauso
Parcæ fila legunt; validum namque exigit ensem
Per medium Æneas juvenem, totumque recondit.
Transiit et parmam mucro, levia arma minacis,
Et tunicam, molli mater quam neverat auro;
Implevitque sinum sanguis : tum vita per auras
Concessit mæsta ad Manes, corpusque reliquit.

 At vero ut vultum vidit morientis et ora,
Ora modis, Anchisiades, pallentia miris,
Ingemuit miserans graviter, dextramque tetendit;
Et mentem patriæ subiit pietatis imago :
Quid tibi nunc, miserande puer, pro laudibus istis,
Quid pius Æneas tanta dabit indole dignum?
Arma, quibus lætatus, habe tua, teque parentum
Manibus et cineri, si qua est ea cura, remitto.
Hoc tamen infelix miseram solabere mortem;
Æneæ magni dextra cadis. Increpat ultro

Cunctantes socios, et terra sublevat ipsum,
Sanguine turpantem comptos de more capillos.
　Interea genitor Tiberini ad fluminis undam
Vulnera siccabat lymphis, corpusque levabat,
Arboris acclinis trunco : procul ærea ramis
Dependet galea, et prato gravia arma quiescunt.
Stant lecti circum juvenes : ipse æger, anhelans,
Colla fovet, fusus propexam in pectore barbam.
Multa super Lauso rogitat, multumque remittit
Qui revocent, mæstique ferant mandata parentis.
At Lausum socii exanimem super arma ferebant
Flentes, ingentem, atque ingenti vulnere victum.
Agnovit longe gemitum præsaga mali mens ;
Canitiem multo deformat pulvere, et ambas
Ad cœlum tendit palmas, et corpore inhæret :
Tantane me tenuit vivendi, nate, voluptas,
Ut pro me hostili paterer succedere dextræ
Quem genui ? tuane hæc genitor per vulnera servor,
Morte tua vivens ? heu ! nunc misero mihi demum
Exsilium infelix, nunc alte vulnus adactum !
Idem ego, nate, tuum maculavi crimine nomen,
Pulsus ob invidiam solio sceptrisque paternis.
Debueram patriæ pœnas odiisque meorum :
Omnes per mortes animam sontem ipse dedissem.
Nunc vivo ; neque adhuc homines lucemque relinquo.
Sed linquam. Simul hoc dicens attollit in ægrum
Se femur : et, quamquam vis alto vulnere tardat,
Haud dejectus, equum duci jubet. Hoc decus illi,
Hoc solamen erat ; bellis hoc victor abibat
Omnibus. Alloquitur mærentem, et talibus infit :

Rhœbe, diu, res si qua diu mortalibus ulla est,
Viximus : aut hodie victor spolia illa cruenta
Et caput Æneæ referes, Lausique dolorum
Ultor eris mecum; aut, aperit si nulla viam vis,
Occumbes pariter : neque enim, fortissime, credo,
Jussa aliena pati et dominos dignabere Teucros.
Dixit; et exceptus tergo consueta locavit
Membra; manusque ambas jaculis oneravit acutis,
Ære caput fulgens, cristaque hirsutus equina.
Sic cursum in medios rapidus dedit. Æstuat ingens
Imo in corde pudor, mixtoque insania luctu,
Et furiis agitatus amor, et conscia virtus.
Atque hic Ænean magna ter voce vocavit.
Æneas agnovit enim, lætusque precatur :
Sic pater ille deum faciat, sic altus Apollo,
Incipias conferre manum!
Tantum effatus, et infesta subit obvius hasta.
Ille autem : Quid me erepto, sævissime, nato
Terres? hæc via sola fuit qua perdere posses :
Nec mortem horremus, nec divum parcimus ulli.
Desine : jam venio moriturus, et hæc tibi porto
Dona prius. Dixit, telumque intorsit in hostem :
Inde aliud super atque aliud figitque, volatque
Ingenti gyro; sed sustinet aureus umbo.
Ter circum adstantem lævos equitavit in orbes,
Tela manu jaciens; ter secum Troius heros
Immanem ærato circumfert tegmine silvam.
Inde ubi tot traxisse moras, tot spicula tædet
Vellere, et urgetur pugna congressus iniqua;
Multa movens animo, jam tandem erumpit, et inter

Bellatoris equi cava tempora conjicit hastam.
Tollit se arrectum quadrupes, et calcibus auras
Verberat, effusumque equitem super ipse secutus
Implicat, ejectoque incumbit cernuus armo.
  Clamore incendunt coelum Troësque Latinique.
Advolat Æneas, vaginaque eripit ensem;
Et super hæc: Ubi nunc Mezentius acer, et illa
Effera vis animi? Contra Tyrrhenus, ut auras
Suspiciens hausit coelum, mentemque recepit:
Hostis amare, quid increpitas, mortemque minaris?
Nullum in cæde nefas: nec sic ad proelia veni,
Nec tecum meus hæc pepigit mihi foedera Lausus.
Unum hoc, per, si qua est victis venia hostibus, oro,
Corpus humo patiare tegi: scio acerba meorum
Circumstare odia; hunc, oro, defende furorem,
Et me consortem nati concede sepulcro.
Hæc loquitur, juguloque haud inscius accipit ensem,
Undantique animam diffundit in arma cruore.

LIVRE XI.

« Cependant l'Aurore naissante venait d'aban-
» donner le sein de l'Océan. Aux premiers feux du
» jour, Énée, malgré le désir ardent de rendre à
» ses compagnons les honneurs funèbres, malgré
» le trouble que lui laisse au fond du cœur le trépas
» de Pallas, Énée, fidèle à ses promesses, s'acquit-
» tait envers les dieux, auteurs de sa victoire. Ce
» pieux devoir rempli, il fait dresser sur une émi-
» nence un grand chêne dépouillé de tous ses ra-
» meaux, le revêt des brillantes armes ravies à Mé-
» zence, et c'est à toi, puissant dieu des combats,
» qu'il consacre ce trophée. Il y adapte le panache en-
» core dégouttant de sang, les javelots brisés du guer-
» rier, et sa cuirasse percée en deux endroits diffé-
» rents; il attache à la gauche son bouclier d'airain,
» et suspend à la place du cou son épée enrichie
» d'une poignée d'ivoire. Alors, entouré des chefs
» de l'armée, il exhorte en ces termes les Troyens
» triomphants : « Guerriers, nous avons déjà fait
» beaucoup; soyons sans peur sur le reste. Vous
» voyez les dépouilles d'un tyran superbe, prémi-
» ces de nos succès futurs. Ce Mézence, terrassé
» par mes mains, le voilà! Marchons maintenant

» vers le roi et les remparts de Laurente. Préparez
» vos armes, et, courageux soldats, devancez en es-
» poir le combat qui s'apprête. Ainsi, point de sur-
» prise, et au moment où un signe de la faveur des
» dieux permettra de lever les étendards, d'ou-
» vrir les portes du camp à la jeunesse guerrière,
» que nul délai ne vous arrête, que nulle pensée
» de crainte n'enchaîne vos pas. Cependant, ren-
» dons à la terre les corps de nos compagnons res-
» tés sans sépulture, seul honneur qu'attendent les
» morts sur les rives de l'Achéron. Allez, payez les
» derniers tributs de la douleur à ces âmes géné-
» reuses qui nous ont conquis une patrie nouvelle
» au prix de leur sang. Et d'abord, à la ville déso-
» lée d'Évandre, renvoyons ce Pallas qui n'a pas
» manqué de valeur, mais qu'un jour fatal nous
» ravit et plongea dans la nuit éternelle. »

» Ainsi parle Énée, les yeux en pleurs; puis il
» dirige ses pas au lieu où les restes inanimés de
» Pallas reposaient sous la garde du vieil Acétès,
» jadis écuyer d'Évandre, et devenu, sous de moins
» heureux auspices, le fidèle compagnon du royal
» enfant, son élève chéri. Autour du lit funèbre se
» pressaient tous les serviteurs du jeune prince, une
» foule de Troyens, et des Troyennes affligées, les
» cheveux épars, selon l'usage antique. Énée à peine
» est entré sous les vastes portiques, de longs gémis-
» sements s'élèvent de toutes parts, les femmes se

» meurtrissent le sein, et tout le palais retentit de
» plaintes lugubres. Lui-même, à l'aspect de cette
» tête appuyée sur le lit, de ce front plus blanc que
» la neige, de la blessure ouverte par la lance au-
» sonienne dans cette poitrine plus brillante que l'i-
» voire, le héros fond en larmes, et s'écrie : « O jeune
» infortuné ! le sort, qui venait me sourire, devait-
» il donc m'envier ta présence, te priver du plaisir
» de voir mon royaume, et de rentrer triomphant
» dans les murs paternels. Ce n'est point là ce qu'au
» moment du départ j'avais promis à ton père Évan-
» dre, tandis que, me pressant sur son cœur, il m'en-
» voyait conquérir un puissant empire, et m'annon-
» çait avec crainte que nos ennemis étaient coura-
» geux, que nous aurions à combattre une na-
» tion belliqueuse. En cet instant, peut-être, bercé
» d'une vaine espérance, il adresse ses vœux au ciel,
» et charge les autels de ses dons : nous, acca-
» blés de tristesse, nous prodiguons de stériles
» honneurs à ce héros inanimé, et quitte désor-
» mais envers les dieux du ciel. Malheureux père !
» tu verras les cruelles funérailles de ton fils !
» Voilà donc ce retour, ces triomphes attendus
» si vivement ! Voilà ce qu'il fallait croire de mes
» superbes promesses ! Du moins, Évandre, tu ne
» reverras point Pallas couvert de blessures hon-
» teuses, et le salut du fils ne fera point désirer la
» mort à son père. Hélas ! quel appui t'est enlevé,

» généreuse Ausonie, et quelle perte aussi pour toi,
» cher Iule !»

» Après avoir exhalé ses regrets, Énée commande
» d'emporter ces déplorables restes. Par son ordre,
» mille guerriers d'élite vont accompagner la pompe
» funèbre, et mêler leurs larmes à celles d'Évandre ;
» faible consolation d'un si grand deuil, mais
» bien due à ce père infortuné. Aussitôt on s'em-
» presse de former un brancard flexible de rameaux
» de chêne et d'arboisier entrelacés ; on y dresse un
» lit de feuillage ombragé d'un rideau de verdure.
» Sur le haut de cette couche agreste on dépose le
» jeune héros : telles, récemment cueillies par
» une main virginale, la tendre violette ou l'hya-
» cinthe languissante n'ont point encore perdu leur
» éclat ni leur beauté ; mais déjà le sol maternel ne
» les nourrit plus, et cesse de ranimer en elles les
» forces de la vie. Alors Énée déploie deux tissus
» magnifiques de pourpre et d'or qu'autrefois la
» reine Didon prit plaisir à travailler pour lui, et
» dont elle avait marié la riche trame avec une lé-
» gère broderie d'or. De l'un de ces voiles, dernier
» tribut d'une pieuse douleur, il revêt le jeune Pal-
» las ; de l'autre il enveloppe ses cheveux que la
» flamme dévorera bientôt. Le héros fait assem-
» bler encore les plus riches dépouilles conquises
» dans les champs de Laurente, et veut qu'elles
» suivent le cercueil en pompeux appareil. Il y

» ajoute les coursiers et les armes enlevées par lui-
» même aux Rutules. Ensuite viennent, les mains
» liées derrière le dos, les captifs dévoués aux mâ-
» nes de Pallas, et dont le sang doit arroser les flam-
» mes de son bûcher. Enfin, le prince troyen or-
» donne que les chefs mêmes portent des trophées
» d'armes ennemies, et qu'on y inscrive les noms
» des vaincus. Au milieu des rangs attristés on con-
» duit le malheureux Acétès, accablé par le poids
» de l'âge; tantôt il se frappe la poitrine, tantôt se
» déchire le visage; et, tantôt, succombant à sa
» douleur, il se roule tout entier dans la poussière.
» Après lui marchent des chars teints du sang des
» Rutules ; puis le cheval de bataille du jeune
» prince, Éthon, dépouillé de ses marques d'hon-
» neur, les yeux humides et versant de grosses lar-
» mes. D'autres portent le casque et la lance de son
» maître; le reste de l'armure est au pouvoir du
» vainqueur. Enfin, s'avance, triste et les armes ren-
» versées, un dernier groupe de Troyens, de chefs
» toscans et d'Arcadiens. Lorsque tout le cortége se
» fut déployé dans la plaine, Énée s'arrêta, et, pous-
» sant un profond soupir : « L'affreux destin de la
» guerre nous appelle à d'autres sujets de pleurs.
» Reçois l'éternel salut, magnanime Pallas ; et
» pour jamais adieu ! » Il ne dit que ces paroles,
» et, tournant ses pas vers les remparts, il regagne
» son camp.

» Déjà étaient arrivés des ambassadeurs de Lau-
» rente ; l'olivier à la main, ils venaient supplier
» Énée de rendre les corps de leurs guerriers éten-
» dus sans vie sur le champ de bataille, et de permet-
» tre qu'on leur accordât les honneurs de la tombe.
» Il n'y a plus de combats avec des vaincus et des
» morts ; Énée devait épargner ceux que naguère
» il nommait ses hôtes et ses beaux-pères. Le géné-
» reux vainqueur accueille avec bonté leur juste
» prière, et ajoute à sa réponse : « Quelle for-
» tune ennemie, ô Latins, a pu vous engager
» dans cette guerre fatale, et vous déterminer à fuir
» notre amitié? Vous demandez la paix pour ceux
» qui ne sont plus, pour les victimes du dieu des
» batailles ; ah! je voudrais aussi l'accorder aux vi-
» vants. Si les destins n'avaient marqué ma de-
» meure et mon empire dans ces contrées, je ne serais
» point venu en Italie; je ne fais point la guerre à vo-
» tre nation. Votre roi a déserté notre alliance, il a
» mieux aimé se confier aux armes de Turnus. C'était
» plutôt à Turnus qu'à vous d'affronter ici le trépas.
» S'il voulait terminer notre querelle par le glaive,
» et chasser les Troyens de ce rivage, il devait se
» mesurer avec moi seul : de nous deux vivrait ce-
» lui à qui les dieux ou son bras auraient donné la
» victoire. Vous, allez maintenant, et livrez aux
» flammes vos malheureux concitoyens. »

» Ainsi parle Énée. Frappés d'étonnement, les

» Latins se regardent en silence. Alors le vieux
» Drancès, infatigable à poursuivre de sa haine,
» de sa voix accusatrice, le jeune roi d'Ardée, ré-
» plique en ces termes : «Troyen magnanime, grand
» par votre nom, plus grand par vos exploits,
» comment louer dignement vos vertus? Que dois-
» je admirer le plus de votre justice ou de vos
» travaux guerriers? Reconnaissants de vos bien-
» faits, nous les publierons dans notre patrie, et,
» si la fortune nous en offre le moyen, nous vous
» unirons par un traité au roi Latinus : que Turnus
» se cherche d'autres alliés. Ce n'est pas tout : ces
» murs promis par les destins, nous voulons nous-
» mêmes les élever, et porter nous-mêmes les pierres
» de la nouvelle Troie. » Il dit, et tous par un mur-
» mure favorable confirment son discours. On con-
» vint d'une trêve de douze jours ; et, pendant ce
» temps, les Troyens et les Latins, impunément
» confondus, errèrent ensemble au sein des forêts et
» sur les montagnes. Sous les coups de la hache à deux
» tranchants le frêne retentit avec fracas; les pins dont
» la tête touche les nues tombent; les coins déchirent
» le chêne et le cèdre odorant, et les chars gémis-
» sants ne cessent de rouler les ormes entassés.

» Cependant la renommée, qui naguère racon-
» tait au Latium les triomphes de Pallas, déjà, dans
» son vol agile, a semé la fatale nouvelle, et rem-
» plit de deuil Évandre, et son palais, et sa ville

» entière. Vers les portes se sont précipités les Ar-
» cadiens armés, selon l'usage antique, de torches
» funèbres. Toute la route brille des clartés d'une
» longue suite de flambeaux dont la sombre lumière
» se réfléchit au loin sur les campagnes. De leur
» côté, les Troyens s'avancent, et réunissent à cette
» troupe plaintive leur escorte gémissante. A peine
» le cortége a pénétré dans les murs, les mères font
» retentir de leurs cris lamentables la ville conster-
» née. Mais aucune force ne peut retenir Évandre,
» il s'élance au milieu de la foule. Dès que le cer-
» cueil est posé, il se jette sur le corps de Pallas, et
» s'y attache en poussant des sanglots mêlés de lar-
» mes ; enfin la douleur laisse avec peine un pas-
» sage à sa voix :

« O mon fils ! sont-ce là les promesses que tu
» m'avais faites de t'exposer avec plus de prudence
» aux fureurs de Mars ? Ah! je n'ignorais pas com-
» bien a de pouvoir sur un jeune cœur et la gloire
» nouvelle des armes et le séduisant honneur d'une
» première victoire ! Déplorable essai d'un courage
» naissant ! Cruel apprentissage des combats dans
» une guerre trop voisine de nous ! Hélas ! tous les
» dieux ont été sourds à mes vœux, à mes prières !
» O toi, ma vertueuse épouse, heureuse par ta mort,
» tu n'as pas été réservée à des douleurs pareilles !
» mais moi, père infortuné, en prolongeant ma vie, je
» n'ai vaincu le temps que pour survivre à mon fils ! Si

» j'avais moi-même suivi les drapeaux des Troyens,
» c'est moi que les Rutules auraient accablé de leurs
» traits, seul j'aurais succombé, et cette pompe de
» deuil me ramènerait au lieu de Pallas dans ces mu-
» railles. Je ne vous accuse pas, ô Troyens, je n'ac-
» cuse ni nos traités ni le jour où nos mains s'uni-
» rent en signe d'hospitalité : ce coup fatal était
» destiné à ma vieillesse! Cependant, puisqu'une
» mort prématurée devait frapper mon fils, du
» moins il m'est doux de penser qu'il n'est tombé
» qu'après avoir immolé des milliers de Rutules, et
» qu'en ouvrant le Latium à nos alliés. Je ne t'au-
» rais pas moi-même, cher Pallas, jugé digne de
» plus nobles funérailles que celles dont t'honorent
» et le pieux Énée et les illustres Phrygiens, et les
» chefs toscans, et leur armée tout entière. Ces glo-
» rieux trophées qui brillent dans leurs mains attes-
» tent le nombre des ennemis terrassés par ton bras.
» Et toi aussi, Turnus, tu serais devant nous comme
» un simulacre paré d'armes inutiles, si mon fils
» avait eu ton âge, si les années lui avaient donné
» la même vigueur. Mais pourquoi par mes plaintes
» retenir les Troyens loin des combats? Allez, et
» souvenez-vous de rapporter ces paroles à votre roi :
» Si je supporte encore une vie odieuse après la
» mort de Pallas, c'est que j'espère en votre bras,
» qui doit Turnus à la vengeance du père et du fils :
» c'est le seul bienfait qu'ils attendent et de la for-

ÉNÉIDE, LIVRE XI. 317

» tune et de vous. Je ne cherche point dans la vie
» des plaisirs qui ne sont plus pour moi ; mais je
» veux porter une consolation à mon fils dans le
» séjour des ombres. »

» Cependant l'aurore en rendant la douce lumière
» du jour aux malheureux mortels, ramenait aussi
» les travaux et les peines. Déjà le sage Énée, déjà
» Tarchon ont fait élever des bûchers le long du
» rivage ; chacun, suivant l'usage de ses pères, y
» porte les restes de ses amis, de ses parents. Bien-
» tôt les feux s'allument, et de noirs tourbillons de
» fumée enveloppent le ciel de ténèbres profondes.
» Trois fois autour des piles embrâsées tournent les
» guerriers revêtus de leur armure étincelante, trois
» fois les cavaliers guident leurs coursiers autour de
» ces flammes funèbres, et poussent de longs gé-
» missements. Les pleurs inondent la terre, inon-
» dent les armes. Les cris des soldats, le bruit des
» clairons montent ensemble dans les airs. Les uns
» jettent sur les bûchers les dépouilles ravies aux
» Latins qui ont péri dans le combat, des casques, des
» épées superbes, des freins et des roues au vol
» brûlant ; d'autres offrent aux mânes de leurs com-
» pagnons des présents connus, leurs boucliers et
» les traits qui ont mal servi le courage. En même
» temps, des taureaux tombent en sacrifice ; et des
» porcs aux flancs hérissés, et des brebis enlevées
» aux campagnes voisines, sont égorgés sur les brâ-

» siers. Alors, le long du vaste rivage, les Troyens
» contemplent leurs amis que le feu dévore, veillent
» sur leurs corps à demi consumés, et ne peuvent
» s'arracher de ces restes chéris jusqu'à l'heure où
» la nuit humide ramène dans l'olympe les brillan-
» tes étoiles.

» De leur côté, les malheureux Latins dressent
» aussi d'innombrables bûchers. Une partie de leurs
» morts reçoit la sépulture sur cette terre fatale,
» d'autres sont portés dans les champs d'alentour,
» ou renvoyés à Laurente. Le reste, amas immense
» de cadavres sanglants, brûle sans honneur et sans
» choix. De toutes parts, les campagnes resplen-
» dissent au loin de ce vaste embrâsement. La troi-
» sième aurore avait chassé du ciel les froides om-
» bres de la nuit; la foule attristée vient recueillir
» dans ces monceaux de cendres les ossements con-
» fondus, et bientôt sur eux s'amoncelle la terre
» encore fumante.

» Mais c'est dans le palais, c'est dans la cité du
» riche et puissant Latinus, que les cris du désespoir
» éclatent avec le plus de violence, que le deuil est le
» plus général. Là, des mères, des épouses infortu-
» nées, de tendres sœurs accablées de douleur, des
» enfants privés de leurs pères, maudissent avec fu-
» reur cette guerre cruelle et l'hymen de Turnus.
» C'est lui, disent-ils, qui doit prendre les armes,
» qui doit combattre le fer à la main, puisqu'il pré-

» tend au trône de l'Italie et aux honneurs du
» rang suprême. L'implacable Drancès aigrit encore
» leur colère. Il atteste qu'Énée n'en veut qu'à Tur-
» nus, qu'il ne défie que le seul Turnus. Mais ce
» prince compte aussi un grand nombre de parti-
» sans ; le nom auguste de la reine le protège, et la
» haute renommée que lui acquirent justement ses
» exploits parle toujours en sa faveur.

» Au milieu de ces mouvements, de ces débats
» tumultueux, arrivent, de la vaste cité de Diomède,
» les ambassadeurs consternés de la réponse qu'ils
» apportent. Tant de peines, tant d'efforts n'ont
» rien produit ; l'or, les présents, les prières les plus
» pressantes ont été sans aucun pouvoir ; les Latins
» doivent donc chercher d'autres alliés, ou deman-
» der la paix au prince troyen. Latinus lui-même
» tombe dans une tristesse profonde. Le courroux
» du ciel, les tombeaux récents qu'il a devant les
» yeux l'avertissent assez qu'Énée est le favori des
» immortels, et le roi promis par les destins à
» l'Ausonie. Aussitôt il convoque dans son palais un
» conseil solennel, où son ordre appelle les grands
» de l'État. Ils accourent, et, de leurs flots nom-
» breux, inondent les avenues du seuil royal. Au
» milieu d'eux s'assied, le front chargé de soucis,
» Latinus, à qui la vieillesse et le sceptre assignent
» le premier rang et les premiers respects. Alors il
» ordonne aux députés revenus de la ville étolienne

» d'exposer en détail tout ce qu'ils ont à dire, et de
» rapporter la réponse de Diomède. Un profond si-
» lence s'établit de toutes parts, et Vénulus, pour
» obéir au roi, s'exprime en ces termes :

« Après un pénible voyage, après avoir surmonté
» tous les obstacles, nous avons vu Diomède et le
» camp des Argiens ; oui, citoyens, nous avons
» touché la main qui renversa les murs d'Ilion. Au
» pied du mont Gargan, dans les champs Iapygiens,
» ce héros victorieux fondait la ville d'Argyrippe,
» dont le nom lui rappelle sa patrie. Admis en sa
» présence, et libres de parler, nous offrons nos
» présents, nous lui disons nos noms, notre pays,
» quel ennemi nous fait la guerre, quel moüf nous
» amène dans Arpos. »

» A ce discours, Diomède répond d'un ton calme :
« O nations fortunées sur qui régna Saturne ! an-
» tiques Ausoniens, quel destin ennemi trouble vo-
» tre repos, et vous porte à combattre un peuple
» inconnu ? Nous tous, dont le fer sacrilége a dé-
» vasté les plaines d'Ilion (je ne parle ici ni des
» maux que nous avons essuyés sous ses remparts,
» ni des guerriers que le fameux Simoïs retient en-
» gloutis dans ses flots), nous avons expié nos ra-
» vages par des supplices affreux et des châtiments
» qui ont retenti dans tout l'univers. Hélas ! Priam
» lui-même plaindrait nos malheurs. Témoins l'as-
» tre orageux de Minerve, les écueils de l'Eubée,

»le mont Capharée et ses fanaux vengeurs. Au
» sortir de cette guerre fatale, poussés tous deux
» sur des rivages opposés, le fils d'Atrée, Ménélas,
» est chassé par les vents jusqu'aux colonnes de
» Protée, Ulysse a vu les Cyclopes de l'Etna. Parle-
» rai-je du règne éphémère de Néoptolème, de l'exil
» d'Idoménée, des Locriens jetés sur les sables de
» la Libye? Agamemnon lui-même, le chef des rois
» de la Grèce, a péri, sur le seuil de son palais, par
» la main de sa détestable épouse; un infâme adul-
» tère a surpris dans ses piéges le vainqueur de l'A-
» sie. Pour moi, les dieux m'ont envié le bonheur
» de revoir ma terre natale, une épouse adorée et
» les nobles remparts de Calydon. Maintenant en-
» core des prodiges horribles à voir me poursuivent.
» Mes malheureux compagnons, changés en oi-
» seaux, ont déployé leurs ailes dans les airs ; victi-
» mes d'un supplice cruel, ils errent le long des
» fleuves, et remplissent les rochers de leurs lugu-
» bres cris. J'ai dû m'attendre à tous ces fléaux, de-
» puis le jour où dans ma fureur insensée j'attaquai
» les dieux mêmes avec un fer impie, et profanai
» par une blessure la main de Vénus. Non, non,
» ne me précipitez plus dans de pareils combats; il
» n'est plus de guerre pour moi avec les Troyens,
» après la ruine de Pergame, et je ne me réjouis
» ni ne veux me souvenir de leurs désastres passés.
» Ces présents que vous m'apportez de votre patrie,

» offrez-les à Énée. Nous nous sommes vus en face
» les armes à la main, nous avons mesuré nos for-
» ces : croyez-en mon expérience ; qu'il est terrible
» sous son bouclier ! avec quelle impétuosité il lance
» le javelot ! Si la Phrygie avait encore produit deux
» héros pareils, le Troyen serait venu lui-même atta-
» quer les villes d'Inachus, et la Grèce, par un destin
» contraire, pleurerait aujourd'hui ses infortunes.
» Si Troie nous arrêta long-temps sous ses remparts
» inexpugnables, c'est la valeur d'Hector et d'Énée
» qui retarda, qui recula dix ans la victoire des Grecs.
» Tous deux illustres par leur courage, illustres par
» d'éclatants exploits ; Énée l'emporte par sa piété.
» Obtenez à tout prix son alliance ; mais gardez-vous
» d'opposer vos armes à ses armes. Vous avez en-
» tendu, ô le meilleur des rois, la réponse de Dio-
» mède, et ce qu'il pense d'une si grande guerre. »

» Vénulus avait à peine fini, un bruit confus agite
» aussitôt l'assemblée. Ainsi, quand des rochers ar-
» rêtent les rapides torrents, l'onde captive mur-
» mure dans ses gouffres, et les rives prochaines
» retentissent du frémissement des flots. Dès que les
» esprits sont calmés, et que le tumulte a fait place
» au silence, le vieux monarque commence par
» invoquer les dieux, et, du haut de son trône, il
» s'exprime en ces termes:

« J'aurais voulu, Latins, et il eût mieux valu sans
» doute, délibérer plus tôt sur ces grands intérêts,

» et ne pas réunir le conseil lorsque l'ennemi assiége
» nos murailles. Nous soutenons une guerre impru-
» dente contre un peuple issu des dieux, contre des
» hommes invincibles, infatigables dans les com-
» bats, et qui, même après la défaite, ne sauraient
» déposer les armes. Si vous avez mis quelque es-
» poir dans les secours des Étoliens, renoncez-y ;
» plus d'espoir qu'en nous-mêmes, et vous voyez
» combien sont faibles nos ressources. La déplorable
» situation de nos affaires, vos yeux en sont frap-
» pés, vos mains la touchent. Je n'accuse personne :
» tout ce qu'a pu la plus haute valeur, elle l'a fait :
» on a déployé toutes les forces du royaume. Main-
» tenant, dans l'incertitude où flotte mon esprit,
» voici mon projet ; écoutez-moi, je vais vous le dire
» en peu de mots.

» Près du fleuve toscan, je possède un antique
» domaine qui s'étend à l'occident jusqu'au delà des
» frontières des Sicaniens. Les Auronces et les Ru-
» tules le cultivent ; ils tourmentent avec le soc ces
» collines ingrates dont les âpres sommets nourris-
» sent leurs troupeaux. Que cette région tout entière,
» cette chaîne de hautes montagnes qu'ombrage une
» forêt de pins, soient le prix de l'amitié des Troyens.
» Contractons avec eux une alliance équitable, et
» associons-les à notre empire. Si ce pays a pour eux
» tant de charme, qu'ils s'y établissent, qu'ils y fon-
» dent leur ville. S'ils cherchent d'autres contrées,

» une autre nation, s'ils demandent à sortir de notre
» patrie, construisons-leur vingt vaisseaux des chênes
» de l'Italie, plus encore s'ils le désirent. Nos riva-
» ges sont couverts de matériaux; qu'ils prescrivent
» eux-mêmes le nombre et la forme des navires;
» nous, fournissons-leur l'airain, les bras et les agrès.
» Ce n'est pas tout; le rameau de la paix à la main,
» accompagnés de superbes présents d'or et d'ivoire,
» de la chaise curule et de la trabée, insignes de la
» dignité royale parmi nous, cent orateurs des plus
» nobles familles du Latium iront porter ces pro-
» positions au prince troyen, et conclure le traité.
» Examinez ce projet, et trouvez un remède aux
» maux de cet État. »

» Alors Drancès se lève, ce Drancès, dont la gloire
» de Turnus offusque les jaloux regards, et que les ai-
» guillons de l'envie tourmentent en secret. Prodigue
» de ses richesses, puissant par la parole, mais de
» glace aux combats, distingué par sa prudence dans
» les conseils, redoutable dans les séditions, il tirait
» beaucoup d'orgueil de sa noblesse maternelle,
» et cependant on le disait né d'un père sans
» nom. Il commence, et, par ses cris accusateurs,
il exaspère encore la colère des Latins. « O le
» meilleur des rois! la question que vous agitez
» n'a aucune obscurité, aucun besoin de l'appui de
» nos suffrages. Chacun ici avoue qu'il connaît ce
» qu'exige la situation de ce peuple; mais personne

» n'ose s'exprimer hautement. Qu'il nous donne la
» liberté de parler, et rabaisse enfin sa fierté,
» celui dont le génie funeste et la sinistre ambition
» (oui, je le dirai, malgré le glaive et la mort dont il me
» menace) ont fait périr tant de chefs des plus célè-
» bres, et rempli de deuil la ville tout entière, tandis
» que plein de confiance dans la ressource de la fuite,
» il attaquait le camp troyen, et voulait intenter la
» guerre au ciel même. A tous ces présents que vous
» destinez aux Phrygiens ajoutez, ô roi plein de bon-
» té, ajoutez encore un présent, un seul; et que nulle
» violence, enchaînant l'autorité paternelle, ne
» vous empêche d'unir, par un digne hyménée,
» votre fille à un gendre illustre, et de cimenter la
» paix par une alliance éternelle. Mais si tant d'é-
» pouvante glace les cœurs et les esprits, supplions
» ce guerrier redoutable, implorons notre salut de
» sa clémence, et qu'il cède à la patrie, à son roi,
» les droits qui leur appartiennent. Pourquoi, vous
» qui êtes la source et la cause de tous nos malheurs,
» pourquoi précipiter sans cesse d'infortunés ci-
» toyens dans des périls inévitables? La guerre ne
» peut nous sauver : nous vous demandons tous la
» paix, Turnus, et en même temps le seul gage
» d'une paix inviolable. Moi-même le premier, moi
» qui suis votre ennemi, selon vous, et je ne m'en
» défends pas, je descends à la prière : ayez pitié
» de vos concitoyens ; déposez votre orgueil ; vaincu,

»retirez-vous. Assez long-temps nous avons vu la
» mort décimer nos rangs dispersés; la guerre, as-
» sez long-temps, a désolé ces vastes campagnes. Ce-
» pendant, si la gloire vous touche, si vous mettez
» tant d'assurance en votre courage, si cette cou-
» ronne est une dot si chère à votre cœur, osez la
» mériter, et présentez-vous sans crainte à votre
» rival. Quoi donc ! pour qu'une épouse royale s'u-
» nisse à Turnus, nous, vile tourbe populaire,
» nous resterons étendus sur ces plaines, condam-
» nés à n'obtenir ni tombeaux ni larmes ! Allons,
» Turnus, s'il est en vous quelque audace, si vous
» avez quelque chose de la valeur de vos ancêtres,
» osez regarder en face le héros qui vous appelle.»

» A ces amères invectives, la colère de Turnus
» s'enflamme ; il gémit profondément, et rompt le
» silence par ces cris empreints de la violence de
» son cœur : « Drancès, tu as toujours à tes ordres
» une grande provision d'éloquence. Assemble-
» ton le conseil? tu parais le premier. Mais pour-
» quoi remplir ce palais du bruit de ces pompeuses
» paroles qui volent sans danger de ta bouche, tandis
» que de hautes murailles te séparent de l'ennemi, et
» que nos fossés ne regorgent point de sang. Tonne
» dans le sénat, selon ta noble habitude; accuse-
» moi de peur, Drancès, toi dont la main entassa
» tant de monceaux de Troyens, toi dont les glo-
» rieux trophées décorent partout nos campa-

» gnes ! Ce que peut la vive ardeur du courage, nous
» sommes à même de l'éprouver ; l'ennemi n'est pas
» loin ; de tous côtés il entoure ces remparts. Mar-
» chons donc à sa rencontre. Qui t'arrête ? Ta valeur
» sera-t-elle toujours dans l'insolence de ta langue,
» dans l'agilité de tes pieds ? Moi vaincu ! Misérable !
» qui peut justement m'accuser d'être vaincu, en
» voyant le Tibre gonflé de sang troyen, toute la
» maison d'Évandre abattue avec son fils, et les Ar-
» cadiens dépouillés de leurs armes ? Ah ! tel ne
» m'ont pas jugé Pandarus et Bitias, ces deux géants,
» et la foule des guerriers qu'en un jour mon bras
» victorieux précipita au fond du Tartare, lorsque
» j'étais enfermé dans les murs ennemis, au milieu
» de leurs retranchements. Point de salut dans la
» guerre ! insensé, va porter ce langage au Phry-
» gien, à tes protégés. Continue de semer partout
» le trouble et l'épouvante, d'exalter les forces d'une
» nation deux fois vaincue, et ravale au contraire
» les exploits des Latins. Écoutez ce grand orateur ;
» maintenant les rois de la Grèce, et le fils de Ty-
» dée, et l'invincible Achille, redoutent les armes
» des Phrygiens ! Maintenant l'Aufide recule devant
» les flots de l'Adriatique. Le lâche ! par quel cou-
» pable artifice il feint de redouter ma vengeance ;
» et sa crainte lui sert de prétexte pour envenimer
» son accusation ! Va, cesse de t'émouvoir ; jamais
» cette main ne t'arrachera la vie ; que ton âme vile

» continue d'habiter avec toi, et demeure dans ce
» corps digne d'elle!

» Maintenant, ô mon père, je reviens à vous,
» à vos graves projets. Si, désormais, vous déses-
» pérez de nos armes, si notre abandon est extrême,
» si la perte d'une bataille a causé notre ruine en-
» tière, si la fortune nous a quittés sans retour,
» alors, implorons la paix, et tendons au vainqueur
» des mains suppliantes. Ah! pourtant s'il nous res-
» tait quelque étincelle de notre valeur accoutumée!
» Il est à mes yeux plus vaillant, plus heureux que
» les autres dans la carrière, le guerrier qui, pour
» ne pas voir tant de honte, a noblement suc-
» combé, a mordu la poussière sur le champ des
» combats. Mais si nous avons des ressources, une
» jeunesse encore intacte, si des villes et des peu-
» ples d'Italie nous gardent leurs secours, si les
» Troyens enfin n'ont acheté la victoire que par
» des flots de sang, s'ils ont aussi leurs funérailles,
» s'ils ont à gémir autant que nous des coups de la
» tempête, pourquoi reculer honteusement dès le
» premier pas? pourquoi trembler avant le son de la
» trompette? Le temps, au milieu des vicissitudes
» nombreuses d'une vie toujours mobile, souvent
» amène des changements favorables; souvent la
» fortune, dans ses jeux, vole d'un parti à l'autre,
» et raffermit celui qu'elle avait ébranlé. L'Étolien,
» Arpos, nous refusent leur appui: eh bien! nous

» aurons Messape, et l'heureux Tolumnius, et les
» chefs de tant de nations puissantes. La gloire ne
» tardera pas à suivre l'élite du Latium et des
» champs de Laurente. N'avons-nous pas aussi Ca-
» mille, du sang illustre des Volsques, et ses esca-
» drons tout brillants d'airain. Mais, si les Troyens
» m'appellent seul au combat, si c'est là votre désir,
» et que je sois à ce point un obstacle au bonheur de
» l'empire, la victoire n'a pas été jusqu'ici tellement
» infidèle à mon bras que je refuse de rien tenter
» dans un si glorieux espoir. J'irai sans peur affron-
» ter mon rival : fût-il plus vaillant que l'immortel
» Achille, fût-il revêtu comme ce héros d'une armure
» forgée par Vulcain, n'importe. Moi, Turnus,
» qui ne le cède en valeur à aucun de mes aïeux,
» je dévoue ma vie pour vous, pour Latinus, mon
» beau-père. Énée défie le seul Turnus? qu'il me
» défie, je le désire. S'il faut une victime à la co-
» lère des dieux, Drancès ne doit point périr à ma
» place, ni me ravir la palme si la gloire couronne
» la valeur. »

» Pendant ces longs débats sur l'état incertain des
» affaires du Latium, Énée déployait son armée dans
» la plaine. Tout à coup un courrier parcourt avec
» un grand tumulte le palais du roi, et remplit la
» ville d'une immense épouvante. « Les Troyens,
» dit-il, des rivages du Tibre s'avancent en ordre
» de bataille avec les Toscans, et couvrent déjà

»toute la campagne. » Soudain les cœurs se trou-
»blent, la multitude s'agite, et de puissants aiguil-
»lons réveillent la colère. Chacun se hâte de pren-
»dre les armes; et la jeunesse frémissante ne res-
»pire plus que la fureur des combats. Les vieillards
» consternés pleurent et gémissent. Au milieu du
»conflit des passions, une vaste clameur s'élève à
»grand bruit vers le ciel. Telles, rassemblées dans
»une forêt profonde, des légions d'oiseaux la
»remplissent de leurs voix confuses; ou tels de
» leurs rauques accents les cygnes font retentir les
» ondes poissonneuses de l'Éridan et ses bruyants
»marais. Turnus saisit l'instant favorable : « Ci-
»toyens, s'écrie-t-il, convoquez vos conseils, van-
»tez à loisir les charmes de la paix, tandis que
» l'ennemi se précipite en armes sur cet empire. »
» A ces mots, il sort du sénat, et s'élance hors du
» palais. « Toi, Volusus, dit-il, fais prendre les ar-
» mes aux Volsques; commande aussi aux Rutules.
»Messape, et vous, Coras, avec votre frère, dé-
»ployez la cavalerie dans la plaine. Qu'une partie
» des troupes défende les avenues de Laurente, et
» monte dans les tours; le reste marchera sous
» mes ordres. »

» Aussitôt de toutes les parties de la ville, on vole
» sur les remparts. Latinus, lui-même, abandonne
» le conseil, et, troublé de ces tristes évènements,
» diffère l'exécution de ses grands desseins; il se

» reproche mille fois de n'avoir pas d'abord ac-
» cueilli Énée comme gendre et comme associé de
» son trône. Les uns creusent de larges fossés de-
» vant les portes; les autres en hérissent l'approche
» de pieux et de pierres énormes. La trompette
» éclatante donne le signal sanglant des combats.
» Les mères, les enfants couronnent les murailles;
» la grandeur du péril les appelle tous. Cependant
» la reine, au milieu d'un nombreux cortége des
» femmes de sa cour, s'avance sur un char vers la
» citadelle, portant au temple de Pallas ses pieuses
» offrandes. A ses côtés est assise la jeune Lavinie,
» cause innocente de tant de maux, tenant ses beaux
» yeux baissés. Elles entrent dans le temple qu'elles
» parfument des vapeurs de l'encens, et, du seuil sa-
» cré, prononcent ces tristes paroles : « Vierge re-
» doutable, déesse des batailles, ô Pallas, brise de ta
» main la lance du brigand phrygien ; lui-même qu'il
» soit renversé dans la poudre, qu'il meure aux
» pieds des portes de Laurente. »

« Turnus furieux se prépare au combat. Déjà
» sur sa poitrine une cuirasse rutule dresse ses
» écailles d'airain, et il a revêtu ses brillants cuis-
» sards. Sa tête est nue encore, mais il a ceint sa
» fidèle épée ; et, du haut de la citadelle, il ac-
» court tout resplendissant d'or. Il tressaille de joie,
» et déjà triomphe en espoir de son rival. Tel,
» rompant ses liens, un coursier s'échappe de l'é-

» table, et, libre enfin, s'empare de la plaine im-
» mense ; tantôt il vole aux pâturages où paissent
» les cavales ; tantôt, aimant à fendre les flots du
» fleuve accoutumé, il s'élance, lève sa tête altière,
» hennit et bondit tour à tour, et sa crinière, jouet
» des vents, flotte tantôt sur son cou, tantôt sur
» ses épaules. Turnus part ; mais au devant de
» lui s'avance, suivie de l'armée des Volsques, la
» reine Camille ; aux portes mêmes de la ville, elle
» descend de son coursier ; ses guerriers l'imitent à
» l'instant, et mettent pied à terre. « Turnus, dit-elle
» alors, si la conscience du courage peut donner
» une juste confiance, j'oserai, je vous le promets,
» me présenter seule aux escadrons troyens, et
» seule affronter les cavaliers toscans. Permettez
» que mon bras tente les premiers périls du com-
» bat. Vous, restez avec vos bataillons sous les
» murs, et défendez les remparts. » Les yeux fixés
» sur la vierge intrépide, Turnus lui répond : « O
» vous ! l'honneur de l'Italie, noble guerrière, com-
» ment louer, comment récompenser dignement
» votre héroïsme ? Mais, puisque cette grande âme
» est au-dessus de tout, partagez avec moi les tra-
» vaux de la journée. Énée, comme me l'assu-
» rent et le bruit de la renommée et le rapport de
» mes coureurs, veut nous surprendre, et a détaché
» en avant sa cavalerie légère pour battre la cam-
» pagne ; tandis que lui-même, franchissant rapide-

» ment le sommet de ces monts par des sentiers
» déserts, il s'apprête à fondre sur Laurente. Je
» lui prépare une embuscade dans un détour de la
» forêt, et j'occuperai avec des soldats bien armés
» la double issue de la montagne. Vous, réunissez
» sous vos drapeaux le vaillant Messape, la cavalerie
» latine, les troupes de Tibur, et chargez les es-
» cadrons toscans. C'est à vous d'embrasser les
» travaux du commandement suprême. » Il dit,
» et, par de semblables discours, il enflamme d'une
» ardeur belliqueuse Messape et les autres chefs ;
» puis il vole à l'ennemi.

» Entre un double rang de rochers dont un épais
» feuillage ombrage de toutes parts les flancs téné-
» breux, serpente un vallon resserré, sinueux et fa-
» vorable aux embûches et aux ruses de la guerre.
» Un seul sentier y conduit par une gorge étroite, dif-
» ficile et dangereux passage. Sur le sommet élevé
» de ces montagnes s'étend une plaine ignorée,
» d'où l'œil au loin découvre tout, et qui offre un
» sûr asile, soit qu'on veuille à droite et à gauche se
» précipiter vers l'ennemi, ou l'accabler de ces hau-
» teurs, en roulant d'énormes rocs. Là se rend le
» jeune héros par des routes qu'il connaît ; il s'em-
» pare de ce poste, et se cache dans la forêt per-
» fide. »

Soit fatigue, soit oubli, Virgile ne nous indique
pas la victoire des Troyens, et nous la laisse entière-

ment supposer comme une conséquence naturelle du trépas de Lausus et de Mézence. Cette omission d'un fait aussi nécessaire à connaître est une faute que l'on ne trouverait pas chez Homère, parce qu'il traite toujours ses lecteurs comme des spectateurs que frapperait, au moment même, toute lacune importante dans l'action représentée. Tite-Live ne manque pas de dire que le spectacle de la mort de leur roi, Tolumnius, jeta l'épouvante parmi les Véiens, dont la cavalerie seule avait jusque-là reculé la victoire des Romains. Le trophée des armes de Mézence rappelle, outre le trophée des armes de Dolon qu'Ulysse et Diomède offrent à Minerve, le premier tribut des dépouilles opimes, consacré par ces paroles solennelles du fondateur de Rome : « Jupiter Férétrien, accepte ces dépouilles d'un roi que te présente le roi Romulus. Naguère j'ai choisi dans ma pensée la place de ton temple, et je te le dédie en ces lieux pour servir d'asile aux dépouilles opimes que t'apporteront à mon exemple ceux de mes descendants qui auront immolé de leurs mains des rois et des généraux ennemis[1]. » La fortune n'accorda cet honneur dans la suite des temps qu'à deux autres Romains, A. Cornélius Cossus et l'illustre Marcellus, sur lequel Tite-Live s'exprime ainsi : « Au premier choc, le consul promit à

---

[1] Tite-Live, livre Ier, § x.

Jupiter Férétrien les plus belles armes des ennemis. Un moment après, ayant aperçu Britomarus à la tête des Gaulois, couvert d'une armure éclatante d'or et d'argent, et peinte de diverses couleurs, il juge que c'est là l'offrande qu'il avait vouée à Jupiter. De son côté, le roi barbare n'a pas plus tôt vu le général romain qu'il s'avance assez loin des siens, en le provoquant du geste et de la voix. Marcellus ne perd pas de temps ; il perce avec sa lance la cuirasse de Britomarus, le blesse lui-même, et, le voyant renversé par les secousses de son cheval, blessé comme le maître, il l'achève à coups redoublés. Alors le vainqueur saute de cheval, et, les armes entre ses mains, les yeux vers le ciel : « Jupiter Férétrien, dit-il, toi qui regardes les belles actions des guerriers dans les combats, je suis le troisième général romain qui, ayant tué le chef ennemi, te consacre ses dépouilles opimes. Accorde-nous les mêmes faveurs de la fortune dans le reste de cette guerre [1]. » Pourrait-on douter que ce vœu guerrier, cette inspiration si soudaine, que ce succès rapide comme la foudre, et remporté en face des deux armées, cette prière héroïque et religieuse, et la bataille décisive qui la suit, ne convinssent mieux au poème de Virgile que l'impassibilité d'Énée en présence du

---

[1] Tite-Live, livre XX, § LIII.

roi d'Étrurie, sa victoire peu généreuse et l'orgueil d'un triomphe que tant de témoins ont pu réduire à sa juste valeur. On s'étonne de l'absence de tout hommage aux dieux dans les paroles du fils d'Anchise ; on remarque aussi avec peine le soupçon de crainte et de lâcheté qu'il laisse imprudemment planer sur des soldats que ses exemples devraient avoir rempli d'enthousiasme. La fin de la harangue d'Énée, marquée au vrai caractère d'un héros religieux et tendre, nous conduit à la plus touchante révélation de l'âme de Virgile, habilement caché sous le personnage auquel sa muse sert d'interprète. Tout à l'heure était devant nous Lausus, immolé par le glaive, et en face du tombeau. Mais du moins ses fidèles armes y reposeront avec lui ; mais à peine avait-il fermé les yeux qu'il a reçu les plus nobles consolations d'un illustre ennemi. Pallas n'obtient pas la même faveur du sort ; une partie de son armure reste au pouvoir de Turnus. C'est à Pallas expiré depuis long-temps, c'est à une ombre vaine qu'Énée adresse l'hymne de gloire et l'adieu suprême, exprimé avec tant de charme dans ces beaux vers :

> Nos juvenem exanimum, et nil jam cœlestibus ullis
> Debentem, vano mæsti comitamur honore.

Une âme vraiment paternelle échauffe tout le discours du prince troyen, dont les plaintes sur son

ÉNÉIDE, LIVRE XI.

jeune compagnon semblent déjà nous faire entendre les cris du désespoir d'Évandre. Ces plaintes renferment sans doute un bel éloge ; mais, plus direct et semé de circonstances empruntées aux exploits de Pallas, il donnerait plus de force et de vérité à l'exclamation sur la grandeur de la perte de l'Ausonie[1]. Quant à l'apostrophe inattendue du poète au jeune Iule, elle tombe comme un trait perdu à la fin du discours d'Énée, et ne sert qu'à nous avertir d'un oubli grave de Virgile. Si Ascagne est présent, ce qu'on nous laisse ignorer,

---

[1] Énée dit en s'adressant à Évandre : « Mais, du moins, tu ne le reverras point flétri par de honteuses blessures; et le père de Pallas ne souhaitera pas la mort en présence de son fils vivant. » La Bible fait parler ainsi David, qui conduit, au milieu des larmes et des gémissements de tout le peuple d'Israël, les funérailles d'Abner assassiné : « Non, tu n'es pas mort, Abner, comme les lâches ont coutume de mourir; tes mains n'ont point été liées; tes pieds n'ont point été chargés de fers, mais tu es tombé comme on tombe devant les enfants d'iniquité. » La Bible ajoute : « Entendant ces mots, tout le peuple redoubla ses larmes, et, tous étant revenus pour manger avec David, lorsqu'il était encore grand jour, David jura et dit : « Que mon Dieu me traite avec toute sa sévérité si je mange une bouchée de pain avant le coucher du soleil. » Après ces témoignages d'affliction, David dit encore à ses serviteurs : « Ignorez-vous que c'est un grand prince qui est mort aujourd'hui dans Israël. » Les *Rois*, livre II, chap. III, 33, 34, 35 et 38.

pourquoi ne mêle-t-il pas de généreuses larmes à celles de l'auteur de ses jours! Ah! qu'un souvenir d'Euryale, sorti de la bouche d'Ascagne pleurant sur le fils d'Évandre, aurait eu d'à-propos et de charme dans un pareil moment!

Quelques traits, choisis par le génie, la raison et le goût, ont suffi à Virgile pour nous offrir dans Pallas étendu sur le lit funèbre une image du beau, que notre pensée se plaît à achever, en lui prêtant toutes les perfections dont le poète vient de réveiller en nous le sentiment. Mais qu'un peintre habile essaie de reproduire le portrait de Pallas; combien de conditions à remplir pour contenter nos yeux, ces juges si prompts et si sévères! Notre impérieuse exigence demandera au grand artiste la forme juvénile du corps, l'abandon et la grâce de la pose, la noblesse des traits, la vivacité du coloris mêlée à l'ombre légère de la pâleur qui commence à se répandre, la beauté que la mort ajoute pour un moment à la beauté qu'elle va effacer pour toujours. Satisfaits à l'égard de ces différents points, nous chercherons encore une empreinte de l'âme sur la figure, cette expression indéfinissable, mais sentie, qui subsiste quelque temps au front, dans la forme des yeux que recouvrent les paupières, autour des lèvres pâles et entr'ouvertes, enfin le calme profond de ce repos doux et trompeur qui ressemble à la vie suspendue par le sommeil. Comment répondre à une pareille attente ? Raphaël lui-même n'aurait pas osé l'espérer [1].

Le reste de la description du cortége funèbre, quoique digne de la plume élégante de Virgile, ne mérite pas d'observation particulière. Fénelon a fait du récit de la mort de Pallas une imitation supérieure à l'original sous plusieurs rapports. L'affliction du vieillard Phérécide, qui a élevé le jeune Hippias, est bien plus déchirante que celle du gouverneur du prince arcadien. Mais surtout quel surcroît d'intérêt dans les marques de douleur que le fils d'Ulysse laisse éclater au moment où la flamme commence à pénétrer les étoffes qui enveloppaient le corps d'Hippias! Combien les dernières paroles de Télémaque ont de convenance, de noblesse et de charme! « Adieu, ô magnanime Hippias! car je n'ose te nommer mon ami : apaise-toi, ô ombre qui as mérité tant de gloire!... Que le Styx n'arrête point ton ombre; que les Champs-Élysées lui soient ouverts; que la renom-

---

[1] Valérius-Flaccus est bien loin de Virgile dans la peinture de Cyzique étendu sur le bûcher funèbre; mais voici quelques traits à retenir touchant ce jeune roi : « Cyzique, le visage tourné vers sa ville fidèle, retient dans ses mains le sceptre de ses aïeux, et, comme le jeune prince ne laissait après lui aucun fils, aucun héritier du sang royal, il emportait en mourant les marques et les insignes du pouvoir de son père. » Chant III, vers 343 et suivants.

mée conserve ton nom dans tous les siècles, et que tes cendres reposent en paix [1] ! » Ah! c'est encore ici qu'il m'est permis de m'écrier pour la seconde fois : Pourquoi ne voyons-nous pas Ascagne auprès de Pallas expiré? On peut rapprocher des scènes de l'*Énéide* et du *Télémaque* les honneurs rendus par les croisés au généreux Dudon, et le discours de Godefroi à son ancien compagnon d'armes, qu'il implore maintenant comme un immortel défenseur de la patrie [2].

Virgile développe dans ce livre le caractère qu'il a voulu donner à son héros. La réponse d'Énée aux ambassadeurs latins témoigne de sa religieuse piété envers les morts; de plus, elle nous montre en lui un prince ami de la paix, ménager du sang des hommes et résolu à se dévouer seul pour le salut de tous. Le magnanime Hector lui-même n'a point conçu le sublime dessein qui enflamme son successeur. Heureuse la seconde Troie d'avoir un

---

[1] Livre XVII. Le Jason de Valérius-Flaccus n'est pas si touchant dans les plaintes que lui arrache la vue de Cyzique, son hôte et son ami, auquel il a donné la mort, sans le savoir, dans un combat nocturne, excité par le dieu Pan, ministre de la colère de Cybèle contre le jeune roi des Dolions. La situation de Jason, encore plus déchirante que celle de Télémaque, devait mieux inspirer le poète latin. Voyez l'*Argonautique*, chant III, v. 290 et suivants.

[2] *Jérusalem délivrée*, chant III, str. LXVIII et suivantes.

monarque pareil au sage fils d'Anchise! voilà ce que pensent en secret les Phrygiens et même les ambassadeurs ennemis. Leur langage l'atteste; il sert encore au triple but de relever la gloire du Troyen, de préparer le dénoûment, et de mettre les dieux du parti du vainqueur, qui a voulu donner, au prix de sa vie, la paix à deux peuples. Virgile doit à Homère le fond des idées et même les détails qui précèdent et suivent cette scène ; mais il ne doit qu'à lui seul la manière habile dont il a su former et trouver dans ses heureux emprunts des ressorts de l'action. Ajoutons que l'entrevue d'Énée et des Latins coupe à propos la description les funérailles, et prévient la monotonie.

Cependant la renommée, qui a devancé le fatal cortége, accourt à Pallantée pour changer en bruits de mort les récits de gloire qu'elle avait faits sur Pallas. Ici le malheureux Évandre s'offre à nous dans la même situation que Mézence à la fin du dixième livre. Ces princes ne se ressemblent aucunement : le premier est un roi débonnaire, le second un odieux tyran, mais tous les deux ont des entrailles de père ; tous deux se reprochent la perte d'un fils, comme si elle était un crime de leur volonté [1]; tous

---

[1] Dans le *Macbeth* de Shakespeare, Malcolm dit : «Luttez en homme contre le malheur. Macduff répond: Je le ferai, mais je ne puis m'empêcher non plus de sentir mon malheur en homme. Il ne m'est pas possible d'oublier des objets qui

deux tiennent donc quelquefois le même langage. Cependant l'affliction d'Évandre, qui, sous le poids de l'âge, ne se sent pas déchiré intérieurement par l'aiguillon des furies, a plus de douceur, de mélancolie, de résignation. Je crois voir ici Fénelon pleurant sur le duc de Bourgogne ; c'est sa voix de cygne que j'entends dans cette exclamation d'Évandre: «Je n'ignorais pas l'irrésistible ascendant qu'exercent la nouvelle gloire des armes et l'ivresse de la victoire dans un premier combat[1]. Funestes prémices d'une si belle jeunesse! cruel apprentissage d'une guerre, hélas! trop voisine! Aucun de vous, ô dieux! n'a donc écouté mes vœux ni mes prières ? » C'est encore avec une âme pareille à celle de Fénelon, déjà éprouvé par des peines profondes, et instruit par le spectacle de

---

m'étaient si chers et si précieux. Quoi! le ciel l'a vu et n'a pas pris leur défense! Coupable Macduff! ils ont tous été frappés pour toi! Misérable que je suis! ce n'est pas pour leurs fautes, mais pour expier les miennes, que le meurtre a fondu sur eux.» Ces regrets d'un père sur ses enfants pénètrent jusqu'au fond de l'âme. Plus loin, Malcolm reprend: « Cherchons notre consolation dans une grande vengeance ; c'est le seul remède à un chagrin mortel. Macduff : Il n'a point d'enfants ! » Peut-être ce cri sorti du cœur d'un homme qui a des entrailles plus que maternelles, comme dit Bossuet, est-il plus éloquent que tout le discours d'Évandre.

[1] Racine a dit dans *Bajazet* :
 Et goûter, tout sanglant, le plaisir et la gloire
 Que donne aux jeunes cœurs la première victoire.

la vie humaine, qu'Évandre, au lieu de se montrer injuste et emporté comme une mère désespérée, n'accuse de son malheur que la fatalité attachée à la vieillesse. Il ne faut pas se tromper sur les nobles consolations que le roi arcadien paraît se donner à lui-même en exaltant les honneurs que le pieux Énée, ainsi que ses illustres Troyens, les généraux toscans, et leur armée tout entière, ont accordés à Pallas. Conformes aux inspirations du cœur de l'homme [1], ces consolations ne sont toutefois qu'un vain appareil que le vieillard met un moment sur une blessure non moins profonde que celle de Mézence. Le jour lui est odieux autant qu'au père de Lausus; mais, plus faible et incapable de combattre lui-même, il souffre les délais de la mort pour attendre la vengeance qu'il demande, en dévouant la tête de Turnus au glaive du prince des Troyens. Sa prière exaucée, Évandre ira rejoindre son fils, et prendre place à côté de lui dans la tombe : voilà une dernière ressemblance avec la fin de Mézence. La douleur du vieux Phénix,

---

[1] Un passage de *Macbeth* se rapporte au même ordre d'idées. Siward : « Mon fils a-t-il reçu ses blessures par-devant? Rasse : Oui, au front. Siward : Oui? eh bien! que Dieu reçoive son âme guerrière! Eussé-je autant de fils que je pourrais compter de cheveux, je ne leur souhaiterais pas une plus belle mort; et je borne à ce vœu tous ses honneurs funèbres. »

qui a souvent le naïf accent de l'*Odyssée*, en déplorant la mort d'Achille [1], les plaintes d'Iphis, si remplies de tendresse, sur la perte d'Évadné, sa fille [2], le silence du désespoir de Phérécide, silence bientôt suivi des cris de sa fureur à l'aspect du bûcher allumé pour consumer le corps de son élève ou plutôt de son fils Hippias [3], la désolation de Phalante atteint du coup mortel par le trépas de ce frère chéri [4], ont beaucoup de rapport avec les paroles d'Évandre; mais le Nestor du *Télémaque*, apostrophant les restes inanimés de son cher Pisistrate, qui renouvelle la plaie que la chute d'Antiloque avait faite au cœur paternel, offre une comparaison plus exacte ; et peut-être trouvera-t-on que le roi de Pylos a encore plus d'entrailles que celui d'Arcadie [5]. La première partie du discours de Créon, qui, vivant et roi par le courage de son fils Menécée, lui met son diadème sur la tête et son sceptre à la main, en appelant les ombres d'Étéocle et de Polynice pour contempler leur maître dans ce mort couronné, contient de belles choses, auxquelles succèdent malheureusement de

---

[1] Quintus Calaber, liv. III.
[2] *Suppliantes* d'Euripide, vers 1080 et suivants.
[3] *Télémaque*, livre XVII.
[4] *Ibidem*, même livre.
[5] *Ibidem*, livre XX.

folles exagérations qui glacent le cœur au lieu de l'échauffer [1].

Le tableau des derniers devoirs rendus aux guerriers qui ont péri dans le combat [2] est digne de l'élégance, de la sagesse et de la sensibilité de Virgile [3] : on le reconnaît surtout à ce trait : « Alors, le long du rivage, les Troyens contemplent leurs compagnons que la flamme dévore ; ils veillent près des corps à demi consumés, et ne peuvent s'arracher de ces restes chéris, jusqu'à l'heure où la nuit de retour ramène au ciel les brillantes étoiles. » On ne trouve pas ce genre de beautés dans le septième livre de l'*Iliade*, au moment où les deux armées ensevelissent leurs morts. Moins sobre de détails que Virgile, mais trop elliptique, trop travaillé, Stace montre beaucoup d'imagination dans la peinture de l'armée thébaine qui marche en tremblant vers le champ de bataille dont la solitude et la silencieuse horreur l'étonnent et l'épou-

---

[1] Stace, *Thébaïde*, chant XII, vers 72 et suivants.

[2] Voyez pour les courses des Troyens autour des bûchers de leurs compatriotes les funérailles du proconsul Tibérius Sempronius Gracchus. Tite-Live, livre XXV, § 17.

[3] Cette précieuse qualité est encore plus profondément empreinte dans la scène des *Suppliantes* d'Euripide où les mères des Grecs voient les ossements de leurs époux tués dans le combat, et apportés devant elles par leurs enfants. Vers 1114 et suivants.

vantent. « On s'avance au milieu de ce peuple pâle et sans vie, au milieu de ces restes d'une guerre tombée avec lui. Chacun va où le conduit sa douleur. Ceux-ci reconnaissent des armes, ceux-là des cadavres; d'autres pleurent sur des chars vides, et parlent aux coursiers, qui restent seuls pour les entendre. » Ici le poète se laisse aller à la manie des détails, et commente longuement les mélancoliques images de l'*Énéide*; mais il termine avec bonheur un tableau beaucoup trop chargé [1]. Tacite, à la fois plus avare de paroles et plus grand peintre, a représenté l'armée romaine pressée du religieux désir de rendre la paix aux mânes de Varus et de ses soldats. Germanicus est entré dans la forêt de Teut-Berg, théâtre de leurs désastres. « Les Romains s'avancent à travers ces bois sinistres, qui offraient un coup d'œil et un souvenir également affreux.... Au milieu du champ de bataille étaient des ossements blanchis, épars ou entassés, suivant qu'on avait fui ou résisté. Auprès gisaient des armes brisées, des membres de chevaux, des têtes d'hommes attachées aux troncs des arbres. Dans les bois voisins, paraissaient les autels barbares sur lesquels on avait immolé les tribuns et les centurions des premières compagnies.... Ainsi donc, six ans après le massacre de trois légions,

---

[1] *Thébaïde*, chant XII, vers 1er et suivants.

une autre armée, présente au même lieu, venait donner la sépulture à leurs ossements. Incertain de savoir s'il renfermait sous la terre les étrangers ou les siens, chacun recueillait leurs tristes restes comme ceux d'un parent ou d'un frère, et, sentant redoubler sa rage contre l'ennemi, les ensevelissait avec une douleur mêlée d'indignation [1]. »

Plus libre qu'un poète dramatique, qui ne peut changer à tout moment le lieu de la scène, Virgile nous a conduits d'abord au camp de l'armée troyenne, orgueilleuse de la défaite de Mézence; puis dans le palais guerrier où commencent les funérailles de Pallas; nous avons assisté ensuite au conseil qui a fait paraître Énée plus grand que sa renommée aux yeux des ambassadeurs latins. De ce conseil, rempli d'un si haut intérêt, nous venons de passer dans la demeure d'Évandre, bien différente de ce qu'elle était alors qu'elle donnait l'hospitalité au fils d'Anchise. Nous quittons ce séjour de deuil pour contempler les désolations d'un champ de bataille et les tributs solennels d'une religieuse douleur. Maintenant, c'est à la clarté mourante des flammes de tant de bûchers

---

[1] Tacite. *Annales*, liv. Ier, § LXI et LXII. On trouve aussi dans Tite-Live un tableau du champ de bataille de Cannes qui est d'une horrible vérité. Liv. XXII, § LI.

encore fumants, à travers des monceaux de cendres à peine éteintes, misérable et dernier reste d'un si grand nombre de victimes, que nous pénétrons dans la ville de Laurente, qui déteste une guerre impie et l'hymen de Turnus. Ce rapprochement forme une transition admirable ; mais la scène du désespoir de la royale cité n'est tout au plus qu'esquissée. On n'y entend pas la profonde désolation de la famille de Priam après la mort d'Hector. « Iris arrive dans le palais, et ne trouve partout que pleurs et gémissements ; les fils du roi, assis sur les portiques autour de leur père, arrosent de larmes leurs vêtements superbes. Le vieillard, enveloppé d'un manteau qui le couvre tout entier, s'était roulé dans la poussière, et de ses mains avait répandu la cendre sur sa tête blanchie par l'âge. Ses filles et les épouses de ses fils, errantes dans le palais, pleuraient au souvenir des nombreux et vaillants héros qui perdirent la vie sous les coups des Argiens [1]. » On n'entend pas davantage dans Laurente les cris du désespoir des *Perses* d'Eschyle à la nouvelle de la défaite de Xerxès [2].

Les ambassadeurs envoyés vers Diomède ne pouvaient revenir plus à propos qu'au moment du tumulte et du désordre de Laurente, lorsque,

---

[1] *Iliade*, chant XXIV, vers 160 et suivants.
[2] Voyez vers 249 et suivants.

superstitieux et faible ainsi que le peuple, en présence de tant de tombes récemment élevées, Latinus croit voir dans ses revers et ses pertes une preuve de la colère des dieux. Voilà comment un poète habile prépare les cœurs à recevoir les impressions qu'il veut leur donner. Quel heureux exorde que l'éloge de la paix placé dans la bouche du rival d'Ajax et d'Achille, et répété au milieu d'un conseil d'hommes découragés de la guerre! Virgile a imité d'Homère le tableau des calamités des Grecs après la ruine des Phrygiens [1]; mais le larcin devient admirable attendu la situation des choses. En effet, quelle conviction profonde doit entrer dans l'esprit des Latins, quand le plus audacieux ennemi de Troie semble la mettre lui-même, comme une ville sacrée, sous la protection des dieux, occupés à poursuivre et à punir ses coupables destructeurs! Cependant les exemples que Diomède tire de sa propre infortune, la perte de son épouse et de sa patrie, qu'il n'a pu revoir [2], la superstition de sa douleur, qui croit

---

[1] *Odyssée*, liv. III, v. 103 et 131 ; *ibidem*, liv. IV, v. 83 et 499 ; *ibid.*, livre IX, v. 106.
[2] Après la blessure de Vénus, Dionée, sa mère, lui dit : « Ma fille, c'est Minerve qui suscita contre toi Diomède. L'insensé ignore qu'il ne vivra pas long-temps l'homme qui combat contre les dieux ; jamais sur ses genoux de jeunes enfants ne bégayeront le nom de père à son retour de la guerre et des batailles. *Iliade*, chant V, vers 405.

entendre les plaintes de ses malheureux compagnons, transformés en oiseaux, vont bien plus droit encore à l'âme des auditeurs. Le souvenir de Vénus, de la protectrice des Troyens, ajoute à la force des avis du fils de Tydée. En attaquant Énée, les Latins attaquent en même temps sa mère ; veulent-ils donc encourir aussi le courroux de la déesse, à l'exemple de l'auteur d'une trop criminelle injure ? Dans la suite de son discours [1], rapporté par les am-

---

[1] Racine avait ce discours présent à la pensée quand il écrivait la scène d'*Andromaque* où Pyrrhus reçoit l'ambassadeur des Grecs. Le trait : « Nous avons vu Diomède et le camp des Grecs, nous avons touché la main sous laquelle est tombée la ville de Troie, » se retrouve dans le début d'Oreste. Souffrez, dit-il à Pyrrhus,

> qu'à vos yeux je montre quelque joie
> De voir le fils d'Achille et le vainqueur de Troie.
> Oui, comme ses exploits, nous admirons vos coups :
> Hector tomba sous lui, Troie expira sous vous.

On reconnaît le même fonds de pensées dans les paroles d'Isabelle, reine de France, présente à un conseil de paix entre Charles VI et Henri V. « Puisse la fin de ce beau jour, ô grand roi ! et l'issue de cette gracieuse assemblée être aussi heureuses qu'est grande notre joie de vous voir, et d'envisager cet œil terrible qui a lancé la mort contre les Français. Nous avons le doux espoir que ces regards ont perdu leurs traits homicides, et que ce jour, éloignant tous les ressentiments et toutes les querelles, va changer la haine en amour. » Ce sont-là de ces paroles magiques que les femmes trouvent

bassadeurs, Diomède s'exprime comme le Pyrrhus de Racine ; mais le respect des dieux donne à ses paroles plus d'autorité que l'amour à celles du fils d'Achille. Tout ce qu'il dit est vrai ou vraisemblable, marqué au coin de la philosophie et de la raison, filles de l'expérience et des lumières. Cependant Virgile manque à la vérité en prêtant à Diomède un si pompeux éloge de la valeur et des exploits du prince troyen. Diomède a-t-il donc oublié qu'Apollon et Vénus sont venus deux fois arracher de ses mains et des mains d'Achille le trop faible adversaire qu'il élève ici jusqu'aux nues ? La supposition gratuite que l'Asie aurait pu triom-

---

d'abord dans leur cœur, et qui ont quelquefois plus de puissance que les plus éloquents discours. Voyez la scène entière dans *Henri V*, de Shakespeare, acte V.

On peut encore rapprocher Racine de Virgile. Si Diomède dit aux ambassadeurs latins : « Vous, ne venez plus m'exciter à de pareils combats. Non, je n'ai plus de sujets de guerre contre les Troyens après la ruine de Pergame, et je ne veux ni m'applaudir ni me souvenir des maux que je leur ai faits, » on entend Pyrrhus répondre au fils d'Agamemnon :

. . . . . que les Grecs cherchent quelqu'autre proie ;
Qu'ils poursuivent ailleurs ce qui reste de Troie :
De mes inimitiés le cours est achevé ;
L'Épire sauvera ce que Troie a sauvé.

Ce même prince dit avec l'accent de Diomède :

Mon courroux aux vaincus ne fut que trop sévère !

Andromaque, acte Ier, sc. II.

pher de la Grèce, et s'asseoir sur ses ruines, si Troie eût possédé deux Énées, convient encore moins au caractère de l'orgueilleux fils de Tydée. Non, jamais il n'eût fait cette injure à sa propre renommée, ni surtout à celle du vainqueur d'Hector.

Au second chant de la *Jérusalem délivrée*, on entend la gloire de Godefroi célébrée par un ennemi ; rien de plus naturel et de plus heureusement motivé que cette situation. Alète est un esclave parvenu aux honneurs, un homme accoutumé aux profondes soumissions et aux hyperboles de l'Orient, un Protée de cour, habile à feindre et à tromper, un ministre chargé de détourner la guerre par une alliance, un orateur exercé au talent de duper les cœurs avec des paroles charmées ; le faste des éloges entre dans son caractère et dans son rôle ; mais, s'appuyant sur la seule vérité, il a soin d'éviter l'air de la flatterie ; il semble ne rendre qu'un magnifique hommage à la vertu, et ménager en même temps chez Godefroi cette pudeur de l'âme qui craint d'être violée par les louanges. D'un autre côté, le poète remplit son but d'agrandir le héros par l'éloquente peinture de ses exploits si à propos retracés devant la brillante élite des chevaliers chrétiens. Virgile n'égale ici ni l'adresse ni le jugement du Tasse ; mais la comparaison que Diomède fait du fils d'Anchise avec le fils de Priam, si vraie et si belle, quoiqu'encore un peu suspecte d'exagération, contient tous les traits qui doivent achever d'imprimer aux Troyens de l'admiration pour Énée, de l'horreur pour la guerre, et l'ardent amour de la paix, seul espoir du salut de l'empire. Là éclate plus que partout ailleurs l'intention du poète de donner dans le successeur d'Hector un homme d'une vertu sublime et sans tache pour héros à l'épopée du siècle d'Auguste.

Latinus, qui parle de quelques combats plus ou moins animés comme d'une lutte acharnée où l'on aurait employé toutes les forces de l'État, Latinus qui voit déjà son royaume abattu, parce qu'il a éprouvé quelques revers, ne commande point assez à sa faiblesse. Le Prusias de Corneille, si craintif de se brouiller avec la république, a du moins pour excuse la terreur générale du nom romain, et la docile obéissance des rois aux décrets souverains de la fortune et de la nécessité, divinité aussi absolue que sa mère. Dans Quintus Calaber, c'est après la mort d'Hector et celle de Penthésilée, c'est en présence d'Achille victorieux et de l'armée des Grecs triomphante, que Thymète désespère du salut de la patrie. Cependant malgré le poids de l'âge et une longue suite de malheurs qui ont dû ébranler son âme, et lui inspirer la défiance de l'avenir, Priam repousse avec une juste indignation le conseil de la fuite donné par un timide vieillard [1]. Aussi les Troyens se rangent autour de leur sage prince, tandis que les Latins ne paraissent pas même écouter les propositions conciliatrices de Latinus, qui manque de toute autorité, ainsi que ne le prouvent que trop ses paroles et le ton découragé avec lequel il demande des avis et des secours à ses sujets.

Il n'est pas dans la manière habituelle du poète latin de placer en tête de ses récits, comme l'ont fait Salluste et Voltaire, des portraits semblables à celui de Drancès, étudié avec tant de soin. On a voulu trouver ici une odieuse allusion au caractère de Cicéron; mais pourquoi prêter gratuitement cette indignité à l'excellent Virgile, à l'âme la plus candide qui fût jamais, suivant Horace? La plupart des traits de la peinture ne conviennent nullement à l'illustre orateur. Était-il enivré de sa naissance celui qui rappelait si souvent le nom de parvenu, d'homme nouveau que lui donnait l'orgueil des patriciens? Quelle tradition nous a montré le sage consulaire enclin envers le peuple aux largesses d'un ambitieux? Pouvait-on reprocher au vainqueur des Parthes d'avoir le cœur et le bras glacés dans les combats? Enfin un écrivain rempli de pudeur en toutes choses eût-il osé, devant les contemporains de Cicéron, repré-

---

Guerre de Troie, chant II.

senter sous les couleurs d'un tribun puissant par la sédition l'auteur des *Catilinaires*, l'antagoniste acharné des Clodius et des Antoine, et la victime de la guerre civile? Du reste, le ton de l'orateur romain, l'ironie, figure si familière à son génie, l'art de rendre ses adversaires odieux, ces supplications qui sont des injures déguisées aussi-bien que d'habiles arguments, la gradation qu'il observe dans les moyens de s'emparer des cœurs, et de les porter aux dernières extrémités, caractérisent la harangue de Drancès; mais il y manque un tableau pathétique des maux sans nombre et des affreuses calamités auxquelles Laurente peut être réduite, si le coupable refus d'une paix honorable et légitime vient accroître la fureur d'un ennemi victorieux. Dans la tragédie de *Henri V*, par Shakespeare, le duc de Bourgogne, qui a épuisé tous ses efforts pour réconcilier les rois de France et d'Angleterre, résume avec une vive éloquence, devant ces fameux rivaux, l'état d'un pays en proie aux fléaux de la guerre. Voici un autre exemple des ressources puissantes que Drancès aurait pu employer pour décider le triomphe de sa cause, et soulever les Latins contre Turnus : c'est la belliqueuse Jeanne d'Arc, qui, devenue un ministre de paix, et inspirée par l'ardent amour de la patrie, essaie de faire tomber des armes criminelles de la main du duc de Bourgogne. « Contemple ton pays, contemple la fertile France ; vois ses villes et ses campagnes défigurées par les ravages destructeurs d'un ennemi cruel ; regarde ta patrie de cet œil de tendresse dont une mère contemple son enfant au berceau, et prêt à fermer les yeux. » L'héroïne redouble de chaleur et d'énergie dans ses apostrophes, qui arrachent au duc de Bourgogne ce cri du repentir : « Je suis vaincu ; la force victorieuse des paroles de cette fille étonnante a dompté ma volonté rebelle[1]. » Dans ce même Shakespeare, qui a toute la fécondité d'Homère, le roi Henri V dit aux habitants d'Harfleur, qu'il assiége et qu'il veut effrayer : « Les portes de la clémence seront fermées alors ; et le soldat, au cœur endurci et féroce, donnant carrière à sa main sanguinaire, promènera sa rage dans vos foyers, avec une conscience large comme l'enfer, moissonnant vos jeunes enfants dans le bouton de l'âge. Que m'importe à moi, si la guerre impie, couronnée de flammes, comme le prince des démons, et le front tout noirci de feux, exerce toutes les fureurs barbares qui suivent l'assaut et le pillage[2] ?» Ce langage hyperbolique, et propre à frapper l'imagination d'un peuple n'est pas un modèle à imiter sans réflexion ; mais il indique ce que Virgile

---

[1] *Henri VI*, Ire partie, acte III.
[2] *Henri V*, acte III.

aurait pu ajouter de force aux arguments de Drancès.

En écoutant cet ennemi de Turnus, on croirait que le poète a puisé l'éloquence à la même école que Cicéron, ou plutôt on sent ici et dans plusieurs autres discours de l'*Énéide*, qu'il avait beaucoup médité le Démosthène de Rome : c'est ce qu'atteste encore la réponse de Turnus ; elle rappelle à tout moment l'impétuosité, la chaleur soutenue, la verve inépuisable, les mouvements dramatiques, les mépris prodigués sous toutes les formes, les savants artifices, et le soin de diminuer et d'agrandir les choses suivant l'intérêt du moment, en même temps que la terrassante argumentation des *Verrines*, et surtout de la seconde des *Philippiques*. Il ne doit échapper à personne que cette réponse, quoique inspirée par des passions violentes, réfute avec autant d'exactitude que d'énergie les raisonnements de Drancès; et qu'en traitant son ennemi presque aussi mal qu'Ulysse traite Thersite dont nous voyons ici une image corrigée sous le pinceau du Raphaël de la poésie, Turnus efface toutes les alarmes, et relève toutes les espérances par le tableau des forces de l'État encore puissant. Comment le roi et son conseil ne reprendraient-ils pas courage en entendant les paroles enflammées d'un héros qui promet le salut de l'empire au nom de l'Ausonie prête à se lever pour la défense d'une nation dont la cause est la cause commune?

La seconde scène du premier acte d'*Iphigénie* offre plus d'une ressemblance avec la situation de Latinus. Abattu par de sinistres augures, effrayé à la pensée de verser le sang de sa fille, que les dieux exigent de lui, Agamemnon se voit aussi en butte aux emportements d'un jeune guerrier qui brûle de courir à la gloire et de venger sa patrie. Comme Latinus, Agamemnon croit que ses ennemis sont sous la garde du ciel, et, résolu de renoncer à une entreprise fatale, il répond sans détour quand le fils de Thétis, Achille, lui demande ce qu'il ose dire :

> Qu'il faut, prince, qu'il faut que chacun se retire ;
> Que, d'un crédule espoir trop long-temps abusés,
> Nous attendons les vents qui nous sont refusés.
> Le ciel protége Troie ; et par trop de présages
> Son courroux nous défend d'en chercher les passages.

Turnus à son tour nous retrace l'Achille de Racine, qui ne veut pas abandonner Agamemnon aux timides conseils que lui donnent son propre cœur et peut-être Ulysse, dont le courage est suspect au héros. Ce même Turnus, appelant sur sa tête tous les périls de la guerre, et se dévouant pour le salut de tous, sans être retenu par la douleur d'une épouse promise, inspire autant d'admiration et d'intérêt que le fils de Thétis, lorsque,

ÉNÉIDE, LIVRE XI. 359

impatient de chercher à Troie une mort certaine et une immortelle renommée, il s'écrie :

> Et quand moi seul enfin il faudrait l'assiéger,
> Patrocle et moi, seigneur, nous irons vous venger.

Peut-être on s'étonnera de ce que Turnus parle plus longuement que Drancès. Les habitués du Forum, les courtisans de la faveur populaire, sont ordinairement prodigues de phrases, surtout quand ils sentent qu'ils ont un charme sur les lèvres ; les longs discours coulent encore comme un fleuve de la bouche de ceux que l'on pourrait appeler des braves de la langue, pour traduire avec énergie l'injurieuse apostrophe du roi d'Ardée à son lâche adversaire : « Mars ne sera-t-il toujours pour toi que dans le bruit de ta langue ? » Au contraire les hommes d'action, les guerriers, les héros, n'ont pas coutume de sacrifier au luxe des paroles. Les Grecs d'Homère, il est vrai, font exception à cette règle ; ils étaient grands parleurs, a dit Voltaire. Si Virgile imite ici la prolixité de son maître, s'il affecte même un peu trop les formes oratoires du pompeux rival de Démosthène, du moins n'a-t-il pas à se reprocher les divagations qui choquent la vraisemblance en refroidissant l'intérêt. Turnus ne perd pas un moment de vue sa cause et son ennemi, et tient toujours le glaive levé. Encore une observation sur les deux personnages en scène. Drancès, exercé aux luttes de la tribune, nous a été donné pour un puissant orateur; cependant Turnus, dont l'éloquence fait peut-être ses premières armes, efface son adversaire; rien de moins étonnant que cette contradiction apparente. Dans les périls extrêmes, dans la crise décisive d'un combat à mort entre deux partis ou deux empires, l'art, le talent, le génie même ne sauraient balancer les inspirations d'une grande âme soutenue d'un grand caractère. Supposez alors Démosthène et Cicéron qui n'étaient ni l'un ni l'autre dépourvus de courage, supposez-les présents au sénat, devant le peuple, en face de César; César triomphera de ces deux princes de la parole. A plus forte raison, comment le discours du bouillant Turnus, qui veut sauver sa patrie du joug de l'étranger ou s'illustrer à jamais en mourant pour elle, ne ferait-il point pâlir la faconde de Drancès, tourmenté des aiguillons de la jalousie, importuné de la gloire d'un jeune héros, et ami de la paix, par un lâche amour de sa vie, qu'il tremblerait de commettre une fois aux hasards de la guerre?

Au dixième chant de la *Jérusalem*, Aladin, effrayé des revers de son armée, assemble aussi un conseil pour délibérer sur la situation des affaires, et, comme Latinus, sans avoir pourtant son indigne faiblesse, il paraît pencher vers un accommodement avec les chrétiens. Le fier Argant ne veut reconnaître de loi que celle du courage. Orcan ne partage point cette fureur; jadis guerrier redoutable, mais amolli depuis par son hymen avec une jeune beauté, entouré d'enfants qui font sa joie, il souhaite la paix, et la conseille sans oser en prononcer le nom. Il y a beaucoup d'adresse, et en même temps de naturel dans son artificieuse harangue. On y doit surtout remarquer le passage suivant : « Ce que sont les chrétiens, tu le sais, ô généreux Argant, toi qui si souvent leur as cédé le champ de bataille, toi qui si souvent as fui devant eux, et n'as trouvé ton salut que dans la rapidité de ta course ; Clorinde les connaît comme toi; je les connais moi-même, et nous ne devons pas plus nous vanter de leur rencontre les uns que les autres. Je n'accuse personne ; nous avons tous montré tout ce que notre valeur pouvait de plus grand. Je dirai plus : quoique Argant s'indigne d'entendre la vérité, et que ses regards me menacent de mort, je vois à des signes certains qu'un destin inévitable conduit notre ennemi. Ni peuples, ni murailles fortifiées, ne pourront empêcher Godefroi de régner à la fin dans ces lieux. L'amour de mon prince et de ma patrie (j'en prends le ciel à témoin) me fait seul parler ainsi. » En réfutant ce lâche conseiller, Soliman se livre aux mouvements passionnés de Turnus, et tient souvent le même langage, avec bien plus de rapidité cependant. Lorsqu'il a fini sa courte et terrible improvisation, nous le voyons la main sur son épée et dans une attitude menaçante [1]. Cette imitation, bien supérieure à celle de l'Arioste [2], n'est pas plus belle que la scène originale dans Virgile. Mais peut-être le Nuno Alvarès de Camoëns l'emporte-t-il sur Turnus. Jean Ier, roi de Portugal, attaqué par les Castillans, a rassemblé dans Coïmbre l'élite de la nation. Toutefois l'assemblée ne manquait pas d'orateurs dont l'insidieuse éloquence colorait de spécieux motifs une coupable lâcheté : la crainte avait glacé les cœurs. Alvarès se lève, et gourmande ainsi les volontés flottantes et les perfides incertitudes : « Quoi donc ! des Portugais refuseraient leurs bras à la patrie ! Quoi ! du sein de cette patrie si renommée dans les batailles, il sera sorti des enfants assez lâches pour l'abandonner au moment du péril, pour consentir à l'asservissement de leur pays !........ Si la mollesse de Fernand endormit votre valeur, réveillez-vous sous un roi plein de courage. Il ne faut qu'un roi pour changer un peuple, et ce roi, vous l'avez : il est votre ouvrage. Montrez un cœur aussi grand que le sien et vous serez invincibles ; et vous

---

[1] Str. xxxve jusqu'à la liie.
[2] Voyez le discours de Sobrin dans le conseil du roi Agramant, chant XXXVIII, st. xxxv_i[e] jusqu'à la str. lxve.

ÉNÉIDE, LIVRE XI. 363

verrez fuir encore devant vous l'ennemi qui fuyait devant vos pères. Mais si ma voix ne peut vous émouvoir, si la terreur vous enchaîne, restez, guerriers dégénérés, restez ; j'irai moi seul, j'irai combattre l'étranger. Moi seul, avec mes vassaux et cette épée (son arme à demi nue étincelait dans sa main) je défendrai d'une injuste agression notre commune indépendance ; je soutiendrai l'honneur du nom portugais ; je vengerai le prince et la patrie ; je saurai vaincre enfin l'ennemi qui se présente, et quiconque oserait trahir la cause de mon roi [1]. »

Shakespeare, dans la *la Vie et la Mort du roi Jean*, fait parler ainsi le lord Faulconbridge : « Oh ! traité, traité honteux ! quoi ! nous, au sein de notre patrie, attaqués dans nos foyers par un ennemi en armes, nous nous abaisserons à lui envoyer des paroles de paix ! Un enfant, un jeune apprenti de cour, nourri dans la mollesse et les folles joies, viendra nous braver au milieu de nos foyers, engraisser son ambition naissante dans nos champs belliqueux, déployer d'un air insultant ses enseignes triomphantes ; et il ne trouvera aucune résistance ! non, non, courons aux armes ! »

Milton, dont le génie agrandit tout ce qu'il touche, assemble aux enfers un conseil où l'on délibère aussi sur la guerre ou la paix. Dans ce con-

---

[1] *Lusiade*, chant IVe.

seil, le prince des rebelles, environné de la magnificence royale, soutient dignement la majesté de son rang et ce caractère qui l'élève au-dessus de ses rivaux. Incapable de se laisser abattre, même par les plus effroyables revers, il persiste dans le dessein de reconquérir l'héritage céleste, et consulte seulement sur le choix à faire entre la guerre ouverte et la guerre cachée. Guerre ouverte, voilà mon avis, répond l'affreux Moloch, espèce de Capanée, qui ne craint ni Dieu, ni l'enfer, ni pis que l'enfer. Comme le Prométhée d'Eschyle, Moloch semble se dire à tout moment en lui-même : « Tombent sur moi les carreaux tortueux de la foudre ; que le tonnerre et le tourbillon des vents furieux enflamment les cieux ; que la tempête secouant la terre dans ses fondements en ébranle les racines ; qu'un effort impétueux confonde les flots de la mer avec les astres de la voûte céleste ; que par le dur effet d'une force invincible, Jupiter précipite mon corps au fond du noir Tartare : quoi qu'il fasse, je ne mourrai pas. » Mais dût-il être anéanti, ce n'est pas la crainte de la mort qui pourrait ébranler l'ami de Satan dans son immuable résolution de recommencer la lutte avec l'Éternel. Prométhée annonce ainsi la perte du maître de l'Olympe : « Alors qu'il aille s'asseoir hardiment dans les airs, se fiant à ses nuages bruyants, et secouant dans ses mains ses dards enflammés : rien de ce superbe appareil ne le sauvera d'une chute ignominieuse. Je le vois lui-même se créer son ennemi, athlète prodigieux, difficile à combattre, qui lancera des feux plus brûlants que la foudre, fera gronder un bruit plus fort que le tonnerre, et brisera le trident, cette arme de Neptune, ce fléau maritime, commoteur de la terre. » Moloch, exalté par une haine devenue de la rage, ne se borne point à des prédictions; plus menaçant, plus furieux, plus téméraire que le Capanée d'Eschyle ou d'Euripide, qui insultait à Jupiter et bravait sa foudre, Moloch veut en créer une dans l'enfer, escalader les cieux et détrôner l'Éternel.

A cet orateur farouche et violent succède Bélial, l'un des plus beaux anges déchus du ciel. Il paraît plein de dignité et destiné aux grands exploits ; mais en lui tout est faux, tout est vide. La douce manne distille de sa bouche ; il sait l'art de faire paraître excellentes les plus mauvaises raisons, et de jeter le trouble et la confusion dans les plus sages conseils. Toutes ses pensées sont basses. Industrieux pour le mal, lent et timide dans les grandes actions, il charme les oreilles par ses discours, et parle d'un ton propre à persuader. Comme Drancès, Bélial déteste la guerre; il défend avec les mêmes artifices le parti de la soumission, sans parvenir à nous dissimuler le vil motif de ses vils conseils, l'amour de la vie poussé au point d'endurcir à tous les affronts. Cet amour effréné se trahit à chaque parole dans le tableau que la terreur de Bélial fait de la puissance de l'Éternel, et des dangers de la résistance. Suivant lui, la cause des conjurés est désespérée; il faut donc poser les armes, et se laisser oublier de Dieu dans un coin des enfers. Le discours de Bélial, composé avec habileté, remarquable par une argumentation pleine de force et d'adresse, semé de prétextes spécieux, atteste dans le poète la connaissance de l'art de flatter les inclinations honteuses du cœur humain, et de leur offrir une puissante amorce qu'elles saisissent d'autant plus avidement qu'elles ont reçu une plus grande assurance de satisfaire leur bassesse à l'abri du voile de prudence qui la couvre.

Deux passions ignominieuses et insatiables, l'avarice et la cupidité, attachent aussi Mammon à l'existence, même avec la honte; il doit donc partager les lâches sentiments de Bélial, son digne acolyte; mais pour cacher le fond de sa pensée, et donner le change à tel ou tel de ses compagnons qui pourraient l'interrompre par de véhémentes apostrophes, il affecte d'abord la haine de la tyrannie, il préfère vivre de la vie des enfers à l'humiliation de flatter un maître dans le ciel. Inutiles artifices! quand on compare ses molles et ironiques paroles aux cris de fureur poussés par Satan contre l'Éternel, on reconnaît dans le premier un esclave révolté qui fait un moment le brave, et dans le second un ambitieux incapable de jamais fléchir les genoux devant un trône, un conspirateur résolu à conquérir le rang suprême, ou à s'ensevelir sous les ruines de son entreprise. Plutôt souffrir que de courir de nouveaux périls, est la devise de Mammon; c'est de même celle des hommes imprudemment engagés dans de hardis complots, et dont un premier revers a épuisé la provision de courage. Milton savait bien que ces lâches forment la majorité dans la tourbe des conspirations; aussi, après avoir fait proposer ouvertement la paix par Mammon, s'applique-t-il à peindre la vive impression du discours de cet ange rebelle sur les damnés :

Il finissait à peine
Qu'un suffrage unanime, approuvant son conseil,
A fait de toutes parts entendre un bruit pareil
A ce murmure sourd qui, le long du rivage,
Au sein des antres creux résonne après l'orage ;
Tandis qu'au fond de l'anse, où l'effroi le conduit,
Encor tout harassé des travaux de la nuit,
L'heureux nocher s'endort sous les grottes profondes,
Assoupi par les vents, et bercé par les ondes :
Tel, autour de Mammon, courut rapidement
D'un murmure flatteur le doux frémissement.
Le conseil de la paix a séduit leur suffrage.
D'un enfer plus affreux la peur les décourage.
Il leur souvient encor, dans ce terrible lieu,
Du glaive de Michel et des foudres d'un dieu.
Un espoir orgueilleux les flatte encor peut-être

> Dans ce monde infernal un empire peut naître,
> Une cité superbe, un peuple florissant,
> Qui, sur l'appui des lois, par degrés s'accroissant,
> Étonne un jour l'enfer de sa magnificence,
> Et fasse au ciel lui-même envier sa puissance.

On voit combien l'orateur a frappé juste, puisque l'assemblée lui répond par des témoignages si favorables, et ajoute même le prestige des brillantes espérances à la force des conseils de résignation qu'elle vient de recevoir, et qu'elle n'adopte avec tant d'empressement que parce que tous les cœurs volaient au-devant de la persuasion. Belzébuth, qui succède au trop habile interprète de la peur générale, met d'abord le doigt sur la plaie, en montrant, avec une espèce d'ironie assez amère, toute l'illusion de cet empire que l'on médite. Il combat de même et d'une manière victorieuse la possibilité de faire la guerre et le chimérique espoir de la paix. Mais en conciliateur adroit entre les deux partis contraires, il propose d'aller à la recherche d'un nouveau monde pour le corrompre, le perdre; et assurer la vengeance commune contre Dieu, en associant le genre humain aux crimes et aux malheurs de l'enfer. Le contraste de Belzébuth avec Bélial et Mammon forme le même effet que l'opposition de Turnus avec Drancès; seulement les couleurs du tableau sont différentes, et beaucoup plus énergiques dans le *Paradis perdu*, où les passions ont et devaient avoir plus de violence pour répondre au caractère des personnages.

Le conseil d'éviter les périls de la lutte, et de saisir l'occasion de la vengeance, exalte tous les cœurs. Belzébuth ne manque pas d'artificieuses paroles pour augmenter encore l'enthousiasme excité par sa proposition ; mais il demande quel est l'audacieux qui tentera la découverte du monde nouveau. Toute l'assemblée infernale tremble devant une si formidable mission. Satan se lève, et réclame l'honneur des plus grands dangers comme un des priviléges de la couronne :

« Moi je vais, à travers l'empire de la mort,
Chercher votre salut, et changer votre sort.
Seul j'en cours les dangers, seul j'en prétends la gloire,
Et nous partagerons les fruits de la victoire. »
Il dit, et de la fin du conseil infernal,
Sans souffrir de réplique, il donne le signal.
Il a peur qu'assuré d'un refus qu'il désire
Aux honneurs du danger l'orgueil jaloux n'aspire,
Ne joigne, en se parant d'un courage trompeur,
La gloire de l'audace aux conseils de la peur ;
Et, sans l'être en mérite, égal en récompense,
N'usurpe lâchement le prix de la vaillance.
Son ordre prévient tout ; un signe de leur roi,
Plus que tous les dangers, les a saisis d'effroi.
Tout se lève, tout part, et leur bruyante foule
Ressemble au son lointain du tonnerre qui roule.
Tous passent devant lui ; son air majestueux

Fait fléchir humblement leurs fronts respectueux.
On l'exalte, on l'égale au créateur suprême :
« Pour le salut de tous il s'immole lui-même ! »
S'écriaient-ils en chœur : tant les esprits pervers
Estimaient la vertu, même au fond des enfers[1].

Avec non moins d'art que Milton lorsqu'il dissout l'assemblée des enfers Virgile interrompt le conseil de guerre des Latins par l'arrivée de l'armée troyenne; mais c'est un messager inconnu et tombé du ciel qui annonce cette nouvelle. Nous ne le voyons pas, nous ne l'entendons pas, comme nous voyons le trouble, comme nous entendons les paroles consternées de l'écuyer hors d'haleine et pâle de terreur qui accourt apprendre et montrer à Charlemagne le désastre de Paris, incendié, ravagé par Rodomont[2]. L'Arioste a fait un admirable tableau du désordre de cette capitale; Virgile trace seulement une esquisse assez froide de l'agitation de Laurente[3], qu'il compare, par une nouvelle faute, avec le tumulte d'une légion d'oiseaux attroupés dans un bois, ou avec les cris d'un bataillon de cygnes sur les rives du Pô. Turnus lui-même semble avoir du mépris pour la vaine émotion que représentent trop fidèlement des

---

[1] *Paradis perdu*, chant II, vers 1ᵉʳ et suivants.

[2] *Roland furieux*, chant XVI, st. LXXXVI et suivantes.

[3] Ce n'est pas avec cette froideur que Tite-Live retrace la terreur des femmes romaines à la nouvelle de l'approche d'Annibal. Liv. XXVI, §. IX.

images mal à propos retirées de l'*Iliade* ou de l'*Odyssée*, car il n'adresse qu'à ses soldats les paroles du courage. Il donne d'ailleurs ses ordres souverains pour la défense et le combat, sans s'inquiéter de Latinus, qui abandonne une seconde fois le conseil et tous les soins de la royauté, retombe avec plus de ridicule encore dans toutes ses alarmes, et s'accuse lui-même de n'avoir point osé conjurer l'orage en acceptant Énée comme gendre. Homère n'a sacrifié ainsi aucun personnage de son épopée. Tel est en outre le respect que sa muse porte à la vieillesse qu'il se garde bien de la montrer dégradée par l'absence de toute fermeté d'âme et l'oubli des devoirs les plus sacrés. Priam, accablé d'années, n'expose jamais ses cheveux blancs au mépris : partout il est craint et révéré du peuple. Nestor, courbé sous le poids de trois âges d'homme, sert encore d'exemple aux plus braves sur le champ de bataille, et apparaît toujours comme l'oracle ou la providence de tous dans les grandes extrémités. Que devient, auprès de ces deux vénérables princes, ce pauvre Latinus, dénué de sagesse, de courage et de volonté? Virgile est mal inspiré dans ce passage; aussi, tout se ressent de la froideur de la conception; les préparatifs de défense n'ont ni mouvement, ni chaleur, ni vérité dramatique. Prenons Eschyle pour juge et pour modèle.

Le vigilant Étéocle, roi digne de se mesurer avec

un grand péril, après avoir annoncé au peuple de Thèbes l'assaut terrible dont cette ville est menacée, excite par des souvenirs, à la fois doux et glorieux, les jeunes gens, les hommes faits, les vieillards à défendre la patrie, et prescrit, en quelques paroles enflammées, ce qu'ils doivent faire pour le salut commun. Sur ces entrefaites, un espion qu'il a envoyé à la découverte des ennemis arrive, et lui révèle ainsi leurs dispositions:

« Sept chefs furieux immolant un taureau sur un bouclier noir, et touchant de la main la victime égorgée, ont juré par le dieu Mars, par Bellone et la Terreur, amie du carnage, ou de saccager et de détruire la ville de Cadmus, ou de mourir et d'arroser cette terre de leur sang. Ils ont eux-mêmes placé sur le char d'Adraste des gages de souvenir pour leurs parents; quelques larmes échappaient de leurs yeux, mais nulle parole de pitié n'était dans leur bouche. Tels que des lions à l'approche du combat, ces cœurs de fer, que la rage enflamme, ne respirent que la guerre. Je n'ai point perdu de temps pour t'instruire; je les ai laissés qui tiraient au sort quelle porte chacun doit attaquer....» Après ce récit, Étéocle s'écrie : « O Jupiter, ô Terre, ô dieux protecteurs de Thèbes, et toi, fatale imprécation, trop puissante vengeance d'un père, ne renversez pas de fond en comble, par les coups de nos ennemis, une ville qui porte un nom grec, et vos propres foyers; n'asservissez pas sous le joug de l'esclavage un pays libre et la cité de Cadmus... » A cette prière succèdent ces exclamations du chœur : « Quels maux funestes, épouvantables, je prévois! L'armée quitte son camp, elle marche; de nombreux escadrons la précèdent, et fondent sur nous. Messager muet, mais visible, un nuage de poudre me l'annonce. Déjà s'approche le bruit des armes qui réveillent les cités endormies, et s'entrechoquent dans la plaine : il vole; c'est le fracas d'un indomptable torrent tombant du haut des montagnes. Hélas! hélas! ô dieux! ô déesses! prévenez les malheurs qui accourent... Des cris menacent nos murs; un peuple brillant sous l'airain des boucliers s'avance en bon ordre; c'est à Thèbes qu'il en veut. Qui de vous nous défendra? qui de vous nous protégera, dieux ou déesses? auxquels de vos autels irai-je me prosterner, ô nos célestes défenseurs? Immortels habitants de ce temple, voici l'instant d'embrasser vos images. Que tardons-nous, troupe déplorable? Entendez-vous, n'entendez-vous pas le choc des boucliers? voiles et couronnes, quand les porterons-nous au temple, si ce n'est en ce jour?... » Étéocle revient sur la scène, et réprime cette terreur par des menaces aux femmes dont les alarmes, les cris et les prières sèment le découragement parmi les soldats. Il jure d'honorer les dieux après la victoire, et vole pourvoir à la défense des sept portes de Thèbes. Ces deux scènes sont trop longues, mais on y voit une peinture vraie du cœur humain, et une partie importante de ce que le tableau de Virgile nous laisse à désirer. Les mouvements d'une ville effrayée à l'approche d'un épouvantable désastre manquent au deuxième livre de l'*Énéide*, et leur absence est un défaut que la critique relève avec peine au milieu des nombreuses beautés de cette admirable création, où du moins nous trouvons la fureur des guerriers qui ont résolu de s'ensevelir sous les ruines de Troie; ici Virgile ne nous montre ni peuple au désespoir, ni soldats enflammés d'héroïsme, car les Rutules eux-mêmes ne répondent pas aux ordres de Turnus, sans doute parce que ses paroles sont dépourvues de cet accent qui entraîne jusqu'aux moins belliqueux. Le disciple d'Homère a oublié que tout homme possédé de plusieurs passions, comme l'amour, la vengeance et la gloire, échauffé par les grands intérêts de son cœur et de sa destinée, parle toujours avec éloquence et poésie, surtout en s'adressant à une armée qu'il veut conduire à la victoire. La reine Amate, sa fille Lavinie, le cortége des femmes de Laurente se rendant d'une manière solennelle au temple de Pallas, offrent la répétition d'un passage de l'*Iliade* [1]; mais malheureusement

---

[1] Sixième chant, vers 286 et suiv.

Virgile ne reproduit que le squelette d'une scène
où tant de choses différentes contribuent à nous
laisser une profonde impression dans l'esprit. En
effet, d'un côté les horreurs du champ de bataille,
les incroyables efforts du magnanime Hector pour
rétablir le combat, les prévoyantes alarmes du devin Hélénus que l'immensité du péril avertit de la
nécessité de l'assistance du ciel, l'arrivée d'Hector
à la porte de Scée, au milieu des Troyennes qui
lui demandent des nouvelles de leurs époux, de
leurs enfants, de leurs frères, et ne reçoivent d'autre
réponse que l'ordre d'aller toutes implorer les dieux
parce que plusieurs d'entre elles sont menacées de
grandes infortunes ; de l'autre, Hector au palais de
Priam, l'accueil de la vénérable Hécube, qui propose
à son fils, de réparer ses forces, en goûtant d'un
vin généreux après une libation à Jupiter, le refus
du sage et religieux héros ; l'autorité des paroles
qu'il adresse à sa mère pour lui ordonner d'offrir un
sacrifice, des vœux et des présents à Pallas, les imprécations d'Hector contre le lâche Pâris, auteur
de tous les maux de la patrie, la marche imposante
du cortége, la prière rejetée par la déesse, *aversa
deæ mens* : quelle source féconde d'intérêts jaillit
de cette manière de composer toujours en présence
de la nature, et de mettre ainsi la vie humaine
dans toutes les parties d'un vaste drame ! Et quand
on réfléchit qu'à cette scène succède d'abord un

entretien du héros avec Pâris, saisi d'un remords de courage, et Hélène, aussi honteuse de sa faute que de la lâcheté de son amant ; qu'ensuite viennent les adieux d'Andromaque et d'Hector; comment ne pas rester en admiration devant le génie qui prodigue ainsi les richesses sans s'épuiser jamais?

La comparaison du coursier, tout admirable qu'elle paraisse dans Homère et dans son imitateur, qui, suivant Rollin, n'en a pas égalé toutes les beautés, pêche en partie par défaut de justesse et de convenance, surtout aux yeux des modernes plus sévères que les anciens sur l'harmonie des rapports entre un objet et son image. Pâris est orgueilleux de ses charmes; et sans doute il pourrait y penser encore même dans un moment si périlleux ; les soins de la vanité n'abandonnent jamais ce genre d'hommes semblables aux femmes. Le grand peintre de la nature n'a pas négligé de saisir ce trait de caractère, mais la critique n'en doit pas moins remarquer ici que, pressé par des reproches, qui sont des aiguillons de gloire, le frère d'Hector vole avec ardeur à un combat terrible, et non pas à l'amour ou à de folâtres jeux, comme le quadrupède long-temps captif, et abandonné aux mouvements de sa fougueuse fantaisie [1]. La copie

---

[1] *Iliade*, ch. VI, v. 503 et suiv. Homère répète cette comparaison au XVe chant, et l'applique bien moins judicieusement

latine ne provoque-t-elle pas les mêmes réflexions? Turnus étincelant sous ses armes, transporté des fureurs de Mars, Turnus, dont les discours et l'exemple appellent tous les siens au champ de bataille, Turnus qui devance le triomphe dans les illusions d'une ambitieuse espérance, ne devait-il pas suggérer d'autres images que celles que Virgile s'est plu à orner de l'élégance et du luxe de sa muse? Ce passage de l'*Énéide* a inspiré au Tasse deux belles imitations ; voici la première :
« Tel un coursier nourri pour la guerre dans les étables royales échappe à sa prison, et, libre enfin de se donner carrière, va chercher avec les troupeaux le fleuve ou la prairie accoutumée. Sa crinière flotte et se joue sur son cou nerveux ; sur ses épaules se balance sa tête haute et superbe ; ses pieds font résonner la terre ; il semble exhaler et respirer du feu en remplissant la campagne de ses bruyants hennissements. Tel s'élance Argillan, le regard enflammé, le front intrépide et sublime d'audace. Léger dans ses bonds vigoureux, à peine si la trace de ses pas s'imprime sur la poussière. Aussitôt arrivé au milieu des ennemis, il élève la voix comme un homme qui ose tout, et veut tout tenter [1]. » Le

---

encore au courageux Hector, enflammé d'une ardeur nouvelle par les discours d'Apollon, v. 263 et suiv.

[1] *Jérusalem délivrée*, IXe chant, st. LXXV et LXXVI.

Tasse a corrigé même en copiant; et, si les premiers traits de cette peinture ne s'appliquent pas avec assez de vérité au caractère féroce, à la turbulente valeur et au violent courroux d'Argillan, la fin de la comparaison, dont le mouvement est si bien continué, lui prête une justesse et une chaleur qu'on demanderait en vain au modèle. Le Tasse a renouvelé son larcin dans un autre chant de la *Jérusalem* : « Tel un généreux coursier qui fut enlevé vainqueur aux glorieux dangers du champ de bataille, époux désormais condamné aux plaisirs de l'amour dans un vil repos, erre libre et sans frein au milieu des troupeaux et des pâturages. Mais s'il entend le bruit de la trompette guerrière, si les éclairs de l'acier viennent frapper ses regards, soudain il se retourne en hennissant; déjà il brûle de combattre, et d'aller avec son maître se heurter de nouveau contre les périls et la mort [1]. » Cette comparaison, bien supérieure à l'original qui lui a donné la naissance, mérite d'autant plus d'éloges qu'elle représente fidèlement Renaud oublieux de sa première gloire, amolli par les caresses d'Armide, esclave des voluptés, et tout à coup réveillé d'un honteux sommeil au seul aspect des armes. Mais ce réveil de l'héroïsme devait être prompt comme la foudre; le Tasse a eu le tort

[1] Chant XVI, st. xxviii.

d'allonger la situation par d'autres détails qui en détruisent tout l'effet [1].

Dans l'*Iliade* Pâris et Hector, mal à propos assimilés au quadrupède qui se joue dans les vastes prairies, courent du moins au champ de bataille [2], et le second de ces guerriers écrase les Grecs par des prodiges de valeur. L'*Énéide* a-t-elle cette rapidité? non sans doute. Quand nous croyons déjà Turnus au milieu d'un tourbillon de poussière, et

---

[1] On lit dans le chant VIII de la *Henriade* :

> Tel qu'échappé du sein d'un riant pâturage,
> Au bruit de la trompette animant son courage,
> Dans les champs de la Thrace un coursier orgueilleux,
> Indocile, inquiet, plein d'un feu belliqueux,
> Levant les crins mouvants de sa tête superbe,
> Impatient du frein, vole et bondit sur l'herbe ;
> Tel paraissait Egmont : une noble fureur
> Éclate dans ses yeux, et brûle dans son cœur.
> Il s'entretient déjà de sa prochaine gloire ;
> Il croit que son destin commande à la victoire.
> Hélas ! il ne sait pas que son fatal orgueil
> Dans les plaines d'Ivri lui prépare un cercueil.

Si Voltaire est moins riche de poésie que ses devanciers, on ne peut lui contester le mérite de la justesse et de la rapidité.

[2] Homère dit : Ainsi le fils de Priam, le beau Pâris, descendait du haut de la citadelle, couvert d'une armure éclatante et semblable au soleil levant. Ivre d'orgueil, il bondissait, et ses pieds agiles l'emportaient au loin dans la plaine. Chant VI, vers 512 et suivants.

volant aux Troyens avec un coursier plus léger que les vents, Camille le retrouve encore immobile à la place qu'il occupait. En général, les héros d'Homère ne mettent pas ainsi d'intervalle entre l'action et la pensée. Semblables à l'animal belliqueux dont Job a tracé un portrait étincelant de poésie, aussitôt qu'ils sentent l'ennemi, ils s'écrient : « Allons; » et rien n'arrêterait l'essor de leur furie. Cependant l'incident me paraît d'une heureuse invention, et, quoiqu'il refroidisse la scène au moment où le poète promettait des trésors de verve et de chaleur, nous pouvions voir surgir ici une source d'intérêt et de variété. Cherchons si Virgile répond à l'attente de notre imagination. Camille vient demander à Turnus l'honneur d'affronter les premiers hasards; Turnus accueille cette demande avec une reconnaissance assez faiblement exprimée, expose en deux mots son dessein à l'Amazone, lui confie une partie des forces latines, donne aux autres généraux des ordres que nous n'entendons pas sortir de sa bouche, et court, suivi de son infanterie, se mettre en embuscade dans une montagne par laquelle Énée doit passer pour se réunir à sa cavalerie, qui marche sur Laurente. Voilà tout. Accordons à l'excellent et modeste Virgile le loisir de revoir l'*Énéide*, ce froid récit devient un épisode attachant et plein d'éclat. Le poète nous montre d'abord le cortége virginal et belliqueux de Camille; sa présence inattendue, sa beauté, son air martial, la noble assurance de son front, la flamme de ses regards, attirent autour d'elle la foule des Rutules, et répandent l'allégresse parmi les chefs et les soldats. Turnus vole au-devant de l'Amazone avec une joie mêlée de respect et d'admiration. Femme, jeune et guerrière, Camille ne se borne pas à une simple prière pour obtenir la permission de commencer le combat : un certain enthousiasme de gloire, uni à la confiance quelque peu présomptueuse du sexe et de l'âge, anime ses paroles ; peut-être ira-t-elle jusqu'à promettre la victoire aux armes des Latins. L'âme héroïque de Turnus éclate dans sa réponse avec je ne sais quelle grâce de la jeunesse, et nous avons entendu l'entretien de deux cœurs généreux que la nature a mis en harmonie. Ce n'est pas tout : les motifs par lesquels le prince justifie le choix qu'il fait de Camille, d'une reine chère à Bellone et protégée par Diane, pour commander en son absence, disposent les Rutules à obéir sans murmure à une femme, et produisent sur eux l'effet de l'apparition de Mercure sur les Carthaginois : *Ponunt ferocia Pœni corda, volente deo*[1]. Ainsi les fiers lieutenants de Turnus déposent leur orgueil et leur férocité à la volonté de leur jeune roi. Le prince achève

---

[1] *Énéide*, livre Ier, vers 306.

son ouvrage en s'adressant directement à Messape, à Catille, à Coras et aux autres chefs, comme ami et comme maître. Enfin, un noble adieu à Camille, dépositaire de la fortune des Rutules, couronne cette scène que le poète a rendue dramatique sans lui ôter le mérite si nécessaire de la rapidité. Ce n'est pas moi qui parle ainsi, c'est l'imposant Homère, si prodigue d'exemples qui sont les meilleurs des préceptes sur l'art de composer et de peindre ; c'est Virgile comparé avec lui-même dans le cours d'une longue étude. Je ne prête ou je ne demande à ce grand poète que ce qu'il a fait toutes les fois qu'il a eu le temps d'étudier et d'approfondir le sujet de ses tableaux, que ce qu'il a fait dans l'épisode que nous allons lire.

« Cependant la fille de Latone, au sein des cé-
» lestes demeures, s'entretenait, triste et plain-
» tive, avec la jeune Opis, agile messagère, l'une
» des vierges ses compagnes sacrées, et s'exprimait
» ainsi : « Camille, chaste Opis, marche à de cruels
» combats ; et c'est vainement qu'elle a revêtu
» mes armes, celle que je chéris avant toutes
» les autres ! Cette tendresse n'est pas nouvelle
» dans le cœur de Diane ; ce n'est pas un penchant
» dont la douceur l'ait captivée subitement. Chassé
» de son royaume par des sujets que révoltait son
» orgueil tyrannique, Métabus s'éloignait de l'anti-
» que cité de Priverne : fuyant à travers tous les

» périls de la guerre, il associa sa fille, encore en-
» fant, à son exil; et, par un léger changement,
» l'appela Camille, du nom de Casmille, sa mère.
» Pressant contre son sein ce doux trésor, il cher-
» chait les sommets escarpés ou les forêts solitaires.
» Des traits meurtriers sifflaient de toutes parts au-
» tour de lui; et les Volsques, le fer à la main, vo-
» laient sur ses traces. Tout à coup l'Amasène
» s'oppose à sa fuite, écumeux, grondant et prêt à
» franchir ses bords : tant s'étaient précipités du
» ciel d'orageux torrents! Métabus va traverser le
» fleuve à la nage; mais il est arrêté par l'amour
» paternel, il tremble pour son précieux fardeau.
» Tandis qu'il roule mille projets divers dans
» son esprit, voici le parti qu'il embrasse, non
» sans peine. Le bras nerveux du guerrier portait
» un énorme javelot hérissé de nœuds et durci par
» la flamme; il enveloppe sa fille dans l'écorce
» d'un liége sauvage, l'attache habilement au mi-
» lieu de la lance, et, la balançant d'une main ro-
» buste, il lève les yeux au ciel, et s'écrie : « Reine
» des forêts, chaste Diane, cette enfant que tu vois,
» son père la voue à tes autels. Suppliante, et, pour
» la première fois revêtue de tes armes, elle fuit
» un ennemi cruel. O déesse, reçois, je t'en con-
» jure, celle qui t'appartient, et que je confie main-
» tenant au souffle des vents incertains. »

» Il dit, ramène son bras en arrière, brandit

» le javelot, et le lance avec force. Les ondes
» retentissent, et l'infortunée Camille vole au-dessus
» des flots rapides, avec le trait frémissant. Alors
» Métabus, que déjà serrent de plus près des en-
» nemis nombreux, s'élance dans le fleuve, et,
» triomphant, arrache au vert gazon de la rive et
» la lance et sa fille, consacrée à Diane. Nulle cité
» ne lui ouvrit ses demeures ni ses remparts. Son
» humeur farouche n'eût point voulu d'un pareil
» asile. Il partagea sur les monts solitaires le séjour
» des pâtres vagabonds. Là, au sein des forêts, dans
» les antres déserts, il nourrissait sa fille du lait
» d'une cavale sauvage, dont il pressait les mamelles
» sus ses lèvres enfantines.

» Dès que les pieds de la petite Camille formèrent
» les premiers pas, Métabus chargea ses mains
» d'un dard acéré, et suspendit à ses faibles
» épaules un arc et des flèches. Au lieu de
» tresses d'or et de robe flottante, derrière elle
» pendait la dépouille d'un tigre. Déjà ses jeunes
» mains lançaient un trait léger ; déjà elle faisait
» siffler autour de sa tête les courroies flexibles de
» la fronde, et abattait l'oiseau du Strymon ou le
» cygne argenté. Vainement dans les villes de Tyr-
» rhène une foule de mères la souhaitèrent pour
» épouse à leurs fils ; satisfaite sous les lois de la seule
» Diane, elle conserve pur et sans tache le trésor d'une
» éternelle virginité, et l'amour des armes. J'aurais

» voulu que, moins enflammée de cette ardeur guer-
» rière, elle ne tentât pas de provoquer les Troyens;
» chère à mon cœur, elle serait maintenant l'une de
» mes compagnes. Mais, puisqu'un destin fatal
» pèse sur Camille, quitte les cieux, ô nymphe,
» et vole aux champs latins, où, sous de sinis-
» tres auspices, se prépare un combat funeste.
» Prends, et tire de ce carquois un trait vengeur :
» que, frappé de ce trait, le guerrier dont le fer
» profanera le corps sacré de la vierge, Troyen ou
» Latin, n'importe, expie par la mort son audace
» sacrilége. Moi-même ensuite j'enlèverai sur un
» nuage épais le corps de cette infortunée, avec ses
» armes qui ne lui seront pas ravies, et je le dépo-
» serai dans sa patrie au tombeau de ses pères. »
» Elle dit; dans son vol retentissant, Opis fend
» l'espace des airs, et descend enveloppée d'un noir
» tourbillon. »

Les critiques s'accordent à regretter que l'histoire de Camille vienne interrompre le cours des
choses dans le moment d'une si vive attente.
Mais en partageant ce regret, M. Michaud ne
manque pas d'observer combien la naissance, les
malheurs, le salut miraculeux, la mâle éducation,
la jeunesse de la chaste héroïne et ses promesses
de gloire, rapprochés de ses brillants exploits et
du noble trépas qui doit tout finir et tout éterniser
en elle, ajoutent à l'intérêt de la situation. Au

reste, Virgile lui-même a craint de retarder la marche de l'action principale ; on le sent à la lecture du discours de Diane, véritable modèle de simplicité ornée, d'élégance soutenue et du talent de choisir, sans se tromper, les circonstances les plus pittoresques et les plus touchantes d'un sujet, en conservant au langage de la personne cet air de vérité, source de l'illusion. La sœur d'Apollon parle sa langue naturelle dans cette poésie du cœur et du goût que Virgile lui a faite, comme s'il eût entendu quelque entretien de la déesse avec son frère ou avec Latone. On trouve dans Pindare un récit de l'hymen d'amour d'Apollon avec la nymphe Cyrène, mère d'Aristée ; récit plein de charme, de naïveté, de grâce et de pudeur, et dont voici à peu près le début : « Tel fut le père qui prit soin de l'enfance de Cyrène, aux bras éclatants de blancheur. La jeune nymphe ne se plut ni à faire voler et revenir la navette sur la trame, ni à s'égayer parmi ses compagnes, au milieu des festins domestiques. Mais avec des flèches d'airain ou le glaive meurtrier, elle terrassait les hôtes féroces des bois, et assurait ainsi une longue et douce sécurité aux troupeaux de son père ; mais à peine, dans sa couche virginale, gardait-elle pour compagnon jusqu'à l'aurore le léger sommeil qui fermait sa paupière. Un jour, muni de son carquois, le dieu dont les traits volent au loin, la surprit luttant seule et sans armes contre un lion en fureur. A ce spectacle, il appelle Chiron hors de sa demeure souterraine : « Sors de ton antre sacré, lui dit-il, ô race de Phillyre, et viens admirer la vigueur et le mâle courage d'une femme. Vois avec quel front intrépide soutient un combat si terrible cette vierge dont l'âme est supérieure aux dangers. Qui d'entre les mortels lui donna le jour? De quel trône arrachée, est-elle venue occuper les retraites de ces montagnes ombragées de forêts, et éprouver les forces immenses de son bras? Serait-il permis de lui offrir une main illustre, ou de tondre ces herbes molles et douces pour lui préparer un lit de verdure [1]? » La réponse du vertueux Centaure commence d'une manière digne de Platon, quand la pudeur est la muse qu'il invoque pour parler de l'amour.

Le Tasse a imité la fiction virgilienne, en lui assignant dans l'action même une place heureusement choisie. Armide, en secret enorgueillie du magique ascendant de sa beauté, qui lui a conquis tous les cœurs des chefs de l'armée chrétienne, essaie maintenant avec un air timide le pouvoir de la prière et de la pitié sur le sage Godefroi, qu'elle espère enlacer dans les piéges d'une habile séduction. Le discours de la magicienne ne manque au premier coup d'œil ni d'art, ni

---

[1] *Pythique* IXe, v. 31 et suiv.

de vraisemblance, ni de progression dans l'intérêt, ni d'éloquence, et l'on croirait d'abord que le poëte latin va rencontrer un rival digne de lui; mais cette illusion s'évanouit comme une ombre devant l'autorité de la raison. Tout respire le naturel et la vérité dans Diane, tout trahit l'artifice et le mensonge dans Armide. Les craintes de l'une sont sincères, les larmes de l'autre sont fausses. Encore si la nièce d'Idraot avait ourdi la trame de sa fable avec la profonde habileté du Sinon de l'Énéide en présence de Priam, nous pourrions voir ici un coup de maître. Au lieu de cela, le Tasse imagine une suite de malheurs entassés à plaisir, et commence son roman par une supposition qui ne saurait abuser un moment l'assemblée. Ainsi donc Armide s'expose, de gaîté de cœur, à des questions qui la convaincraient d'imposture, et aux ignominieuses conséquences de la juste incrédulité des chrétiens, dont elle implore le secours. La demande de dix chevaliers seulement, avec lesquels la magicienne a la certitude de reconquérir son royaume, ne soutient guère mieux l'examen du bon sens. Aussi, l'irrésolution, la pitié de Godefroi, les motifs d'intérêt public qui lui parlent en faveur d'Armide, ne parviendraient pas à nous persuader; et, lorsqu'après un refus tempéré par une réponse bienveillante et polie, il cède enfin à la douleur trompeuse, au désespoir étudié de la suppliante, aux vives instances du jeune Eustache, que les brillantes larmes d'Armide n'ont pas moins enflammé d'amour que tous les autres chefs des croisés, nous ne croyons pas à ce triomphe de la ruse manifeste sur la haute sagesse d'un capitaine toujours maître de lui-même, et accoutumé à gouverner les cœurs comme les volontés [1]. Une autre imitation de Virgile par le même poète, quoique encore un peu entachée de cette couleur romanesque qui était inhérente à l'imagination rêveuse et chevaleresque du Tasse, ne mérite que des éloges. Clorinde s'arme en secret pour aller combattre et mourir; le vieil Arsès, qui lui a servi de père, la conjure en pleurant de renoncer à un projet si funeste, et ne peut l'arrêter. Alors, recourant à des moyens plus éloquents que la prière, il révèle à l'héroïne les mystères de sa naissance, les malheurs de son berceau, les vœux d'une mère qui, forcée d'éloigner sa fille, la mit sous la protection du dieu des chrétiens, son allaitement au désert par une tigresse, merveille motivée, de même que d'autres prodiges, sur une adoption du ciel et sur l'intervention d'un ange du Seigneur. Le vieillard termine ainsi ce touchant récit pour achever d'émouvoir et d'ébranler Clorinde : « Hier, à l'aube du jour, plongé dans un sommeil qui était presque l'image de la mort, le même guerrier s'offrit à mon imagi-

---

[1] *Jérusalem délivrée,* chant IV, st. XXXIX et suiv.

nation. Son regard était plus terrible, sa voix plus forte que la première fois : « Malheureux, me dit-il, voici l'heure qui approche où Clorinde doit changer de vie et de sort; elle est à moi malgré tes vœux, et la douleur sera ton partage. » Il dit, et d'un vol rapide s'élance dans les airs. Ne doutez pas, ô ma chère Clorinde, que le ciel ne vous menace de quelque évènement sinistre. Je ne sais, mais peut-être il ne veut pas que l'on attaque la foi de ses pères; peut-être ce culte est-il le véritable. Ah ! quittez, quittez ces armes, déposez ces ardents transports. » Alors il se tait, et verse des larmes. Clorinde devient inquiète, rêveuse; un songe semblable opprime encore son cœur. Cependant la gloire l'emporte; l'intrépide guerrière console son vieux serviteur, et part pour rejoindre Argant [1].

Dans la *Tempête*, de Shakespeare, Prospéro, prince souverain de Milan, après avoir été dépouillé de la couronne, chassé de ses États, ainsi que Miranda, sa fille, qui jetait des cris entre ses bras, après avoir été exposé avec elle dans une barque sur la mer mugissante, raconte à cet enfant de l'exil les périls et les malheurs de sa fuite. A ce récit, Miranda émue dit à Prospéro : « Hélas ! quel objet de trouble et de peine je devais être pour

---

[1] *Jérusalem délivrée*, chant XII, st. XVIIIe jusqu'à la LXIIIe.

vous!..... Prospéro répond : Oh! tu étais un ange qui me conserva. Lorsque je gémissais sous le poids de mon infortune, et que je couvrais les flots de mes larmes amères, toi, pleine d'une sérénité venue du ciel, tu me souriais, et ton sourire me donna un cœur intrépide, prêt à soutenir tous les revers qui me seraient réservés. »

Dans tous ces récits plus ou moins variés de la même infortune, aucun des poètes que j'ai cités n'offre des détails aussi naïfs, aussi touchants que ce passage emprunté à la Vie de Pyrrhus, par Plutarque : « En ce moment Pyrrhus, se traînant de lui-même, et avec ses petites mains prenant la robe de Glaucias, se leva sur ses pieds et embrassa les genoux du roi. Cette action fit d'abord sourire le prince, et enfin elle le toucha de pitié; car il crut voir un suppliant qui se réfugiait chez lui, et qui le conjurait avec larmes. D'autres disent que l'enfant n'alla pas à Glaucias, mais à l'autel des dieux domestiques qui était dans la salle, et que, se levant, il étendit ses petits bras vers l'autel comme pour l'embrasser, et que, par là, cette aventure parut à Glaucias une affaire de religion qui intéressait les dieux; c'est pourquoi, prenant le petit Pyrrhus, il le remit entre les mains de la reine, et lui commanda de l'élever avec ses propres enfants. » Revenons à Virgile.

» Cependant s'approchent des murs de la ville la

» phalange troyenne, les chefs toscans et toute la
» cavalerie partagée par escadrons. Le coursier fré-
» missant fait résonner au loin la plaine de ses pas
» irréguliers, et lutte en bondissant contre le frein
» qui le maîtrise. Les champs se hérissent d'une
» moisson de fer, et s'embrâsent de l'éclat des ar-
» mes élevées vers le ciel. Dans les rangs opposés, on
» voit paraître Messape, et la troupe légère des Latins,
» Coras et son frère, la chaste Camille et son es-
» corte. Ils ramènent le bras en arrière, mettent
» la lance en arrêt, et brandissent leurs dards. Les
» soldats, les coursiers s'échauffent, en marchant,
» d'une nouvelle ardeur. Déjà les deux armées
» sont à la portée du trait, et s'arrêtent. Tout à
» coup un cri part, on s'élance : chacun anime de
» la voix son cheval hennissant ; de tous côtés à
» la fois une grêle de traits tombe, semblable à des
» flocons de neige, et dérobe la clarté du jour. A
» l'instant, Tyrrhène et l'intrépide Acontée se pré-
» cipitent l'un sur l'autre, la lance en avant, et, les
» premiers, s'entrechoquent avec un fracas épou-
» vantable ; les coursiers se heurtent poitrail contre
» poitrail, et se brisent. Renversé avec l'impétuosité
» de la foudre ou d'un roc lancé par la baliste,
» Acontée est jeté au loin, et sa vie s'exhale dans
» les airs. Soudain les rangs sont rompus ; les La-
» tins, mis en déroute, rejettent leurs boucliers en
» arrière, et tournent leurs chevaux vers les rem-

» parts. Les escadrons troyens, Asylas à leur tête,
» poursuivent les fuyards. Dejà ils approchaient des
» portes; alors les Latins poussent un cri, et ramè-
» nent à la charge leurs dociles coursiers. A leur
» tour les Troyens fléchissent, et s'enfuient à bride
» abattue. Tel, dans ses mouvements divers, l'O-
» céan, tantôt s'élance sur la terre, inonde les
» écueils de ses flots écumants, et envahit l'extré-
» mité de la plage ; tantôt se retire impétueux, et,
» remportant les pierres que son flux apporta, déli-
» vre le rivage de ses ondes fugitives. Deux fois les
» Toscans chassent devant eux les Rutules jusqu'aux
» murs de Laurente ; deux fois repoussés eux-
» mêmes, ils présentent le dos à leurs adversaires,
» et le couvrent de leurs armes. Au troisième choc,
» la mêlée est générale, chacun choisit son en-
» nemi; alors on n'entend plus que les cris des
» mourants ; les armes, les cadavres nagent dans
» une mer de sang, et l'on voit rouler confondus les
» coursiers expirants et les guerriers sans vie : le
» combat devient affreux.

» Orsiloque, n'osant affronter Remulus, lance
» une javeline à son cheval; le fer s'enfonce au-
» dessous de l'oreille. Impatient de sa blessure, l'a-
» nimal se cabre, se redresse en fureur, bat l'air
» de ses pieds, et renverse son maître, qui roule sur
» le sol. Catillus immole Iolas; il immole aussi
» Herminius, orgueilleux de son courage, de sa

»haute stature et de ses terribles armes. La tête
» d'Herminius, ombragée d'une blonde chevelure,
» est nue ; ses épaules sont également nues ; et sans
» craindre les blessures, il se découvre tout entier
» au fer de l'ennemi. Le trait, dans ses larges épaules,
» s'enfonce en frémissant, et force le géant à se
» courber de douleur. De noirs ruisseaux de sang
» coulent de toutes parts. Les combattants, le
» fer en main, sèment autour d'eux les funérailles ;
» et, par d'honorables blessures, cherchent à
» conquérir un glorieux trépas. »

On ne peut que louer la rapidité, la vérité, les détails exacts et pourtant poétiques du grand combat de cavalerie entre les Troyens et les Rutules. Cette fois il n'y avait pas moyen d'imiter Homère, puisque, du temps de ce dernier, on ne connaissait que les luttes pédestres et curules. A la fidélité des peintures, on croirait que Virgile avait vu sur un champ de bataille les évolutions militaires qu'il fait exécuter par les deux partis en présence. Cependant les efforts de Delille, qui a senti la nécessité de prêter à l'original plus de chaleur, de mouvement et de bruit, avertissent qu'on devrait entendre ici les courtes improvisations des généraux, les cris des soldats et tout le fracas de la guerre. Dans l'Iliade, la mêlée tonne comme la tempête, et respire une furie, une soif de sang et une rage qui font frémir.

Le Tasse a retracé avec le pinceau d'Homère l'ébranlement et le premier choc des deux armées chrétienne et musulmane : « C'était un grand et superbe spectacle de les voir s'avancer de front l'une contre l'autre. Comme chaque bataillon, déployé en bon ordre, déjà s'apprête à marcher, déjà menace d'attaquer ! Ces drapeaux ondoyants qui flottent dans les airs, le vent qui fait voltiger les mobiles panaches sur de superbes cimiers ; cette variété d'habits, d'ornements, d'armes, de devises, de couleurs ; l'or et l'airain, frappés des rayons du soleil, portent au loin d'effroyables éclairs. Les deux armées sont si hérissées de piques, qu'elles ressemblent à une immense forêt d'arbres touffus. Les arcs sont tendus, les lances en arrêt ; les traits sifflent, les frondes résonnent : déjà chaque coursier se dispose à combattre, et seconde la haine et la fureur de son maître. Il bondit, frappe la terre, hennit et s'agite ; ses naseaux se gonflent et vomissent la flamme et la fumée. L'horreur de ce grand spectacle a sa beauté ; et du sein de la terreur sort une espèce de plaisir ; les sons déchirants des terribles trompettes flattent encore les oreilles qu'ils offensent. Cependant l'armée des chrétiens, quoique moins nombreuse, offre un aspect et un bruit plus imposant. Un souffle plus belliqueux et plus sonore anime leurs trompettes, leurs armes jettent un plus grand éclat. Godefroi, le premier, fait sonner la charge ; l'Égyptien répond, et accepte le défi guerrier. Les chrétiens tombent à genoux pour rendre hommage à l'Éternel, ensuite ils baisent la poussière. L'intervalle décroît entre les deux partis, bientôt il disparaît tout entier. Alors on se presse, on se serre. Déjà dans les deux ailes la mêlée est horrible ; et déjà s'avance et se déploie le corps de bataille [1]. » Il est dommage que cette fin ne soit pas échauffée du même feu que le reste. Milton, dans le même sujet, est riche d'images, mais le mouvement et la chaleur manquent à sa narration. Il prélude d'une manière trop descriptive à une bataille, et s'arrête à des détails secondaires, sur lesquels il devrait passer rapidement.

M. de Châteaubriand se montre aussi poëte que le Tasse et plus peintre encore dans l'énergique et courte description du réveil d'un camp : « Le soleil du matin, s'échappant des replis d'un nuage d'or, verse tout à coup sa lumière sur les bois, l'Océan et les deux armées. La terre paraît embrâsée du feu des casques et des lances ; les instruments guerriers sonnent l'air antique de Jules César partant pour les Gaules. La rage s'empare de tous les cœurs ; les yeux roulent du sang ; la main frémit sur l'épée. Les chevaux se cabrent, creusent l'arène, secouent leur crinière, frappent de leur

---

[1] *Jérusalem délivrée*, chant XX, st. XXVIII et suivantes.

bouche écumante leur poitrine enflammée, ou lèvent vers le ciel leurs naseaux brûlants pour respirer les sons belliqueux. » Je reprends Virgile.

« Un sein découvert, le carquois sur le dos, Ca-
» mille, intrépide guerrière, triomphe au mi-
» lieu du carnage. Tantôt sa main fait pleuvoir
» une grêle de traits rapides, tantôt son bras infati-
» gable saisit une hâche à deux tranchants. Sur
» son épaule retentissent l'arc d'or et les armes de
» Diane. Lors même qu'un revers passager la force
» à la retraite, elle attaque encore l'ennemi, et lui
» lance en fuyant ses flèches meurtrières. Autour
» d'elle se pressent ses compagnes chéries, la chaste
» Larine, Tulla et Tarpéia, qui brandit une hache
» d'airain : nobles filles de l'Italie, la divine Ca-
» mille les choisit pour être l'ornement de sa cour,
» et partager ses travaux dans la paix et dans la
» guerre. Telles, aux champs de la Thrace, les
» Amazones, foulant les rives du Thermodon, et
» combattant avec leurs armes colorées, tantôt se
» rangent autour de la fière Hippolyte, tantôt sui-
» vent le char de la belliqueuse Penthésilée, et
» agitent, avec des cris tumultueux, leurs boucliers
» arrondis en croissant.

» Quel fut le premier, quel fut le dernier, que tu
» terrassas, vierge redoutable ? De combien de guer-
» riers expirants couvris-tu le sol ? Eunée, fils de
» Clytius, est le premier. Il se présente la poitrine
» découverte ; Camille le traverse de sa longue jave-

»line : il tombe et vomit des ruisseaux de sang,
»mord la terre qu'il a rougie, et meurt en se rou-
»lant sur sa blessure. Ensuite elle frappe Liris et
»Pégasus; celui-là, tandis que, renversé de son
»cheval blessé, il ressaisit les rênes; celui-ci,
»tandis qu'il accourt à son ami, et lui tend, dans
»sa chute, une main désarmée : tous deux péris-
»sent en même temps. A ces victimes, elle réunit
»Amaster, fils d'Hippotas. De loin, elle poursuit
»en courant, de son javelot, Térée, Harpaly-
»cus, Chromis et Démophoon. Autant le bras de
»l'Amazone a fait voler de traits, autant suc-
»combent de Phrygiens. Revêtu d'une armure
»sauvage, Ornytus, ardent chasseur, s'avance sur
»un coursier d'Apulie. La dépouille d'un jeune
»taureau couvre les larges épaules du guerrier;
»sur son front, se dresse la gueule béante d'un
»loup, dont la vaste mâchoire étale la blancheur
»de ses dents effroyables ; un pieu rustique arme
»sa main ; il parcourt fièrement les bataillons, et
»les surpasse de toute la tête. Camille l'atteint ai-
»sément au milieu de sa troupe en désordre, le
»perce, et lui dit avec colère : « Insensé ! tu croyais
»donc poursuivre dans tes forêts les bêtes sauvages?
»Le jour est venu où le courage d'une femme de-
»vait châtier ton insolence. Va dire maintenant
»aux mânes de tes aïeux que ce n'est point une
»faible gloire de tomber sous le fer de Camille. »

» Aussitôt elle attaque Orsiloque et Butès, tous
» deux distingués parmi les Troyens par leur taille
» gigantesque. De sa lance elle perce Butès, entre la
» cuirasse et le casque, à l'endroit où le cou du ca-
» valier se montre à découvert, et d'où le bouclier
» pend sur le bras gauche. D'abord elle décrit un
» grand cercle en pressant sa course devant Orsilo-
» loque; bientôt elle échappe dans un cercle plus
» étroit, et poursuit à son tour l'ennemi qui la pour-
» suivait. Alors, de toute sa hauteur, elle lève sur
» lui sa hâche pesante; puis, malgré les plus instan-
» tes prières, brise à coups redoublés et les armes
» et le crâne du suppliant, et inonde son visage de
» sa cervelle fumante.

» Un nouveau guerrier se trouve devant elle, et
» soudain s'arrête tremblant à son aspect : c'est le
» fils d'Aunus, habitant de l'Apennin; nul des Li-
» guriens ne fut plus habile à tromper son en-
» nemi, tant que les destins le permirent. Voyant
» que l'agilité de ses pieds ne peut lui faire éviter
» le combat, ni le soustraire à la poursuite de la
» reine, il appelle à son aide l'adresse et la ruse :
« Est-il donc si glorieux pour une femme de se
» fier à la vigueur de son coursier? Renoncez à la
» fuite; et dans une lutte pédestre, osez vous me-
» surer avec moi sur un même terrain. Bientôt vous
» saurez qui de nous sera la victime d'un fol orgueil. »

» Furieuse à ces mots, enflammée d'un dépit

» amer, Camille confie son coursier à l'une de ses
» compagnes, et, l'épée nue, couverte de son léger
» bouclier, se présente à pied pour combattre à ar-
» mes égales. Mais le jeune guerrier, triomphant
» déjà du succès de son stratagême, tourne soudain
» la bride, fuit et vole plus prompt que l'éclair, en
» pressant de l'éperon son rapide coursier. « Per-
» fide Ligurien, dont le cœur est enflé d'une vaine
» arrogance, inutilement ta fourbe emploie les ru-
» ses de ton pays; ton artifice ne te rendra point
» vivant au fallacieux Aunus. » Ainsi parle l'Ama-
» zone, et, dans sa course brûlante, bientôt elle
» devance le coursier fugitif, l'arrête par le frein,
» attaque de front son lâche adversaire, et l'immole
» à sa vengeance. Tel, d'une roche élevée, l'éper-
» vier, oiseau des dieux, aperçoit une colombe au
» sein des nuages, s'élance à sa poursuite, la saisit,
» et de ses ongles tranchants lui déchire les entrail-
» les; le sang et les plumes arrachées tombent du
» haut des airs.

» Cependant le père des hommes et des dieux,
» assis au sommet de l'Olympe, n'observe pas d'un
» œil indifférent cette scène terrible. Lui-même
» il réveille l'ardeur de Tarchon pour les combats
» cruels, et, par de puissants aiguillons, il irrite sa
» fureur. Alors le Toscan précipite son coursier à
» travers le carnage et les rangs ébranlés; par ses
» paroles il réchauffe leur valeur, appelle chaque

» soldat par son nom, et ramène les fuyards à la
» charge. « Tyrrhéniens sans honneur et sans cou-
» rage, quelle crainte, quelle indigne lâcheté s'est
» emparée de vos cœurs? Une femme vous épou-
» vante, met en fuite vos bataillons! Pourquoi ce
» fer dans nos mains, pourquoi ces traits inutiles?
» Ah! cette indolence n'enchaîne point votre ardeur
» dans les combats nocturnes de Vénus, ou lorsque
» la flûte recourbée vous invite aux danses de
» Bacchus, et à savourer les mets succulents, les
» vins choisis d'un banquet somptueux. Voilà votre
» passion, voilà vos plaisirs : trop heureux quand
» la voix favorable d'un aruspice annonce le sacri-
» fice, et qu'une riche victime vous appelle au fond
» des bois sacrés ! »

» Il dit, et, bravant le trépas, se jette au fort
» de la mêlée ; furieux, il s'élance sur Vénulus,
» l'arrache de son coursier, et, le serrant dans ses
» bras avec une force invincible, l'enlève contre
» son sein. Un cri s'élève jusqu'au ciel ; et tous les
» Latins ont tourné la vue vers ce prodige. Tarchon
» vole, impétueux, dans la plaine, emportant le
» guerrier et son armure. Bientôt il rompt le fer de
» la lance de l'ennemi, et cherche le défaut de la
» cuirasse pour frapper le coup mortel. Vénulus se
» débat, écarte de sa gorge la main meurtrière, et
» repousse la force par la force. Tel, en son vol
» hardi, un aigle au sombre plumage entraîne un

» serpent qu'il a ravi à la terre, l'enveloppe de
» ses serres, et lui enfonce dans les flancs ses on-
» gles vainqueurs ; le reptile blessé se recourbe en
» replis tortueux, hérisse ses sanglantes écailles,
» dresse en sifflant sa tête menaçante ; mais, malgré
» les efforts du rebelle, l'oiseau divin le déchire de
» son bec tranchant, et bat l'air de ses ailes éclatan-
» tes : tel Tarchon, triomphant, emporte sa proie loin
» de l'escadron de Tibur. A l'aspect des exploits de
» leur chef, les fils des Méoniens imitent son exem-
» ple, et reviennent à la charge. En ce moment
» Aruns, dont le jour fatal est arrivé, voltige, un
» trait à la main, autour de la légère Camille, et,
» plus rusé qu'elle, épie pour la frapper l'instant le
» plus favorable. Lorsque la vierge intrépide se
» précipite au sein des bataillons, Aruns la suit
» partout, et se dirige en silence sur ses traces.
» S'éloigne-t-elle, victorieuse, de la scène des ba-
» tailles, Aruns tourne secrètement son rapide cour-
» sier sur les pas de l'Amazone. Le perfide tente
» mille accès, fait mille détours, et balance sans
» cesse un javelot inévitable.

» Cependant, consacré à Cybèle, et jadis pontife
» de la déesse, Chlorée éblouissait au loin les re-
» gards par l'éclat de son armure phrygienne. Il
» montait un coursier écumant, couvert d'une
» peau où l'or et l'airain, façonnés en écailles bril-
» lantes, imitaient le plumage des oiseaux. Lui-

» même, paré d'une pourpre étrangère et rembru-
» nie, il lançait avec un arc lycien des flèches de
» la Crète. Sur ses épaules résonne un carquois
» d'or; un casque d'or défend sa tête sacrée;
» une agrafe d'or retient sa chlamyde de lin, que
» le safran colore, et dont les plis frémissent au
» souffle des vents. Une aiguille savante a brodé
» sa tunique et ses cuissards de Phrygie. La guer-
» rière, soit qu'elle se promît de suspendre aux
» voûtes des temples ces armes troyennes, soit
» qu'elle voulût se revêtir à la chasse d'un or con-
» quis par son courage, s'attachait en aveugle au
» seul Chlorée parmi tant de combattants. Enflam-
» mée d'un désir de femme pour ces riches dé-
» pouilles, l'imprudente les poursuivait sans relâche
» à travers tous les rangs. Posté à l'écart, Aruns
» enfin saisit l'instant, prépare son javelot, et
» adresse au ciel cette prière : « Grand dieu, pro-
» tecteur des bois sacrés du Soracte, Apollon ! toi
» qui reçois nos premiers hommages, toi pour qui
» nos pins entassés alimentent la flamme d'un bû-
» cher immense, tandis que, soutenus par notre
» piété, d'un pied ferme nous foulons en ton hon-
» neur ces brasiers dévorants. Dieu puissant, per-
» mets-moi d'effacer la honte de nos armes. Je
» ne veux ni l'armure de l'Amazone, ni trophée
» de ses dépouilles; d'autres exploits illustreront
» mon nom : que ce cruel fléau tombe sous mes

» coups, et je rentre sans gloire dans les murs qui
» m'ont vu naître. »

» Apollon, qui l'entendit, n'exauça qu'une par-
» tie de ce vœu, et laissa l'autre se perdre dans
» le vague des airs. Que Camille, frappée d'une
» mort inattendue, périsse par le fer d'Aruns, le
» dieu l'accorde au guerrier suppliant ; mais de re-
» tourner dans sa noble patrie, il ne l'obtint pas ;
» et les vents orageux emportèrent ses dernières
» paroles.

» Dès que, échappé de la main d'Aruns, le jave-
» lot a sifflé dans les airs, aussitôt les combats sont
» suspendus, et tous les Volsques ont tourné leurs
» yeux vers Camille. Elle n'entend, elle ne voit,
» ni le bruit du trait, ni son vol rapide, quand sou-
» dain la flèche pénètre au-dessous de son sein dé-
» couvert, s'enfonce dans la blessure, et s'abreuve
» du sang virginal. Ses compagnes éplorées accou-
» rent, et reçoivent dans leurs bras la reine défail-
» lante. Aruns, plus effrayé que tous les autres,
» fuit avec une joie mêlée de terreur ; il n'ose plus
» se fier à sa lance, ni affronter les armes de l'A-
» mazone. Tel, avant que les traits ennemis le
» poursuivent, court sans retard, par des sentiers
» inaccessibles, se cacher sur la cime des monts,
» un loup qui vient d'égorger un taureau superbe
» ou le pasteur lui-même ; épouvanté de son au-
» dace, il ramène sous ses flancs sa queue trem-

» blante, et s'ensevelit au fond des forêts : tel
» Aruns éperdu se dérobe à tous les regards, et,
» content de pouvoir fuir, se confond dans la foule
» des guerriers.

» Camille, mourante, essaie d'arracher le fer
» meurtrier; mais la pointe, engagée entre les cô-
» tes, reste enfoncée dans la plaie. L'héroïne s'af-
» faisse, épuisée de sang; ses yeux éteints se cou-
» vrent des ombres de la mort, et la pâleur succède
» à la couleur vermeille de son teint. Alors, près
» d'expirer, elle appelle Acca, l'une de ses com-
» pagnes, la plus fidèle de toutes, la seule con-
» fidente de ses pensées, et lui parle ainsi : « Acca,
» ma sœur, jusqu'ici la force a servi mon courage ;
» maintenant une blessure cruelle me dévore, et
» déjà tous les objets autour de moi se noircissent
» d'épaisses ténèbres. Cours, vole, et porte à Tur-
» nus mes derniers avis : qu'il me remplace au
» combat; qu'il repousse les Troyens de Laurente ;
» adieu pour jamais ! » Elle dit, abandonne les rê-
» nes, et son corps, malgré elle, glisse jusqu'à
» terre. Froide et glacée, elle se détache par degrés
» de ses liens mortels; son cou languissant, et sa
» tête, qu'appesantit le trépas, se penchent sur son
» sein; elle laisse échapper ses armes, et son âme
» indignée s'enfuit en gémissant chez les ombres.
» Aussitôt une immense clameur s'élève vers le
» ciel. La mort de Camille est le signal d'un car-

» nage plus affreux. Les bataillons troyens, les
» chefs toscans, les escadrons d'Évandre, tous
» se forment en rangs épais, et s'élancent en-
» semble.

» Cependant, ministre du courroux de Diane, Opis
» depuis long-temps est assise au sommet des mon-
» tagnes voisines, et d'un regard tranquille contem-
» ple le champ de bataille. Dès qu'au milieu des cris
» d'une jeunesse furieuse elle voit de loin Camille,
» victime d'un trépas funeste, elle gémit, et du
» fond de son cœur s'exhalent ces tristes paroles :
« Hélas! ô vierge infortunée! tu expies par un
» châtiment trop rigoureux l'audace d'avoir pro-
» voqué les Troyens aux combats. C'est en vain
» qu'habitante solitaire des forêts tu te consa-
» cras à Diane; c'est en vain que tes épaules ont
» porté notre carquois. Mais Diane prend soin de
» ta gloire à tes derniers moments; ton nom ne
» sera point sans éclat parmi les nations, ni ta mort
» sans vengeance. Quel que soit le sacrilége dont le
» fer a profané ton corps, il paiera ce crime de son
» sang. » Au pied d'un mont sourcilleux s'élevait,
» sous l'ombrage d'une yeuse touffue, un vaste
» tombeau de gazon où reposait Dercennus, ancien
» roi de Laurente. Là, d'un vol rapide, la belle
» nymphe s'abat, et du haut de ce tertre son œil
» cherche Aruns. Elle l'aperçoit paré de sa brillante
» armure et gonflé d'un vain orgueil : « Pourquoi

» fuis-tu, s'écrie-t-elle? dirige ici tes pas; viens
» périr ici, et recevoir un prix digne de Camille.
» Faut-il, perfide, que tu meures sous les traits de
» Diane ! »

» Elle dit, et, telle qu'une Amazone de Thrace,
» elle tire de son carquois d'or une flèche légère;
» furieuse, elle tend son arc, le courbe avec force
» jusqu'à ce que les deux bouts soient rapprochés,
» et que par l'effort égal de ses mains la gauche
» touche la pointe du fer, et la droite amène la
» corde à son sein. Aruns entend siffler la flèche
» dans l'air qui gémit, et tombe au même instant
» atteint du coup mortel. Il expire oublié de ses
» compagnons, qui ne reçoivent point ses der-
» niers soupirs, et reste abandonné sur la pous-
» sière. Opis prend son vol, et remonte dans l'O-
» lympe.

» Privé de sa noble reine, le rapide escadron de
» Camille fuit le premier. Les Rutules fuient en
» désordre; le bouillant Atinas fuit aussi : les chefs
» épars, les cohortes sans guide vont chercher un
» refuge, et tournent leurs coursiers vers les rem-
» parts. Poursuivis, immolés par les Troyens, nul
» d'entre eux n'ose leur opposer les traits, ou les at-
» tendre de pied ferme. Sur leurs épaules affaiblies,
» ils rapportent leurs arcs détendus, et les champs
» poudreux retentissent sous les pas précipités des
» chevaux. Vers Laurente roule un noir tourbillon

» de poussière ; du haut des remparts les mères se
» meurtrissent la poitrine, et poussent au ciel de
» lamentables cris. Les premiers qui parviennent aux
» portes ouvertes, où s'élance pêle-mêle avec eux
» une foule confuse d'ennemis, sont arrêtés, et ne
» peuvent éviter une mort misérable. Sur le seuil
» de la patrie, dans les murs qui les ont vu naître,
» presque sous l'abri tutélaire du foyer domestique,
» ils meurent percés de coups. D'autres ferment les
» portes, et n'osent plus laisser passer leurs compa-
» gnons suppliants, ni les recevoir dans la ville.
» Alors commence un horrible carnage de ceux qui,
» les armes à la main, défendent l'entrée, et de
» ceux qui se jettent sur ces armes. Repoussés de
» leur dernier asile, sous les yeux de leurs parents
» en larmes, les uns, entraînés par la multitude,
» roulent au fond des fossés; les autres, dans leur
» aveugle fureur, lancent contre les portes leurs
» coursiers, qui heurtent du front comme des bé-
» liers la barrière inexorable. Dans cet affreux péril,
» les femmes elles-mêmes, du sommet des murs,
» inspirées par le véritable amour de la patrie, lan-
» cent, à l'exemple de Camille, des traits d'une
» main intrépide; elles saisissent, à la place du fer,
» des bâtons noueux, des pieux durcis dans les flam-
» mes, volent au combat, et brûlent de mourir les
» premières pour la défense de leurs murailles.

» Cependant la sinistre nouvelle est apportée à

» Turnus dans la forêt, et l'âme du jeune héros se
» remplit d'épouvante et de trouble au récit d'Acca.
« Les Volsques, dit-elle, sont détruits ; Camille a
» succombé ; l'ennemi charge avec fureur, et, se-
» condé du dieu Mars, il dévore tout sur son san-
» glant passage : déjà la terreur est dans les rem-
» parts de Laurente. » Aussitôt, transporté de colère,
» Turnus (ainsi le veut l'arrêt fatal du maître des
» dieux) abandonne la colline qu'il occupait et la
» forêt redoutable. A peine il est sorti de son poste
» et descendu dans la plaine qu'Énée envahit le
» défilé devenu libre, franchit les hauteurs, et s'é-
» chappe de ce bois ténébreux. Suivis de leurs ba-
» taillons, tous deux précipitent leur marche vers
» la ville, et ne sont plus séparés que par une fai-
» ble distance. Énée voit la campagne inondée
» d'un vaste nuage de poussière, et découvre les
» cohortes de Laurente ; Turnus, à son tour, re-
» connaît le terrible Énée sous son armure ; il en-
» tend les pas de l'infanterie troyenne et les hennis-
» sements des chevaux. A l'instant même ces fiers
» rivaux en seraient venus aux mains, et auraient
» tenté le sort des combats, si le brillant Phébus
» n'eût plongé dans les mers d'Ibérie ses coursiers
» fatigués, et fait succéder au jour les ombres de
» la nuit. Les armées opposées s'arrêtent sous les
» murs de Laurente, et se retranchent dans leur
» camp. »

Virgile jette Camille triomphante au milieu du carnage avec une impétuosité égale à celle de l'héroïne, et nous en donne la plus haute idée en la comparant à la fière Hippolyte ou à la belliqueuse Penthésilée, entourée de ses terribles compagnes dans les champs de la Thrace. Tout ce passage, quoique d'une précision sévère, est plein de mouvement et de feu. Peut-être ne verra-t-on pas sans plaisir, à côté du tableau du maître, la reine des Amazones telle que Quintus de Smyrne la représente au moment du fatal départ. « Déjà Penthésilée, qu'enflamme l'espoir de vaincre, s'avance vers les remparts, exhortant les Troyens à la suivre dans la mêlée. Tous se rangent autour d'elle, même ceux qui avaient fui devant Achille. Enfin elle s'éloigne, montée sur un coursier superbe qui surpassait les Harpies en vitesse... Les Troyens et les belliqueuses Amazones marchent à l'envi sur les traces de la jeune héroïne. Elle se montre à leur tête plus menaçante que ne fut autrefois Pallas armée contre les géants, plus terrible que la Discorde lorsqu'elle excite dans les rangs la fureur des guerriers. » Ici le poëte place une religieuse et touchante prière de Priam au souverain de l'Olympe, suivie de ces images si heureusement empruntées à Homère. « Comme il cessait de parler, un aigle tenant entre ses serres une colombe fit entendre sur la gauche un cri perçant, et s'éleva vers les cieux. Priam se trouble ; la frayeur s'empare de son âme ; il s'écrie qu'il ne reverra plus Penthésilée : en effet les destins de la guerrière étaient fixés ; elle touchait au terme de sa vie [1]. » C'est là dignement annoncer un personnage, et lui donner dès le premier instant toute l'importance de son rôle, tout l'effet magique de sa présence. Personne ne manquera de remarquer que les brillantes promesses que nous fait la généreuse exaltation de l'Amazone forment un habile contraste avec le funeste présage qui, en nous montrant d'avance l'issue de cette fureur, de ces menaces, de ces rêves de gloire au-dessus des forces d'une mortelle, rappelle à notre pensée le vers de La Fontaine :

> Tout cet orgueil périt sous l'ongle du vautour.

Les exploits de Camille ont le défaut de ne rencontrer presque aucun obstacle, et par conséquent ils perdent un peu de leur prix à nos yeux. Quoique l'expérience nous dise que dans le cours d'une action il arrive des moments où un ascendant particulier, une espèce de génie attaché à un homme, enchaînent devant lui les bras, les forces, les volontés ; quoique la guerre soit particulièrement le théâtre de cette influence inouïe, surnaturelle, qui

---

[1] *Guerre de Troie*, chant Ier.

fait trembler ou fuir un bataillon, un corps, une armée même, à l'aspect d'une poignée de braves commandée par un chef qui a grandi sur le champ de bataille comme la Discorde d'Homère; néanmoins nous souhaiterions à Camille des ennemis dignes de lutter avec elle. Relisez dans l'Arioste le combat étincelant, varié, furieux, de Marphise contre Bradamante [1]. C'est surtout en voyant comment cette jeune guerrière, renversée à plusieurs reprises par la violence du choc d'un tel adversaire, se relève plus forte et plus ardente, et vient dans un nouveau duel disputer la victoire à Roger jusqu'à ce qu'un dénouement merveilleux les sépare, que l'on se demande pourquoi le sauvage Ornytus, non moins effrayant que les Francs du poème des Martyrs, qui ne laissaient croître leur barbe qu'au-dessus de la bouche, afin de donner à leurs lèvres plus de ressemblance avec les dogues et les loups, tombe d'abord sous le premier coup de la lance d'une femme. Le Goliath de la Bible, haut de six coudées et d'un palme, couvert d'une armure d'airain de la tête aux pieds, balançant dans sa main puissante une lance énorme et redoutable, succombe aussi promptement qu'Ornytus ; mais comme les préludes de la rencontre du jeune berger avec le géant sont dramatiques, et comme la défaite du second est

---

[1] Chant XXXVI, st. 17 et suiv.

motivée! « David prit le bâton qui ne le quittait pas ; il choisit dans le torrent cinq pierres polies, les mit dans sa pannetière, et, tenant sa fronde à la main, il marcha contre le Philistin. Le Philistin s'avança aussi, et, lorsqu'il eut aperçu David armé de cette manière, il lui dit : « Suis-je donc un chien pour que tu viennes à moi avec un bâton ? » Et, ayant maudit en jurant par ses dieux, il ajouta : « Viens à moi, je donnerai ta chair à manger aux oiseaux du ciel et aux bêtes de la terre. » Alors David dit au Philistin : « Tu viens à moi avec l'épée, la lance et le bouclier ; mais moi je viens à toi au nom du Seigneur des armées, du Dieu des troupes d'Israël, auquel tu as insulté [1]. » Ne savons-nous pas maintenant pourquoi un berger, un enfant, a triomphé de Goliath avec une fronde et une seule pierre ?

Virgile ne doit qu'à lui seul l'incident de la ruse du Ligurien Aunus, qui jette une heureuse variété dans le récit, et la victoire de Camille, rapide comme la foudre. C'est sans doute ce passage fécondé par la riche imagination de l'Arioste qui a produit la peinture de la colère de Bradamante contre le comte Pinabel : « Voilà, dit-elle, le traître, si je ne me trompe pas, qui avait juré ma perte et mon déshonneur ; c'est son crime qui le conduit ici, et le méchant va recevoir tout entier

---

[1] *Les Rois*, livre Ier, chap. XVII, v. XL et suiv.

le salaire de ses forfaits. » Menacer Pinabel, mettre l'épée à la main, et fondre sur l'ennemi, fut pour Bradamante l'affaire d'un moment; mais, avant tout, elle commence par lui barrer le chemin afin qu'il ne puisse regagner son château. Tout espoir de se sauver étant perdu, Pinabel, comme un renard pris au dépourvu, et sans oser faire tête à Bradamante, court, en poussant des cris, se cacher dans la forêt. Pâle, éperdu de de frayeur, le malheureux ne cesse d'éperonner son coursier, car il a mis dans la fuite sa dernière espérance. Cependant la guerrière, transportée de fureur, lui tient sans cesse l'épée dans les reins, le frappe, le presse, le suit toujours de près, et ne l'abandonne pas un instant[1]. » L'admirable comparaison de l'épervier, empruntée d'Homère, et embellie par les vers de Virgile, aussi pittoresques que riches de poésie, se retrouve sous la plume de l'Arioste ; mais il fait jaillir de l'original des beautés nouvelles, qui, en continuant les images du poète latin, donnent la vie et un air de vérité au combat fantastique de Gradasse et de Roger, placés en face d'un magicien monté sur un coursier ailé, comme les Troyens en face des Harpies[2].

---

[1] *Roland furieux*, chant XXII, st. LXXIII et suiv.
[2] *Ibid.*, chant II, st. XLVIII et suiv.

Le Jupiter de l'Énéide, malgré ses promesses solennelles de la plus parfaite impartialité, prête cependant du secours aux Troyens, et réveille l'ardeur de leur allié, Tarchon, qui s'élance tout à coup au combat avec l'impétuosité des héros de l'Iliade. Les apostrophes violentes de ce prince irrité aux Tyrrhéniens, fugitifs devant une femme, à ce troupeau de soldats, esclaves de la mollesse et des voluptés, comme les Phrygiens si sévèrement traités par le roi des Rutules et le farouche Numanus[1], prouvent que Virgile sait dire les mêmes choses sous des formes nouvelles, et donner à son style le précieux mérite de la variété, sans lui faire rien perdre de son élégance ou de sa chaleur accoutumées, dans la seconde expression de la pensée. La courte harangue de Tarchon a du rapport avec les reproches dont Priam, devenu injuste peut-être par l'excès de la plus légitime des douleurs, accable ses fils au moment où il leur demande son char pour aller chercher les dépouilles d'Hector jusque dans la tente d'Achille.

« Hâtez-vous, race perverse et digne d'opprobre. Plût à Dieu que tous ensemble vous eussiez péri au lieu d'Hector, auprès des rapides navires de la Grèce ! Ah ! le plus malheureux des pères ! j'ai donné le jour dans l'immense ville de Troie à des

---

[1] Voyez plus haut page 130.

fils généreux et vaillants, et je crois qu'il ne m'en reste plus un seul ; ni le divin Mestor ; ni Troïle, si ardent à combattre sur un char ; ni Hector, qui était un dieu parmi les hommes : oui, mon Hector semblait être plutôt le fils d'un dieu que d'un mortel. Mars les a tous immolés. Il ne survit que ces lâches, des trompeurs, des coryphées de la danse et des chœurs, qui ne savent ravir de butin que parmi les troupeaux de mes peuples[1]. »

Le nouvel allié d'Énée, Tarchon, non moins prompt et plus vigoureux que Camille, à laquelle il est opposé avec art par le poète pour accroître et varier le mouvement de l'action, ressemble aussi à un héros des anciens temps de la république dont Tite-Live nous parle en ces termes : « Il y avait dans la cavalerie romaine un tribun de soldats nommé Aulus Cornélius Cossus, homme d'une admirable beauté, d'une force de corps égale à son courage, plein du nom illustre qu'il avait reçu de ses ancêtres, et qu'il transmit plus grand et plus glorieux à ses descendants. Le tribun voyait les escadrons romains céder partout devant l'impétueux Tolumnius, et, reconnaissant à ses décorations royales ce prince qui voltigeait sur tout le front de la bataille : « N'est-ce pas là, dit-il, cet infracteur des traités humains, ce violateur du droit

---

[1] *Iliade*, chant XXIV, v. 253 et suiv.

des nations? Ah! si les dieux veulent qu'il reste quelque chose de sacré dans le monde, j'immolerai cette victime aux mânes de nos ambassadeurs. » A ces mots, il donne vivement de l'éperon, et court, la lance en arrêt, contre ce seul ennemi. La violence du choc ayant renversé le roi de cheval, Cossus, s'appuyant sur sa lance, ne fait qu'un saut à terre; et, au moment où Tolumnius cherchait à se relever, il le heurte de son bouclier, l'abat de nouveau, puis, le frappant à coups redoublés, il le perce de part en part, et le cloue au sol. Tolumnius expire; Cossus enlève les dépouilles du vaincu, lui coupe la tête, qu'il porte en triomphe au bout de sa lance, et met en fuite les ennemis épouvantés de la mort de leur roi [1]. » Le prosateur s'est contenté de retracer sans autre ornement que la vérité elle-même une scène vivante et rapide qui a eu deux armées pour témoins; mais Virgile, ayant comme poète des conditions à remplir différentes de celles de l'historien, a voulu laisser plus long-temps sous nos yeux Tarchon et sa proie, à l'aide d'une juste et admirable comparaison tirée d'un prodige qui, dans l'Iliade, vient arrêter les Troyens, enflammés du désir d'incendier la flotte ennemie, et près de franchir le fossé du camp des

---

[1] Livre IV, § xix.

Grecs. « Un aigle planant au haut des airs entraîne dans ses ongles recourbés un dragon énorme ensanglanté; le monstre respire, palpite encore, et, mourant, ne cesse de combattre. Il a blessé à la poitrine et près du cou son ennemi, qui, vaincu par la douleur, le rejette loin de lui. Le dragon tombe au milieu de l'armée troyenne, et l'aigle, avec des cris aigus, s'envole emporté au souffle des vents [1]. » Virgile s'est montré judicieux dans son imitation; et s'il a su lutter avec bonheur contre le modèle, soit par la précision, soit par les coupes pittoresques et l'harmonie imitative; s'il a produit l'effet que sa muse voulait produire, nous ne devons pas lui reprocher d'avoir affaibli une peinture dont il a volontairement négligé la dernière partie : on la retrouve enrichie peut-être dans cette traduction de Cicéron :

> Jam satiata animos, jam duros ulta dolores,
> Abjicit efflantem, et laceratum affligit in unda,
> Seque obitu a solis nitidos convertit ad ortus.

Voici la même comparaison imitée en maître par Voltaire dans la préface de sa tragédie de Rome sauvée :

> Tel on voit cet oiseau qui porte le tonnerre,
> Blessé par un serpent élancé de la terre;

---

[1] *Iliade,* chant XII, vers 200 et suiv.

Il s'envole, il entraîne au séjour azuré
L'ennemi tortueux dont il est entouré.
Le sang tombe des airs. Il déchire, il dévore
Le reptile acharné qui le combat encore ;
Il le perce, il le tient sous ses ongles vainqueurs ;
Par cent coups redoublés il venge ses douleurs.
Le monstre, en expirant, se débat, se replie ;
Il exhale en poisons les restes de sa vie ;
Et l'aigle tout sanglant, fier et victorieux,
Le rejette en fureur, et plane au haut des cieux.

Malgré ce que je viens de dire, Virgile ne donne pas à Tarchon assez de temps pour déployer son courage et son génie militaire. Quand nous attendons la suite des exploits des Toscans, entraînés par les exemples de leur chef, le poète semble oublier tout à coup les nouveaux vainqueurs, et ne s'aperçoit pas que la manière adroite en apparence qu'il a choisie pour amener le trépas de Camille sans la commettre avec quelque illustre guerrier ne répond pas à ces questions du bon sens : Pourquoi Tarchon ne marche-t-il pas droit à l'Amazone, qui renverse tout sur son passage ? Redoute-t-il d'affronter les dangers du combat ? ou cette vierge, qu'on prendrait pour la fille de Mars, ne serait-elle pas digne d'un tel adversaire ? D'un autre côté, comment le démon de la gloire n'a-t-il pas déjà poussé contre le Toscan victorieux l'émule de l'intrépide Penthésilée, qui osa bien se mesurer avec Achille ? Par quel moyen expliquer ou justifier l'imprudence et la témérité qui font oublier à Camille tous les autres ennemis pour aller choisir un prêtre phrygien, tout chamarré d'or, ainsi que son coursier, comme le Messala de Tibulle? Que ce mouvement de vanité, que cette ardeur de posséder de riches dépouilles soient dans le caractère des femmes, on ne saurait le nier; mais cette faiblesse convient-elle de même à la brillante reine qui ne manque ni de pourpre ni d'or pour sa parure et ses armes; surtout à la guerrière échauffée par l'ardeur du carnage, transportée des fureurs de la gloire; enfin à l'héroïne qui a entendu Turnus lui dire avec une noble confiance : *Ducis et tu concipe curam*, «Concevez les pensées et remplissez les devoirs d'un chef suprême,» ou en d'autres termes, « Reine, prenez ma place, et soyez pour mes soldats un autre Turnus. » L'amour de la vérité, qui doit l'emporter, même sur l'espèce de culte que le génie obtient de la mémoire des siècles, suggère ces objections; en revanche, il ordonne aussi de déclarer que rien n'égale l'éclat et l'élégance des vers de Virgile dans le portrait du prêtre de Cybèle, étincelant d'un luxe asiatique. La prière d'Aruns, au moment de frapper Camille, que le perfide guette depuis long-temps en secret comme une proie réservée à sa haine, brille d'un autre genre de beauté; mais, quoique l'homme ne craigne pas d'associer la divinité aux vœux les plus condamnables, et d'essayer de mettre le ciel de moitié dans les crimes qu'il médite, on s'offense ici de voir qu'un acte religieux soit le prélude de l'attentat d'un lâche, et surtout que l'Olympe exauce cet indigne suppliant. Toutefois Virgile n'a manqué ni à l'observation de la nature, ni aux règles de son art; témoin ce que j'ai remarqué plus haut, et l'attention avec laquelle il s'empresse d'infliger un premier châtiment à Aruns par une comparaison naïve, comme les choses qui se passent sous le toit du bon Eumée. C'est justice que le meurtrier de Camille soit ravalé jusqu'à la ressemblance d'un animal traître, féroce et craintif, qui fuit abreuvé du sang d'un taureau ou d'un berger qu'il a surpris et égorgé sans défense. Abandonnons le coupable à la vengeance des dieux que sa folle confiance espère tromper peut-être, et regardons sa victime.

Après Euryale, après Lausus, après Pallas, comment leur peintre a-t-il pu trouver cette nouvelle image de la beauté, de la jeunesse, de la vertu, envahies par la mort? Ah! c'est que Virgile entrevoyait la vie humaine à travers un voile de tristesse pareil à l'ombre qui environne la tête de son touchant Marcellus ; c'est qu'un cœur tendre, mélancolique, et dès long-temps blessé, devient une source intarissable de cette pitié qui prend sa part de toutes les peines. Le sort vous a ravi un enfant au berceau, une vierge promise à l'amour, une jeune et belle Alceste, prête à donner aussi ses jours pour vous; un fils aux brillantes promesses; peut-être, entouré d'indifférents, croyez-vous pleurer seul; mais vos douleurs ont un ami que vous ne soupçonnez pas. Profondément ému de la perte cruelle que vous avez faite, le poète mêle en secret ses larmes aux vôtres; il vous plaint, il voudrait pouvoir trouver un dictame pour les souffrances morales. Cependant l'impression de votre malheur lui reste; et, quelque jour, sa muse produira un chant consolateur que vous aurez inspiré. Cette disposition de l'âme s'applique même aux créations de la pensée. Le poète s'attendrit sur les infortunes qu'il s'est efforcé de peindre à l'image de la nature; et, plus d'une fois, en les retraçant, il a, comme Dédale, senti des pleurs mouiller ses joues, et les mains paternelles retomber sur son ouvrage imparfait. Nul doute que le tableau du trépas de Camille, de celui de ses frères, Lausus et Pallas, n'ait été de même enfanté à plusieurs reprises, et conduit enfin à sa divine perfection par le sensible Virgile. L'héroïne meurt avec toute sa dignité : aucune frayeur honteuse n'effleure ce généreux courage; nous l'entendons consacrer ses derniers moments au salut des Latins, et répondre ainsi, avant d'expirer, à la confiance de Turnus. Par ce moyen, Virgile répare une omis-

sion qui aurait assurément excité ses scrupules à
un second travail. Camille n'a montré, pendant
l'action, ni la prudence ni l'habileté d'un chef ;
elle a oublié les soins du commandement pour
s'abandonner à toute l'impétuosité de sa valeur
guerrière. La manière de combattre des anciens
affaiblit un peu ce défaut de la composition, mais
rien ne saurait l'effacer. La beauté, la richesse, la
chaleur du récit de la déroute des Rutules, ne font
qu'aggraver les reproches qui pèsent sur la mémoire de Camille. En effet cette reine devait-elle
perdre de vue qu'elle remplaçait Turnus? devait-
elle négliger de donner du moins des ordres aux
généraux placés auprès d'elle par leur maître ? devait-elle commettre au hasard la fortune du roi
d'Ardée? car, il ne faut pas s'y tromper, la mort de
Camille et ses funestes conséquences entraînent la
ruine de ce prince. Ici on s'efforce vainement
d'expliquer la conduite de Messape, de Coras, de
son frère et des autres chefs de l'armée. Que la
troupe des Amazones se débande, et prenne la
fuite après la chute de leur reine et de leur compagne, on le conçoit ; mais des hommes, des
guerriers éprouvés, ne rien tenter pour résister à
l'orage, ne pas même chercher à rallier les troupes en désordre pour faire face à l'ennemi! Encore s'il apparaissait devant eux quelque colosse
de gloire, un Achille, un Hector, ou Tarchon,

éclatant, comme nous l'avons vu un moment sur le champ de bataille! mais aucune de ces excuses n'est donnée à la terreur panique des soldats de Turnus. Et ce prince, à son tour, après ses prodigieux exploits du neuvième livre, ne méritait-il pas un autre rôle que celui que le poète lui assigne dans cette circonstance décisive? Obligé de quitter la position formidable où il espérait accabler les Troyens, compromis dans sa réputation militaire, exposé aux reproches d'avoir remis ses destinées entre les mains d'une femme, au péril de laisser arriver sur lui un adversaire qu'il aurait dû arrêter à tout prix, et qui vient de joindre des forces intactes à des troupes victorieuses, de quel air se présente-t-il devant nous si différent de lui-même? De quel front abordera-t-il des soldats découragés qui l'accuseront hautement de leurs malheurs, et même, ce qui est bien plus dangereux encore, le croiront trahi, abandonné par la fortune, divinité suprême de tous ceux qui jouent ce grand jeu de hasard qu'on nomme la guerre? Quant au fils d'Anchise, à quelle nouvelle gloire lui est-il permis de prétendre pour avoir franchi sans coup férir un défilé dans lequel il pouvait trouver sa perte inévitable, ou l'occasion d'un triomphe d'une importance égale à l'éclat qui en aurait rejailli sur les armes troyennes? Aucun des deux chefs n'est ici dans l'attitude qu'il devrait avoir ; aucun ne répond aux

promesses du passé ; aucun enfin ne s'empare de
notre imagination sous ces formes extraordinaires
qui la subjuguent, et donnent de l'homme une
idée plus grande que nature. Homère ressemble
au Prométhée de la Fable ; il fait presque des dieux
avec des êtres pétris d'un limon grossier, qu'il
anime du feu dérobé à l'Olympe. Virgile produit
trop rarement ce genre de métamorphoses, et ne
soutient pas toujours ses personnages à la hauteur où il les a placés d'abord.

La Penthésilée de Quintus, dont j'ai déjà parlé,
mérite d'être encore citée après Camille. A son apparition sur le champ de bataille, les Grecs effrayés la prennent pour quelque divinité qui conduit les Troyens. Tandis qu'au milieu de la mêlée
elle se livre à toute son ardeur belliqueuse,
et que devant elle, autour d'elle, les guerriers
opposés disputent de valeur, les Troyens, transportés d'admiration, croient voir Minerve, ou la
redoutable Enyo, ou la Discorde, ou plutôt la
fille de Latone ; tout plie, tout succombe sous
les efforts de sa fureur : enfin, cédant à un fatal génie, qui la pousse à sa perte par le chemin de la gloire, elle ose défier et combattre
Achille, et reçoit le coup mortel. Elle tombe ; toutefois respirant encore, et voyant fondre sur elle ce
terrible ennemi, la fière et jeune Amazone hésite quelque temps à savoir si elle lui opposera

son épée, si elle descendra jusqu'à prier, ou si enfin elle essaiera de le gagner par l'appât de l'or, appât séducteur pour tous les hommes, quelque emporté que soit leur courage; peut-être espérait-elle aussi que, respectant sa jeunesse, Achille n'aurait pas la cruauté de trancher le fil de ses jours : telles étaient ses pensées; mais les dieux en avaient autrement ordonné. La fin de Camille est plus digne d'une guerrière et d'une reine, quoiqu'elle n'ait point prodigué, ainsi que sa rivale, l'injure et les mépris au plus grand des guerriers, au vainqueur d'Hector ; cependant, comme la nature perd rarement ses droits, la faiblesse qui succède à l'exaltation de Penthésilée, cette espèce de velléité de ressaisir la vie dans une femme héroïque, ont autant de vérité que de charme. Virgile se serait bien gardé de nous montrer le fils de Thétis insultant d'une manière atroce à sa courageuse ennemie ; mais voici un heureux retour d'imagination dans l'auteur de cette faute :
« Achille détache le casque de Penthésilée, aussi brillant que la clarté des cieux ou les rayons de l'astre du jour. La poussière et le sang n'avaient point défiguré les traits de cette reine guerrière; et, malgré ses yeux éteints, on remarquait encore les grâces de son visage. Les Grecs qui l'environnent, étonnés de sa beauté, croient voir une déesse. Étendue avec ses armes, elle ressemblait à

l'intrépide Diane, qui, lassée d'une course où elle a terrassé les lions, goûte à l'ombre d'un bois touffu les douceurs du sommeil....... Achille lui-même se reprocha de lui avoir donné le coup mortel..... Il parut aussi touché de sa perte qu'il l'avait été de celle de son cher Patrocle. » Nous ne trouvons pas toutes ces choses chez Virgile, nous n'y trouvons pas non plus ce qui les couronne d'une manière si dramatique, l'espèce d'apothéose que commencent pour Penthésilée les regrets des Atrides eux-mêmes, les larmes de Priam et de son peuple, la sépulture accordée à l'héroïne dans le tombeau du roi Laomédon, et la consolation que le dieu Mars reçoit de tant d'honneurs décernés à sa glorieuse fille.

ÆNEIDOS

LIBER UNDECIMUS.

Oceanum interea surgens Aurora reliquit.
Æneas, quamquam et sociis dare tempus humandis
Præcipitant curæ, turbataque funere mens est,
Vota deum primo victor solvebat Eoo.
Ingentem quercum, decisis undique ramis,
Constituit tumulo, fulgentiaque induit arma,
Mezenti ducis exuvias, tibi, magne, tropæum
Bellipotens : aptat rorantes sanguine cristas,
Telaque trunca viri, et bis sex thoraca petitum
Perfossumque locis; clypeumque ex ære sinistræ
Subligat, atque ensem collo suspendit eburnum.
Tum socios, namque omnis eum stipata tegebat
Turba ducum, sic incipiens hortatur ovantes :
  Maxima res effecta, viri : timor omnis abesto,
Quod superest. Hæc sunt spolia, et de rege superbo
Primitiæ; manibusque meis Mezentius hic est.
Nunc iter ad regem nobis murosque Latinos.
Arma parate, animis et spe præsumite bellum ;
Ne qua mora ignaros, ubi primum vellere signa
Annuerint superi pubemque educere castris,

Impediat, segnesve metu sententia tardet.
Interea socios inhumataque corpora terræ
Mandemus; qui solus honos Acheronte sub imo est.
Ite, ait; egregias animas, quæ sanguine nobis
Hanc patriam peperere suo, decorate supremis
Muneribus; mæstamque Evandri primus ad urbem
Mittatur Pallas, quem non virtutis egentem
Abstulit atra dies, et funere mersit acerbo.
  Sic ait illacrymans, recipitque ad limina gressum,
Corpus ubi exanimi positum Pallantis Accetes
Servabat senior, qui Parrhasio Evandro
Armiger ante fuit; sed non felicibus æque
Tum comes auspiciis caro datus ibat alumno.
Circum omnes famulumque manus, Trojanaque turba,
Et mæstum Iliades crinem de more solutæ.
Ut vero Æneas foribus sese intulit altis,
Ingentem gemitum tunsis ad sidera tollunt
Pectoribus, mæstoque immugit regia luctu.
Ipse caput nivei fultum Pallantis et ora
Ut vidit, levique patens in pectore vulnus
Cuspidis Ausoniæ, lacrymis ita fatur obortis :
  Tene, inquit, miserande puer, quum læta veniret,
Invidit fortuna mihi, ne regna videres
Nostra, neque ad sedes victor veherere paternas?
Non hæc Evandro de te promissa parenti
Discedens dederam, quum me complexus euntem
Mitteret in magnum imperium, metuensque moneret
Acres esse viros, cum dura prœlia gente.
Et nunc ille quidem, spe multum captus inani,
Fors et vota facit, cumulatque altaria donis;

Nos juvenem exanimum, et nil jam cœlestibus ullis
Debentem, vano mæsti comitamur honore.
Infelix, nati funus crudele videbis !
Hi nostri reditus exspectatique triumphi !
Hæc mea magna fides ! At non. Evandre, pudendis
Vulneribus pulsum adspicies; nec sospite dirum
Optabis nato funus pater. Hei mihi ! quantum
Præsidium, Ausonia, et quantum tu perdis, Iule !
   Hæc ubi deflevit, tolli miserabile corpus
Imperat, et toto lectos ex agmine mittit
Mille viros, qui supremum comitentur honorem,
Intersintque patris lacrymis : solatia luctus
Exigua ingentis, misero sed debita patri.
Haud segnes alii crates et molle feretrum
Arbuteis texunt virgis et vimine querno,
Exstructosque toros obtentu frondis inumbrant.
Hic juvenem agresti sublimem stramine ponunt :
Qualem virgineo demessum pollice florem,
Seu mollis violæ, seu languentis hyacinthi,
Cui neque fulgor adhuc, nec dum sua forma recessit ;
Non jam mater alit tellus, viresque ministrat.
Tunc geminas vestes, auroque ostroque rigentes,
Extulit Æneas, quas illi læta laborum
Ipsa suis quondam manibus Sidonia Dido
Fecerat, et tenui telas discreverat auro.
Harum unam juveni supremum mæstus honorem
Induit, arsurasque comas obnubit amictu :
Multaque præterea Laurentis præmia pugnæ
Aggerat, et longo prædam jubet ordine duci.
Addit equos et tela, quibus spoliaverat hostem.

Vinxerat et post terga manus, quos mitteret umbris
Inferias, cæso sparsuros sanguine flammam :
Indutosque jubet truncos hostilibus armis
Ipsos ferre duces, inimicaque nomina figi.
Ducitur infelix ævo confectus Acœtes,
Pectora nunc fœdans pugnis, nunc unguibus ora :
Sternitur et toto projectus corpore terræ.
Ducunt et Rutulo perfusos sanguine currus.
Post bellator equus, positis insignibus, Æthon
It lacrymans, guttisque humectat grandibus ora.
Hastam alii galeamque ferunt; nam cetera Turnus
Victor habet. Tum mæsta phalanx Teucrique sequuntur,
Tyrrhenique duces, et versis Arcades armis.
Postquam omnis longe comitum processerat ordo,
Substitit Æneas, gemituque hæc addidit alto :
Nos alias hinc ad lacrymas eadem horrida belli
Fata vocant. Salve æternum mihi, maxime Palla,
Æternumque vale. Nec plura effatus, ad altos
Tendebat muros, gressumque in castra ferebat.

Jamque oratores aderant ex urbe Latina,
Velati ramis oleæ, veniamque rogantes :
Corpora per campos ferro quæ fusa jacebant
Redderet, ac tumulo sineret succedere terræ;
Nullum cum victis certamen et æthere cassis;
Parceret hospitibus quondam socerisque vocatis.
Quos bonus Æneas, haud aspernanda precantes,
Prosequitur venia, et verbis hæc insuper addit :

Quænam vos tanto fortuna indigna, Latini,
Implicuit bello, qui nos fugiatis amicos ?
Pacem me exanimis et Martis sorte peremptis

Oratis ; equidem et vivis concedere vellem.
Nec veni, nisi fata locum sedemque dedissent ;
Nec bellum cum gente gero. Rex nostra reliquit
Hospitia, et Turni potius se credidit armis.
Æquius huic Turnum fuerat se opponere morti.
Si bellum finire manu, si pellere Teucros
Apparat, his mecum decuit concurrere telis :
Vixet, cui vitam deus aut sua dextra dedisset.
Nunc ite, et miseris supponite civibus ignem.

 Dixerat Æneas : olli obstupuere silentes :
Conversique oculos inter se atque ora tenebant.
Tum senior, semperque odiis et crimine Drances
Infensus juveni Turno, sic ore vicissim
Orsa refert : O fama ingens, ingentior armis,
Vir Trojane, quibus cœlo te laudibus æquem ?
Justiciæne prius mirer, belline laborum ?
Nos vero hæc patriam grati referemus ad urbem ;
Et te, si qua viam dederit fortuna, Latino
Jungemus regi : quærat sibi fœdera Turnus.
Quin et fatales murorum attollere moles,
Saxaque subvectare humeris Trojana, juvabit.
Dixerat hæc ; unoque omnes eadem ore fremebant.
Bis senos pepigere dies ; et pace sequestra
Per silvas Teucri, mixtique impune Latini,
Erravere jugis : ferro sonat icta bipenni
Fraxinus ; evertunt actas ad sidera pinus ;
Robora nec cuneis et olentem scindere cedrum,
Nec plaustris cessant vectare gementibus ornos.

 Et jam fama volans, tanti prænuntia luctus,
Evandrum Evandrique domos et mœnia complet,

LIBER XI.

Quæ modo victorem Latio Pallanta ferebat.
Arcades ad portas ruere ; et de more vetusto
Funereas rapuere faces ; lucet via longo
Ordine flammarum, et late discriminat agros.
Contra turba Phrygum veniens plangentia jungunt
Agmina. Quæ postquam matres succedere tectis
Viderunt, mæstam incendunt clamoribus urbem.
At non Evandrum potis est vis ulla tenere ;
Sed venit in medios ; feretro Pallanta reposto
Procubuit super, atque hæret lacrymansque gemensque ;
Et via vix tandem voci laxata dolore est :
Non hæc, o Palla, dederas promissa parenti,
Cautius ut sævo velles te credere Marti !
Haud ignarus eram quantum nova gloria in armis,
Et prædulce decus primo certamine posset.
Primitiæ juvenis miseræ, bellique propinqui
Dura rudimenta ! et nulli exaudita deorum
Vota precesque meæ ! Tuque, o sanctissima conjux,
Felix morte tua, neque in hunc servata dolorem !
Contra ego vivendo vici mea fata, superstes
Restarem ut genitor. Troum socia arma secutum
Obruerent Rutuli telis ! animam ipse dedissem ;
Atque hæc pompa domum me, non Pallanta, referret !
Nec vos arguerim, Teucri, nec fœdera, nec quas
Junximus hospitio dextras : sors ista senectæ
Debita erat nostræ. Quod si immatura manebat
Mors natum ; cæsis Volscorum millibus ante,
Ducentem in Latium Teucros cecidisse juvabit.
Quin ego non alio digner te funere, Palla,
Quam pius Æneas, et quam magni Phryges, et quam

Tyrrhenique duces, Tyrrhenum exercitus omnis :
Magna tropæa ferunt, quos dat tua dextera leto.
Tu quoque nunc stares immanis truncus in armis,
Esset par ætas, et idem si robur ab annis,
Turne. Sed infelix Teucros quid demoror armis?
Vadite, et hæc memores regi mandata referte :
Quod vitam moror invisam, Pallante perempto,
Dextera causa tua est, Turnum gnatoque patrique
Quam debere vides : meritis vacat hic tibi solus
Fortunæque locus. Non vitæ gaudia quæro,
Nec fas; sed gnato manes perferre sub imos.

 Aurora interea miseris mortalibus almam
Extulerat lucem, referens opera atque labores.
Jam pater Æneas, jam curvo in littore Tarcho
Constituere pyras; huc corpora quisque suorum
More tulere patrum; subjectisque ignibus atris
Conditur in tenebras altum caligine cœlum.
Ter circum accensos, cincti fulgentibus armis,
Decurrere rogos; ter mæstum funeris ignem
Lustravere in equis, ululatusque ore dedere.
Spargitur et tellus lacrymis, sparguntur et arma :
It cœlo clamorque virum, clangorque tubarum.
Hinc alii spolia occisis derepta Latinis
Conjiciunt igni, galeas, ensesque decoros,
Frenaque, ferventesque rotas; pars munera nota,
Ipsorum clypeos, et non felicia tela.
Multa boum circa mactantur corpora morti;
Sætigerosque sues, raptasque ex omnibus agris
In flammam jugulant pecudes : tum littore toto
Ardentes spectant socios, semiustaque servant

Busta; neque avelli possunt, nox humida donec
Invertit coelum stellis fulgentibus aptum.

Nec minus et miseri diversa in parte Latini
Innumeras struxere pyras, et corpora partim
Multa virum terrae infodiunt, avectaque partim
Finitimos tollunt in agros, urbique remittunt.
Cetera, confusaeque ingentem caedis acervum,
Nec numero nec honore cremant. Tunc undique vasti
Certatim crebris collucent ignibus agri.
Tertia lux gelidam coelo dimoverat umbram,
Maerentes altum cinerem et confusa ruebant
Ossa focis, tepidoque onerabant aggere terrae.

Jam vero in tectis praedivitis urbe Latini
Praecipuus fragor, et longi pars maxima luctus:
Hic matres miseraeque nurus, hic cara sororum
Pectora maerentum, puerique parentibus orbi,
Dirum exsecrantur bellum, Turnique hymenaeos;
Ipsum armis, ipsumque jubent decernere ferro,
Qui regnum Italiae et primos sibi poscat honores.
Ingravat haec saevus Drances, solumque vocari
Testatur, solum posci in certamina Turnum.
Multa simul contra variis sententia dictis
Pro Turno, et magnum reginae nomen obumbrat:
Multa virum meritis sustentat fama tropaeis.

Hos inter motus, medio in flagrante tumultu,
Ecce super maesti magna Diomedis ab urbe
Legati responsa ferunt: nihil omnibus actum
Tantorum impensis operum; nil dona, neque aurum,
Nec magnas valuisse preces; alia arma Latinis
Quaerenda, aut pacem Trojano ab rege petendam.

Deficit ingenti luctu rex ipse Latinus.
Fatalem Æneam manifesto numine ferri
Admonet ira deum, tumulique ante ora recentes.
Ergo concilium magnum primosque suorum
Imperio accitos alta intra limina cogit.
Olli convenere, fluuntque ad regia plenis
Tecta viis. Sedet in mediis, et maximus ævo,
Et primus sceptris, haud læta fronte, Latinus.
Atque hic legatos Ætola ex urbe remissos
Quæ referant fari jubet, et responsa reposcit
Ordine cuncta suo. Tum facta silentia linguis,
Et Venulus, dicto parens, ita farier infit :
Vidimus, o cives, Diomede Argivaque castra;
Atque, iter emensi, casus superavimus omnes;
Contigimusque manum qua concidit Ilia tellus.
Ille urbem Argyripam, patriæ cognomine gentis,
Victor Gargani condebat Iapygis arvis.
Postquam introgressi, et coram data copia fandi,
Munera præferimus, nomen patriamque docemus;
Qui bellum intulerint, quæ causa attraxerit Arpos.
Auditis ille hæc placido sic reddidit ore :
O fortunatæ gentes, Saturnia regna,
Antiqui Ausonii, quæ vos fortuna quietos
Sollicitat, suadetque ignota lacessere bella ?
Quicumque Iliacos ferro violavimus agros
(Mitto ea quæ muris bellando exhausta sub altis,
Quos Simois premat ille viros), infanda per orbem
Supplicia, et scelerum pœnas expendimus omnes,
Vel Priamo miseranda manus. Scit triste Minervæ
Sidus, et Euboicæ cautes, ultorque Caphereus.

Militia ex illa diversum ad littus adacti,
Atrides Protei Menelaus adusque columnas
Exsulat; Ætneos vidit Cyclopas Ulyxes.
Regna Neoptolemi referam, versosque Penates
Idomenei? Libycone habitantes littore Locros?
Ipse Mycenæus magnorum ductor Achivum
Conjugis infandæ prima intra limina dextra
Oppetiit; devictam Asiam subsedit adulter:
Invidisse deos patriis ut redditus aris
Conjugium optatum et pulchram Calydona viderem?
Nunc etiam horribili visu portenta sequuntur,
Et socii amissi petierunt æthera pennis,
Fluminibusque vagantur aves (heu dira meorum
Supplicia!) et scopulos lacrymosis vocibus implent.
Hæc adeo ex illo mihi jam speranda fuerunt
Tempore, quum ferro cœlestia corpora demens
Appetii, et Veneris violavi vulnere dextram.
Ne vero, ne me ad tales impellite pugnas.
Nec mihi cum Teucris ullum post eruta bellum
Pergama, nec veterum memini lætorve malorum.
Munera, quæ patriis ad me portatis ab oris,
Vertite ad Ænean. Stetimus tela aspera contra,
Contulimusque manus: experto credite, quantus
In clypeum assurgat, quo turbine torqueat hastam.
Si duo præterea tales Idæa tulisset
Terra viros, ultro Inachias venisset ad urbes
Dardanus, et versis lugeret Græcia fatis.
Quidquid apud duræ cessatum est mœnia Trojæ,
Hectoris Æneæque manu victoria Graium
Hæsit, et in decumum vestigia retulit annum.

Ambo animis, ambo insignes præstantibus armis :
Hic pietate prior. Coeant in fœdera dextræ,
Qua datur : ast armis concurrant arma cavete.
Et responsa simul quæ sint, rex optime, regis
Audisti, et quæ sit magno sententia bello.

Vix ea legati; variusque per ora cucurrit
Ausonidum turbata fremor : ceu saxa morantur
Quum rapidos amnes; fit clauso gurgite murmur,
Vicinæque fremunt ripæ crepitantibus undis.
Ut primum placati animi, et trepida ora quierunt,
Præfatus divos, solio rex infit ab alto :

Ante equidem summa de re statuisse, Latini,
Et vellem, et fuerat melius : non tempore tali
Cogere concilium, quum muros adsidet hostis.
Bellum importunum, cives, cum gente deorum
Invictisque viris gerimus, quos nulla fatigant
Prœlia, nec victi possunt absistere ferro.
Spem si quam adscitis Ætolum habuistis in armis,
Ponite; spes sibi quisque : sed hæc quam angusta videtis!
Cetera qua rerum jaceant perculsa ruina,
Ante oculos interque manus sunt omnia vestras.
Nec quemquam incuso : potuit quæ plurima virtus
Esse, fuit; toto certatum est corpore regni.
Nunc adeo, quæ sit dubiæ sententia menti,
Expediam; et paucis, animos adhibete, docebo.
Est antiquus ager Tusco mihi proximus amni,
Longus in occasum, fines super usque Sicanos :
Aurunci Rutulique serunt, et vomere duros
Exercent colles, atque horum asperrima pascunt.
Hæc omnis regio, et celsi plaga pinea montis,

Cedat amicitiæ Teucrorum ; et fœderis æquas
Dicamus leges, sociosque in regna vocemus :
Considant, si tantus amor, et mœnia condant.
Sin alios fines aliamque capessere gentem
Est animus, poscuntque solo decedere nostro ;
Bis denas Italo texamus robore naves,
Seu plures complere valent : jacet omnis ad undam
Materies ; ipsi numerumque modumque carinis
Præcipiant ; nos æra, manus, navalia demus.
Præterea, qui dicta ferant et fœdera firment,
Centum oratores prima de gente Latinos
Ire placet, pacisque manu prætendere ramos ;
Munera portantes aurique eborisque talenta,
Et sellam regni trabeamque insignia nostri.
Consulite in medium, et rebus succurrite fessis.

Tum Drances idem infensus, quem gloria Turni
Obliqua invidia stimulisque agitabat amaris,
Largus opum, et lingua melior, sed frigida bello
Dextera, consiliis habitus non futilis auctor,
Seditione potens ; genus huic materna superbum
Nobilitas dabat, incertum de patre ferebant ;
Surgit et his onerat dictis, atque aggerat iras :

Rem nulli obscuram, nostræ nec vocis egentem,
Consulis, o bone rex : cuncti se scire fatentur
Quid fortuna ferat populi ; sed dicere mussant.
Det libertatem fandi, flatusque remittat,
Cujus ob auspicium infaustum moresque sinistros
(Dicam equidem, licet arma mihi mortemque minetur)
Lumina tot cecidisse ducum, totamque videmus
Consedisse urbem luctu, dum Troia tentat

Castra, fugæ fidens, et cœlum territat armis.
Unum etiam donis istis, quæ plurima mitti
Dardanidis dicique jubes, unum, optime regum,
Adjicias; nec te ullius violentia vincat,
Quin gnatam egregio genero dignisque hymenæis
Des pater, et pacem hanc æterno fœdere firmes.
Quod si tantus habet mentes et pectora terror,
Ipsum obtestemur, veniamque oremus ab ipso;
Cedat, jus proprium regi patriæque remittat.
Quid miseros toties in aperta pericula cives
Projicis o Latio caput horum et causa malorum?
Nulla salus bello : pacem te poscimus omnes,
Turne, simul pacis solum inviolabile pignus.
Primus ego, invisum quem tu tibi fingis, et esse
Nil moror, en supplex venio : miserere tuorum ;
Pone animos, et pulsus abi. Sat funera fusi
Vidimus, ingentes et desolavimus agros.
Aut, si fama movet, si tantum pectore robur
Concipis, et si adeo dotalis regia cordi est,
Aude, atque adversum fidens fer pectus in hostem.
Scilicet, ut Turno contingat regia conjux,
Nos, animæ viles, inhumata infletaque turba,
Sternamur campis ! Et jam tu, si qua tibi vis,
Si patrii quid Martis habes, illum adspice contra
Qui vocat.

   Talibus exarsit dictis violentia Turni;
Dat gemitum, rumpitque has imo pectore voces :
Larga quidem, Drance, semper tibi copia fandi,
Tum quum bella manus poscunt; patribusque vocatis
Primus ades. Sed non replenda est curia verbis,

Quæ tuto tibi magna volant dum distinet hostem
Agger murorum, nec inundant sanguine fossæ.
Proinde tona eloquio, solitum tibi ; meque timoris
Argue tu, Drance, quando tot stragis acervos
Teucrorum tua dextra dedit, passimque tropæis
Insignis agros. Possit quid vivida virtus
Experiare licet : nec longe scilicet hostes
Quærendi nobis; circumstant undique muros.
Imus in adversos? Quid cessas? an tibi Mavors
Ventosa in lingua pedibusque fugacibus istis
Semper erit ?
Pulsus ego! aut quisquam merito, fœdissime, pulsum
Arguet, Iliaco tumidum qui crescere Thybrim
Sanguine, et Evandri totam cum stirpe videbit
Procubuisse domum, atque exutos Arcadas armis?
Haud ita me experti Bitias et Pandarus ingens,
Et quos mille die victor sub Tartara misi,
Inclusus muris, hostilique aggere sæptus.
Nulla salus bello! Capiti cane talia demens
Dardanio rebusque tuis. Proinde omnia magno
Ne cessa turbare metu, atque extollere vires
Gentis bis victæ, contra premere arma Latini.
Nunc et Myrmidonum proceres Phrygia arma tremiscunt,
Nunc et Tydides, et Larissæus Achilles :
Amnis et Hadriacas retro fugit Aufidus undas.
Vel quum se pavidum contra mea jurgia fingit
Artificis scelus, et formidine crimen acerbat.
Numquam animam talem dextra hac, absiste moveri,
Amittes; habitet tecum, et sit pectore in isto.

Nunc ad te, et tua magna, pater, consulta revertor.

Si nullam nostris ultra spem ponis in armis,
Si tam deserti sumus, et semel agmine verso
Funditus occidimus, neque habet fortuna regressum;
Oremus pacem, et dextras tendamus inertes.
Quamquam o si solitæ quidquam virtutis adesset......
Ille mihi ante alios, fortunatusque laborum,
Egregiusque animi, qui, ne quid tale videret,
Procubuit moriens, et humum semel ore momordit.
Sin et opes nobis, et adhuc intacta juventus,
Auxilioque urbes Italæ populique supersunt ;
Sin et Trojanis cum multo gloria venit
Sanguine; sunt illis sua funera, parque per omnes
Tempestas : cur indecores in limine primo
Deficimus? cur ante tubam tremor occupat artus?
Multa dies, variusque labor mutabilis ævi
Retulit in melius : multos alterna revisens
Lusit, et in solido rursus fortuna locavit.
Non erit auxilio nobis Ætolus, et Arpi :
At Messapus erit, felixque Tolumnius, et quos
Tot populi misere duces; nec tarda sequetur
Gloria delectos Latio et Laurentibus agris.
Est et Volscorum egregia de gente Camilla,
Agmen agens equitum et florentes ære catervas.
Quod si me solum Teucri in certamina poscunt,
Idque placet, tantumque bonis communibus obsto;
Non adeo has exosa manus victoria fugit,
Ut tanta quidquam pro spe tentare recusem.
Ibo animis contra; vel magnum præstet Achillem,
Factaque Vulcani manibus paria induat arma
Ille licet. Vobis animam hanc soceroque Latino,

LIBER XI.

Turnus ego, haud ulli veterum virtute secundus,
Devovi. Solum Æneas vocat : et vocet oro.
Nec Drances potius, sive est hæc ira deorum,
Morte luat; sive est virtus et gloria, tollat.
  Illi hæc inter se dubiis de rebus agebant
Certantes : castra Æneas aciemque movebat.
Nuntius ingenti per regia tecta tumultu
Ecce ruit, magnisque urbem terroribus implet;
Instructos acie Tiberino a flumine Teucros
Tyrrhenamque manum totis descendere campis.
Extemplo turbati animi, concussaque vulgi
Pectora, et arrectæ stimulis haud mollibus iræ.
Arma manu trepidi poscunt ; fremit arma juventus ;
Flent mæsti mussantque patres : hic undique clamor
Dissensu vario magnus se tollit in auras :
Haud secus atque alto in luco quum forte catervæ
Consedere avium, piscosove amne Padusæ
Dant sonitum rauci per stagna loquacia cycni.
Immo, ait, o cives, arrepto tempore, Turnus,
Cogite concilium, et pacem laudate sedentes :
Illi armis in regna ruant. Nec plura locutus
Corripuit sese, et tectis citus extulit altis.
Tu, Voluse, armari Volscorum edice maniplis ;
Duc, ait, et Rutulos : equitem Messapus in armis,
Et cum fratre Coras, latis diffundite campis.
Pars aditus urbis firment, turresque capessant :
Cetera, qua jusso, mecum manus inferat arma.
  Ilicet in muros tota discurritur urbe.
Concilium ipse pater et magna incepta Latinus
Deserit, ac tristi turbatus tempore differt.

Multaque se incusat, qui non acceperit ultro
Dardanium Æneam, generumque adsciverit urbi.
Præfodiunt alii portas, aut saxa sudesque
Subvectant : bello dat signum rauca cruentum
Buccina. Tum muros varia cinxere corona
Matronæ puerique : vocat labor ultimus omnes.
Nec non ad templum summasque ad Palladis arces
Subvehitur magna matrum regina caterva,
Dona ferens ; juxtaque comes Lavinia virgo,
Causa malis tantis, oculos dejecta decoros.
Succedunt matres, et templum ture vaporant,
Et mæstas alto fundunt de limine voces :
Armipotens, præses belli, Tritonia virgo,
Frange manu telum Phrygii prædonis, et ipsum
Pronum sterne solo, portisque effunde sub altis.

Cingitur ipse furens certatim in prœlia Turnus,
Jamque adeo Rutulum thoraca indutus ahenis
Horrebat squamis : surasque incluserat auro,
Tempora nudus adhuc ; laterique accinxerat ensem ;
Fulgebatque alta decurrens aureus arce ;
Exsultatque animis, et spe jam præcipit hostem :
Qualis, ubi abruptis fugit præsepia vinclis
Tandem liber equus, campoque potitus aperto ;
Aut ille in pastus armentaque tendit equarum,
Aut assuetus aquæ perfundi flumine noto
Emicat, arrectisque fremit cervicibus alte
Luxurians, luduntque jubæ per colla, per armos.
Obvia cui, Volscorum acie comitante, Camilla
Occurrit, portisque ab equo regina sub ipsis
Desiluit : quam tota cohors imitata relictis

Ad terram defluxit equis. Tum talia fatur:
Turne, sui merito si qua est fiducia forti,
Audeo, et Æneadum promitto occurrere turmæ,
Solaque Tyrrhenos equites ire obvia contra.
Me sine prima manu tentare pericula belli:
Tu pedes ad muros subsiste, et moenia serva.
Turnus ad hæc, oculos horrenda in virgine fixus:
O, decus Italiæ, virgo, quas dicere grates,
Quasve referre parem? sed nunc, est omnia quando
Iste animus supra, mecum partire laborem.
Æneas, ut fama fidem missique reportant
Exploratores, equitum levia improbus arma
Præmisit, quaterent campos : ipse, ardua montis
Per deserta jugo superans, adventat ad urbem.
Furta paro belli convexo in tramite silvæ,
Ut bivias armato obsidam milite fauces.
Tu Tyrrhenum equitem collatis excipe signis :
Tecum acer Messapus erit, turmæque Latinæ,
Tiburnique manus : ducis et tu concipe curam.
Sic ait, et paribus Messapum in prœlia dictis
Hortatur, sociosque duces; et pergit in hostem.
Est curvo anfractu valles, accommoda fraudi
Armorumque dolis; quam densis frondibus atrum
Urget utrimque latus; tenuis quo semita ducit,
Angustæque ferunt fauces, aditusque maligni.
Hanc super, in speculis, summoque in vertice montis,
Planities ignota jacet, tutique receptus,
Seu dextra lævaque velis occurrere pugnæ,
Sive instare jugis et grandia volvere saxa.
Huc juvenis nota fertur regione viarum,

Arripuitque locum, et silvis insedit iniquis.

　Velocem interea superis in sedibus Opim,
Unam eae virginibus sociis sacraque caterva,
Compellabat, et has tristis Latonia voces
Ore dabat : Graditur bellum ad crudele Camilla,
O virgo, et nostris nequidquam cingitur armis,
Cara mihi ante alias : neque enim novus iste Dianae
Venit amor, subitaque animum dulcedine movit.
Pulsus ob invidiam regno viresque superbas,
Priverno antiqua Metabus quum excederet urbe,
Infantem, fugiens media inter proelia belli,
Sustulit exsilio comitem, matrisque vocavit
Nomine Casmillae, mutata parte, Camillam.
Ipse, sinu prae se portans, juga longa petebat
Solorum nemorum : tela undique saeva premebant,
Et circumfuso volitabant milite Volsci.
Ecce fugae medio summis Amasenus abundans
Spumabat ripis, tantus se nubibus imber
Ruperat : ille, innare parans, infantis amore
Tardatur, caroque oneri timet. Omnia secum
Versanti subito vix haec sententia sedit :
Telum immane, manu valida quod forte gerebat
Bellator, solidum nodis et robore cocto,
Huic natam, libro et silvestri subere clausam,
Implicat, atque habilem mediae circumligat hastae.
Quam dextra ingenti librans, ita ad aethera fatur :
Alma, tibi hanc, nemorum cultrix, Latonia virgo,
Ipse pater famulam voveo : tua prima per auras
Tela tenens supplex hostem fugit. Accipe, testor
Diva, tuam, quae nunc dubiis committitur auris.

Dixit, et adducto contortum hastile lacerto
Immittit : sonuere undæ; rapidum super amnem
Infelix fugit in jaculo stridente Camilla.
At Metabus, magna propius jam urgente caterva,
Dat sese fluvio, atque hastam cum virgine victor
Gramineo, donum Triviæ, de cespite vellit.
Non illum tectis ullæ, non mœnibus, urbes
Accepere; neque ipse manus feritate dedisset:
Pastorum et solis exegit montibus ævum.
Hic natam, in dumis interque horrentia lustra,
Armentalis equæ mammis et lacte ferino
Nutribat, teneris immulgens ubera labris.
Utque pedum primis infans vestigia plantis
Institerat, jaculo palmas oneravit acuto :
Spiculaque ex humero parvæ suspendit et arcum.
Pro crinali auro, pro longæ tegmine pallæ,
Tigridis exuviæ per dorsum a vertice pendent.
Tela manu jam tum tenera puerilia torsit,
Et fundam tereti circum caput egit habena,
Strymoniamque gruem aut album dejecit olorem.
Multæ illam frustra Tyrrhena per oppida matres
Optavere nurum : sola contenta Diana,
Æternum telorum et virginitatis amorem
Intemerata colit. Vellem haud correpta fuisset
Militia tali, conata lacessere Teucros;
Cara mihi, comitumque foret nunc una mearum.
Verum age, quandoquidem fatis urgetur acerbis,
Labere, Nympha, polo, finesque invise Latinos,
Tristis ubi infausto committitur omine pugna.
Hæc cape, et ultricem pharetra deprome sagittam :

Hac, quicumque sacrum violarit vulnere corpus,
Tros Italusve, mihi pariter det sanguine pœnas.
Post ego nube cava miserandæ corpus et arma
Inspoliata feram tumulo, patriæque reponam.
Dixit : at illa leves cœli delapsa per auras
Insonuit, nigro circumdata turbine corpus.

 At manus interea muris Trojana propinquat,
Etruscique duces, equitumque exercitus omnis,
Compositi numero in turmas. Fremit æquore toto
Insultans sonipes, et pressis pugnat habenis,
Huc obversus et huc ; tum late ferreus hastis
Horret ager, campique armis sublimibus ardent.
Nec non Messapus contra, celeresque Latini,
Et cum fratre Coras, et virginis ala Camillæ,
Adversi campo apparent, hastasque reductis
Protendunt longe dextris, et spicula vibrant :
Adventusque virum, fremitusque ardescit equorum.
Jamque intra jactum teli progressus uterque
Substiterat : subito erumpunt clamore, frementesque
Exhortantur equos, fundunt simul undique tela
Crebra, nivis ritu ; cœlumque obtexitur umbra.
Continuo adversis Tyrrhenus et acer Aconteus
Connixi incurrunt hastis, primique ruinam
Dant sonitu ingenti, perfractaque quadrupedantum
Pectora pectoribus rumpunt. Excussus Aconteus
Fulminis in morem, aut tormento ponderis acti,
Præcipitat longe, et vitam dispergit in auras.
Extemplo turbatæ acies ; versique Latini
Rejiciunt parmas et equos ad mœnia vertunt.
Troes agunt ; princeps turmas inducit Asylas.

Jamque propinquabant portis; rursusque Latini
Clamorem tollunt, et mollia colla reflectunt.
Hi fugiunt, penitusque datis referuntur habenis.
Qualis ubi alterno procurrens gurgite pontus
Nunc ruit ad terras, scopulosque superjacit undam
Spumeus, extremamque sinu perfundit arenam :
Nunc rapidus retro, atque æstu revoluta resorbens
Saxa, fugit, littusque vado labente relinquit.
Bis Tusci Rutulos egere ad mœnia versos;
Bis rejecti armis respectant terga tegentes.
Tertia sed postquam congressi in prœlia, totas
Implicuere inter se acies; legitque virum vir :
Tum vero et gemitus morientum, et sanguine in alto
Armaque, corporaque, et permixti cæde virorum
Semianimes volvuntur equi; pugna aspera surgit.
Orsilochus Remuli, quando ipsum horrebat adire,
Hastam intorsit equo, ferrumque sub aure reliquit;
Quo sonipes ictu furit arduus, altaque jactat,
Vulneris impatiens, arrecto pectore, crura :
Volvitur ille excussus humi. Catillus Iolan,
Ingentemque animis, ingentem corpore et armis,
Dejicit Herminium; nudo cui vertice fulva
Cæsaries, nudique humeri; nec vulnera terrent,
Tantus in arma patet. Latos huic hasta per armos
Acta tremit, duplicatque virum transfixa dolore.
Funditur ater ubique cruor : dant funera ferro
Certantes, pulchramque petunt per vulnera mortem.
  At medias inter cædes exsultat Amazon,
Unum exserta latus pugnæ, pharetrata Camilla.
Et nunc lenta manu spargens hastilia denset,

Nunc validam dextra rapit indefessa bipennem.
Aureus ex humero sonat arcus, et arma Dianæ.
Illa etiam, si quando in tergum pulsa recessit,
Spicula converso fugientia dirigit arcu.
At circum lectæ comites, Larinaque virgo,
Tullaque, et æratam quatiens Tarpeia securim,
Italides; quas ipsa decus sibi dia Camilla
Delegit, pacisque bonas bellique ministras:
Quales Threiciæ, quum flumina Thermodontis
Pulsant, et pictis bellantur Amazones armis;
Seu circum Hippolyten, seu quum se martia curru
Penthesilea refert, magnoque ululante tumultu
Feminea exsultant lunatis agmina peltis.
Quem telo primum, quem postremum, aspera virgo,
Dejicis? aut quot humi morientia corpora fundis?
Eunæum Clytio primum patre, cujus apertum
Adversi longa transverberat abiete pectus:
Sanguinis ille vomens rivos cadit, atque cruentam
Mandit humum, moriensque suo se in vulnere versat.
Tum Lirim, Pagasumque super; quorum alter habenas
Suffosso revolutus equo dum colligit, alter
Dum subit, ac dextram labenti tendit inermem,
Præcipites pariterque ruunt. His addit Amastrum
Hippotaden; sequiturque incumbens eminus hasta
Tereaque, Harpalycumque; et Demophoonta, Chromimque,
Quotque emissa manu contorsit spicula virgo,
Tot Phrygii cecidere viri. Procul Ornytus armis
Ignotis et equo venator Iapyge fertur:
Cui pellis latos humeros erepta juvenco
Pugnatori operit; caput ingens oris hiatus

Et malæ texere lupi cum dentibus albis;
Agrestisque manus armat sparus : ipse catervis
Vertitur in mediis, et toto vertice supra est.
Hunc illa exceptum, neque enim labor agmine verso,
Trajicit, et super hæc inimico pectore fatur :
Silvis te, Tyrrhene, feras agitare putasti ?
Advenit qui vestra dies muliebribus armis
Verba redarguerit. Nomen tamen haud leve patrum
Manibus hoc referes, telo cecidisse Camillæ.
Protenus Orsilochum et Buten, duo maxima Teucrum
Corpora : sed Buten aversum cuspide fixit
Loricam galeamque inter, qua colla sedentis
Lucent, et lævo dependet parma lacerto :
Orsilochum, fugiens magnumque agitata per orbem,
Eludit gyro interior, sequiturque sequentem.
Tum validam perque arma viro perque ossa securim,
Altior exsurgens, oranti et multa precanti
Congeminat : vulnus calido rigat ora cerebro.

Incidit huic, subitoque adspectu territus hæsit,
Appenninicolæ bellator filius Auni,
Haud Ligurum extremus, dum fallere fata sinebant.
Isque, ubi se nullo jam cursu evadere pugnæ
Posse, neque instantem reginam avertere, cernit,
Consilio versare dolos ingressus et astu,
Incipit hæc : Quid tam egregium, si femina forti
Fidis equo ? dimitte fugam, et te comminus æquo
Mecum crede solo, pugnæque accinge pedestri :
Jam nosces ventosa ferat cui gloria fraudem.
Dixit : at illa furens, acrique accensa dolore,
Tradit equum comiti, paribusque resistit in armis,

Ense pedes nudo, puraque interrita parma.
At juvenis, vicisse dolo ratus, avolat ipse
Haud mora, conversisque fugax aufertur habenis,
Quadrupedemque citum ferrata calce fatigat.
Vane Ligus, frustraque animis elate superbis,
Nequidquam patrias tentasti lubricus artes;
Nec fraus te incolumem fallaci perferet Auno.
Hæc fatur virgo, et pernicibus ignea plantis
Transit equum cursu, frenisque adversa prehensis
Congreditur, pœnasque inimico ex sanguine sumit :
Quam facile accipiter saxo sacer ales ab alto
Consequitur pennis sublimem in nube columbam,
Comprensamque tenet, pedibusque eviscerat uncis;
Tum cruor et vulsæ labuntur ab æthere plumæ.
 At non hæc nullis hominum sator atque deorum
Observans oculis, summo sedet altus Olympo.
Tyrrhenum genitor Tarchonem in prœlia sæva
Suscitat, et stimulis haud mollibus injicit iras.
Ergo inter cædes cedentiaque agmina Tarcho
Fertur equo, variisque instigat vocibus alas,
Nomine quemque vocans; reficitque in prœlia pulsos :
Quis metus, o nunquam dolituri, o semper inertes
Tyrrheni, quæ tanta animis ignavia venit ?
Femina palantes agit, atque hæc agmina vertit.
Quo ferrum ? quidve hæc gerimus tela irrita dextris ?
At non in Venerem segnes nocturnaque bella
Aut, ubi curva choros indixit tibia Bacchi,
Exspectare dapes et plenæ pocula mensæ.
Hic amor, hoc studium, dum sacra secundus haruspex
Nuntiet, ac lucos vocet hostia pinguis in altos.

LIBER XI.

Hæc effatus, equum in medios, moriturus et ipse,
Concitat, et Venulo adversum se turbidus infert:
Dereptumque ab equo dextra complectitur hostem,
Et gremium ante suum multa vi concitus aufert.
Tollitur in cœlum clamor, cunctique Latini
Convertere oculos: volat igneus æquore Tarcho,
Arma virumque ferens: tum summa ipsius ab hasta
Defringit ferrum, et partes rimatur apertas,
Qua vulnus letale ferat. Contra ille repugnans
Sustinet a jugulo dextram, et vim viribus exit.
Utque volans alte raptum quum fulva draconem
Fert aquila, implicuitque pedes, atque unguibus hæsit;
Saucius at serpens sinuosa volumina versat,
Arrectisque horret squamis, et sibilat ore,
Arduus insurgens; illa haud minus urget obunco
Luctantem rostro; simul æthera verberat alis:
Haud aliter prædam Tiburtum ex agmine Tarcho
Portat ovans; ducis exemplum eventumque secuti
Mæonidæ incurrunt. Tum fatis debitus Arruns
Velocem jaculo et multa prior arte Camillam
Circuit, et quæ sit fortuna facillima tentat.
Qua se cumque furens medio tulit agmine virgo,
Hac Arruns subit, et tacitus vestigia lustrat:
Qua victrix redit illa, pedemque ex hoste reportat,
Hac juvenis furtim celeres detorquet habenas.
Hos aditus, jamque hos aditus, omnemque pererrat
Undique circuitum, et certam quatit improbus hastam.

Forte sacer Cybelæ Chloreus, olimque sacerdos,
Insignis longe Phrygiis fulgebat in armis;
Spumantemque agitabat equum, quem pellis ahenis

In plumam squamis auro conserta tegebat.
Ipse, peregrina ferrugine clarus et ostro,
Spicula torquebat Lycio Gortynia cornu :
Aureus ex humeris sonat arcus, et aurea vati
Cassida : tum croceam chlamydemque sinusque crepantes
Carbaseos fulvo in nodum collegerat auro,
Pictus acu tunicas, et barbara tegmina crurum.
Hunc virgo, sive ut templis præfigeret arma
Troia, captivo sive ut se ferret in auro
Venatrix, unum ex omni certamine pugnæ
Cæca sequebatur; totumque incauta per agmen
Femineo prædæ et spoliorum ardebat amore.
Telum ex insidiis quum tandem tempore capto
Concitat, et Superos Arruns sic voce precatur :
Summe deum, sancti custos Soractis Apollo,
Quem primi colimus, cui pineus ardor acervo
Pascitur, et medium freti pietate per ignem
Cultores multa premimus vestigia pruna;
Da, pater, hoc nostris aboleri dedecus armis,
Omnipotens. Non exuvias, pulsæve tropæum
Virginis, aut spolia ulla peto ; mihi cetera laudem
Facta ferent : hæc dira meo dum vulnere pestis
Pulsa cadat, patrias remeabo inglorius urbes.
Audiit, et voti Phœbus succedere partem
Mente dedit, partem volucres dispersit in auras.
Sterneret ut subita turbatam morte Camillam,
Annuit oranti : reducem ut patria alta videret,
Non dedit ; inque notos vocem vertere procellæ.
Ergo, ut missa manu sonitum dedit hasta per auras,
Convertere animos acres, oculosque tulere

Cuncti ad reginam Volsci. Nihil ipsa neque auræ
Nec sonitus memor, aut venientis ab æthere teli;
Hasta sub exsertam donec perlata papillam
Hæsit, virgineumque alte bibit acta cruorem.
Concurrunt trepidæ comites, dominamque ruentem
Suscipiunt. Fugit ante omnes exterritus Arruns,
Lætitia mixtoque metu; nec jam amplius hastæ
Credere, nec telis occurrere virginis audet.
Ac velut ille, prius quam tela inimica sequantur,
Continuo in montes sese avius abdidit altos,
Occiso pastore, lupus, magnove juvenco,
Conscius audacis facti, caudamque remulcens
Subjecit pavitantem utero, silvasque petivit:
Haud secus ex oculis se turbidus abstulit Arruns,
Contentusque fuga, mediis se immiscuit armis.
 Illa manu moriens telum trahit; ossa sed inter
Ferreus ad costas alto stat vulnere mucro.
Labitur exsanguis, labuntur frigida leto
Lumina; purpureus quondam color ora reliquit.
Tum sic exspirans Accam, ex æqualibus unam,
Alloquitur, fida ante alias quæ sola Camillæ,
Quicum partiri curas; atque hæc ita fatur:
Hactenus, Acca soror, potui: nunc vulnus acerbum
Conficit, et tenebris nigrescunt omnia circum.
Effuge, et hæc Turno mandata novissima perfer:
Succedat pugnæ, Trojanos arceat urbe.
Jamque vale. Simul his dictis linquebat habenas,
Ad terram non sponte fluens. Tum frigida toto
Paulatim exsolvit se corpore, lentaque colla
Et captum leto posuit caput, arma relinquens;

Vitaque cum gemitu fugit indignata sub umbras.
Tum vero immensus surgens ferit aurea clamor
Sidera : dejecta crudescit pugna Camilla.
Incurrunt densi simul omnis copia Teucrum,
Tyrrhenique duces, Evandrique Arcades alæ.
At Triviæ custos jamdudum in montibus Opis
Alta sedet summis, spectatque interrita pugnas.
Utque procul medio juvenum in clamore furentum
Prospexit tristi multatam morte Camillam;
Ingemuitque, deditque has imo pectore voces :
Heu ! nimium, virgo, nimium crudele luisti
Supplicium, Teucros conata lacessere bello !
Nec tibi desertæ in dumis coluisse Dianam
Profuit, aut nostras humero gessisse pharetras.
Non tamen indecorem tua te regina reliquit
Extrema jam in morte : neque hoc sine nomine letum
Per gentes erit, aut famam patieris inultæ.
Nam quicumque tuum violavit vulnere corpus,
Morte luet merita. Fuit ingens monte sub alto
Regis Dercenni terreno ex aggere bustum
Antiqui Laurentis, opacaque ilice tectum :
Hic dea se primum rapido pulcherrima nisu
Sistit, et Arruntem tumulo speculatur ab alto.
Ut vidit fulgentem armis ac vana tumentem :
Cur, inquit, diversus abis ? huc dirige gressum,
Huc periture veni : capias ut digna Camillæ
Præmia, tuque etiam telis moriere Dianæ.
Dixit, et aurata volucrem Threissa sagittam
Deprompsit pharetra, cornuque infensa tetendit,
Et duxit longe, donec curvata coirent

Inter se capita, et manibus jam tangeret æquis,
Læva aciem ferri, dextra nervoque papillam.
Extemplo teli stridorem aurasque sonantes
Audiit una Arruns, hæsitque in corpore ferrum.
Illum exspirantem socii atque extrema gementem
Obliti ignoto camporum in pulvere linquunt :
Opis ad ætherium pennis aufertur Olympum.

 Prima fugit, domina amissa, levis ala Camillæ;
Turbati fugiunt Rutuli; fugit acer Atinas :
Disjectique duces desolatique manipli
Tuta petunt, et equis aversi ad mœnia tendunt.
Nec quisquam instantes Teucros letumque ferentes
Sustentare valet telis, aut sistere contra;
Sed laxos referunt humeris languentibus arcus;
Quadrupedumque putrem cursu quatit ungula campum.
Volvitur ad muros caligine turbidus atra
Pulvis; et e speculis percussæ pectora matres
Femineum clamorem ad cœli sidera tollunt.
Qui cursu portas primi irrupere patentes,
Hos inimica super mixto premit agmine turba :
Nec miseram effugiunt mortem; sed limine in ipso,
Mœnibus in patriis, atque inter tuta domorum,
Confixi exspirant animas. Pars claudere portas;
Nec sociis aperire viam, nec mœnibus audent
Accipere orantes; oriturque miserrima cædes
Defendentum armis aditus, inque arma ruentum.
Exclusi, ante oculos lacrymantumque ora parentum,
Pars in præcipites fossas, urgente ruina,
Volvitur; immissis pars cæca et concita frenis
Arietat in portas et duros objice postes.

Ipsæ de muris summo certamine matres
(Monstrat amor verus patriæ) ut videre Camillam,
Tela manu trepidæ jaciunt, ac robore duro
Stipitibus ferrum sudibusque imitantur obustis
Præcipites, primæque mori pro mœnibus ardent.
   Interea Turnum in silvis sævissimus implet
Nuntius, et juveni ingentem fert Acca tumultum :
Deletas Volscorum acies, cecidisse Camillam,
Ingruere infensos hostes, et marte secundo
Omnia corripuisse; metum jam ad mœnia ferri.
Ille furens (et sæva Jovis sic numina poscunt)
Deserit obsessos colles, nemora aspera linquit.
Vix e conspectu exierat campumque tenebat,
Quum pater Æneas, saltus ingressus apertos,
Exsuperatque jugum, silvaque evadit opaca.
Sic ambo ad muros rapidi totoque feruntur
Agmine; nec longis inter se passibus absunt.
At simul Æneas fumantes pulvere campos
Prospexit longe, Laurentiaque agmina vidit;
Et sævum Ænean agnovit Turnus in armis,
Adventumque pedum flatusque audivit equorum :
Continuoque ineant pugnas, et prœlia tentent,
Ni roseus fessos jam gurgite Phœbus Ibero
Tingat equos, noctemque, die labente, reducat.
Considunt castris ante urbem, et mœnia vallant.

LIVRE XII.

« Dès qu'il voit les Latins languir abattus par
» leurs revers, et réclamer maintenant l'effet de ses
» promesses; dès qu'il voit tous les yeux attachés
» sur lui, Turnus sent sa fureur implacable se rallu-
» mer d'elle-même, et la fierté de son courage n'en
» est que plus altière. Tel, aux champs carthaginois,
» un lion à qui des chasseurs ont percé le flanc d'une
» large blessure, aussitôt prépare ses redoutables
» armes, tressaille en secouant les longs crins de son
» cou nerveux, brise sans effroi le trait enfoncé dans
» la plaie, et ouvre pour rugir une gueule écumante
» de sang : telle la colère s'accroît au cœur de l'im-
» pétueux Turnus. Alors il s'adresse au roi, et, plein
» du trouble qui l'agite : « Turnus est prêt, s'écrie-
» t-il; plus de prétexte pour ces lâches Troyens de
» rétracter leur parole, de violer leurs engagements.
» Je pars. Dressez l'autel du sacrifice, ô mon père!
» et dictez vous-même le traité; ou ce bras, aux re-
» gards des Latins, tranquilles spectateurs de la lutte,
» précipitera dans les enfers ce brigand phrygien
» déserteur de l'Asie, et seul je vengerai par le fer
» la querelle commune, ou la victoire lui donnera
» les vaincus pour sujets et Lavinie pour épouse. »

» D'un ton calme et plein de bonté, Latinus lui
» répond : « Héros magnanime, plus vous cédez
» aux élans du courage qui vous transporte, plus
» je dois consulter mûrement la raison, et peser
» avec une prudence inquiète toutes les chances que
» vous garde le sort. Vous avez pour héritage le
» royaume de Daunus, votre père ; vous avez plu-
» sieurs villes conquises par votre valeur ; Latinus
» aussi ne manque ni de soldats ni de trésors. Il
» est dans le Latium, dans le pays de Laurente,
» d'autres beautés libres encore des lois de l'hymen
» et d'une illustre naissance. Souffrez donc que je
» vous révèle sans aucun détour des vérités sévè-
» res, et gravez-les dans votre cœur. Il ne m'était
» permis d'unir ma fille avec aucun de ceux qui
» d'abord prétendirent à sa main ; ainsi l'annon-
» çaient et les dieux et les hommes. Vaincu par ma
» tendresse pour vous, vaincu par les liens du sang,
» par les pleurs d'une épouse désolée, j'ai rompu
» les nœuds les plus saints ; j'ai ravi à un gendre
» celle qui lui était promise, et j'ai pris contre lui
» des armes sacriléges. Depuis ce jour, vous voyez,
» Turnus, quels malheurs, quelles guerres cruelles
» me poursuivent ; et vous-même le premier com-
» bien de travaux ne supportez-vous pas ? Après avoir
» perdu deux grandes batailles, à peine pouvons-
» nous défendre à l'ombre de ces remparts le der-
» nier espoir de l'Italie. Les flots du Tibre fument

» encore du sang de nos guerriers, et leurs osse-
» ments blanchissent au loin nos campagnes. A quoi
» bon toujours revenir sur mes pas? quelle folle
» erreur se joue de mes résolutions? Si, Turnus une
» fois mort, je dois m'associer aux Troyens, pour-
» quoi plutôt, lorsqu'il est vivant, ne point mettre
» un terme aux combats? Que diront les Rutules,
» mes alliés ; que dira le reste de l'Italie, si je vous
» livre au trépas (dieux, détournez ce présage!)
» pour prix d'avoir recherché ma fille et mon al-
» liance? Songez aux vicissitudes de la guerre ;
» ayez pitié d'un vieux père, qui maintenant gé-
» mit loin de vous dans Ardée, votre patrie. »

» Ces mots ne calment point la violence de Turnus ;
» il s'en irrite davantage, et le remède même ne
» fait qu'aigrir sa douleur. Dès qu'il peut parler, il
» réplique en ces termes :

« Cette tendre inquiétude que vous inspirent
» mes dangers, ô mon père, bannissez-la de votre
» cœur, je vous prie, et laissez-moi courir à une
» mort glorieuse. Et nous aussi, nous savons lan-
» cer au loin des traits d'une main qui n'est pas dé-
» bile, et le sang suit de près la blessure qu'ils ont
» ouverte. Ce fils d'une déesse n'aura pas toujours
» une mère à ses côtés pour couvrir sa fuite d'un
» honteux nuage, en se cachant elle-même au sein
» d'une ombre vaine. »

» Cependant la reine, épouvantée des périls d'un

» nouveau combat, s'abandonnait aux larmes, et,
» le désespoir dans l'âme, s'efforçait de contenir
» la bouillante ardeur de son gendre : « Turnus, par
» ces pleurs, par l'honneur d'Amate, s'il vous est
» cher encore, vous, désormais mon seul espoir, la
» seule consolation de ma vieillesse infortunée,
» vous le soutien de la gloire et de l'empire de La-
» tinus, vous sur qui repose en entier notre mai-
» son chancelante, je ne vous demande qu'une
» grâce : renoncez à vous mesurer avec les Troyens.
» Quel que soit pour vous le sort de cette lutte, ô
» Turnus, je le partagerai ; avec vous je quitterai
» une vie odieuse : je ne veux pas être la captive
» d'Énée ; je ne le verrai pas mon gendre. »

» Ces paroles d'une mère arrachent des larmes à
» Lavinie ; ses joues brûlantes en sont inondées ;
» une vive rougeur enflamme et couvre tout son
» visage. Tel l'ivoire indien, sous la main d'un ha-
» bile ouvrier revêt l'éclat de la pourpre ; telle rou-
» git la blancheur d'un lis mêlé parmi des roses ;
» ainsi éclate sur le front de la jeune vierge le con-
» traste de ces brillantes couleurs. Turnus, que l'a-
» mour transporte, attache ses avides regards sur
» Lavinie ; il sent redoubler sa fureur guerrière, et
» répond en peu de mots à la reine : « Cessez, ô
» ma mère, je vous en conjure, de m'opposer vos
» pleurs, de poursuivre d'un si triste présage votre
» fils prêt à voler aux combats. Dût-il y trouver

» la mort, Turnus n'est plus maître de différer.
» Vole, Idmon, messager fidèle, porte de ma part
» au prince troyen ces paroles, qu'il n'entendra
» pas avec joie : demain, aussitôt que la vigilante
» Aurore, sur son char vermeil, rougira le ciel de
» ses feux, qu'il ne conduise point les Troyens con-
» tre les Rutules ; que les Troyens, que les Rutules
» laissent reposer leurs armes ; terminons la guerre
» par le sang de l'un de nous deux ; c'est ainsi,
» c'est dans ce champ que nous devons disputer la
» main de Lavinie. »

» Il dit, et court à son palais ; il demande ses
» coursiers, et se plaît à les voir frémir d'une im-
» patience belliqueuse. Pilumnus les reçut en pré-
» sent de la belle Orithye ; ils sont plus blancs que
» la neige, plus rapides que les vents. Autour d'eux
» s'empressent leurs conducteurs, qui d'une main
» caressante flattent leur poitrail, et peignent leurs
» crins ondoyants. Lui-même il endosse sa cuirasse,
» où se marie à l'or pur un airain plus précieux en-
» core. En même temps il place sur son front un
» casque qu'ombrage un double panache pourpré,
» s'arme de son bouclier, et ceint son épée, cette
» épée que forgea pour son père Daunus le dieu du
» feu lui-même, et qu'il trempa toute brûlante dans
» les ondes du Styx. Contre une haute colonne, au
» milieu de son palais, était appuyée une énorme
» lance, dépouille d'Actor, chef des Auronques ;

» Turnus saisit d'une main vigoureuse, il brandit
» avec force cette arme frémissante, et s'écrie d'une
» voix terrible : « O lance qui n'as jamais trompé
» mes vœux, voici l'heure des périls. Jadis au grand
» Actor, maintenant c'est Turnus qui te porte : fais
» que je terrasse mon vil adversaire ; que mon bras
» robuste arrache, déchire la cuirasse de ce Phry-
» gien efféminé ; que je souille dans la poussière ses
» cheveux humides de parfums, et arrondis en
» anneaux légers sous un fer brûlant. »

» Telle est la fureur qui le transporte ; son visage
» ardent étincelle, le feu jaillit de ses yeux enflam-
» més. Tel un taureau superbe s'anime au combat
» par d'horribles mugissements : il essaie contre le
» tronc d'un arbre la colère de ses cornes redouta-
» bles, fatigue l'air de ses coups, et prélude à la
» lutte en dispersant l'arène.

» Non moins terrible sous l'armure que lui donna
» sa mère, Énée aiguillonne aussi son courage, et
» réveille son courroux, satisfait de voir le terme
» de la guerre dans le traité qu'on lui propose. Il
» rassure ses compagnons, il console la tristesse et
» calme les alarmes d'Iule en rappelant les ora-
» cles du destin ; enfin il fait porter au roi Latinus
» sa réponse décisive et les conditions de la paix.

» Le lendemain, à peine le jour naissant éclai-
» rait la cime des montagnes, à peine les coursiers
» du soleil, soufflant de leurs larges naseaux des

» torrents de lumière, s'élançaient du fond de
» l'Océan; déjà les Troyens et les Rutules mesu-
» rent et disposent le champ du combat sous les
» murs de Laurente. Au centre de la lice s'élèvent
» les foyers sacrés et des autels de gazon, érigés aux
» dieux communs des deux peuples. Les prêtres,
» voilés de lin, et le front couronné de verveine,
» s'avançaient portant l'eau et le feu du sacrifice.
» D'un côté, les Latins se déploient, et leurs
» bataillons, hérissés de javelots, s'écoulent à flots
» pressés hors des portes de la ville; de l'autre
» côté, se précipite toute l'armée des Troyens et des
» Toscans, distingués par la variété de leurs armes :
» ils marchent couverts de fer, comme si Mars les
» appelait à ses luttes sanglantes. Au milieu de cette
» foule de guerriers s'empressent les chefs étince-
» lants d'or et de pourpre, Mnesthée, du sang d'As-
» saracus, le vaillant Asylas, et le fils de Neptune,
» Messape, habile à dompter les coursiers. Au si-
» gnal donné, les deux armées laissent entre elles
» un espace convenu; chacun enfonce sa lance
» dans la terre, et abaisse son bouclier. Alors,
» poussés par une inquiète curiosité, les femmes,
» le peuple sans armes, les faibles vieillards, enva-
» hissent les tours et les toits des maisons; d'autres
» se tiennent debout sur les portes.

» Cependant du haut de ce mont appelé main-
» tenant Albain (jadis il était sans nom, sans hon-

»neur et sans gloire), Junon, étendant ses regards
» sur la plaine, contemplait le champ de bataille,
» les armées de Laurente et de Troie, et la ville de
» Latinus. Aussitôt la déesse aborde la divine sœur
» de Turnus, qui préside aux étangs et aux fleuves
» sonores : pour prix des faveurs de la vierge, le
» puissant maître de l'Olympe lui donna cet em-
» pire honorable. « Nymphe, lui dit Junon, toi
» l'ornement des fleuves, et qui es si chère à mon
» cœur; tu le sais, de toutes les beautés latines que
» le grand Jupiter fit monter dans sa couche infi-
» dèle, tu es la seule que ma faveur n'ait point re-
» poussée, la seule que je me sois plu à placer dans
» les cieux. Apprends donc ton malheur, ô Juturne,
» et ne m'en accuse pas. Tant que la Fortune a
» paru le souffrir, tant que les Parques ont permis
» l'état prospère du Latium, j'ai protégé Turnus et
» tes remparts. Maintenant, je vois ce jeune héros
» courir à une lutte inégale; le jour des Parques
» approche; une puissance ennemie le menace.
» Non, je ne puis soutenir la vue de ce combat, de
» ce traité funeste. Toi, si tu oses tenter pour l'a-
» mour d'un frère quelque effort plus utile, pars,
» il le faut; peut-être un sort plus heureux adoucira
» notre infortune. »

» A ce discours, Juturne répand un torrent de
» larmes, et trois et quatre fois elle meurtrit de
» ses coups la beauté de son sein. « Ce n'est pas le

» moment des pleurs, lui dit Junon ; hâte-toi, et,
» s'il se peut, arrache ton frère à la mort, ou ral-
» lume les combats, romps un pacte odieux ; c'est
» Junon qui te conseille de tout oser. » Ainsi l'ex-
» hortait la déesse ; alors elle s'éloigne, la laissant en
» proie à l'incertitude, et le cœur agité d'un trou-
» ble douloureux.

» Au même instant paraissent les rois de l'Auso-
» nie : Latinus, dans un pompeux appareil, s'a-
» vance sur un char à quatre coursiers ; autour de
» ses tempes brillent douze rayons d'or, symbole
» éclatant du dieu de la lumière, son aïeul. Ensuite
» vient Turnus, traîné par deux chevaux blancs,
» et balançant dans sa main deux javelots armés
» d'un large fer. Hors de son camp s'élance Énée,
» le père de la nation romaine ; il éblouit les regards
» du feu de son bouclier divin et de sa céleste ar-
» mure : à ses côtés marche le jeune Iule, autre espoir
» de la superbe Rome. Revêtu d'un lin sans tache, le
» pontife amène le nourrisson d'une laie aux longues
» soies, ainsi qu'une jeune brebis dont le fer avait
» toujours respecté la toison, et les approche des
» autels embrasés. Le regard tourné vers le soleil
» naissant, les rois d'une main religieuse présen-
» tent la farine et le sel, marquent du glaive le
» front des victimes, et répandent sur les autels la
» coupe des libations.

» Alors le pieux Énée, l'épée nue, fait cette prière :

« Entends mes vœux, ô soleil ! et toi, ô terre du
» Latium, pour qui j'ai pu supporter tant de tra-
» vaux difficiles ; toi, puissant roi des cieux, et toi,
» fille de Saturne, ô Junon, déesse aujourd'hui
» plus propice, je vous invoque ; et toi, Mars, ar-
» bitre suprême et glorieux des batailles, vous
» aussi, fleuves et fontaines, vous, divinités de
» l'Olympe et des mers azurées, je vous atteste
» tous ! Si la fortune et la victoire couronnent
» Turnus, les vaincus se retireront vers la ville
» d'Évandre, Iule abandonnera cette contrée, et
» jamais, dans la suite, les Troyens parjures ne
» ressaisiront leurs armes pour fondre de nouveau
» sur ce royaume. Si plutôt le succès déclare que
» Mars est de notre parti, comme je l'espère (et
» veuillent les dieux confirmer mon espérance !),
» je n'exige pas que l'Italie se soumette aux Troyens,
» je ne réclame pas pour moi l'empire. Que, sous
» d'égales conditions, les deux peuples également
» invincibles s'unissent par une alliance éternelle.
» Ils recevront mon culte et mes dieux : Latinus,
» mon beau-père, gardera le commandement de
» l'armée et le pouvoir suprême. Les Troyens bâ-
» tiront d'autres remparts, et Lavinie donnera son
» nom à ma nouvelle ville. »

» Ainsi parle Énée le premier. Latinus, à son tour,
» les bras et les yeux levés au ciel : « Comme vous,
» Énée, je prends aussi à témoin cette terre, la mer et

» les astres, les deux enfants de Latone, Janus, au
» double front, la puissance des divinités infernа-
» les, et le sanctuaire de l'impitoyable Pluton. Que
» Jupiter m'entende! Jupiter dont la foudre est le
» sceau des traités. La main sur l'autel, j'en jure
» par ces feux sacrés et par tous les dieux : jamais,
» quoi que le sort décide, on ne verra les Latins
» rompre cette paix ni ce pacte d'alliance ; nulle
» contrainte ne changera ma volonté d'y être fidèle ;
» non, dût la terre, dans un déluge affreux, dispa-
» raître sous les eaux, et le ciel s'abîmer au fond
» du Tartare! Ainsi ce sceptre (il était alors armé
» de son sceptre) ne verra plus renaître son feuil-
» lage léger, ni ses rameaux, ni son ombrage, de-
» puis que séparé dans les forêts du tronc qui le
» portait, il a quitté la tige maternelle, et perdu sous
» le tranchant du fer ses branches et sa chevelure ;
» jadis arbrisseau, maintenant revêtu d'un airain
» brillant par l'art d'un habile ouvrier, il atteste
» entre leurs mains le pouvoir suprême des rois du
» Latium. »

» Tels étaient les serments qu'ils faisaient d'o-
» béir aux traités, en présence des chefs de l'une et
» l'autre nation. Alors, suivant l'usage solennel,
» on égorge sur la flamme les victimes sacrées; on
» arrache leurs entrailles encore palpitantes, et l'on
» charge de larges bassins qui vont couvrir les autels.

» Cependant cette lutte depuis long-temps paraît

» inégale aux Rutules ; au fond du cœur ils sont
» agités de mouvements divers, surtout lorsqu'ils
» observent de plus près la différence des forces.
» Leur crainte augmente encore à l'aspect de Turnus
» s'avançant en silence, de son attitude suppliante
» aux pieds des autels, de ses regards baissés, de ses
» joues livides et de la pâleur qui domine sur le front
» du jeune prince. Dès que Juturne, sa sœur, voit les
» murmures aller toujours en augmentant et les es-
» prits de la foule inconstante incliner à d'autres pro-
» jets, elle se mêle parmi les bataillons sous la figure
» de Camerte, guerrier célèbre par ses aïeux, célèbre
» par la valeur de son père, et lui-même d'un cou-
» rage éprouvé dans les combats. Instruite de la dis-
» position des soldats, elle sème mille adroites ru-
» meurs, et s'écrie : « N'avez-vous point de honte,
» ô Rutules, de souffrir qu'un seul s'expose ainsi
» pour tous ? N'égalons-nous point nos ennemis par
» le nombre, par la vaillance ? Les voilà tous ces
» Troyens, ces Arcadiens ; voilà ces Toscans dont
» les destins ont armé la haine contre Turnus. Com-
» battons un homme sur deux, et chacun de nous
» à peine aura son adversaire. Ah ! sans doute la
» renommée l'élèvera jusqu'aux cieux ce héros
» qui se dévoue en face des autels, et son nom
» vivant retentira dans tous les âges. Et nous, dé-
» sormais sans patrie, il nous faudra plier sous des
» maîtres superbes ; nous qui, paisibles spectateurs

» du danger, nous reposons maintenant sur nos
» armes. »

» Le cœur des jeunes guerriers s'enflamme de
» plus en plus à ce discours, et de rangs en rangs
» circule un long murmure. Laurentins et Latins,
» tous ont changé : eux qui déjà espéraient la fin
» des combats et le terme de leurs maux, à pré-
» sent ils ne respirent que la guerre, ils demandent
» la rupture du traité fatal, et plaignent l'injuste sort
» de Turnus. A cet artifice Juturne en ajoute un
» second plus puissant; elle fait paraître au haut des
» airs un prodige tel que jamais nul autre ne trou-
» bla davantage l'esprit des Italiens, et ne les trompa
» mieux par son prestige. L'aigle de Jupiter, sous
» un ciel ardent, poursuivait un essaim bruyant
» d'oiseaux du rivage; tout à coup, s'abattant sur
» l'onde, le ravisseur enlève dans ses serres tran-
» chantes un cygne d'une éclatante beauté. A
» cette vue, les Latins rappellent leur constance; ô
» surprise! tous les oiseaux fugitifs se rallient à
» grands cris, obscurcissent le ciel de leurs ailes,
» et, comme un épais nuage, fondent sans relâche
» sur l'ennemi commun; enfin, succombant sous le
» nombre et vaincu par le poids de son fardeau,
» l'aigle rejette sa proie dans le fleuve, et se perd au
» sein des nues. Les Rutules par leurs acclamations
» saluent le présage, et lèvent leurs mains étonnées.
» L'augure Tolumnius le premier s'écrie : « Le voilà,

» le voilà ce signe céleste que mes vœux ont tant im-
» ploré! je l'accepte, et je reconnais les dieux.
» Suivez-moi, suivez-moi, guerriers trop timides
» que ce perfide étranger épouvante comme de
» faibles oiseaux, et dont il désole les contrées par
» ses brigandages. Il va fuir, il va sur l'Océan dé-
» ployer toutes ses voiles. Vous, serrez vos batail-
» lons de concert, et défendez le roi qu'on veut
» vous ravir. »

» Il dit, s'avance, et fait voler dans les rangs op-
» posés un trait sûr, qui siffle, et fend l'air. Soudain
» part un grand cri, tous les bataillons s'agitent en
» désordre, et le tumulte échauffe les courages. Au
» lieu où la flèche dirige son vol étaient placés neuf
» frères brillants de jeunesse et de beauté, que l'Ar-
» cadien Gylippe avait eus d'une Toscane, sa fidèle
» épouse. L'un d'eux, qui l'emportait par ses charmes
» et l'éclat de ses armes, est frappé au milieu du corps
» à l'endroit où l'agrafe réunit les deux extrémités du
» baudrier; le fer lui traverse les flancs, et l'étend
» mort sur l'arène. Aussitôt ses frères, intrépide pha-
» lange, animés par la colère et la douleur, saisissent
» les uns leurs épées, les autres leurs javelots, et fon-
» dent en fureur sur l'ennemi : les Latins volent à
» leur rencontre. De leur coté se précipitent à flots
» pressés les Troyens, les Toscans, les Arcadiens,
» que distinguent leurs armes colorées. Tous brûlent
» du désir d'en appeler au glaive. On dépouille les

» autels : un affreux orage de traits obscurcit le ciel ;
» partout tombe une pluie de fer. On enlève les
» feux, les coupes du sacrifice. A cette rupture im-
» prévue, Latinus lui-même fuit, emportant ses
» dieux outragés. Les uns attellent leurs chars,
» d'autres d'un saut rapide s'élancent sur leurs cour-
» siers, tous s'avancent l'épée nue à la main.

» Messape, impatient de briser le traité, pousse
» son coursier sur Auleste, l'un des souverains d'É-
» trurie, et qui marchait revêtu des insignes de la
» royauté. L'infortuné recule, et tombe à la renverse
» au milieu des autels où s'embarrassent sa tête et
» ses épaules. L'ardent Messape accourt, et du haut
» de son cheval, malgré les prières du Toscan, il
» le frappe mortellement de son énorme lance :
« Qu'il meure, s'écrie-t-il ; cette noble victime sera
» plus agréable aux dieux immortels ». Les Latins
» arrivent en foule, et dépouillent son corps pal-
» pitant.

» Corynée enlève à l'autel un tison brûlant, et,
» prévenant Ébésus, qui s'apprêtait à le percer, il
» lui porte la flamme au visage. La longue barbe du
» Rutule s'embrase aussitôt, et l'odeur qui s'en ex-
» hale se répand au loin. Corynée fond sur son
» ennemi troublé, de la main gauche saisit ses
» cheveux, et, le pressant de toute la force d'un
» genou vigoureux, il l'applique contre terre ; alors
» il lui plonge le fer meurtrier dans le flanc. Podalire

» poursuit le pasteur Alsus, et tient le glaive levé
» sur lui, tandis qu'au premier rang il s'élance
» à travers les traits : soudain Alsus se retourne;
» d'un coup de hache il partage en deux la tête
» de son adversaire, et inonde son armure de flots
» de sang. Un repos affreux, un sommeil de fer
» pèse sur les paupières de l'infortuné, et ses yeux
» se ferment dans l'éternelle nuit.

» Cependant le pieux Énée, le front nu, étendait
» sa main désarmée, et rappelait les siens à grands
» cris : «Où courez-vous, insensés? D'où naît cette
» soudaine discorde? Ah! réprimez cette rage! le
» traité est conclu, toutes les conditions sont arrê-
» tées. Seul, j'ai le droit de combattre; laissez-moi
» ce soin, et calmez vos craintes. Ce bras saura bien
» ratifier le traité. La tête de Turnus m'est due, ces
» autels en sont garans. » Il parlait encore; tout à coup
» une flèche ailée siffle à travers les airs, et l'atteint.
» De quelle main est-elle partie ? quelle fureur en di-
» rigea l'essor? le hasard ou quelque dieu procura-
» t-il ce triomphe aux Rutules? on l'ignore. La gloire
» de ce coup insigne resta cachée dans l'ombre ; et
» nul ne se vanta d'avoir blessé le héros troyen.»

Ici nous ne pouvons faire un pas sans voir sans
cesse Homère à côté de Virgile. La comparaison
du lion avec Turnus, empruntée au vingtième chant
de l'Iliade, n'en reproduit pas toutes les beautés.
« Tel est un lion furieux : les bergers, tout le ha-

meau brûle de l'immoler ; lui d'abord s'avance, en méprisant ses adversaires ; mais, si l'un des jeunes pasteurs l'a frappé d'une flèche, il se retourne la gueule béante ; ses dents se couvrent d'écume ; son noble cœur frémit dans son sein ; de sa queue il se frappe les cuisses et les flancs pour s'exciter lui-même au combat ; ses yeux étincellent, et, emporté par son courage, il veut déchirer un berger, ou périr sur le front de la bande ennemie [1]. Lucain, » bien qu'il soit encore inférieur à l'original, me semble en approcher davantage dans l'imitation suivante :

> Sic quum squalentibus arvis
> Æstiferæ Libyes viso leo cominus hoste
> Subsedit dubius, totam dum colligit iram ;
> Mox ubi se sævæ stimulavit verbere caudæ
> Erexitque jubam, et vasto grave murmur hiatu
> Infremuit ; tum torta levis si lancea Mauri
> Hæreat, aut latum subeant venabula pectus,
> Per ferrum, tanti securus vulneris, exit [2].

Le Pâris de l'Iliade, fier de la beauté de son armure, s'avance à la tête des Troyens, et provoque les plus illustres des Grecs. Ménélas paraît ; aussitôt le fanfaron de gloire se sent frappé de terreur, et

---

[1] Vers 164 et suiv.
[2] *Pharsale*, liv. Ier, vers 205 et suiv.

se réfugie parmi ses compagnons pour éviter la mort. Enfin, accablé des reproches d'Hector, qui le couvrent de honte aux yeux de l'armée, il se détermine à demander, comme Turnus, le combat singulier entre lui et son rival [1]. Par une judicieuse observation des mœurs de la part du poète, l'indigne violateur de l'hospitalité, le ravisseur d'Hélène, le prince noyé dans la mollesse, le coupable qui a pu jouir si long-temps de son crime, en présence de tout le sang répandu pour sa cause, ne fait ici que subir la loi de la nécessité, et céder aux menaces du plus grand des Troyens, au lieu de trouver en lui-même les motifs d'un noble dévoûment. Ménélas du moins, pour qui la Grèce et l'Asie combattent depuis dix ans, exprime un profond regret du malheur de deux peuples [2]. J'ignore pourquoi Virgile a oublié de mettre dans le cœur de Turnus et dans celui d'Énée une généreuse pitié pour la triste Italie, déchirée à leur sujet par une guerre cruelle.

Le discours de Latinus, quoique composé avec un certain art, et respirant la tendresse paternelle, ne peut ni convaincre ni ramener Turnus. Quelques mots, inspirés par le plus juste ressentiment,

---

[1] Chant III, depuis le vers 15 jusqu'au 76ᵉ.
[2] *Ibid.*, v. 97.

quelques traits d'une argumentation semblable à celle de Nicomède, suffiraient pour réduire au silence le Prusias de l'Énéide. Latinus, qui doit avoir des entrailles de père, ne peint pas d'une manière assez vive et assez touchante l'abandon et la douleur de Daunus après la perte d'un fils, le seul appui de sa vieillesse. Quoique le roi de Laurente ne puisse pas se comparer à ce prodige d'infortune, qu'Homère nous représente sous le nom de Priam, cependant le premier de ces deux princes rassemble assez de malheurs autour de lui pour que ses paroles à Turnus rappellent davantage la déchirante prière du monarque de l'Asie au vaillant Hector, près de courir au devant d'Achille.

Transportons-nous sur le lieu de la scène de l'Iliade, et demandons-nous comment nous pourrions entendre, sans les plus affreux déchiremens du cœur, le vénérable Priam parler ainsi lui-même de sa propre destinée au plus magnanime des guerriers. « Enfin, prends pitié de ton père, accablé d'infortune, qu'à l'extrémité de la vieillesse Jupiter condamne aux plus grands malheurs, à voir ses fils égorgés, ses filles captives, ses petits-enfans écrasés contre la terre, et les épouses de ses fils enchaînées par les mains barbares des Grecs. Hélas! à mon tour, réservé pour dernière victime, quand le javelot ou la lance d'airain m'aura arraché la vie, je serai dévoré sur le seuil de ce palais par les chiens que j'ai nourris comme des familiers de ma table; oui, ces fidèles gardiens s'abreuveront de mon sang, et, rassasiés de carnage, reposeront ensuite étendus sous les vastes portiques[1]. Il n'y a ni honte, ni déshonneur pour un jeune guerrier frappé au milieu d'un combat, déchiré par la pointe du glaive et couché dans la plaine : tout mort qu'il est, rien que de beau ne paraît en lui. Mais voir des chiens cruels souiller la chevelure et la barbe blanchies d'un vieillard, et se jouer de ses tristes restes, voilà le comble de l'horreur pour les malheureux mortels [2]. » Les supplications d'Hécube sont faibles après celles de Priam; mais j'ai trouvé dans la belle scène de Shakespeare, où Andromaque, Priam et l'une de ses filles se réunissent pour retenir Hector qui va chercher Achille, ou plutôt le trépas, comme

---

[1] On croirait que Racine avait ce passage d'Homère présent à la pensée lorsqu'il mit ces vers dans la bouche d'Athalie, racontant le songe qui lui a fait voir l'épouvantable métamorphose de sa mère Jézabel :

> Mais je n'ai plus trouvé qu'un horrible mélange
> D'os et de chairs meurtris et traînés dans la fange,
> Des lambeaux pleins de sang et des membres affreux
> Que des chiens dévorants se disputaient entre eux.
> *Athalie*, acte II, sc. v.

[2] *Iliade*, chant XXII, v. 59 et suiv.

dit Racine, cette effrayante apostrophe de Cassandre : « Adieu, cher Hector. Vois comme te voilà mourant ! comme tes yeux s'éteignent ! comme ton sang coule par mille blessures ! Entends les gémissements de Troie, les clameurs d'Hécube ; entends la malheureuse Andromaque exhalant sa douleur par des cris aigus ! Contemple le désespoir, la frénésie, la consternation, *semblables à des acteurs inhabiles*, s'abordant en criant : Hector, Hector est mort ! ô Hector[1] ! » La réponse de Turnus au père de Lavinie me paraît froide ; on y chercherait en vain cette flamme de l'héroïsme qui inspire les guerriers d'Homère dans les grandes circonstances, et dont Racine a su échauffer les paroles d'Achille au roi Agamemnon, qui veut aussi le détourner de la guerre par des motifs spécieux et puissants sur tout autre que le fils de Thétis[2].

Amate supplie Turnus avec le même accent, presque avec le même charme que Didon, redescendue

---

[1] *Troile et Cresside*, acte V.

[2] *Iphigénie*, Acte Ier, scène II. C'est là qu'on lit ces beaux vers :

    Mais, puisqu'il faut enfin que j'arrive au tombeau,
    Voudrais-je, de la terre inutile fardeau,
    Trop avare d'un sang reçu d'une déesse,
    Attendre chez mon père une obscure vieillesse ;
    Et, toujours de la gloire évitant le sentier,
    Ne laisser aucun nom, et mourir tout entier ?

à la ressource des larmes, et prête à tomber aux genoux d'Énée [1]; mais, puisque la reine met sous la protection de Turnus le repos de sa vieillesse, l'honneur de l'empire de Latinus, enfin le salut de sa maison chancelante, pourquoi ne prononce-t-elle pas le nom de sa fille ? N'a-t-elle pu vouer ou réclamer l'alliance du roi d'Ardée, elle qui déclare vouloir partager son sort, et mourir plutôt que d'accepter Énée pour gendre ? On n'explique pas bien le motif de ce silence ou de cette retenue ! Qu'elle aurait été touchante, en disant à peu près au gendre de son choix, comme la Chrisis de Térence à Pamphile, au sujet de Glycérie : « Vous voyez sa jeunesse et sa beauté..... par cette main que je vous présente, par votre heureux naturel et votre bonne foi, par la solitude où cette enfant va se trouver, je vous en conjure, ne vous séparez pas d'elle, ne l'abandonnez pas. Si je vous ai toujours chéri comme un frère; si celle-ci n'a jamais fait la plus haute estime que de vous seul, si elle a toujours cherché à vous complaire en toutes choses, je vous la donne. Soyez pour elle un époux, un ami, un tuteur, un père. » Amate pouvait s'écrier aussi, à l'exemple de Clytemnestre ;

> C'est votre épouse, hélas ! qui vous est enlevée:
> Dans cet heureux espoir je l'avais élevée.

---

[1] Livre IV, vers 307 et suiv.

ÉNÉIDE, LIVRE XII.

. . . .
Elle n'a que vous seul : vous êtes en ces lieux
Son père, son époux, son asile, ses dieux [1].

Peut-être des réflexions, tirées du parti qu'il avait pris à dessein de laisser dans l'ombre le penchant de Lavinie pour le roi des Rutules; peut-être aussi d'autres convenances, imposées par la situation elle-même, ont conduit Virgile à sacrifier ces moyens de persuasion; mais il leur a substitué avec beaucoup d'habileté la présence de Lavinie, plus éloquente encore. Son trouble, ses joues brûlantes et inondées de larmes, le feu de son teint, enflammé par la pudeur et l'amour, réveillent l'ardeur de Turnus, et le précipitent au combat, après une nouvelle réponse, calquée trop servilement sur celle de Priam à Hécube dans le vingt-quatrième chant de l'Iliade.

Ce n'est pas en vieillard résigné, c'est en guerrier transporté de fureur, que s'exprime le féroce Argant, lorsqu'il envoie par un héraut son défi à Tancrède ou à quelque autre des compagnons de Godefroi : « Va-t'en, lui dit-il, au camp des Chrétiens, et » annonce le combat et la mort à ce champion du » Christ. » On s'étonne aussi que le discours de Turnus ne contienne pas sur la jeune vierge cause d'une si ardente jalousie et d'une si grande guerre autre

---

[1] Racine, *Iphigénie*, acte III, scène v.

chose que ce souvenir sans grâce et sans chaleur :
« Que dans ce champ soit disputée la main de Lavinie. » Si l'amour de Turnus est vrai, cet amour a dû mieux l'inspirer devant la femme pour laquelle il va vaincre ou mourir. On croit entendre ici l'adieu glacé et presque insultant du fils d'Anchise à Didon, qu'il laisse en proie au désespoir.

Pâris se revêtant de ses superbes armes, Agamemnon dans la même situation, et plus magnifique encore, et surtout Achille au dix-neuvième chant de l'Iliade, sont les modèles auxquels Virgile doit la scène de l'armement de Turnus. Il suffirait de citer tout entier le passage d'Homère pour montrer combien, dans la dernière de ces comparaisons, l'original est supérieur à la copie. Le Tasse, en les imitant, a souvent égalé l'un et surpassé l'autre. « Argant suspend à son côté sa redoutable épée, dont la trempe est très-fine et très-ancienne. Telle on voit briller dans l'air une comète enflammée, dont l'horrible et sanglante chevelure bouleverse les empires, amène de cruelles maladies, et jette sur les tyrans couverts de pourpre une clarté funeste ; tel Argant étincelle sous les armes. Ses yeux louches et sinistres roulent dans leur orbite, ivres de sang et de colère ; ses gestes terribles respirent les horreurs de la mort, tout son visage exhale des menaces de mort. Il n'est point d'âme si forte et si sûre d'elle-même que n'effraie un seul des regards de ce redoutable ennemi. Il tient son épée nue, il la soulève, il l'agite en criant, et frappe en vain l'air et les ombres. » L'Achille grec ni l'Achille romain ne ressemblent au farouche Circassien, auquel le poète de Sorrente prête aussi un langage digne des préludes qui l'annoncent, et bien autrement énergique que celui de Turnus : « Bientôt, dit-il, ce brigand chrétien, assez audacieux pour vouloir s'attaquer à moi, tombera par terre vaincu et ensanglanté ; la poussière souillera ses cheveux épars. Vivant encore, il verra cette main, à la honte de son Dieu, le dépouiller de ses armes ; et, en mourant, il ne pourra obtenir par ses prières que ses membres ne soient pas la pâture des chiens. Ainsi un taureau qu'irritent les aiguillons d'un amour jaloux pousse d'horribles mugissements, qui réveillent son courage et ses bouillants transports. Il aiguise ses cornes contre les troncs des arbres, et semble par d'inutiles coups défier les vents au combat ; il lance le sable avec ses pieds, et provoque de loin son rival à une guerre sanglante et mortelle [1]. »

Après l'insolent défi du roi des Rutules, Énée paraît s'échauffer à froid et se battre les flancs pour se mettre en colère. Une telle impassibilité n'est pas dans le caractère antique, si prompt au ressenti-

---

[1] *Jérusalem délivrée*, chant VII, st. LII et suiv.

ment de l'injure. La situation ne nous suggérerait pas ces réflexions, si de hautes et généreuses inspirations, la confiance dans le ciel, le sentiment profond de la justice de sa cause, nous montraient le prince troyen comme l'homme de la patrie et des dieux, qui se prépare avec calme à combattre pour le salut des deux peuples. Ces pensées étaient présentes à l'imagination de Virgile; mais il les a laissées dans le germe, au lieu de les faire éclore et de les développer.

L'intervention de Junon et son entretien avec Juturne, sœur de Turnus, rappellent par des rapports trop symétriquement exacts l'entrevue de Diane et de la nymphe Opis. Ces répétitions des mêmes moyens, cet emploi des mêmes ressorts, des mêmes formes, donnent à soupçonner quelque stérilité d'invention. Ensuite quel rôle décoloré joue en ce moment la reine des dieux, l'orgueilleuse rivale de Jupiter! Cette Junon, qui troublait l'empire des flots malgré leur souverain, cette espèce de furie céleste qui a mis toute l'Italie en feu, et, naguère encore, jurait de soulever le Tartare au défaut de l'Olympe, plutôt que de se confesser vaincue, n'a pas la force de supporter l'aspect des périls de Turnus [1],

---

[1] Comme le même sentiment est plus vrai, plus touchant dans le IIIe livre de l'*Iliade*, où Priam adresse ces paroles aux deux armées : « Écoutez-moi, Troyens, et vous, Grecs bel-

et n'ose plus rien tenter en faveur de son protégé qu'elle abandonne aux heureuses inspirations que l'amitié enverra peut-être à une sœur, à une faible nymphe! Dans une situation pareille, Homère a mérité des reproches que l'on a pu lire ailleurs ; mais il ne réduit pas une grande âme à se démentir elle-même : Junon est toujours Junon, et commande encore à Jupiter en paraissant lui céder [1]. Quand Milton change le monarque des esprits de l'abîme, le chef audacieux et quelquefois sublime de la révolte des enfers en un perfide serpent, qui baise humblement la poussière des pieds d'Ève, cette métamorphose ne nous le montre pas vaincu, découragé, avouant son impuissance comme Junon. Satan est le génie du mal ; en recourant soit à la ruse soit à la force pour atteindre un but pervers, il obéit à sa nature, et n'abdique ni son caractère ni son rôle. Fidèle à lui-même, obstiné dans sa haine, sous la forme d'un reptile ou bien sous celle d'un ange déchu, mais lumineux encore, il conspire également contre l'Éternel.

Si Virgile emprunte à l'Iliade la scène des ser-

---

liqueux, je retourne dans les hauts remparts d'Ilion ; je ne pourrais supporter de voir mon fils combattre le vaillant Ménélas ; Jupiter et les autres immortels savent auquel des deux le destin a réservé la mort. » Vers 304 et suiv.

[1] Voyez plus haut, pages 191, 192, 193.

ments et du sacrifice, précurseur du combat entre les deux guerriers qui se dévouent pour le salut de tous, au moins il imite avec jugement l'original, et l'embellit avec magnificence [1]. La prière d'Énée, adaptée au caractère d'un ami des dieux, et conforme à sa réponse aux ambassadeurs latins, ne peut que lui concilier tous les cœurs. En effet, tandis que l'orgueil de Turnus semble menacer de tout s'arroger par la force des armes, et de fouler aux pieds l'autorité de son beau-père, la modération d'Énée respecte les droits de Latinus, ainsi que l'indépendance de ses sujets; loin d'affecter l'empire, même après la victoire, il ne demande que Lavinie et une alliance éternelle entre deux peuples égaux et réunis ensemble auxquels

---

[1] On lit dans Milton : « Assis au milieu de ses troupes, dans son char, aussi brillant que le soleil, et élevé ainsi qu'un dieu, paraît l'apostat, orgueilleuse idole, rivale de la majesté divine. D'ardents chérubins, portant des boucliers d'or, l'environnaient..... Au bord de l'intervalle qui séparait les deux armées, à la tête de la ténébreuse avant-garde, Satan s'avança d'un pas fier, avec une démarche insolente, et couvert d'une armure d'or et de diamants; Abdiel n'en put soutenir la vue. » Chant VI, vers 100 et suiv. Le commencement de cette peinture rappelle Latinus couronné de douze rayons d'or, comme le soleil, dont il descend; le reste fait sentir ce qui manque de grandeur et d'éclat au portrait de Turnus, que Virgile semble sacrifier d'avance.

il ne veut imposer que les dieux et les sacrifices d'Ilion. Dans Tite-Live, les Romains et les Albains combattent pour la domination, et on livre ouvertement le vaincu à la discrétion du vainqueur ; Corneille, en mettant aux conséquences de la victoire des restrictions ou plutôt des ménagements qui n'allaient guère au génie d'Albe et de Rome, également ambitieuses et féroces, se rapproche des généreux sentiments que Virgile prête au fils d'Anchise.

> Nommons des combattants pour la cause commune ;
> Que chaque peuple aux siens attache sa fortune ;
> Et, suivant ce que d'eux ordonnera le sort,
> Que le parti plus faible obéisse au plus fort :
> Mais, sans indignité pour des guerriers si braves,
> Qu'ils deviennent sujets sans devenir esclaves,
> Sans honte, sans tribut, et sans autre rigueur
> Que de suivre en tous lieux les drapeaux du vainqueur.
> Ainsi nos deux États ne feront qu'un empire.

Le pompeux serment de Latinus, trop propre à réveiller le souvenir des nombreuses preuves de son défaut de constance et de fermeté, paraîtrait approcher du ridicule, si la raison ne nous découvrait ici un trait de nature. Latinus, qui a la conscience de sa faiblesse, cherche à s'enchaîner lui-même par des discours solennels et des engagements irrévocables. Dans la fameuse querelle avec Agamemnon, l'inflexible Achille, dont Virgile répète en partie le langage, ne s'abandonne pas à la folle exagération des promesses du roi de Laurente. On n'entend pas le fils de Thétis jurer qu'aucune puissance ne saurait ébranler sa volonté, dût la terre, par un déluge affreux, s'abîmer dans les ondes, et le ciel s'écrouler au fond du Tartare. Aussi nous croyons aux paroles d'Achille, tandis que nous nous défions des serments de Latinus.

Tite-Live fait précéder le combat des Horaces et des Curiaces par une scène semblable à celle que nous venons de voir, et représente ainsi ce qui se passait dans les cœurs au moment de l'action [1].

« Les deux armées s'étaient rangées chacune devant son camp, exemptes du péril présent, mais non pas de l'inquiétude de son issue : en effet il ne s'agissait de rien moins que de l'empire, et c'étaient la valeur et la fortune de trois hommes qui allaient en

---

[1] Corneille, imitateur de Tite-Live dans toute la narration relative à ce fameux combat, est plus nerveux, plus touchant que son modèle. En outre, on aurait peine à trouver dans l'élégant Tite-Live et dans les écrivains latins, n'importe de quelle époque, cette précieuse naïveté, surtout cette bonhomie qui s'accommode si bien avec l'accent du cœur :

> Déjà les deux armées,
> D'une égale chaleur au combat animées,
> Se menaçaient des yeux, et, marchant fièrement,
> N'attendaient, pour donner, que le commandement,
> Quand notre dictateur devant les rangs s'avance,

décider. Enfin le signal se donne. Les six guerriers comme alignés en bataille, et portant dans leurs cœurs tout le courage de deux grandes armées, courent l'un sur l'autre les armes hautes. Indifférents à leurs propres périls, ils n'ont devant les yeux que le triomphe ou l'esclavage de leur patrie et son sort futur, qui va devenir leur ouvrage. Au premier choc, lorsqu'on eut entendu le cliquetis des armes, et vu jaillir les éclairs des épées étincelantes, un frissonnement d'horreur serre la poitrine de tous les spectateurs; et, comme l'espérance n'inclinait encore d'aucun côté, la voix demeurait glacée et le souffle suspendu par la frayeur. Bientôt les adversaires en viennent aux mains; et alors ce ne sont plus les seuls mouvements des corps, les agitations des

---

Demande à votre prince un moment de silence;
Et, l'ayant obtenu : « Que faisons-nous, Romains,
Dit-il, et quel démon nous fait venir aux mains?
Souffrons que la raison éclaire enfin nos âmes :
Nous sommes vos voisins, nos filles sont vos femmes,
Et l'hymen nous a joints par tant et tant de nœuds
Qu'il est peu de nos fils qui ne soient vos neveux;
Nous ne sommes qu'un sang et qu'un peuple en deux villes;
Pourquoi nous déchirer par des guerres civiles,
Où la mort des vaincus affaiblit les vainqueurs,
Et le plus beau triomphe est arrosé de pleurs? »

N'est-ce pas là du La Fontaine dans la tragédie? Ce style ferme et simple, et qui a pourtant sa noblesse, ne représente-t-il pas avec vérité le langage de la situation?

armes et les feintes du glaive qui occupent les regards, ce sont des blessures et du sang[1]. » Rien de plus beau, rien de plus vrai que cette peinture puisée dans le cœur de l'homme, et conforme aux sentiments que devaient éprouver les deux partis. Mais quand Virgile croit nécessaire de jeter de la crainte et des présages sinistres dans l'âme des Rutules à l'approche d'un combat inégal et surtout à la pensée de la différence des forces entre les deux héros, ni le passé ni le présent ne motivent cette supposition. Jusqu'ici Turnus nous a paru plus grand qu'Énée, qui ne peut balancer les exploits et la gloire de son rival, enfermé dans le camp troyen, et victorieux d'une armée. La démarche silencieuse, l'abattement, la pâleur, l'inconcevable métamorphose du superbe Turnus, que nous reverrons bientôt semblable au dieu de la guerre lui-même, démentent son caractère, et choquent tellement la vraisemblance que loin d'adopter le mensonge officieux du poète en faveur d'Énée, nous nous plairions à trouver le prince des Rutules dans l'attitude imposante du Henri V de Shakspeare : « Oh! qui suivra de l'œil le chef royal de ces troupes délabrées, marchant de garde en garde et d'une tente à l'autre, qu'il crie en le voyant : « Louange et gloire sur sa tête auguste! » Ce prince ne se repose point ; il

---

[1] Tite-Live, liv. Ier, § 25.

visite toute son armée, et adresse à tous le salut du matin, avec un modeste sourire, les appelant mes frères, mes amis, mes compatriotes. Sur son noble visage on ne découvre nulle trace, nul sentiment de l'armée formidable dont il est environné; nulle impression de pâleur n'annonce ses veilles et les fatigues de la nuit entière passée sans sommeil. Son teint est frais et coloré; une douce majesté, une sérénité gaie, brillent dans ses yeux, où le soldat, pâle auparavant et abattu, puise, dès qu'il le voit, l'espérance et la force. »

Voici encore une suite d'imitations de l'Iliade embellies par Virgile. L'ardente pitié de Juturne envers un frère qu'elle veut arracher à la mort nous intéresse, et sert d'excuse à cet emportement qui nous révolte en Minerve, descendue de l'Olympe pour ordonner un crime. La véhémente allocution de cette tendre sœur aux Rutules, qu'elle enflamme aussitôt, a bien plus de chaleur et d'éloquence que le discours de la déesse au seul Pandarus. L'intervention du ciel par un prodige qui change et transporte les cœurs, ces cris de l'augure Tolumnius : « Le voilà, le voilà ce présage que mes vœux ont tant de fois demandé; je l'accepte et je reconnais les dieux, » impriment un nouveau mouvement à la situation. Aussi prompt que l'étincelle qui allume et fait tonner la poudre, le trait que ce même Tolumnius lance au milieu des ennemis met sur-le-champ les deux armées aux prises. Homère est trop lent à peindre et à courber l'arc du fils de Lycaon ; et si la blessure de Ménélas, la douleur d'Agamemnon, alarmé pour les jours de son frère, mais un peu trop prodigue de paroles ; l'arrivée de Machaon, fils d'Esculape, accouru avec son art divin au secours de Ménélas, forment un touchant épisode, l'action, que le crime de Pandarus devrait commencer au moment même, ne donne pas un signe de vie. Pourquoi du moins le roi des rois, au lieu de perdre un temps précieux en apostrophes plus ou moins longues et quelquefois déplacées aux généraux grecs, ne sait-il pas trouver des exhortations de flamme pour exciter la valeur de ses soldats, et réveiller en eux cette horreur de la trahison et du parjure, si naturelle aux guerriers protégés par le seul respect de la foi jurée, au milieu des fureurs de ce jeu cruel qui enlève du commerce des hommes tous les sentiments conservateurs de la paix et de l'harmonie sociale.

Ovide, imitateur de Virgile, s'est préservé des fautes que l'on peut reprocher à Homère. Le combat de Persée contre les Céphéniens s'engage d'une manière aussi brusque qu'imprévue. « Tandis que le fils de Danaé raconte ces merveilles, le palais de Céphée se remplit d'une foule de furieux : ce ne sont plus les chants des fêtes de l'hymen, mais le bruit terrible et précurseur du meurtre et des combats. C'est l'allégresse du festin changée subitement en un tumulte horrible : ainsi la mer tranquille frémit tout à coup quand la rage des vents vient exciter et soulever la colère des flots. A la tête de ses compagnons, l'imprudent auteur de l'agression, Phinée, s'avance, et agitant un javelot de frêne à la pointe d'airain : « Me voici, s'écrie-t-il, me voici prêt à venger mon épouse enlevée ; ni tes ailes, ni Jupiter, dont tu racontes la métamorphose en pluie d'or, ne t'arracheront de mes mains. » Comme il allait frapper, Céphée lui crie : « Que fais-tu, ô mon frère ? quelle aveugle fureur t'entraîne à un tel crime ? Est-ce là le salaire dû à de si grands services ? la récompense dont tu paies le salut de ma fille ? Ce n'est pas Persée, croyez-en la vérité de mes paroles, qui nous l'a ravie ; c'est le ressentiment des Néréides et de Jupiter Ammon ; c'est le monstre affreux des mers qui venait pour se rassasier de mes entrailles paternelles. Tu as perdu Andromède, enlevée le jour où elle se vit condamnée à périr. Serait-ce ce que tu souhaites avant tout, cruel, et trouverais-tu quelque consolation dans mon deuil ? Ce n'est donc point assez qu'enchaînée sous tes yeux tu ne lui aies porté secours, ni comme oncle, ni comme époux ; te plaindrais-tu encore qu'un vengeur quelconque l'eût délivrée ? et voudrais-tu arracher à ce sauveur de mon sang le prix de sa victoire ? Si ce prix te paraît si grand, il fallait aller le conquérir sur le rocher où ma fille était attachée.

Souffre que j'accorde sa récompense à celui qui l'a méritée, qui a préservé ma vieillesse de l'abandon, qui reçut de moi une promesse sacrée; et comprends enfin que je ne l'ai pas préféré à toi, mais à la mort certaine réservée pour ma fille. » Phinée, sans rien répondre, menace de ses regards et son frère et Persée, incertain de savoir lequel il attaquera le premier. Il n'hésite pas long-temps, et, de toutes les forces que lui donnait la fureur, il lance en vain sur son rival un javelot, qui s'enfonce dans le siége du héros. Soudain Persée se lève, et du même trait, qu'il arrache, sa colère eût brisé la poitrine de son ennemi, si Phinée ne se fût réfugié derrière un autel, qui n'aurait pas dû protéger cet impie. Cependant le trait n'est pas perdu, il frappe au front Rhœtus, qui tombe après avoir retiré le fer de la blessure, palpite, et arrose de son sang les tables du festin. Alors les compagnons de Phinée brûlent des transports d'une aveugle fureur, et les traits volent. »
Dans la peinture de la mêlée, Ovide est tour à tour nerveux, rapide, varié, touchant et terrible. Persée, toujours maître de lui-même et agrandi par le péril, immole une foule de victimes; mais il lui reste encore plus d'obstacles à surmonter. « Tous se réunissent pour la perte d'un seul; toutes les forces conjurées combattent contre la justice et la foi donnée. En présence de tant d'ennemis, le héros n'a

pour appui que les vœux, que l'inutile pitié de son beau-père, les pleurs de la reine et de sa nouvelle épouse, qui remplissent le palais de leurs gémissements, bientôt étouffés par le bruit des armes et les cris des mourants. Bellone arrose de flots de sang les pénates du roi, une fois souillés par le meurtre, et renouvelle sans cesse la mêlée. Phinée et ses mille compagnons environnent le seul Persée. Plus épais que la grêle des hivers, les traits volent autour de ses flancs, de ses yeux, de ses oreilles. Au milieu de cet orage, il applique son dos à une haute colonne ; alors, ne pouvant plus être surpris par derrière, et la face tournée contre eux, il soutient tous les efforts de ses ennemis..... Tel qu'un tigre dont la faim s'irrite au bruit de deux troupeaux qu'il entend mugir de loin dans diverses vallées, qui ne sait lequel attaquer d'abord, et voudrait s'élancer sur tous deux à la fois ; tel Persée, incertain s'il doit frapper à droite ou à gauche, blesse enfin Molpée au-dessus du genou.... » Les ennemis redoublent de rage; à la fin, Persée sent qu'il succomberait sous le nombre, et il recourt à la tête de Méduse. Aussitôt vient la scène des métamorphoses opérées par ce talisman terrible, scène dans laquelle Ovide se montre si grand peintre [1]. Il ne l'est pas moins dans la querelle des Centaures et

---

[1] *Métam.*, V^e chant, vers Ier et suiv.

des Lapithes, qui commence ainsi aux noces d'Hippodamie : « La vierge, brillante d'attraits, s'avance environnée d'un cortége de mères et de jeunes épouses. Nous félicitâmes Pirithoüs du bonheur d'un tel hymen, mais nous faillîmes nous-mêmes démentir le présage. Le plus sauvage des Centaures, Euryte, échauffé par le vin, s'enflamme encore plus à l'aspect de la vierge ; une double ivresse excite en lui des transports effrénés. Soudain les convives troublent la fête, les tables sont renversées ; ils saisissent aux cheveux les nouvelles épouses ; Euryte entraîne Hippodamie ; les autres, celle qui leur plaît ou dont ils ont pu s'emparer. C'est le désordre d'une ville prise d'assaut. Le palais retentit du cri déchirant des femmes. Nous nous levons, et Thésée le premier : « Euryte, quelle fureur insensée te pousse? Moi vivant, tu oses attaquer Pirithoüs ! Ne sais-tu pas que tu outrages deux guerriers dans un seul? » Le héros n'a point parlé en vain ; il écarte tous les obstacles, et enlève Hippodamie à ses ravisseurs, frémissant de colère. Euryte se tait ; et quelles paroles auraient pu justifier un tel crime ? Mais il ose porter une main insolente sur le vengeur de Pirithoüs, et frapper sa généreuse poitrine. » Euryte expie cette audace. Irrités de la mort de leur frère, Aux armes ! s'écrient les Centaures, aux armes ! et la mêlée s'engage : elle est affreuse, et souvent empreinte de ce grandiose, de ce merveilleux gigantesque et attachant toutefois qui signale les exploits de Roland furieux et désespéré[1].

L'Arioste et le Tasse, plus rapprochés de Virgile que d'Homère dans leurs imitations, ont aussi compris, comme le poète latin, quelle rapidité demandait une situation de feu[2]. J'ai déjà fait sentir que les préludes du combat sont beaucoup trop lents dans l'Iliade. Les deux armées ont tant de peine à s'ébranler que, malgré la part qu'ils paraissent prendre dans la querelle, nous ne croyons pas à la présence et surtout à la colère contagieuse de Mars et de Minerve, de la Terreur et de la Discorde, qu'Homère annonce avec tant de bruit. Au contraire nous frissonnons d'épouvante, au deuxième livre de l'Énéide, devant ces grandes divinités occupées à renverser Ilion dans ses fondements[3].

Les Rutules et les Troyens hésitent moins longtemps à s'attaquer que les héros de l'Iliade, où l'action a cependant plus d'intérêt. Virgile nous montre huit guerriers, irrités de la mort de leur jeune frère, et ne nous retrace pas leurs exploits, qui auraient pu donner lieu à la plus brûlante peinture. Après eux, nous voyons figurer avec Messape cinq

---

[1] *Métamorphoses*, chant XII, vers 210 et suiv.

[2] *Roland furieux*, chant XXXIX, st. Ire et suiv. —*Jérusalem délivrée*, chant VII, st. xcix et suiv.

[3] Vers 608 et suiv.

inconnus, le roi Auleste, Ébésus[1], Corynée, Alsus et Podalire. Homère amène sur la scène, avec leur renommée, Antiloque, Elphénor, Ajax Télamonien, Ulysse et son ami Leucus, immolé sous ses yeux et vengé par lui; le terrible Hector, Apollon, qui excite les Troyens du haut de Pergame; Minerve, qui anime les Grecs, et vole dans tous les rangs où se ralentit le carnage; puis au milieu de ces héros fameux le grand poète jette un bel adolescent, acteur jusqu'alors ignoré, qu'il nous fait connaître au moyen de quelques touchants détails. « Sa mère, venant de l'Ida, où elle avait accompagné ses pa-

---

[1] Ovide, en retraçant d'après Virgile le récit de la blessure de ce personnage, me paraît plus énergique et d'un choix plus heureux dans les détails: «Rhœtus enlève sur l'autel le tison sacré qui brûle encore, atteint Charaxe, et brise sa tempe droite, que protège en vain une blonde chevelure. Semblable aux chaumes arides, sa chevelure s'enflamme : le sang de la blessure, brûlé par le feu, bouillonne avec un sifflement horrible; ainsi le fer étincelant que le forgeron, armé de sa tenaille recourbée, retire de la fournaise pour le plonger dans l'eau, siffle, et fait frémir l'onde fumante. Cependant le blessé arrache la flamme avide qui dévore ses cheveux épais; il élève de la terre, il charge sur ses épaules une porte, pesant fardeau, même pour un char; mais le poids de cette masse empêche Charaxe de la lancer contre l'ennemi; elle retombe, et écrase Comète, son compagnon, placé trop près de lui. » *Métam.*, Chant XII, vers 271 et suiv.

rents lorsqu'ils visitaient leurs bergeries, l'enfanta sur les bords du Simoïs, et de là il fut appelé Simoïsius. Hélas! il ne paiera point aux auteurs de ses jours les soins de son enfance : jeune encore, il meurt vaincu par le fer du redoutable Ajax, et reste étendu sur la terre comme un élégant peuplier abattu et dépouillé sous la hache étincelante[1]. » L'Arioste se recommande à la fois par la rapidité de Virgile et par le mérite d'Homère dans la création des personnages. Chez lui, deux héroïnes, Bradamante et Marphise, se livrent à toute leur fureur, chacune de son côté, terribles comme deux torrents qui semblent se disputer à qui des deux, dans son cours, fera le plus de ravages. A côté d'elles on distingue ces chevaliers d'Italie, d'Allemagne, d'Angleterre, Guidon le sauvage, les deux fils d'Olivier, et une foule d'autres, tous guerriers illustres, parmi lesquels sont semés les paladins comme des pierres précieuses sur un tissu d'or[2]. De même, et plus emporté encore par ce premier mouvement irrésistible, que les Italiens appellent *la furia francese,* le Tasse met aux prises, dans une mêlée épouvantable les chrétiens et les Sarrasins, tour à tour vainqueurs et vaincus. Au milieu d'eux l'indomptable Argant et la fière Clorinde, après des prodiges de

---

[1] *Iliade,* chant IV, vers 473 et suiv.
[2] Chant XXXIX, st. x et suiv.

valeur presque surnaturels, parviennent à assurer le triomphe de leur parti, tandis que les soldats de Godefroi, à peine échappés d'une ruine entière, grâce aux efforts du héros qui contient toute l'armée ennemie, enveloppés subitement d'une nuit profonde, et en proie à la fureur des éléments, sont assiégés dans leur camp par une affreuse tempête, où la pluie, se mêlant aux cris, au bruit des vents et du tonnerre, forme une horrible harmonie, qui épouvante la nature[1].

Dans Milton, c'est la blessure de Satan renversé par le glaive étincelant de l'archange Abdiel qui engage la querelle entre l'armée céleste et l'armée infernale. Voici comment le poète représente les terribles suites de la défaite du prince des ténèbres:

« Les anges rebelles, voyant ainsi humilié celui qui, parmi eux, possède la puissance la plus grande, furent saisis d'étonnement et redoublèrent de rage. Pour nous, remplis de joie, nous poussâmes un cri, présage de la victoire, et signal du combat que nous désirions. Michel ordonna aux archanges de faire entendre le son de la trompette : toute l'étendue du ciel en retentit, et les milices fidèles s'écrièrent toutes ensemble : Gloire au Très-Haut! Les légions ennemies ne restent point immobiles, elles fondent sur nous. Le choc est épouvanta-

---

[1] Chant VII, st. cv et suivantes jusqu'à la fin du chant.

ble. Une furie impétueuse s'allume ; une clameur qui, jusqu'à ce moment, n'avait point été entendue dans le ciel, s'élève; elle s'unit à l'affreuse et discordante harmonie des armes repoussées par les armes. La rage enflamme les roues étincelantes des chars d'airain. Le fracas de l'attaque est terrible. Les dards en feu, qui volent avec un horrible sifflement, forment une voûte brûlante dont l'une et l'autre armées sont couvertes. Toutes deux sous cette ardente voûte se cherchent, s'attaquent, se mêlent avec une fureur que rien ne peut ralentir. Tout le ciel en tremble, et s'il y eût eu alors une terre, toute la terre eût été ébranlée jusqu'au centre[1]. »

Le rôle d'Énée, lorsque, la tête nue, le bras désarmé, il s'efforce de séparer les deux partis, invoque la sainteté des serments, et réclame pour lui seul les dangers de la guerre, ne peut que le relever singulièrement à nos yeux, et le mettre beaucoup au-dessus de Turnus. Mais pourquoi le prince troyen se dément-il si promptement? Pourquoi prend-il si peu de soin de conserver sa gloire? Quel oubli de soi-même dans le héros! quel manque d'art et de vérité dans le peintre! Sans nous présenter l'excuse de la gravité de sa blessure, sans lutter un seul moment contre la douleur, sans chercher à la sur-

---

[1] *Paradis perdu,* chant VI.

monter par la constance, Énée se retire du champ de bataille, lui sur qui tout repose ! Il abandonne ses soldats dans un de ces tumultes terribles où, chacun n'écoutant que sa fureur, une armée peut se dissoudre et périr tout entière ! Il ne songe pas à donner un seul ordre, et néglige enfin d'appeler quelqu'un des chefs les plus habiles pour lui remettre le commandement. Sa piété envers les dieux et ses alarmes sur le sort des Troyens ne lui suggèrent pas même la pensée de les mettre par une fervente et courte prière sous la garde du ciel[1]. Virgile provoque encore une autre observation critique. On croirait que personne parmi les Phrygiens et les Toscans ne s'aperçoit de la blessure ou de la retraite d'Énée ; nous ne voyons ici ni le fils empressé autour du père, ni les lieutenants autour de leur général. On nous dit seulement qu'ils sont troublés, *turbatosque duces*, et plus loin Virgile se contente d'ajouter que Mnesthée, le fidèle Achate et le jeune Ascagne ont ramené le prince dans sa tente ; voilà tout ce que nous apprenons de la part qu'ils prennent à l'évènement. Les guerriers d'Homère donnent d'autres exemples.

---

[1] Dans le onzième chant de la *Jérusalem*, Godefroi blessé résiste d'abord à la douleur ; mais, vaincu enfin par l'excès des souffrances, il ne s'éloigne qu'après avoir remis à Guelfe le commandement de l'armée.

Au onzième livre de l'Iliade, Ulysse, grièvement blessé par Socus, qui s'est vanté de lui porter le coup fatal, Ulysse immole son ennemi, et triomphe encore de lui dans cette apostrophe pleine de colère : « Socus, fils du belliqueux Hippase, plus prompte que toi, la mort t'a saisi ; tu n'as pu m'échapper. Ah ! malheureux ! ta mère ni ton père bien-aimés n'auront point fermé tes yeux au moment de ton trépas ; les cruels vautours, te frappant de leurs ailes à coups redoublés, déchireront ton cadavre ; et moi, si je meurs, les généreux Grecs célébreront mes funérailles. » En parlant ainsi, il retire de son corps et du large bouclier la pique terrible du valeureux Socus ; le sang jaillit à l'instant de sa blessure, et sa force l'abandonne. Les guerriers d'Ilion, dès qu'ils ont vu le sang d'Ulysse, s'excitent en foule à marcher contre lui. Le héros s'éloigne, et appelle ses compagnons. Ménélas entendit ses clameurs, et dit à Ajax, qui se trouvait près de lui : « Noble Ajax, fils de Télamon, une voix semblable à celle d'Ulysse est venue jusqu'à moi ; elle m'annonce que les Troyens l'ont enveloppé, et que, seul, il est accablé par le nombre en ce combat terrible ; courons dans la mêlée, il est juste de le secourir........ » En achevant ces paroles, Ménélas s'avance suivi d'Ajax ; bientôt ils rencontrent Ulysse, chéri de Jupiter. Les Troyens fondent sur lui de tous côtés. Ainsi, sur le sommet d'un mont, des loups cerviers, altérés de sang, entourent un cerf à la haute ramure, atteint d'une flèche que l'arc a lancée; il échappe au chasseur, en fuyant d'un pied rapide, tant qu'un sang tiède coule de sa blessure, et que ses genoux peuvent se mouvoir; mais, lorsqu'il s'arrête dompté par le trait aigu, les hôtes cruels des montagnes sont prêts à le dévorer dans la forêt profonde. Si la fortune conduit alors en ces lieux un lion terrible, soudain les loups s'enfuient, et le lion saisit leur proie. Ainsi les Troyens environnent ce brave et rusé capitaine. Ulysse, agitant sa lance, retardait l'heure fatale, lorsque Ajax arrive, couvert de son bouclier comme d'une haute tour. Il s'arrête près d'Ulysse : à l'instant les Troyens fuient de toutes parts ; Ménélas entraîne hors de la foule le guerrier blessé, et le soutient jusqu'au moment où l'écuyer de ce héros conduit son char auprès d'eux.» Bientôt commence un duel de gloire entre Ajax et Hector, qui font chacun de leur côté des prodiges, et qui, inspirés sans le savoir par un même génie, combattent comme s'ils étaient en présence l'un de l'autre et sous les yeux de la postérité. Dans un autre passage du même chant, Eurypyle, frappé par la flèche de Pâris, et forcé de se retirer parmi les siens pour éviter le trépas, ne pense qu'au péril d'Ajax, et crie à tous les Grecs : « O mes amis, princes et chefs des Argiens, arrê-

ÉNÉIDE, LIVRE XII.

tez! présentez le front à l'ennemi; repoussez loin d'Ajax l'heure fatale : il est accablé de traits. Ah! combien je redoute qu'il ne puisse échapper à ce combat déplorable! Toutefois, demeurez fermes autour du grand Ajax, fils de Télamon. » Ainsi parle Eurypyle blessé : les soldats restent auprès d'Ajax ; ils inclinent leurs boucliers, et tiennent la pique élevée ; le héros lui-même vient au-devant d'eux ; mais à peine est-il parmi ses compagnons qu'il s'arrête, retourne au combat, et tous se précipitent sur ses pas, semblables à la flamme dévorante. » Voilà comment Homère compose ; voilà comment il sait représenter des généraux et des soldats qui méritent ce nom. Voyons si Virgile dans la suite de sa narration se montrera digne de cet admirable modèle.

« Dès qu'il voit Énée se retirant du champ de ba-
» taille, et ses lieutenants consternés, Turnus s'en-
» flamme d'un espoir subit : il demande ses armes,
» ses coursiers ; d'un bond rapide il s'élance, su-
» perbe, sur son char, et lui-même en gouverne
» les rênes. Il vole, et livre à la mort une foule de
» vaillants guerriers, fait rouler les mourants sur
» la terre, écrase sous ses roues les bataillons enne-
» mis, et accable les fuyards des traits qu'il leur
» arrache. Tel, aux bords glacés de l'Hèbre, l'im-
» pitoyable Mars, altéré de carnage, frappe son
» bouclier, et, déchaînant la guerre, donne l'essor

» à ses coursiers furieux : plus prompts que le Notus
» et les zéphyrs, ils parcourent les plaines immen-
» ses ; la Thrace gémit au loin sous leurs pas re-
» tentissants : horrible cortége du dieu farouche,
» l'épouvante, au front hideux, la colère et les ruses
» homicides courent autour de son char. Ainsi, tres-
» saillant d'une joie cruelle, et insultant sans pitié à
» ses victimes expirantes, Turnus précipite au sein
» de la mêlée ses coursiers fumants de sueur : sous
» leurs pieds agiles, le sang dont l'arène est abreu-
» vée jaillit en poussière humide. Il attaque de près
» Thamyris et Pholus, atteint de loin Sthénélus,
» et les plonge tous trois dans les enfers. De loin,
» il immole encore deux fils d'Imbrasus, Glaucus
» et Ladès, que leur père avait élevés dans la Ly-
» cie, que lui-même avait parés d'armes semblables,
» et qu'il avait instruits lui-même à combattre à
» pied, comme à devancer les vents sur un cour-
» sier rapide.

» Ailleurs, se trouve entraîné au milieu des rangs
» confondus Euméde, ce belliqueux descendant
» de l'antique Dolon ; héritier du nom de son aïeul,
» par l'âme et la force il rappelle son père, qui ja-
» dis offrit de pénétrer comme espion dans le camp
» des Grecs, et osa demander en récompense le
» char du fils de Pélée. Diomède paya d'un autre
» prix une telle audace, et Dolon cessa de pré-
» tendre aux coursiers d'Achille. Dès que Turnus,

» de loin, a vu le guerrier dans la plaine, il lui
» lance d'abord un javelot léger, qui le suit et le
» frappe à une grande distance ; bientôt il arrête
» ses deux coursiers, saute à terre, fond sur Eu-
» mède, étendu, demi-mort ; et, pressant du
» pied le cou de ce malheureux, il le désarme de
» son étincelante épée, la lui plonge tout entière
» dans la gorge, et s'écrie : « Troyen, voilà ces
» champs, voilà cette Hespérie que tu voulais con-
» quérir, et que maintenant tu mesures de ton ca-
» davre. Tel est le prix que remportent ceux qui
» ne redoutent point de combattre contre moi ;
» c'est ainsi qu'ils bâtissent des remparts ! » Un
» nouveau trait réunit Asbutès au fils de Dolon ;
» ensuite Turnus immole et Chlorée, et Sybaris, et
» Darès, et Thersiloque, et Thymète, que son che-
» val indocile avait jeté par dessus sa tête. Tel,
» lorsqu'échappé des antres de la Thrace l'impé-
» tueux Borée mugit avec fracas sur la mer Égée,
» et pousse les flots vers le rivage ; partout où se
» déchaîne sa colère, les nuages fuient et se dis-
» persent : ainsi, partout où Turnus porte ses pas,
» les bataillons fléchissent, les rangs se replient en
» désordre : sa fougue l'emporte ; et le vent qu'il
» rencontre dans sa course repousse en arrière son
» panache flottant.

» Phégée s'indigne de tant d'audace et de fureur ;
» il se précipite au-devant du char, saisit d'une main

» ferme le frein écumant des coursiers rapides,
» et détourne leur essor. Tandis qu'il se décou-
» vre, suspendu au joug qui l'entraîne, la lance
» énorme de Turnus l'atteint, traverse le double
» airain de sa cuirasse, et effleure son corps d'une
» légère blessure. Lui, cependant, s'arme de son
» bouclier, marche droit à l'ennemi, et, le glaive
» nu, appelle au secours ; mais les roues, dans leur
» élan, le heurtent, et le renversent sur la pous-
» sière. Turnus court à lui, et, le frappant entre le bas
» du casque et l'extrémité de la cuirasse, il lui tran-
» che la tête, et laisse son tronc étendu sur la terre.

» Pendant que Turnus triomphant, sème ainsi la
» mort sur le champ de bataille, Mnesthée, le fidèle
» Achate et le jeune Ascagne ramènent dans sa
» tente Énée, couvert de sang et prêtant à ses pas
» faibles et tardifs l'appui de sa longue javeline. Il
» frémit d'impatience, il s'efforce d'arracher le trait
» rompu dans la plaie, et demande les remèdes
» les plus prompts : il veut qu'une large épée ouvre
» sa blessure, et sonde les profondeurs où le dard
» s'est caché ; il veut enfin être rendu aux combats.
» Déjà était près de lui le fils d'Iasus, Iapis, le plus
» cher des favoris d'Apollon. Le dieu, animé pour
» son disciple de la plus vive tendresse, lui offrit
» jadis avec joie les trésors les plus précieux, sa
» science augurale, sa lyre et ses flèches légères.
» Mais Iapis, avide de prolonger les jours d'un père

» au bord de la tombe, aima mieux connaître le
» pouvoir des simples pour guérir les mortels ; et
» exercer un art obscur et sans gloire. Énée, de-
» bout, frémissant de colère, s'appuie sur sa lon-
» gue javeline; au milieu du concours immense de
» ses amis consternés, des regrets et des larmes de
» son fils, il reste seul immobile. Le vieillard, la robe
» retroussée à la manière des enfans de Péon, em-
» ploie vainement tour à tour l'adresse de ses mains
» savantes et la puissance des végétaux ; en vain
» il essaie d'enlever le trait fatal ; en vain, armé
» de tenailles mordantes, il le saisit et l'agite :
» ses efforts n'obtiennent aucun succès ; Apollon
» lui-même voit ses secours inutiles. Cependant,
» l'horreur du carnage s'accroît de plus en plus sur
» le champ de bataille ; le péril devient plus pres-
» sant. Déjà un sombre amas de poussière se con-
» dense entre la terre et le ciel ; les escadrons ru-
» tules s'approchent ; une grêle de dards pleut au
» milieu du camp ; l'air retentit des cris doulou-
» reux des jeunes guerriers qui tombent victimes
» de l'impitoyable Mars.

» Dans cette extrémité, Vénus, touchée des
» cruelles souffrances de son fils, va cueillir sur
» l'Ida de Crête le dictame, cette plante dont les
» feuilles se couvrent de duvet, dont les fleurs s'épa-
» nouissent en bouquets éclatants comme la pour-
» pre. Les chèvres sauvages connaissent le dictame,

» et se guérissent par lui, quand les flèches du
» chasseur s'attachent à leurs flancs. Vénus, s'en-
» veloppant d'un nuage obscur, apporte la plante
» salutaire, l'infuse dans l'onde d'un vase brillant,
» et joint encore à ce mélange secret les sucs bien-
» faisants de l'ambroisie et l'odorante panacée.
» Le vieil Iapis baigne la blessure de cette eau,
» dont il ignore la vertu. Soudain la douleur fuit,
» le sang s'arrête, et, suivant de lui-même la main
» qui le retire sans effort, le trait tombe; aussitôt
» Énée reprend sa force accoutumée. « Des armes
» au héros! hâtez-vous; qui vous arrête? » s'écrie
» Iapis ; et le premier il rallume l'audace du prince.
« Ce prodige n'est l'effet ni d'un pouvoir humain,
» ni de l'art d'un mortel : non, Énée, ce n'est pas
» ma main qui te sauve. Un dieu plus puissant a
» tout fait, il te rend à de plus glorieux exploits. »

» Avide de combats il a déjà revêtu ses cuissards
» d'or; impatient des délais, il agite sa lance. Bientôt
» il saisit son bouclier, endosse sa cuirasse, presse
» Ascagne dans ses bras tout armés, et, effleurant
» d'un baiser à travers son casque les lèvres de son
» fils : « Enfant, dit-il, apprends de moi que le cou-
» rage est la véritable vertu de l'homme ; que d'au-
» tres t'enseignent la route du bonheur. Aujour-
» d'hui ma valeur va te défendre, et te préparer un
» illustre avenir. Toi, lorsque le temps aura mûri
» ton âge, garde ces souvenirs ; et, rappelant à ton

» esprit les hauts faits de tes aïeux, enflamme-toi
» aux exemples d'Énée, ton père, et de ton oncle
» Hector. »

» A ces mots, il s'avance fièrement hors des por-
» tes, balançant dans sa main un énorme javelot.
» Avec lui s'élancent Anthée et Mnesthée, à la tête
» de leurs nombreuses cohortes ; des flots de guer-
» riers les suivent, et laissent le camp désert : alors un
» épais tourbillon de poussière enveloppe la plaine,
» et le sol ébranlé tremble sous leurs pas. Turnus
» d'un tertre opposé voit les Troyens s'approcher,
» les Latins les voient aussi, et une froide terreur
» se glisse dans tous leurs membres. Juturne la
» première entend le bruit de l'ennemi qui s'a-
» vance, le reconnaît, et fuit épouvantée. Énée se
» précipite, entraînant après lui ses noirs bataillons.
» Tel, enfanté par une orageuse constellation, un
» sombre nuage franchit les mers immenses, et roule
» vers la terre : l'âme trop prévoyante des infortu-
» nés laboureurs frissonne de terreur : il renversera
» les arbres, ravagera les moissons, et va porter au
» loin le deuil et la ruine ; les vents furieux volent
» devant lui, et font retentir le rivage de leurs sif-
» flements aigus. Tel le chef des Troyens conduit
» ses soldats au combat. Ils serrent leurs rangs, et se
» forment en colonne impénétrable. Thymbrée avec
» son glaive égorge le vénérable Osiris ; Mnesthée
» donne la mort à Archétius, Achate à Epulon, et

» Gyas à Ufens. Bientôt périt aussi l'augure To-
» lumnius, qui le premier avait lancé contre les
» Troyens un trait fatal. Les cris s'élèvent jus-
» qu'aux cieux : repoussés à leur tour, les Rutules
» tournent le dos, et fuient à travers des torrents de
» poussière. Énée dédaigne d'immoler ces fuyards,
» de châtier ceux qui osent l'attendre, et ceux qui,
» de loin, dirigent leurs dards contre lui; dans cette
» épaisse obscurité, ses yeux ne cherchent que
» Turnus, c'est Turnus seul qu'il appelle au com-
» bat.

» Frappée du péril de son frère, la fière Ju-
» turne renverse du timon, entre les rênes, Mé-
» tisque, l'écuyer de Turnus, et l'abandonne éten-
» du sur l'arène. Elle le remplace aussitôt, et
» dirige elle-même les rênes ondoyantes; sembla-
» ble en tout à Métisque, dont elle a pris la voix,
» la taille et les armes. Telle la noire hirondelle
» traverse les vastes domaines d'un maître opu-
» lent, parcourt d'une aile légère d'immenses ga-
» leries, recueillant l'humble pâture que demande
» son nid babillard, et fait retentir, tantôt les por-
» tiques déserts, tantôt les humides étangs : telle
» Juturne précipite au milieu des ennemis les cour-
» siers impétueux, et sur son char rapide vole
» dans tous les rangs; elle montre en cent lieux
» son frère triomphant, ne permet pas qu'il en
» vienne aux mains, et l'entraîne loin du danger.

» Énée, non moins ardent à poursuivre son rival,
» le suit dans ses tortueux détours, s'attache à
» ses traces, et l'appelle à grands cris au sein des
» bataillons dispersés. Mais chaque fois que ses
» regards ont aperçu Turnus, qu'il est près d'at-
» teindre les agiles coursiers dans leur fuite, cha-
» que fois Juturne détourne et pousse le char d'un
» côté opposé. Hélas! que peut faire Énée? en vain
» il flotte en proie à mille mouvements divers; en
» vain mille projets contraires se disputent son âme.

» En ce moment Messape accourt d'un pas ra-
» pide, portant à la main deux javelots armés d'un
» fer aigu, et sûr de son coup, il lance l'un d'eux au
» héros. Énée s'arrête, se ramasse sous ses armes,
» et fléchit le genou. Cependant le trait, dans son
» vol, frappe le haut du casque, et renverse le pa-
» nache qui le surmonte. Alors la colère s'empare
» du Troyen; indigné de tant de perfidie, et voyant
» échapper encore le char et les chevaux de son
» ennemi, il atteste plusieurs fois Jupiter et les autels,
» garans du traité violé, s'élance enfin au milieu
» des Rutules; et, terrible de l'appui du cruel Mars,
» il enveloppe sans choix dans un carnage affreux
» tout ce qui s'offre devant lui, et lâche toutes les
» rênes à sa fureur.

» Quel dieu maintenant me dévoilera tant d'hor-
» reurs? Qui retracera dans mes vers tant de scènes
» de deuil, le trépas de tant de chefs, que tour

» à tour Turnus et le fils d'Anchise poursuivent sur
» le champ de bataille? Ô Jupiter, as-tu bien pu
» permettre cette lutte épouvantable de deux na-
» tions que devait unir une paix éternelle!

» Énée attaque le Rutule Sucron (ce premier com-
» bat suspend l'impétuosité des Troyens); à l'instant
» il l'atteint dans le flanc, et à l'endroit où la mort
» est la plus prompte, il enfonce son épée meur-
» trière à travers les côtes qui forment le rempart
» de la poitrine. Turnus, à pied, immole Amycus
» renversé de cheval, et son frère Diorès; l'un
» s'avançait sur lui, il le perce de sa longue
» javeline; l'autre périt par la glaive : Turnus
» alors leur tranche la tête, et promène, suspen-
» dues à son char, ces sanglantes dépouilles. Énée
» d'un seul choc plonge aux enfers Talon, Ta-
» naïs et le vaillant Céthégus; il frappe ensuite le
» malheureux Onytès, descendant d'Échion, et
» dont Péridie était la mère. Turnus terrasse deux
» frères venus de la Lycie, de ces champs aimés
» d'Apollon, et le jeune Arcadien Ménète, qui dé-
» testa vainement la guerre. Simple pêcheur sur les
» bords du lac de Lerne aux ondes poissonneuses,
» il était né d'une pauvre famille; il ignorait les
» faveurs des grands, et son père, simple fermier,
» ensemençait les terres d'autrui. Telles de deux
» points opposés les flammes envahissent une aride
» forêt de lauriers frémissants; ou tels du haut des

» montagnes se précipitent avec fracas deux tor-
» rents écumeux qui vont se perdre dans le sein
» des mers, après avoir ravagé tout sur leur pas-
» sage : non moins impétueux, Énée et Turnus
» s'élancent à travers tous les rangs. C'est main-
» tenant que la rage bouillonne dans leur cœur;
» maintenant se déchaîne leur courage invincible,
» et se déploie contre leurs ennemis toute la force
» de leurs bras.

» Murranus vantait fièrement ses ancêtres, la
» gloire antique de leurs noms et la longue suite des
» rois latins dont il était descendu ; Énée du choc
» d'un énorme rocher fait rouler l'orgueilleux de
» son char, et l'étend sur la terre : Murranus s'em-
» barrasse dans les rênes, sous le timon ; les roues
» l'entraînent, et ses coursiers, qui ne connais-
» sent plus leur maître, foulent mille fois son corps
» de leurs pieds rapides. Turnus voit fondre sur lui
» Hyllus frémissant d'une rage effroyable ; il vole à
» sa rencontre, et d'un trait le frappe aux tempes; le
» fer perce le casque d'or, et demeure enfoncé dans le
» cerveau. Et toi, le plus courageux des Grecs, ô Cré-
» tée, ta vaillance ne te garantit pas de la fureur de
» Turnus; de même les dieux de Cupence ne le sau-
» vèrent point, à l'approche d'Énée : sa poitrine se
» présenta découverte aux coups du héros, et son
» bouclier d'airain ne retarda point le trépas de la
» victime. Toi aussi, noble Éole, ces lieux te virent

» succomber et couvrir la terre de ton corps im-
» mense : tu tombes, toi, que n'avaient pu abattre
» les bataillons argiens, ni cet Achille, le cruel des-
» tructeur du royaume de Priam. Là t'attendait la
» mort ; tu possédais un superbe palais au pied de
» l'Ida, dans Lyrnesse un superbe palais ; et ta tombe
» est aux champs de Laurente. A leur tour les deux
» armées en viennent aux mains; Latins et Troyens,
» tout prend part au combat; tout se précipite,
» Mnesthée et l'ardent Séreste, Messape, le domp-
» teur des coursiers, et l'intrépide Asylas, la pha-
» lange des Toscans et les escadrons d'Évandre :
» chaque guerrier, de son côté, déploie les plus
» grands efforts. Point de trève, point de repos : sur
» tous les points s'engage une lutte effroyable.

» Alors la mère d'Énée, la belle Vénus, lui inspire
» de marcher vers les remparts, d'approcher rapi-
» dement son armée de Laurente, et d'épouvanter
» les Latins par un assaut imprévu. Tandis que le
» héros, cherchant Turnus dans la mêlée, porte
» partout ses regards, il voit la ville exempte
» des horreurs de la guerre, et seule impunément
» tranquille. Aussitôt il s'enflamme à l'image d'un
» triomphe plus glorieux. Il appelle les chefs, Mnes-
» thée, Sergeste et le vaillant Séreste ; il monte
» sur un tertre où la foule des Troyens accourt au-
» tour de lui, sans quitter leurs boucliers ni leurs
» javelots. Debout, au milieu d'eux, il leur parle

» ainsi du haut de cette éminence : «Que mes or-
» dres soient remplis sans retard ; Jupiter est pour
» nous : exécutez avec audace et promptitude mon
» dessein, quoique subit. Aujourd'hui même, cette
» ville, la cause de la guerre, le siége de l'empire
» de Latinus, si les Latins refusent de se soumet-
» tre, d'obéir à mes lois, cette ville, je la détruirai,
» et j'abaisserai ses ruines fumantes au niveau de la
» terre. Dois-je donc attendre qu'il plaise à Turnus
» d'accepter mon défi, et que ce vaincu veuille en-
» core se mesurer avec moi ? Compagnons, voilà le
» sujet, voilà la source de cette guerre impie. Cou-
» rage, armez-vous de torches ardentes ; et, la
» flamme à la main, réclamez la foi des traités.»

» Il dit : tous ses guerriers, animés d'une égale
» ardeur, forment le triangle, et s'avancent en co-
» lonnes serrées vers les murailles. Soudain les
» échelles sont dressées, soudain les feux brillent.
» Les uns courent aux portes, et massacrent les
» gardes ; d'autres lancent leurs dards et obscur-
» cissent les airs d'un nuage de traits. Au premier
» rang, Énée étend la main vers les murs, et accuse
» à haute voix Latinus ; il prend les dieux à témoins
» qu'on le force à de nouveaux combats, que les
» Latins, deux fois soulevés contre lui, ont violé deux
» fois leurs traités. La discorde éclate parmi les ci-
» toyens effrayés. Ceux-ci veulent qu'on livre la ville,
» qu'on ouvre les portes aux Troyens, et entraînent

» le roi lui-même sur les remparts ; ceux-là saisissent
» leurs armes, et persistent à défendre les murailles.
» Ainsi, lorsque dans le creux d'un rocher, un pas-
» teur a découvert des abeilles, et rempli leur de-
» meure secrète d'une fumée importune, épouvan-
» tées, elles s'agitent au sein de leur citadelle de
» cire, et par de longs bourdonnemens aiguisent
» leur courroux : une vapeur fétide envahit leurs cel-
» lules, au fond de la ruche retentit un sourd mur-
» mure ; la fumée monte et s'exhale dans les airs.

» Un nouveau désastre achève d'accabler les La-
» tins, et plonge la ville entière dans le deuil. Du
» haut de son palais, la reine a vu l'ennemi s'ap-
» procher, assiéger les remparts ; elle a vu les feux
» voler sur les toits, et pour repousser les assaillants,
» nulle part les cohortes rutules, nulle part les batail-
» lons de Turnus : aussitôt l'infortunée croit que le
» jeune héros a péri dans la mêlée. Alors une douleur
» soudaine trouble sa raison ; elle s'accuse elle-même
» de tous ces maux, elle s'écrie qu'elle en est la
» source et la cause. Sa sombre fureur s'emporte en
» discours insensés ; résolue à mourir, elle déchire
» de ses mains ses vêtements de pourpre, et sus-
» pend à une poutre élevée les liens indignes in-
» struments de sa triste mort. Bientôt les dames la-
» tines apprennent la fin tragique de la reine ; sa
» fille la première, Lavinie, arrache ses blonds che-
» veux, et meurtrit son visage de roses ; autour d'elle,

» ses fidèles compagnes se livrent au désespoir; tout
» le palais retentit de leurs gémissements; et la fa-
» tale nouvelle se répand ensuite dans la ville entiè-
» re. Tous les esprits sont abattus ; Latinus déchire
» ses vêtements; le destin de son épouse, les mal-
» heurs de son empire le plongent dans la stupeur;
» il souille ses cheveux blancs d'une poussière im-
» monde, s'accusant mille fois de n'avoir pas ac-
» cueilli plus tôt le héros troyen, de ne lui avoir
» pas donné d'abord la main de sa fille. »

La nouvelle et subite métamorphose de Turnus en un prodige de courage et d'audace, après qu'on nous l'a montré si abattu et si pâle, ne semble guère vraisemblable; mais la peinture est belle, et surpasse celle d'Homère par une magnificence d'images, qui nous paraîtrait au-dessus de tout, si Milton, avec son imagination libre et hardie, n'était venu placer plus haut la palme du sublime. « Cependant l'aube divine pour la troisième fois blanchissait les campagnes du ciel. Avec un bruit pareil à celui d'un tourbillon qui s'élève, on entend le char de la Divinité paternelle. D'épaisses flammes l'environnent; ses roues se meuvent d'elles-mêmes, animées de l'esprit de vie qui est en elles, et conduites par quatre figures semblables à des chérubins.... Sur ce char monte le Messie, tout couvert de la céleste armure. A sa droite est assise la Victoire aux ailes d'aigle ; à sa gauche pendent l'arc et le carquois rempli de la foudre à trois branches. Tout à l'entour roule un tourbillon de fumée d'où s'élancent des flammes et des étincelles brillantes. Il s'avance environné de dix millions d'anges; la lumière le précède et l'annonce ; à l'un et l'autre de ses côtés paraissent vingt mille chars... Aussitôt Michel lui remet le commandement de l'armée, qui rapproche ses deux ailes, et ne fait plus qu'un corps sous son chef. La puissance divine aplanit les chemins devant ses pas; à son ordre les montagnes arrachées par les rebelles retournent à leur place accoutumée; elles ont entendu sa voix, et obéissent. Le ciel se renouvelle et reprend sa face.... Les malheureux ennemis le voient et s'endurcissent. Leurs puissances insensées se rallient, se préparent à soutenir la lutte de la révolte, et mettent leur espérance dans le désespoir. » Alors le Fils de Dieu, haranguant son armée rangée à droite et à gauche, et se réservant à lui le châtiment des rebelles, les menace d'une affreuse défaite dans un discours un peu étrange pour un Dieu, après quoi le poète ajoute : « En achevant ces mots, sa face, qui changea, devint si terrible qu'on ne pouvait plus en soutenir l'aspect; la fureur de ses regards annonça à ses ennemis leur perte inévitable. Au même instant les quatre figures déployant leurs ailes semées d'étoiles formèrent autour de lui une ombre redoutable. Son char enflammé roulait avec un bruit pareil à celui d'un impétueux torrent ou d'une innombrable armée. Il s'avança, au milieu des ténèbres qui l'environnaient, contre ces impies. Sous les roues brûlantes l'immobile Empyrée fut ébranlé dans toute son étendue ; tout trembla, hors le trône de Dieu. Il arrive à eux tenant dans sa main dix mille tonnerres qu'il lance devant lui. Tous ces malheureux sont percés d'horribles plaies : dans leur étonnement, ils perdent tout courage, toute envie de résister. Les armes inutiles tombent de leurs mains. Le vainqueur marche sur les boucliers, les casques, et les têtes orgueilleuses des Trônes, des Séraphins, qui tous abattus, écrasés, voudraient que les montagnes déracinées une seconde fois vinssent les couvrir et les mettre à l'abri de sa colère. » Ce tableau est d'autant plus admirable qu'on ne pourrait lui reprocher un défaut qui choque dans les nouveaux exploits du Turnus de Virgile, l'absence de toute résistance de la part des Troyens et des Toscans. Quoi! dans deux armées il ne se trouve qu'un seul homme, Phégée, qui ose se présenter en face du vainqueur! et cependant elles doivent être transportées de fureur, par la violation d'un traité solennel. On croirait qu'Énée a emporté avec lui tout leur courage et toute la présence d'esprit des généraux à qui est échue, par sa retraite, la conduite de la guerre.

Virgile n'a point inventé la scène de la guérison miraculeuse d'Énée, mais il y a ajouté des beautés de pensée, d'image et de sentiment qu'Homère n'offre pas, et que le Tasse a négligées quelquefois dans sa trop servile imitation, véritable plagiat, qui du moins devait reproduire l'original tout entier. L'Iapis, que le poète nous représente abandonnant le pouvoir prophétique, la lyre et tous les dons divins d'Apollon, et préférant par piété filiale, à l'immortalité qui les suit, l'art obscur d'Esculape, inspire bien plus d'intérêt que Machaon. De même qu'est-ce que Ménélas, dont la blessure légère excite tant d'alarmes, et qui réprime lui-même les plaintes imprudentes de son frère, auprès d'Énée, inébranlable, supérieur à la douleur, et réclamant avec force le secours du fer, pour retourner plus promptement au combat? Et cependant la tempête approche, les flèches tombent dans le camp du prince, et l'on entend de près tous les bruits de la guerre. Jamais une assistance surnaturelle ne fut plus nécessaire; et, si l'on peut reprocher à Vénus d'avoir oublié trop long-temps ses Troyens, surtout de n'avoir pas songé à Iule, séparé de son père, mal défendu par de faibles remparts, contre la fureur de Turnus, au moins la déesse intervient ici à propos et d'une manière digne d'elle. Il s'en faut bien que la sollicitude de l'ange substitué par le Tasse à Vénus remplace heureusement la tendresse d'une mère alarmée pour un fils, et pour tout un peuple dont ce fils porte l'avenir avec lui. Un seul trait me semble manquer à cette peinture. Je souhaiterais qu'au moment de sa merveilleuse guérison Énée reconnût lui-même le présent céleste et le secours maternel. Je voudrais aussi que ce fût Énée qui courût aux armes, au lieu d'être excité par son médecin. Mais quels éloges célébreront l'admirable allocution que le prince troyen adresse à Iule en l'embrassant au travers de son casque? Comme cette empreinte du malheur sur une vie héroïque, ce pouvoir de la fortune proclamé par un mortel appelé à de grandes destinées qu'il a payées si cher, et qui marche au dénoûment tragique d'une lutte si longue avec les puissances de la terre et du ciel, ont un caractère touchant de mélancolie! Et quelle éloquence dans cette leçon de constance et d'héroïsme donnée à un jeune homme par son père en un pareil moment! Que de souvenirs réveille le nom d'Hector, prononcé par Énée volant au devant de Turnus[1]! Mais pourquoi Ascagne ne répond-il pas à de si nobles paroles? Pourquoi ne voyons-nous pas du moins éclater dans ses regards et dans ses mouvements

---

[1] Ajax, sur le point de se donner la mort, dit à son jeune fils : « Enfant, plaise au ciel que tu sois plus heureux que ton père ! dans tout le reste ressemble-lui, et tu ne seras pas un

quelques hautes promesses de gloire et de vertu ? La préface de la traduction de l'Énéide par Delille contient à ce sujet la réflexion suivante : « Peut-être aussi Virgile n'a-t-il pas tiré tout le parti possible du rôle accessoire d'Ascagne. Après avoir peint de la manière la plus heureuse ce jeune prince, héritier des grands desseins de son père, ne pouvait-il pas le placer dans de grands dangers, qui auraient produit la plus vive émotion ? » Nul doute que tous les lecteurs n'aient formé ce vœu en lisant les deux derniers chants de l'Énéide, dans lesquels Virgile n'a trouvé de place que pour les larmes d'Iule. Au lieu de se borner à pleurer comme une femme ou comme un enfant, pourquoi ce jeune homme, qu'on appelle si emphatiquement la seconde espérance de Rome, ne nous apparaît-il pas semblable à celui dont Shakespeare a jeté le brillant portrait parmi les paroles du roi

---

lâche. Hélas ! je te porte envie, à toi dont l'âge ne comprend rien de tous ces maux. Oui, l'insensibilité fait le plus doux charme de la vie. Si cette insensibilité est un mal, c'est un mal sans douleur, jusqu'au moment où l'on apprend à connaître la joie et la peine. Quand ce moment arrivera, alors montre aux ennemis de quel père tu as reçu le jour. Jusque-là nourri du souffle des zéphyrs caressants, élève-toi au milieu des jeux de l'enfance, et sois les délices de ta mère. » Sophocle, tragédie d'*Ajax furieux*, vers 553 et suiv.

de France sur Henri V ? « Sa race s'est engraissée de nos dépouilles ; il est sorti de cette famille sanguinaire qui vint, ainsi qu'un fantôme nocturne, nous épouvanter jusqu'au sein de nos foyers : témoin ce jour trop mémorable où les champs de Crécy virent cette bataille si fatale à la France, lorsque tous nos princes furent enchaînés par le bras de ce prince au nom sinistre, de cet Édouard, dit le prince Noir, tandis que son père, debout sur le sommet d'une montagne, la tête élevée dans les régions de l'air, et couronnée des rayons dorés du soleil, contemplait son héroïque fils, et souriait de le voir mutiler cette belle jeunesse, que Dieu et les Français avaient créée depuis vingt années[1]. » Voilà comment devrait se signaler le fils d'Énée et le neveu d'Hector.

Énée s'élançant après avoir prononcé le nom du héros son ami, dont il se porte pour le digne héritier, et courant à peine armé au devant des périls, nous donne aussitôt des preuves de sa haute valeur. Dans Homère, la même scène languit, parce que le poète fait intervenir un conseil des dieux entre le moment où Achille vole au combat et les premiers éclats de sa fureur, qui, beaucoup plus ardente et plus exaltée que celle du prince troyen, nous promet de grandes choses que notre impa-

---

[1] *Henri V*, acte II.

tience ne veut point attendre. J'ai exprimé ailleurs mon admiration pour cette fiction vraiment sublime de la discorde des immortels prête à se jeter au milieu de la querelle des hommes, et à servir de second, si je puis ainsi parler, au magnanime Hector ou à l'invincible Achille. Mais, pour compléter l'effet de la fiction, il faudrait qu'Achille s'élançât en quelque sorte au signal de l'Olympe et du Tartare, et abandonnât toutes les rênes à sa colère comme à ses coursiers. Dans l'Iliade au contraire, nous le voyons parti; et, quand nous le cherchons sur le champ de bataille, nous le retrouvons avec l'attitude que voici, à côté des dieux qui livrent la guerre aux dieux. « Cependant Achille brûle de pénétrer dans les rangs ennemis, et d'attaquer Hector, fils de Priam; son désir le plus ardent est de rassasier l'impitoyable Mars du sang de ce héros audacieux. Alors Apollon, qui ranime l'ardeur des soldats, excite Énée à marcher contre Achille, et lui inspire une force nouvelle. » Rien de plus froid que cette manière de reprendre la narration au point où on l'a interrompue si mal à propos; rien de moins adroit que de tromper ainsi l'attente du lecteur en arrêtant tout à coup l'essor d'un faiseur de prodiges, du plus grand des guerriers. Virgile est exempt de ces fautes; mais l'intervention de Juturne, autre imitation d'Homère, employée ici pour reculer la rencontre des deux adversaires, ne blesserait-elle pas un peu la raison? Soit que Turnus reconnaisse sa sœur, et cède à un pouvoir surhumain; soit qu'il se croie conduit par Metisque, nous sommes également mécontents de lui. Dans le premier cas, comment ne se plaint-il pas avec indignation d'une ruse et d'une violence qui compromettent son honneur pour l'éloigner sans cesse d'Énée, quand ce prince le poursuit un glaive à la main et la fureur sur le front? Dans le second, pourquoi ne réprime-t-il pas avec l'autorité d'un maître et la colère d'un soldat l'audace de son écuyer? comment souffre-t-il qu'on lui fasse jouer le rôle de cet Énée, de ce trop célèbre fugitif que les dieux viennent toujours retirer du péril? Retrouvons-nous ici le Turnus du dixième livre, désespéré du prodige qui l'a enlevé du champ de bataille en lui arrachant tout à la fois son rival et la victoire? Ce Turnus-là, semblable à l'Hippolyte de Racine, arrêtant ses coursiers, saisissant ses javelots, aurait attendu Énée avec joie, si même il n'eût pas lancé son char contre un odieux ennemi. Homère emploie trois fois de suite un moyen surnaturel pour sauver les Troyens et Hector de la furie d'Achille. Au vingtième chant de l'Iliade, la rencontre du fils de Thétis et d'Énée, qu'Apollon a suscité contre ce héros, amène un combat où les discours tiennent plus de place que les actions, qui pourtant ne sont que vulgaires. Le Troyen, après avoir disputé la victoire va périr; touché du danger et des vertus d'Énée, Neptune vient l'enlever dans les airs pour le soustraire au trépas. Ainsi le fils d'Anchise évite le péril, sans que ce secours merveilleux qu'il n'a point demandé, qu'il ne pourrait refuser, nuise à sa renommée [1]. Ailleurs le Xanthe, qui prendra bientôt lui-même la défense des Troyens, oppose à leur plus implacable ennemi le valeureux Astéropée; ce guerrier succombe dans une lutte inégale, mais il n'a pas craint de défier Achille, il a balancé l'effort d'un tel adversaire, et l'a blessé même; après tant d'audace, la gloire est sauve, il peut mourir en paix, la honte ne s'assoira pas sur sa tombe [2]. Vers la fin du chant précédent, Polydore, le plus jeune des enfants de Priam, tombe sous les coups de l'inexorable vengeur de Patrocle. A la vue de son frère cherchant à retenir ses entrailles, et se roulant sur la poussière, un sombre nuage de douleur obscurcit les regards d'Hector; il ne soutient plus la pensée de combattre de loin; et, semblable à la flamme, il court vers Achille en agitant son javelot. A l'apparition du meurtrier de son ami, un cri d'indignation et des menaces de mort s'échappent du cœur d'Achille; le fils de Priam y répond avec le

---

[1] Vers 86 et suiv.
[2] Chant XXI, vers 139 et suiv.

ÉNÉIDE, LIVRE XII.

calme du courage, et ses paroles sont suivies d'un trait rapide, que Pallas, d'un souffle exhalé de son sein, détourne et renvoie contre Hector. Le dard tombe à ses pieds. Alors Achille s'élance sur son adversaire en poussant d'affreuses clameurs, et brûlant de l'immoler. Apollon enlève sans peine Hector (tel est le pouvoir d'un dieu), et le couvre d'un sombre nuage. Trois fois Achille se précipite armé de sa lance d'airain, trois fois il ne frappe qu'une épaisse nuée [1]. Achille reproche à Hector l'appui de ce dieu, au moment d'affronter les périls de la guerre; mais Achille se livre sans frein à la passion de la vengeance, et lui seul peut vouloir porter atteinte à la réputation de son rival, si bien défendue par la prévoyance et la sollicitude d'Homère. Virgile a commis ici trois fautes : la première en compromettant le nom de Turnus par une fiction peu judicieuse, la seconde en se répétant pour rester inférieur à la scène dramatique du dixième livre sur le même sujet [2], la troisième en imitant sans réflexion les inventions d'Homère.

Si l'on compare les exploits d'Achille et d'Énée, qui assouvissent également leur fureur sur la foule des guerriers qu'on leur oppose au lieu d'Hector et de Turnus, Virgile paraît avoir incon-

---

[1] Chant XX, vers 419 et suivants.
[2] Voyez plus haut, pages 230, 231 et 242, 243.

testablement l'avantage pour le choix des détails. On ne trouve point dans l'Iliade ce Ménète, obscur pêcheur, sorti d'une famille pauvre, ignorant le seuil des puissants de la terre, et fils d'un simple fermier, qui semait et recueillait pour autrui comme le père de Virgile. Hélas! ce grand poète, au temps de sa jeunesse et de ses premières amours avec sa muse, aurait pu, de même que Ménète et tant d'infortunés colons arrachés à leur charrue, à la paix des champs, se voir lancé au milieu des horreurs de la guerre, que son âme douce devait aussi détester. La moitié des armées européennes est composée de ces victimes qu'une politique souvent insensée vient chercher, pareils à des agneaux timides, pour les envoyer à la boucherie. Et, chose étonnante! parmi ces agneaux, quand la mort les épargne, il se montre bientôt des lions qui ne respirent que le sang, que le carnage, et se jouent de leur vie comme de celle des autres. C'est ainsi qu'un art cruel et les passions qu'il éveille ou excite transforment les hommes! Dans Ovide, l'histoire d'un jeune ministre de Bacchus nouvellement converti au culte de ce dieu a beaucoup de ressemblance avec le personnage de Ménète; voici comment il se fait connaître au roi Penthée, qui l'interroge : « Mon nom est Acétès; ma patrie, la Méonie; mes parents appartenaient aux humbles rangs du peuple. Mon père ne m'a laissé ni champs que retournent les taureaux infatigables, ni brebis chargées d'une riche toison, ni grands troupeaux. Pauvre comme moi, il s'occupait à tendre des piéges aux poissons, et à les prendre bondissants avec sa ligne. Son métier, voilà toute sa fortune! En me transmettant cette industrie : « Héritier et successeur de mes travaux, dit-il, reçois toutes les richesses que je possède; » et, à sa mort, il ne me légua que les eaux pour héritage : c'est là tout ce que je puis appeler le bien de mon père. Bientôt, las de rester attaché toujours sur les mêmes rochers, j'appris à gouverner le timon d'une barque, j'observai l'astre pluvieux de la chèvre Amalthée, les Pléiades, les Hyades, la Grande-Ourse; je connus les maisons des vents et les ports amis des matelots. » On ne remarque pas sans étonnement dans le cours de cette fable, si habilement composée, deux circonstances qui ont empreint d'un caractère merveilleux la naissance du christianisme. Comme le sublime auteur de la loi nouvelle, Bacchus, qui a d'un autre côté tant de rapports avec Moïse, adopte un simple pêcheur pour disciple; et cet ignorant des choses de la terre se trouve avoir reçu tout à coup l'intelligence des choses divines, en même temps que l'amour du dieu dont il vient d'embrasser le culte et les mystères.

---

[1] *Métamorphoses,* liv. III, v. 582 et suiv.

C'est encore dans son âme mélancolique que Virgile a pris cette apostrophe touchante à un guerrier mourant loin de sa patrie. « Et toi aussi, généreux Éole, l'Ausonie t'a vu succomber, et couvrir la terre de ton corps immense. Tu tombes, toi que n'ont pu renverser ni les phalanges argiennes, ni Achille, le destructeur de l'empire de Priam. Là était marqué le lieu de ton trépas; tu possédais au pied du mont Ida un superbe palais, à Lyrnesse un superbe palais ; ta tombe est aux champs de Laurente. » Qui ne se rappelle ici ce passage d'Horace ? « Tu quitteras ces bois achetés à grands frais, cette maison, cette campagne qu'arrosent les ondes dorées du Tibre ; oui, tu les quitteras [1]. » On lit ailleurs dans le même poète : « Il faudra quitter cette terre, cette maison, cette agréable épouse ; et, de tous ces arbres que tu cultives, nul autre qu'un odieux cyprès ne suivra son maître d'un jour [2]. » Le malheureux Éole n'aura pas autour de son tombeau un cyprès du pays natal, et peut-être même est-ce une distraction du poète de lui promettre un tombeau : il ne peut espérer cette faveur à moins que quelque pieux ami ne vienne chercher et reconnaître ses tristes débris, à travers les horreurs du champ

---

[1] Liv. II, ode III.
[2] Liv. II, ode XIV.

de bataille, couvert de tant de morts par les deux princes que Virgile met en parallèle. Ils agissent d'abord d'une manière un peu trop symétrique. En effet, à les voir immoler tour à tour presque le même nombre de victimes, et se répondre en quelque sorte coup par coup, ils ressemblent bien moins à des guerriers furieux qu'à des concurrents qui feraient assaut de force et d'adresse dans un cirque peuplé de tranquilles spectateurs. Virgile compare ses héros à deux torrents qui descendus de montagnes opposées ravagent tout sur leur passage. Cette comparaison était indispensable : sans elle, et malgré les soins de Juturne pour écarter son frère, nous pourrions croire, à la confusion qui règne dans la narration, que Énée et Turnus sont en présence, et nous étonner de ce que des rivaux si acharnés l'un contre l'autre n'en viennent pas aux mains. Virgile eû évité un défaut de vraisemblance en marquantt avec précision le théâtre particulier de leurs exploits. Dans une grande bataille les chefs peuvent avoir assis leur quartier général, ou choisi leur place sur des points différents de leur ligne respective, et ne pas se rencontrer de toute une journée; de même ils ne sauraient voir, et souvent ils ignorent trop long-temps, pour leur malheur, des choses graves et quelquefois décisives qui se passent loin d'eux. Au total, les travaux de Turnus et d'Énée, mis en regard l'un de l'autre, ne sont pas si grands que les promesses du poète; il affaiblit par les détails ce qu'il avait annoncé avec tant de pompe; mais surtout il reste au-dessous de lui-même dans la peinture du redoublement de fureur des armées, lorsque le choc se renouvelle, et que l'action devient générale et terrible.

Homère va nous montrer ce qui manque à cette partie de l'Énéide. Après une véhémente harangue de Neptune, qui les appelle au combat, « les rois, quoique blessés, ordonnent les rangs; le fils de Tydée, Ulysse et Agamemnon parcourent les bataillons, et font l'échange des armes; le fort se revêt d'une forte armure; ils donnent au faible une armure plus légère. A peine sur leur poitrine ont-ils placé l'airain étincelant qu'ils s'avancent commandés par Neptune : sa puissante main agite une lance énorme, redoutable; il est semblable à la foudre ; nul ne peut l'affronter dans les sanglantes batailles, et la crainte a glacé tous les guerriers. De son côté, le fils de Priam dispose les phalanges troyennes. Le plus acharné des combats éclate sous les ordres de Neptune aux cheveux azurés, et de l'illustre Hector, qui à la fois excitent le courage, l'un des Grecs, l'autre des Troyens. La mer inonde ses bords jusqu'aux navires et aux tentes des Argiens; les deux armées se confondent, et poussent d'affreux hurlements. Ainsi ne mugissent point les vagues de l'Océan chassées de la haute mer contre le rivage par le souffle violent de Borée; ainsi dans les vallons de la montagne ne retentit point le murmure de la flamme dévorante, qui vole et ravage les forêts retentissantes [1]. »

L'inspiration envoyée par Vénus à son fils pour qu'il se hâte de porter la guerre au pied des murs de Laurente, et de jeter la terreur dans cette cité, prévient à propos l'uniformité inséparable d'un récit de combats. Mais pourquoi toujours ce Mnesthée, ce Sergeste, ce courageux Séreste, qui ne justifient par aucune science guerrière, par aucun service éclatant, la confiance d'Énée? Quel triste conseil que ces trois hommes appelés auprès de leur chef! Cette armée, arrêtée tout à coup au milieu d'une action par quelque chose d'extraordinaire et d'imprévu, je la cherche en vain dans cette foule silencieuse et froide qui se rassemble autour d'Énée, monté sur un tertre! Ne se passe-t-il rien dans les cœurs, puisque je ne vois rien sur les physionomies? Cependant quoi de plus passionné, de plus exalté, de plus mobile et de plus expressif en même temps que les traits, la figure, l'attitude, les gestes et l'attente des soldats surpris dans une situation semblable à celle

---

[1] *Iliade*, chant XIV, vers 379 et suiv.

des Troyens aux prises avec les Rutules? La harangue d'Énée commence par un ordre aussi déplacé dans la circonstance qu'injurieux pour de braves guerriers, qui combattent avec ardeur sous les yeux de leur prince. A force de brièveté l'orateur manque entièrement d'effet. Au lieu d'emprunter à Ennius ces mots si secs, *Jupiter hac stat,* « Jupiter est avec nous, » n'aurait-on pas pu dire à peu près comme le jeune Manlius aux Latins : « Avec nous est Jupiter, Jupiter lui-même, témoin des traités violés par l'ennemi, et qui a plus de pouvoir et d'autorité que tous les mortels ensemble, pour punir les parjures [1]. » Je trouve dans le même auteur cette harangue militaire vraiment éloquente : « Courage, Romains, les dieux se déclarent contre les impies. Il y a donc une providence divine! Grand Jupiter, tu es! Nous ne t'avons pas en vain consacré cette enceinte comme au père des dieux et des hommes. Citoyens, et vous, pères conscrits, que tardez-vous à prendre les armes quand les dieux vont marcher à votre tête [2]. » Si ces paroles, qui couronneraient très-bien le discours d'Énée, fussent venues à la pensée de Virgile, entraîné par leur mouvement même, il aurait donné plus de chaleur à la prompte obéissance de l'armée troyenne, et surtout à la première attaque de Lau-

---

[1] Tite-Live, liv. VIII, § vii.
[2] *Ibidem*, liv. VIII, § vi.

rente, qui manque de ces grands traits, de cette effrayante vérité, avec lesquels Homère représente les évènements et saisit les imaginations. L'épouvante de Laurente n'est qu'indiquée. Ici, comme au livre précédent, on ne reconnaît pas dans l'esquisse de Virgile la confusion, le bruit, les convulsions d'une ville bouleversée par la terreur [1], pri-

---

[1] On lit dans Stace : « Qui pourrait dépeindre l'épouvante des Thébains à l'approche de l'armée des Grecs, campée devant eux? La ville s'occupe des derniers préparatifs de guerre, et déjà la guerre est à ses portes. Une nuit ténébreuse effraie l'insomnie des habitants, et les menace d'un jour plus affreux encore. On parcourt, on visite les remparts avec soin ; au milieu de l'effroi général, aucun point ne paroît assez fortifié ; les citadelles d'Amphion sont trop faibles pour soutenir un choc pareil. Une profonde rumeur règne de tous côtés. La peur augmente le nombre et agrandit les forces de l'ennemi. Le citoyen voit en face de ses murs flotter les pavillons des Grecs, et des feux étrangers briller sur ses montagnes. Ceux-ci fatiguent le ciel de plaintes et de prières; ceux-là excitent au combat et leurs glaives homicides et leurs belliqueux coursiers. D'autres arrosent de larmes le sein de ce qu'ils ont de plus cher. Les infortunés ! ils commandent leurs funérailles et leurs bûchers pour le lendemain! Si un léger sommeil abaisse un moment leurs paupières, ils se croient aux prises avec l'ennemi. Dans leur trouble, tantôt ils se réjouissent du retard de leur mort, tantôt ils cèdent au dégoût de la vie; tantôt ils craignent, tantôt ils demandent le retour de la lumière. » Chant VII, vers 452 et suivants.

vée d'un chef habile pour prendre le commandement, et abandonnée à la faiblesse d'un roi sans tête et sans courage, incapable de trouver en lui-même un conseil, une ressource, une parole. La comparaison du trouble de Laurente avec l'agitation d'une cellule d'abeilles découverte par un berger et remplie d'une fumée amère, achève de rapetisser le tableau[1]. Homère jette Apollon au milieu de Troie, que les Grecs sont prêts à renverser, et, dans ce désordre, Priam, qui ignore l'arrivée du dieu tutélaire, n'oublie pas ses devoirs de monarque. A l'aspect d'Achille, dont le glaive inexorable immole sans pitié les Troyens fugitifs et frappés d'épouvante, il quitte la tour sacrée d'Ilion, il en fait ouvrir les portes, et donne les ordres nécessaires au salut de ses sujets, après qu'ils seront entrés dans les remparts. Les portes sont ouvertes; Apollon vole au devant des Troyens pour les arracher à la mort. Achille les poursuit sans relâche avec sa lance; une violente colère s'est emparée de son cœur, il brûle de se couvrir de gloire. C'en était fait peut-être d'Ilion en ce jour, si Apollon n'eût détourné la fureur du héros en lui suscitant un rival dans Agénor. Mais, tout brave qu'il

---

[1] Cette comparaison, empruntée d'Apollonius, est plus judicieusement appliquée aux Bébryces mis en fuite par les Argonautes. Chant II, vers 130 et suiv.

est, et quoique soutenu par le secours invisible d'un dieu. Agénor succomberait, comme le Troïle de l'Énéide, *impar congressus Achilli*, engagé dans un combat inégal avec un si grand adversaire; alors Apollon soustrait Agénor à une perte certaine ; et, prenant lui-même la forme de ce guerrier, il entraîne ainsi sur les bords du Scamandre le héros abusé, qui croit toujours saisir sa proie sans l'atteindre jamais.

L'incident de la mort cruelle d'Amate, assez bien placé en ce moment extrême, demandait un peintre et ne l'a point trouvé. Où sont la douleur, l'abattement, la consternation, le désespoir du peuple, qu'un tel évènement doit courber sous les terreurs de la fatalité? Pourquoi n'entend-on pas quelques exclamations de ce peuple, comme dans le second livre de l'Énéide : « Il est venu le jour inévitable, le temps marqué pour notre ruine; c'en est fait de Laurente, il n'y a plus d'espoir; les dieux nous abandonnent. » On a dit avec raison, au sujet de la fin d'Amate, qu'un seul vers renferme le récit de ce suicide, qui pouvait fournir un tableau si intéressant. Lorsque les grands poètes épiques et dramatiques prennent le parti de faire périr leurs principaux personnages d'une manière violente et volontaire, ils déploient, si j'ose parler ainsi, toute l'éloquence de la mort; ils laissent sortir du cœur, à ce dernier instant, les cris du regret, les accents du remords, et l'expression du souvenir amer des erreurs fatales et des évènements malheureux qui ont amené cette catastrophe. C'est ce que Virgile a fait pour Didon ; c'est ce qu'il pouvait faire pour Amate : reine, épouse et mère, également désespérée du succès de ses fautes et de ses fureurs, que de mouvements impétueux devraient s'exhaler de son sein en paroles de feu ! Que de reproches déchirants devraient signaler ses adieux à la vie, au trône à sa famille ! Voici comment Racine nous révèle les orages du cœur de Monime, qui a tenté de recourir au même genre de mort que la reine Amate.

> Xipharès ne vit plus, il n'en faut point douter :
> L'évènement n'a point démenti mon attente.
> Quand je n'en aurais pas la nouvelle sanglante,
> Il est mort ; et j'en ai pour garants trop certains
> Son courage et son nom, trop suspects aux Romains.
> Ah ! que, d'un si beau sang dès long-temps altérée,
> Rome tient maintenant sa victoire assurée !
> Quel ennemi son bras leur allait opposer !
> Mais sur qui, malheureuse, oses-tu t'excuser ?
> Quoi ! tu ne veux pas voir que c'est toi qui l'opprimes,
> Et dans tous ses malheurs reconnaître tes crimes ?
> De combien d'assassins l'avais-je enveloppé !
> Comment à tant de coups serait-il échappé ?
> Il évitait en vain les Romains et son frère :
> Ne le livrais-je pas aux fureurs de son père ?
> C'est moi qui, les rendant l'un de l'autre jaloux,
> Vins allumer le feu qui les embrase tous :

ÉNÉIDE, LIVRE XII.

Tison de la discorde, et fatale furie,
Que le démon de Rome a formée et nourrie!
Et je vis! Et j'attends que, de leur sang baigné,
Pharnace des Romains revienne accompagné,
Qu'il étale à mes yeux sa parricide joie!
La mort au désespoir ouvre plus d'une voie :
Oui, cruelles, en vain vos injustes secours
Me ferment du tombeau les chemins les plus courts;
Je trouverai la mort jusque dans vos bras même.
Et toi, fatal tissu, malheureux diadême,
Instrument et témoin de toutes mes douleurs,
Bandeau, que mille fois j'ai trempé de mes pleurs,
Au moins, en terminant ma vie et mon supplice,
Ne pouvais-tu me rendre un funeste service?
A mes tristes regards, va, cesse de t'offrir;
D'autres armes sans toi sauront me secourir ;
Et périsse le jour et la main meurtrière
Qui jadis sur mon front t'attacha la première [1]!

Et Lavinie! nous montre-t-elle le désespoir d'une fille privée de sa mère par un trépas si déplorable? Apercevons-nous en elle la douleur d'une vierge menacée en même temps de la perte ou de la mort d'un prince qu'elle aime, et du malheur de subir un hymen étranger avec un homme qui, la demandant le fer et la flamme à la main, ne s'offre à ses yeux que tout couvert du sang des sujets de son père? Combien Racine a été mieux inspiré

---

[1] *Mithridate*, acte V, sc. Ire.

dans ces vers admirables qu'Andromaque adresse à sa confidente :

> Dois-je oublier Hector privé de funérailles,
> Et traîné sans honneur autour de nos murailles ?
> Dois-je oublier mon père à mes pieds renversé,
> Ensanglantant l'autel qu'il tenait embrassé ?
> Songe, songe, Céphise, à cette nuit cruelle
> Qui fut pour tout un peuple une nuit éternelle ;
> Figure-toi Pyrrhus, les yeux étincelants,
> Entrant à la lueur de nos palais brûlants,
> Sur tous mes frères morts se faisant un passage,
> Et, de sang tout couvert, échauffant le carnage ;
> Songe aux cris des vainqueurs, songe aux cris des mourants
> Dans la flamme étouffés, sous le fer expirants ;
> Peins-toi dans ces horreurs Andromaque éperdue :
> Voilà comme Pyrrhus vint s'offrir à ma vue ;
> Voilà par quels exploits il sut se couronner,
> Enfin, voilà l'époux que tu me veux donner [1].

Delille a bien senti ce qui manque à Latinus frappé dans tout ce qu'il a de plus cher au monde, sa famille et son peuple ; aussi, refusant de traduire cet inconcevable trait de Virgile, « Latinus étonné du destin de sa femme et de la ruine de sa ville, » le traducteur s'est-il efforcé de donner à ce prince des entrailles de roi et de père :

> Le roi, le roi surtout, détestant la lumière,
> Souille ses cheveux blancs d'une horrible poussière,

---

[1] *Andromaque*, acte III, sc. VIII

Déchire ses habits. Monarque, père, époux,
Il ressent à lui seul l'infortune de tous ;
La pitié le saisit, le remords le déchire.
Ah ! que n'a-t-il plutôt, *pour l'honneur de l'empire*,
Offert à ce héros, pur sang de Dardanus,
Et sa fille, et le sceptre usurpé par Turnus.

Cette libre imitation vaut mieux sans doute que ce qu'elle remplace ; mais l'original était frappé d'une froideur incurable. Delille n'a pu corriger ce défaut, et surtout la malheureuse répétition des reproches que s'adresse le pauvre et faible Latinus après s'être montré sans cesse incapable de rien sentir vivement, de rien embrasser avec ardeur et force. Il faut faire ici une dernière observation. Nous n'entendons plus parler d'Amate ni de Lavinie ; la première disparaît de la scène d'une manière peu digne de son caractère et de l'importance de son personnage ; la seconde se retire pour toujours comme un acteur vulgaire et sacrifié. Virgile semble avoir oublié dans tout le cours et à la fin du rôle de cette jeune princesse, qu'elle était la cause d'une si grande guerre, *causa mali tanti*.

« Cependant Turnus, à l'extrémité de la plaine,
» poursuit encore quelques fuyards ; mais déjà son
» ardeur s'affaiblit, et sa confiance dans l'heureuse
» agilité de ses coursiers s'évanouit de plus en plus.
» Tout à coup les vents apportent jusqu'à lui des
» cris confus qui le frappent d'une vague terreur ;

» le tumulte de la ville, un sinistre murmure ré-
» sonne à son oreille attentive. «Hélas, s'écrie-t-il,
» qui remplit nos murs de ce deuil affreux? Quelle
» clameur effroyable s'élève de tous les points de
» Laurente?» Il dit, et, plein de trouble, ramène
» à lui les rênes et s'arrête. Sa sœur, qui, sous les
» traits de Métisque, dirigeait toujours le char, les
» coursiers et les rênes, le prévient en ces termes :
« De ce côté, Turnus, poursuivons les Troyens ;
» suivons la route que nous ouvrit d'abord la vic-
» toire. Assez d'autres par leur courage sauront dé-
» fendre nos murailles. Énée fond sur les Latins, et
» partout engage la mêlée ; eh bien! d'une main
» sans pitié envoyons aussi la mort aux Troyens;
» tu ne moissonneras ni moins de victimes, ni moins
» de lauriers. » Turnus lui répond : «O ma sœur!
» je t'ai reconnue dès le premier instant où ton
» adresse a rompu le traité, où tu vins te mêler à
» ces sanglants combats; et c'est en vain, ô déesse,
» que tu cherches à me tromper. Mais qui t'a fait
» descendre de l'Olympe pour supporter de si rudes
» travaux? Veux-tu assister au cruel trépas de ton
» infortuné frère? car enfin que puis-je encore? et
» quel espoir de salut m'est laissé par la fortune? J'ai
» vu Murranus, le plus cher de mes amis, invo-
» quer mon secours, et périr à mes yeux : guerrier
» puissant, il est tombé sous un plus puissant que
» lui. Ufens aussi, pour n'être pas témoin de ma

» honte, le malheureux Ufens a succombé : son corps
» et ses armes sont restés au pouvoir des Troyens.
» Souffrirai-je (ce dernier affront me manquait
» seul) que l'on détruise nos foyers? et ma valeur
» ne pourra-t-elle réfuter les discours de Drancès?
» Moi! je reculerais! cette terre verrait fuir Turnus!
» Est-il donc si pénible de mourir? Vous, ô dieux
» des enfers, soyez-moi propices, puisque les arrêts
» du ciel me sont contraires. Je descendrai vers
» vous sans tache, exempt d'un si grand crime, et
» toujours digne de mes nobles aïeux. »

» A peine il achevait ces paroles; tout à coup
» Sacès, blessé d'une flèche au visage, accourt sur
» un coursier écumant, à travers les rangs ennemis,
» se précipite vers Turnus, et l'implore en l'appe-
» lant par son nom : « Turnus, tu es notre dernière
» espérance, prends pitié des tiens. Énée foudroie
» nos remparts ; il menace de renverser nos super-
» bes tours, de les ruiner jusqu'en leurs fondements.
» Déjà les feux volent sur nos demeures : c'est toi
» que demandent, que cherchent les Latins. Le roi
» lui-même ne sait quel gendre il doit choisir,
» quelle alliance il doit préférer. Enfin la reine,
» ton plus fidèle appui, s'est donné la mort de ses
» mains; épouvantée de nos malheurs, elle a fui la
» lumière. Seuls, Messape et le brave Atinas, sou-
» tiennent encore le combat aux portes de la ville :
» autour d'eux se pressent les phalanges troyennes;

» autour d'eux se hérisse une horrible moisson d'é-
» pées nues; et toi, tu promènes ton char sur ces
» plaines abandonnées. »

» Abattu, consterné au récit de tant de désastres,
» Turnus reste immobile, et dans un morne si-
» lence. Au fond de son cœur bouillonnent à la
» fois la honte, le désespoir aveugle, l'amour fu-
» rieux, et le sentiment de sa valeur. Dès que le
» nuage qui pesait sur son esprit a fait place, en se
» dissipant, à la lumière, il frémit, tourne vers
» les remparts des yeux étincelants, et, du haut de
» son char, il contemple l'immense cité. En ce
» moment, un torrent de flammes ondoyantes
» montait en tourbillon dans les airs et dévorait une
» tour, la tour dont il avait lui-même dressé l'as-
» semblage, qu'il avait assise sur des roues mobi-
» les, et armée de ponts élevés. « C'en est fait, ma
» sœur, les destins l'emportent; cesse de m'arrêter.
» Marchons où m'appellent les dieux et le sort im-
» pitoyable. Je suis résolu à combattre Énée, résolu
» à subir toutes les horreurs du trépas; et ma sœur
» ne verra pas plus long-temps son frère déshonoré:
» mais, avant de mourir, permets, je t'en conjure,
» permets que je me livre à toute ma rage. »

» Il dit, et d'un saut léger s'élance à terre; il se
» jette à travers les ennemis, à travers les traits,
» laissant Juturne désolée, et, dans sa course
» rapide, il enfonce les bataillons. Tel du som-

» met d'une montagne se précipite un roc arraché
» par les vents, quand les pluies orageuses l'ont
» miné dans sa base, ou que les progrès insensibles
» du temps ont rongé ses racines; emportée par la
» violence de sa chute, sa masse dévastatrice roule,
» bondit sur le rivage, et entraîne avec elle les forêts,
» les troupeaux et les pasteurs : tel, à travers les
» phalanges dispersées, Turnus vole aux murs de
» Laurente, aux lieux où le sol s'abreuve sans cesse
» de flots de sang, où l'air gémit du sifflement des
» dards. Il fait signe de la main, et, d'une voix fière:
« Cessez, Rutules, s'écrie-t-il ; et vous, Latins, re-
» tenez vos traits; quel que soit le sort du combat,
» il ne regarde que moi seul. Seul je dois satisfaire
» aux conditions du traité, et décider la querelle
» avec le fer. » Aussitôt les deux armées s'éloignent,
» et laissent entre elles un espace libre.

» Cependant Énée, au nom de Turnus, aban-
» donne les murailles, abandonne les hautes tours,
» écarte tous les obstacles, interrompt tous les tra-
» vaux; et, tressaillant de joie, tonne sous sa ter-
» rible armure, aussi grand que l'Athos, aussi impo-
» sant que l'Eryx, aussi majestueux que l'antique
» Apennin lui-même, quand il sent frémir ses
» bruyantes forêts, quand il s'enorgueillit d'élever
» jusqu'aux cieux son front couronné de neige et de
» frimas. Déjà Rutules, Troyens et Latins, tous à
» l'envi tournent leurs regards vers la lice; et ceux

» qui occupaient le sommet des remparts, et ceux
» qui, avec le bélier, battaient le pied des murs,
» tous ont déposé les armes. Latinus lui-même s'é-
» tonne de contempler réunis deux illustres guer-
» riers, que des régions si différentes ont vus naître,
» et qui s'apprêtent à se mesurer ensemble.

» Dès que la plaine débarrassée laisse le champ
» libre aux deux rivaux, ils font voler de loin leurs
» javelines, s'avancent d'un pas rapide, et s'atta-
» quent en heurtant leurs boucliers et l'airain so-
» nore de leur armure : la terre gémit de leur choc.
» Bientôt, l'épée à la main, ils se portent des coups
» redoublés : le hasard, la valeur, servent à la fois
» les combattants. Tels, sur l'immense Sila ou sur
» le mont Taburne, deux taureaux, engagés dans
» une lutte sanglante, entrechoquent leurs fronts
» irrités : les pasteurs, effrayés, s'éloignent ; tout le
» bétail s'arrête muet de terreur ; les génisses atten-
» dent en mugissant que la victoire ait nommé leur
» monarque, et le guide que suivra le troupeau
» docile. Les deux adversaires s'entredéchirent
» avec fureur, et s'enfoncent les cornes dans les
» flancs ; des flots de sang ruissellent de leur cou,
» de leurs épaules ; la forêt voisine répond tout
» entière à leurs gémissements. Tels Énée et Tur-
» nus font retentir leurs boucliers ; et l'air résonne
» au loin d'un horrible fracas.

» Alors Jupiter déploie dans un juste équilibre

» ses balances célestes, et y place les destins
» divers des deux princes, pour savoir à qui le
» combat sera fatal, de quel côté penchera le poids
» de la mort. Tout à coup Turnus, qui se flatte d'un
» heureux succès, s'élance, se dresse, et, l'épée
» haute, frappe son rival. Les Troyens, les Latins
» poussent un cri subit; les deux armées sont en
» suspens. Mais le glaive perfide se rompt et trahit
» trop tôt l'ardeur du Rutule, obligé maintenant de
» recourir à la fuite : il fuit plus prompt que le
» vent, dès qu'il voit cette poignée inconnue et sa
» main, désarmée. On dit que, se précipitant sur
» son char pour voler au combat, Turnus, dans sa
» vive impatience, avait, au lieu du glaive paternel,
» saisi le fer de Métisque, son écuyer. Tandis que
» les Troyens, épars, reculaient devant ses pas, ce
» fer lui suffit; mais quand il fallut affronter les
» armes divines forgées par Vulcain, l'épée mortelle
» se brisa comme une glace fragile : ses débris
» épars resplendissent sur la brillante arène. Tur-
» nus, éperdu, fuit à travers la plaine, va, revient,
» et décrit mille détours incertains. D'un côté, les
» Troyens l'environnent de leurs rangs épais; ici
» c'est un vaste marais, et là les hautes murailles
» de la ville.

» Cependant, quoiqu'il soit encore affaibli par sa
» blessure, que ses genoux fléchissent parfois, et
» refusent de répondre à son courage, Énée ne pour-

»suit pas son adversaire avec moins d'ardeur,
» et de ses pieds brûlants il effleure les pieds du Ru-
» tule effrayé. Tel, lorsqu'un limier d'Ombrie a sur-
» pris un cerf arrêté au bord d'un fleuve, ou saisi de
» crainte à l'aspect d'une longue file de plumes
» pourprées, il s'élance sur ses traces et le presse
» de ses aboiements; le timide animal, qu'épou-
» vantent également le piége et la hauteur de la
» rive, cent fois, dans sa course fugitive, parcourt
» le même chemin; mais l'ardent limier, la gueule
» béante, s'attache à sa proie; déjà il la tient,
» ou semble la tenir, et ses dents s'entrechoquent
» trompées par une vaine morsure. Alors s'élève une
» immense clameur, les rivages et les lacs d'alen-
» tour y répondent, et tout le ciel résonne au bruit
» du tumulte. Turnus, en fuyant, gourmande tous
» les Rutules, appelle chacun par son nom, et de-
» mande à grands cris le glaive connu de sa valeur.
» Énée, prêt à frapper, menace d'un prompt trépas
» quiconque sortira des rangs; il menace de dé-
» truire la ville, redouble la terreur, et, malgré sa
» blessure, poursuit toujours son rival. Cinq fois ils
» font le tour de la lice tout entière; cinq fois ils
» reviennent sur leurs pas; car ce n'est point un
» prix léger, une vaine récompense qui se dispute
» dans ce combat, mais la vie et le sang de Turnus.

» Là, placé par le hasard, s'élevait jadis, avec ses
» feuilles amères, un olivier sauvage, consacré à

» Faune, et long-temps révéré des nautonniers :
» sauvés de la fureur de l'onde, ils avaient coutume
» d'y présenter au dieu de Laurente leurs pieuses
» offrandes, et d'y suspendre les vêtemens promis
» par leurs vœux. Mais, afin d'ouvrir un champ li-
» bre aux combattants, les Troyens avaient abattu
» sans respect ce tronc vénérable. Là s'était en-
» foncée la lance d'Énée ; là son vol impétueux
» l'avait poussée, et debout, elle restait immobile
» dans une racine de l'arbre. Le héros se courbe,
» veut arracher le fer, et atteindre avec ce trait l'en-
» nemi qu'il ne peut saisir à la course. Alors, éper-
» du, troublé : « Faune, s'écrie Turnus, de grâce
» prends pitié de mon sort; et toi, Terre bienfai-
» sante, retiens cette javeline dans ton sein ; soyez
» favorables à ma prière, si j'ai toujours honoré
» vos autels, qu'ont profanés les armes des Troyens. »
» Il dit, et ses vœux n'appellent pas en vain l'assis-
» tance divine. Énée lutte long-temps, s'acharne
» contre le bois opiniâtre ; mais toute sa vigueur
» ne parvient pas à triompher du tronc rebelle qui
» a mordu le dard. Tandis qu'il poursuit et redou-
» ble d'efforts, Juturne reprend les traits de Mé-
» tisque, et s'empresse de remettre à son frère l'épée
» qu'il réclame. Vénus, qu'indigne l'audace de la
» nymphe téméraire, s'approche, et enlève le jave-
» lot à la racine profonde. Alors, ces deux superbes
» rivaux, à qui des armes nouvelles rendent un

»nouveau courage, ne respirent que les fureurs de
» Mars, et s'avancent, l'un, fier de son glaive, et l'au-
» tre, plus encore de sa lance.

» Cependant le roi tout puissant de l'Olympe
» s'adresse à Junon, qui contemplait le combat,
» assise sur un nuage d'or : « Quel sera le terme de
» cette guerre, chère épouse? Que voulez-vous de
» plus? Vous n'ignorez pas, vous en convenez vous-
» même, que les demeures célestes attendent Énée,
» que les destins doivent l'élever un jour au rang
» des immortels. Que méditez-vous? ou quel espoir
» vous retient sur ces froides nuées? Convenait-il
» qu'un dieu fût blessé par la main d'un mortel!
» Et ce glaive dont il était privé, deviez-vous (car
» sans vous que pouvait Juturne?), deviez-vous le
» rendre à Turnus, et ranimer l'audace des vaincus?
» Cessez donc enfin, et cédez à nos prières; faites
» trève à cette douleur qui vous ronge en secret; et
» que souvent votre douce voix me confie vos tristes
» chagrins. Les temps sont accomplis. Vous avez pu
» poursuivre les Troyens sur la terre et sur l'onde, al-
» lumer une guerre cruelle, plonger une famille royale
» dans le désespoir, et mêler le deuil aux pompes
» de l'hymen; ne tentez rien de plus, je le défends.»
» Ainsi parla Jupiter. La fille de Saturne lui répond
» d'un air soumis : « Puissant maître des dieux,
» c'est parce que je connaissais votre volonté su-
» prême, que je me suis résignée à abandonner et

» la terre et Turnus. Sans ce respect pour vos ar-
» rêts, vous ne me verriez pas seule, assise sur un
» nuage, dévorer tant d'affronts ; mais, environnée
» de feux vengeurs, je tonnerais encore au sein
» de la mêlée, j'entraînerais les Troyens à des com-
» bats funestes. J'ai pressé Juturne, il est vrai, de
» voler au secours de son malheureux frère, et je
» lui ai permis de tout oser pour le salut de sa vie,
» mais non d'aller jusqu'à lancer des traits et ten-
» dre un arc homicide : j'en jure par les ondes du
» Styx, par ce fleuve inexorable, seule puissance
» qu'attestent avec une crainte religieuse les dieux
» de l'Olympe. Je cède enfin, je hais cette guerre et
» j'y renonce. Mais, au nom du Latium, pour la
» dignité des rois issus de votre sang, je vous de-
» mande une grâce que la loi du destin ne défend
» pas : quand un heureux hymen, auquel je con-
» sens, cimentera la paix entre les deux peuples, et
» que, réunis par un traité solennel, ils obéiront
» aux mêmes lois, ne contraignez pas les Latins,
» enfants de l'Ausonie, à quitter leur ancien nom, à
» devenir, à s'appeler Troyens, à changer d'habits
» et de langage. Que le Latium, que les rois albains
» subsistent dans tous les siècles; que Rome doive
» un jour sa grandeur à la valeur italienne : Troie
» a péri, souffrez que son nom périsse avec elle. »

» Le souverain créateur de la nature et des hom-
» mes lui dit en souriant : « Eh quoi ! vous, sœur

» de Jupiter, et comme lui enfant de Saturne, vous
» roulez dans votre sein ces transports de colère ! eh
» bien ! mettez un terme à de vains ressentiments :
» j'accorde ce que vous désirez ; touché de votre
» prière, je vous cède sans peine cette victoire. Les Au-
» soniens conserveront la langue et les coutumes de
» leurs pères ; leur nom restera le même. Mêlés à ce
» grand corps, les Troyens n'y domineront pas : je
» leur donnerai le même culte, les mêmes cérémo-
» nies religieuses ; et les deux nations, avec le même
» langage, formeront les Latins. De ce mélange du
» sang troyen et du sang d'Ausonie doit sortir une
» race que vous verrez s'élever par ses vertus au-
» dessus des mortels et des dieux, et jamais aucun
» peuple ne vous rendra plus d'hommages. » Junon
» applaudit d'un signe à ces paroles, et, plein de
» joie, dépose son courroux. Aussitôt elle quitte
» les nuages et remonte dans l'Olympe.

» Alors, le père des dieux agite en lui-même un
» autre projet ; il veut éloigner Juturne du champ
» où combat son frère. Il est, dit-on, deux divi-
» nités funestes qu'on appelle Dires : la sombre
» nuit enfanta dans le même moment ces deux
» monstres avec l'infernale Mégère, les ceignit éga-
» lement de serpents tortueux, et leur donna des
» ailes aussi promptes que les vents. Elles veillent
» près du trône de Jupiter, sur le seuil de ce redou-
» table monarque, et envoient l'épouvante aux in-

» fortunés humains, chaque fois que le roi des im-
» mortels déchaîne contre le monde l'horrible mort
» et les tristes maladies, ou menace du fléau de la
» guerre les cités coupables. Du haut du ciel Jupi-
» ter dépêche la plus agile de ces Furies, et lui or-
» donne de s'offrir à Juturne, comme un présage
» funeste. Elle vole, et, telle qu'un rapide tourbil-
» lon, elle descend sur la terre. Ainsi, lancée par
» la main du Parthe ou du Crétois, une flèche, ar-
» mée de cruels poisons, siffle, fend l'air avec impé-
» tuosité, fuit, invisible, à travers les ombres légè-
» res, et ouvre une blessure incurable. Ainsi la
» fille de la nuit se précipite et s'élance sur la terre.
» Dès qu'elle aperçoit l'armée troyenne et les ba-
» taillons de Turnus, soudain elle prend la forme
» de ce faible oiseau qui, perché la nuit sur les tom-
» beaux ou sur les toits abandonnés, prolonge dans
» les ténèbres ses sinistres accents. Sous cette figure,
» le monstre passe et repasse devant les yeux de
» Turnus, avec un bruit effrayant, et frappe de ses
» ailes le bouclier du prince. Une torpeur inconnue
» s'empare de ses membres glacés de crainte ; ses
» cheveux se dressent d'horreur, et sa voix expire
» sur ses lèvres.

» Au battement des ailes, à ce vol frémissant,
» Juturne, de loin, reconnaît la Furie ; malheu-
» reuse, elle arrache ses cheveux épars, déchire
» son visage et meurtrit son sein. « O Turnus!

» que peut maintenant ta sœur pour toi? ou quelle
» espérance me reste-t-il dans mon infortune? Par
» quel art prolonger tes jours? Puis-je résister à
» cette divinité de l'enfer? C'en est fait, j'abandonne
» le champ du combat. Cessez, impurs oiseaux,
» d'ajouter à mon effroi, je reconnais le sifflement
» de vos ailes et votre cri de mort. Je n'ignore pas
» les ordres cruels du magnanime Jupiter. Voilà
» donc le prix de ma virginité ravie par ce dieu?
» Pourquoi m'a-t-il donné l'immortalité? Pourquoi
» m'a-t-il privé du bonheur de mourir? Du moins,
» je pourrais à l'instant mettre un terme à de si
» grandes douleurs, et accompagner un frère infor-
» tuné chez les ombres. Immortelle! moi! eh!
» quelle douceur goûterais-je sans toi, ô mon frère?
» Oh! quel gouffre assez profond s'ouvrira sous
» mes pas pour précipiter une déesse au noir séjour
» des mânes. » A ces mots, gémissante, éperdue,
» elle enveloppe sa tête d'un voile azuré, et se plonge
» au fond du fleuve.

» Cependant Énée presse son adversaire, bran-
» dit avec force une énorme javeline, et s'écrie d'une
» voix formidable : « Qui t'arrête à présent? Pour-
» quoi, Turnus, refuser encore d'en venir aux mains?
» Ce n'est point à la course, c'est de près, et avec
» le glaive, qu'il faut combattre? Prends toutes les
» formes, tente tout ce que peut le courage ou la
» ruse; souhaite de t'élever jusqu'aux astres, ou de

ÉNÉIDE LIVRE XII.

» te cacher dans le sein de la terre.—Barbare, ré-
» pond Turnus, en secouant la tête, tes insolents
» discours ne m'effraient pas; je ne crains que les
» dieux et Jupiter irrité. »

» En achevant ces mots, il aperçoit une pierre
» immense, une pierre antique et monstrueuse,
» qui, placée dans ces lieux, servait de limite aux
» champs, et prévenait les débats. Douze mortels
» des plus robustes, tels que la terre en produit
» maintenant, pourraient à peine soutenir cette
» masse sur leurs épaules. Le héros l'enlève d'une
» main frémissante, se dressant de toute sa hauteur,
» et lance, en courant, le roc à son rival. Mais, soit
» en s'élançant, soit dans sa course, soit lorsqu'il
» soulève et balance ce bloc pesant, Turnus ne se
» reconnaît plus. Ses genoux fléchissent, un froid
» subit a glacé tout son sang; et la pierre, roulant
» dans le vide des airs, ne peut ni franchir tout
» l'espace, ni porter le coup mortel. Ainsi, la nuit,
» dans nos songes, lorsqu'un sommeil languissant
» presse nos paupières, en vain il nous semble que
» nous essayons de courir; épuisés de nos pénibles
» efforts, nous succombons; notre langue, notre
» vigueur accoutumée, trahissent notre ardeur;
» la voix ni les paroles ne répondent à notre vo-
» lonté. Ainsi, quoi que puisse tenter la valeur de
» Turnus, la cruelle Furie met obstacle à son triom-
» phe. Alors mille pensées différentes agitent son âme

» troublée. Il porte ses regards sur les Rutules et
» sur la ville ; la crainte enchaîne ses pas, il fris-
» sonne à la vue du fer qui le menace. Il ne sait
» comment échapper, comment résister à son rival;
» il ne voit plus ni son char, ni sa sœur pour le
» guider. Tandis qu'il hésite incertain, Énée fait
» briller la fatale javeline, cherche des yeux un
» endroit favorable, et de loin la lance de toutes
» ses forces. Avec moins de fureur fondent sur des
» remparts les pierres vomies par la baliste; avec
» moins de fracas retentissent les éclats de la fou-
» dre. Semblable à un noir tourbillon, le trait,
» messager de l'affreux trépas, vole, traverse le bord
» du bouclier, que recouvrent sept lames d'airain,
» traverse le bas de la cuirasse, et s'enfonce en sif-
» flant au milieu de la cuisse. A ce coup terrible,
» le grand Turnus ploie les genoux, et tombe sur
» la terre. Les Rutules poussent un long cri de dou-
» leur, les monts d'alentour en mugissent, et les
» vastes forêts répondent au loin à ce lugubre mur-
» mure.

 » Alors, suppliant et soumis, Turnus implore
» Énée de l'œil et de la main : « Oui, dit-il, j'ai
» mérité mon sort, et je ne demande point la vie.
» Use de ta fortune; mais si l'affliction d'un père
» malheureux peut te toucher, prends pitié (An-
» chise, ton père, fut aussi courbé sous le poids des
» années), prends pitié, je t'en conjure, de la vieil-

» lesse de Daunus ; rends-lui son fils, ou, s'il te
» plaît mieux, la dépouille de son fils. Tu as vaincu,
» et les Ausoniens ont vu Turnus tendre les mains
» après sa défaite. Lavinie est ton épouse, n'étends
» pas plus loin ta vengeance. » Énée, malgré sa fu-
» reur, s'arrête, roulant des yeux irrités, et retient
» son bras. Déjà ces paroles commençaient à l'at-
» tendrir, quand sur l'épaule du Rutule s'offre à ses
» regards le fatal baudrier, où brillent des ornements
» connus, le baudrier du jeune Pallas, que Turnus
» avait terrassé sous ses coups, et dont il s'enor-
» gueillissait de porter la superbe parure. Dès que
» ce trophée, monument d'un affreux malheur, a
» frappé la vue du héros, bouillant de courroux et
» frémissant de rage : « Quoi, s'écrie-t-il ! revêtu
» des dépouilles des miens, tu m'échapperais ! non ;
» par ce coup, c'est Pallas qui t'immole, Pallas qui
» venge son trépas dans ton sang criminel. » A ces
» mots, enflammé de colère, il lui plonge le fer
» dans le sein. Le froid de la mort glace tous les
» membres de Turnus, et son âme indignée s'en-
» fuit, en gémissant, chez les ombres. »

Virgile me paraît d'une beauté irréprochable,
et non moins dramatique, non moins rapide que
riche de poésie dans les tableaux qui précèdent le
combat décisif entre les deux adversaires chargés
de vider la querelle de deux empires. Cependant on
pourrait bien élever encore ici quelques objections

au nom de cette raison calme et sévère, qui demande compte au cœur lui-même de l'assentiment qu'il accorde en cédant à ses émotions. Ainsi, d'abord, pourquoi le généreux Turnus ne s'est-il pas plaint de la violation du traité par sa sœur Juturne, puisqu'il l'a reconnue au moment même? pourquoi a-t-il accepté ou reçu un si honteux secours sans murmurer? Cette conduite n'est pas d'accord avec son caractère. Ensuite Virgile n'aurait-il pas de nouveau commis une faute dans une imitation mal déguisée d'un passage d'Homère? Quand Achille se reproche la mort de Patrocle, son absence du champ de bataille et sa fatale obstination à dénier toute espèce d'assistance aux Grecs sont effectivement la cause d'un malheur qui porte le désespoir dans son âme; et nous sommes préparés à l'effet d'une si déchirante éloquence par le commerce d'amitié magnanime et tendre qui existait entre les deux héros. Turnus, qui combattait avec tant de fureur sur un autre point qu'Énée, ne doit pas sentir les mêmes remords que le fils de Thétis. C'est une inadvertance du poète que d'avoir créé à Turnus un crime dont il n'est pas coupable, et qui porterait d'ailleurs une atteinte éternelle à sa gloire; car si présent il avait pu fermer son cœur aux cris de Murranus, et refuser de secourir celui qu'on appelle pour la première fois son ami le plus cher, ce n'eût été que par la crainte d'affronter Énée, engagé dans un duel sanglant avec ce même Murranus; et alors comment oserait-il paraître en face des deux armées, témoins de sa lâcheté? Mais que le discours de ce prince à Juturne est noble et touchant! moins sublime, moins pathétique que celui d'Achille à sa mère, il a plus de rapidité, et ne contient rien que de conforme à la situation. Dans le reste de la peinture éclate toute la chaleur d'Homère, unie à un mérite qu'il n'a pas toujours, celui de supprimer tous les détails inutiles, et de courir à l'évènement sans s'égarer en de vains détours. Virgile prête à Turnus, qui s'élance au combat, une grandeur idéale et naturelle toutefois. Mais, en représentant Énée aussi imposant que l'Athos ou l'Éryx; aussi majestueux que le vieil Apennin quand il agite ses bruyantes forêts, quand il s'applaudit de porter jusqu'au ciel son front éblouissant de neige, le poète ne fait qu'entasser des hyperboles voisines de la déclamation; et, comme le héros troyen n'a point, malgré tant d'efforts, ces proportions surhumaines qui exaltent l'imagination, nous ne voulons plus voir qu'un homme ordinaire dans celui qu'on nous donne presque pour un de ces audacieux Titans qui tentèrent d'escalader l'Olympe. Au contraire, dans un sujet sans limites tel que le Paradis perdu de Milton, et lorsqu'il s'agit d'un Satan, qui participe de la nature divine et de la nature infernale, de ce prince de la révolte qui peut balancer la puissance de Dieu lui-même, réaliser tous les prodiges, et occuper, ainsi que la Discorde d'Homère, l'intervalle entre la terre et les cieux, nous ne sommes pas choqués des plus hautes témérités du Michel-Ange de la poésie anglaise. Au reste, pour le dire en passant, c'est parce que son théâtre, ses personnages et sa fable ne refusaient aucune liberté à l'audace de son génie, que Milton a surpassé Homère lui-même. Milton et le Dante ont osé sans crainte et sans danger des choses interdites au chantre d'Achille et plus encore à celui d'Énée. Trop rempli du dessein d'agrandir son héros, Virgile a oublié de nous peindre avec ses véritables couleurs la cessation de la bataille suspendue par la présence d'Énée et de Turnus, et par l'attente du mémorable évènement qui va tout décider.

L'étrange froideur de Latinus, frappé d'étonnement à l'aspect des deux adversaires qui, nés aux deux bouts du monde, se trouvent réunis aux mêmes lieux pour se mesurer ensemble, blesse d'autant plus l'art et toutes les convenances que nous sommes au moment où le roi des Latins termine son rôle. Désormais nous n'entendrons plus parler de lui.

Au commencement du combat, Jupiter prend ses balances pour peser les deux destinées, sans

ÉNÉIDE, LIVRE XII.

que cette action ait aucun résultat ; dans l'Iliade [1], dans le Paradis perdu, dans la Messiade [2], elle nous révèle le sort des concurrents. Milton, en imitant cette fiction, a sur ses rivaux l'avantage de lui donner à la fois de l'utilité et de l'intérêt. Voici comme il s'exprime :

> Pareil au mont Athos, terrible, inébranlable,
> L'affreux Satan prépare un choc épouvantable.
> Éden aurait péri, les cieux auraient tremblé,
> Et du monde naissant l'édifice eût croulé ;
> Mais, d'un combat fatal craignant la violence,
> Dieu saisit et suspend la céleste balance
> Qu'en son cours annuel le soleil voit encor.
> Le jour qu'il créa tout, c'est dans ses bassins d'or
> Qu'il pesa l'air, les flots, la masse de la terre ;
> Maintenant, aux mortels lorsqu'il permet la guerre,
> C'est là qu'il pèse encor de ses puissantes mains
> Le destin des combats et celui des humains.
> D'un côté, c'est Satan ; de l'autre, c'est l'archange :
> Égaux un seul instant, tout à coup le sort change ;
> L'esprit infernal monte, et l'ange redescend.
> Gabriel l'aperçoit, et d'un ton menaçant :
> « Vois là-haut notre arrêt, et de l'un et de l'autre
> Son pouvoir a jugé ; de lui seul vient le nôtre :
> Son ordre impérieux termine nos combats.
> Perfide ! j'aurais pu de ce terrible bras

---

[1] Chant VIII, vers 69 ; chant XXII, vers 209.
[2] Chant V, vers 709.

> Abattre un révolté, fouler aux pieds sa tête ;
> Mais le ciel a parlé, ma colère s'arrête :
> Toi, crains de la braver ; lève les yeux, et vois
> Combien ta destinée est légère de poids. »
> Satan regarde : il voit la terrible balance
> L'emporter dans les airs, et dicter sa sentence ;
> En murmurant de rage, aussitôt il s'enfuit,
> Et la nuit ténébreuse en silence le suit [1].

Continuons la comparaison du combat de Turnus et d'Énée, image du combat des deux plus grands guerriers de l'Iliade.

Hector, qui s'avançait avec une résolution si fermement arrêtée au devant de son adversaire, fuit tout à coup à l'aspect effrayant d'Achille, semblable au dieu Mars lui-même. De quelque manière que cet effet inattendu de la présence du héros grec soit préparé de loin par les prodiges du génie pour le mettre au-dessus de l'humanité, on souffre de voir le magnanime défenseur de Troie trahir ainsi sa gloire passée en face du péril qu'il a prévu ; et l'on préfère Turnus, qui ne recule que, lorsque dans une première lutte, son épée, mortelle, et trop fragile pour résister à des armes divines, s'est brisée entre ses mains. L'un, qui se dément presque à l'heure suprême, nous cause

---

[1] Chant IV, vers 996 jusqu'à la fin du chant.

une surprise mêlée de quelque indignation ; l'autre nous afflige et nous intéresse en cédant à la nécessité d'éviter la mort, que son bras désarmé ne peut éloigner avec le glaive. Homère compare Hector tantôt à une colombe que poursuit un épervier, tantôt à un faon timide qu'un limier fait lever du buisson derrière lequel il s'est tapi. On reconnaît des traces de l'enfance de l'art dans ces injurieux rapprochements. Virgile nous présente une plus noble image de Turnus dans un cerf arrêté par le courant d'un fleuve, par la hauteur d'une rive escarpée, et chassé par un limier d'Ombrie ardent et courageux. Pourquoi le poète, après avoir ainsi corrigé Homère, vient-il tout à coup compromettre l'honneur d'Énée par la violente défense qu'il fait aux Rutules d'obéir à leur prince, qui redemande sa divine épée ? Achille, plus généreux, se réserve à lui seul la gloire de combattre Hector et de lui arracher la vie. Il est fâcheux que Minerve, qui ne rougit pas de donner son appui au plus fort, rapporte au fils de Pélée le trait qu'il a lancé contre son rival. Le rôle que joue ici la déesse me semble odieux. Malgré le défaut d'une symétrie trop exacte, je préfère comme plus conforme à la nature, qui a également ses droits au ciel et sur la terre, le secours réciproque que Juturne et Vénus s'empressent de prêter, la première à Turnus, et la seconde à Énée.

Ici nous croyons voir renaître le combat avec un redoublement de fureur, mais l'Olympe intervient, et trompe notre attente. Les dieux d'Homère et ceux de Virgile ne sont guère plus raisonnables les uns que les autres. Dans l'Iliade, Jupiter exprime d'abord sa tendresse et sa pitié pour le religieux Hector, et dit ensuite aux immortels qui l'entourent : « Délibérez entre vous, et décidez si nous l'arracherons à la mort, ou si nous l'accablerons sous les coups du fils de Pélée. » — « Puissant Jupiter, répond Minerve, ô mon père, roi des tempêtes, pourquoi parler ainsi? Quoi! ce mortel depuis long-temps désigné par le destin, tu veux le sauver du trépas! exécute un tel dessein, mais ne crois pas que les autres dieux y consentent. » Minerve abuse de son ascendant sur le cœur d'un père; son audace devrait être réprimée; il n'en est pas ainsi. « Rassure-toi, ma fille, reprend le formidable Jupiter, je n'ai point déclaré une volonté inébranlable; je te serai propice; vole accomplir tes vœux, et n'éprouve aucun obstacle. » Ranimée par cette permission, la déesse s'élance du faîte de l'Olympe; et que va-t-elle faire sur la terre? un rôle perfide, cruel et méprisable : elle va tromper Hector au moment suprême. Ne sont-ce pas là ces rêves d'un cerveau malade dont parle Horace? Si le Jupiter de Virgile se montre plus conséquent au passé, plus fidèle à ses promesses solennelles, il n'en médite pas moins un statagème indigne de la majesté divine pour ôter à Turnus son unique appui, les efforts de l'amitié de sa sœur. Les paroles du dieu ne sont que trop conformes à ses pensées ; il ose reprocher à Junon l'action de Juturne, qui vient de remettre une épée dans les mains de Turnus; mais n'a-t-il pas souffert que Vénus rendît un service semblable à Énée? Voudrait-il donc que le malheureux prince des Rutules tendît la gorge au coup mortel, et que le Troyen ne fût qu'un sacrificateur qui frappe sans pitié une victime désarmée? Ce même Jupiter, oubliant en lui le dieu, s'exprime comme un mari pressé de se raccommoder avec une impérieuse épouse ; et, s'il finit par intimer un ordre, il a d'abord employé la prière et le ton caressant de la faiblesse lasse de lutter. Junon, qui ne parle plus de bouleverser le ciel et la terre, a bien laissé tomber son orgueil et son courroux ; elle se rend, et paraît presque soumise; toutefois elle met encore des conditions à cette soumission forcée, et réserve un dernier triomphe à sa vengeance : elle exige que le nom de Troie disparaisse du monde. Jupiter reconnaît la haine implacable de la déesse, mais, époux facile et débonnaire, il a juré dans son cœur de l'apaiser enfin. Il cède aux désirs injustes de Junon, et lui accorde la victoire sur les volontés suprêmes du maître de l'univers. Voilà des dieux entièrement à l'image de l'homme. L'Olympe de l'Énéide ainsi que celui de l'Iliade ressemblent parfois à un ménage où la femme domine à force d'opiniâtreté. Ces scènes triviales, qui nous rappellent sur la terre, forment un singulier contraste avec les grandes idées par lesquelles Virgile a voulu flatter l'esprit national de ses compatriotes, célébrer leur brillante origine, et mettre le peuple-roi sous la protection spéciale des deux plus puissantes divinités du ciel païen, pour assurer la gloire de Rome, et lui garantir l'empire du monde.

Après la terrible Alecton, accourue des enfers à la voix de Junon, la nouvelle Furie, envoyée par Jupiter, nous paraît bien indigne du parallèle avec sa redoutable sœur. La métamorphose du monstre en hibou, la terreur que cet oiseau de sinistre présage inspire au prince d'Ardée, qui tremble comme un enfant, et dont les membres se glacent d'épouvante, quoiqu'il ne reconnaisse pas le ministre du souverain des dieux, semblent contribuer encore à rabaisser singulièrement le vol de l'épopée virgilienne, et même violer la vérité, en faisant outrage au noble caractère de Turnus. On peut répondre à la première de ces objections que Virgile n'a pas dû déployer ici le même appareil qu'au septième livre, et que le moyen qu'il emploie suffit à l'effet qu'il a voulu produire, l'é-

ÉNÉIDE, LIVRE XII.

loignement de Juturne. Quant aux impressions de frayeur éprouvées par Turnus, l'observation de la nature vient justifier le poète. Des hommes d'un courage extraordinaire se sont montrés accessibles à des craintes étranges, surtout à des superstitions dont ils n'ont jamais su triompher. Turnus se sent déjà sur le théâtre de sa mort prochaine ; et, dans la disposition de tristesse où il se trouve, la plus simple circonstance, le vol d'un oiseau de mauvais augure, un bruit imprévu du ciel, le frémissement inattendu d'un arbre agité par les vents, tout enfin peut ébranler profondément même une âme forte et grande. Un passage de la Bible confirme ce que j'avance par un exemple remarquable : Job nous révèle ainsi le trouble de ses entrailles, dû à la plus petite cause, à un insensible et vain murmure. « Cependant une parole m'a été dite en secret, et à peine ai-je entendu les faibles sons qui se dérobaient à mon oreille. Dans l'horreur d'une vision nocturne, lorsque le sommeil assoupit davantage tous les sens des hommes, je fus saisi de crainte et de tremblement, et la frayeur pénétra jusqu'à mes os. Un esprit vint se présenter à moi, et les cheveux m'en dressèrent à la tête. Je vis quelqu'un dont je ne connaissais pas la figure ; une image parut devant mes yeux, et j'entendis une voix comme un petit souffle qui me dit : « L'homme osera-t-il se justifier en se comparant à Dieu, et sera-t-il plus pur que celui qui l'a créé [1]? » Ajoutons que la Furie de l'Énéide, métamorphosée en hibou, n'a rien perdu de sa fatale puissance, et que la terreur du héros dépend de l'influence secrète et inévitable du monstre caché sous une forme mensongère[2]. Juturne reconnaît de loin la fille de la Nuit au frémissement de ses ailes, à je ne sais quel bruit précurseur de la mort; elle devine les ordres cruels de Jupiter au choix d'un instrument de colère, et sent que Turnus est condamné. Quelle situation dramatique le poëte a inventée ici! Juturne, contrainte d'obéir au maître

---

[1] *Job*, chap. IV, vers. xii et suiv.

[2] Les anciens attachaient une grande importance aux présages funestes; l'histoire romaine en est remplie dans les graves circonstances, dans les dangers publics; un grand homme, un personnage éminent ne meurt pas sans que des signes de malheur aient prédit sa fin. On lit dans Tacite : «Le jour que l'on combattit à Bédriac, un oiseau d'une forme extraordinaire s'abattit, si l'on en croit les habitants de Régium Lépidum, dans un bois très-fréquenté près de cette ville. Ni le concours du peuple, ni une multitude d'oiseaux voltigeant autour de lui, ne l'effrayèrent, et ne lui firent quitter la place, jusqu'au moment où Othon se frappa : alors il disparut; et le calcul du temps démontra que le commencement et la fin du prodige concouraient avec la mort d'Othon. » *Hist.*, livre II, § l.

des dieux, abandonne un frère qu'elle a défendu jusqu'à la dernière extrémité ; elle l'abandonne à la main de fer du Destin, qui va peser sur lui. Que ses imprécations au monstre ont bien l'accent déchirant d'un effroi qui naît d'une violente douleur de l'âme ! Quelle profonde amertume dans ses reproches à Jupiter, qui ne l'a affranchie du trépas que pour lui infliger le supplice d'une souffrance immortelle ! Comme elle est à plaindre d'être exempte de la condition de mourir ! Comme elle embrasserait avec joie ce qui est pour les hommes le plus grand des malheurs ! Et la position de Turnus ! Une sœur chante sur lui et à côté de lui l'hymne funèbre ; une sœur qui voudrait en vain l'accompagner au sombre empire où il va descendre lui adresse les derniers adieux, et il ne les entend pas. La plus douce consolation lui est refusée ; la voix chérie de cette sœur, qui le pleure d'avance, ne parvient pas à son oreille ! Juturne n'est plus auprès de Turnus ; le voilà maintenant seul et isolé au monde : dans le ciel et sur la terre personne désormais pour détourner de son sein le coup mortel ! Juturne voit déjà le glaive menacer la tête de son frère ; et, ne pouvant supporter un si odieux spectacle, elle se précipite dans le fleuve prochain[1]. Rien de plus dramatique

---

[1] Dans le naufrage de Céyx, Ovide, non moins heureux

et de plus éloquent que cette scène ; il était impossible de mieux choisir la place qu'elle occupe dans le poème, et de terminer plus habilement le rôle d'un si intéressant personnage.

Cependant nous avons perdu de vue un peu long-temps le combat décisif. Les deux adversaires avaient recouvré leurs armes et rallumé leur courage : qu'ont-ils fait qui réponde à leur nouvelle fureur? Virgile ne songe pas à nous l'apprendre : nous les retrouvons encore dans la position où nous les avons laissés, et comme s'ils avaient attendu que Juturne eût fini ses plaintes. L'omission est d'autant plus fâcheuse que le poète l'aggrave par une faute de composition en ajoutant contre toute convenance : « Qui t'arrête maintenant, Turnus? Pourquoi m'éviter encore? Ce n'est plus ici le combat de la course ; c'est de près qu'il faut lutter avec ces armes meurtrières. Déguise-toi sous mille formes ; épuise les ressources du courage et de l'art ; choisis de t'envoler jusqu'à la hauteur des cieux, ou de te cacher au sein profond de la terre : partout je saurai t'atteindre. » Quelle ridicule jactance! Quelles bravades de fanfaron! Que ces menaces insensées conviennent peu

---

que Virgile, dit que Lucifer, ne pouvant sortir du ciel, se couvrit d'un voile de nuages pour ne pas voir la mort de son fils. *Métamorphoses,* liv. XI, vers 570.

ÉNÉIDE, LIVRE XII. 573

aux mœurs du personnage! Et Turnus, si notre raison ne prenait sa défense contre une pareille injustice, ne nous apparaîtrait-il pas comme le Dolon de l'Iliade se retournant de mille façons pour conjurer la mort, ou à genoux et tremblant sous le glaive de Diomède? Heureusement pour lui, l'Hector de l'Énéide en ce moment donne un prompt démenti au prince troyen, transformé en Achille, et fait justice de la forfanterie de ses paroles [1] : « Trop fier Énée, je ne crains pas tes in-

---

[1] Dans l'*Iliade,* le véritable Achille, plus jeune, plus furieux qu'Énée, dit seulement à Hector : « Ressouviens-toi de tout ton courage. Voilà le moment de te montrer guerrier vaillant et redoutable le glaive à la main. Tu n'as plus de refuge; Minerve elle-même va te dompter avec ma lance. »

L'Argant du Tasse, qui croit voir dans Tancrède un guerrier fugitif et infidèle à sa parole, ne fait qu'exprimer son mépris et sa colère avec l'accent de la vérité, en disant à son adversaire : « Tu reviens tard, et tu n'es pas seul. Cependant je ne refuse pas de combattre avec toi, et de mettre ma valeur à une nouvelle épreuve, quoique tu me paraisses moins un guerrier qu'un vil fabricateur de machines. N'importe : fais-toi un rempart de tes soldats, invente pour te défendre de nouveaux stratagèmes et des armes inusitées; brave assassin de femmes, tu ne pourras ni sortir de mes mains, ni fuir la mort qui t'attend. » Ch. XIX, st. II.

Tancrède répond d'une manière d'autant plus digne de lui qu'il va justifier ses paroles avec des actions : « Mon

solentes bravades ; je ne crains que les dieux et Jupiter, déclaré contre moi. » Dans cette scène, comme à la fin du dixième chant, le vaincu paraît plus grand, et montre un plus noble caractère que le vainqueur.

Les gigantesques efforts de Turnus viennent à propos soutenir ses paroles ; mais pourquoi la plus folle des exagérations blesse-t-elle ici la raison? Homère se contente de dire : « Hector saisit devant les portes une pierre allongée ; deux hommes, tels qu'ils existent aujourd'hui, ne pourraient l'arracher du sol, et la placer sur un char ; lui l'enlève sans peine ; tant le fils de Saturne la rendait légère au héros [1]. » Chez Virgile un jeune homme, sur le seuil de la mort, fait un acte de vigueur au-dessus de la puissance d'Hercule lui-même. Nous ne saurions admettre cette fable, et, si nous l'admettions, no-

---

retour est tardif ; mais bientôt il te paraîtra trop précipité ; bientôt tu désireras que la mer ou les Alpes fussent interposées entre nous ; bientôt tu éprouveras par toi-même que mes retards ne proviennent ni de crainte ni de faiblesse. Viens à l'écart, ô toi qui ne sais immoler que des géants ou des héros ; l'assassin des femmes te défie. » St. IV et V.

[1] *Iliade*, chant XII, vers 445 et suiv. Il est bon d'ajouter qu'avec le rocher qu'il a soulevé Hector enfonce les deux portes du camp des Grecs, où il se précipite semblable à la nuit rapide.

tre crédulité tournerait au détriment d'Énée, qui, sans la faveur des dieux, serait évidemment accablé par l'auteur d'un tel prodige. On se demande d'ailleurs par quel motif Turnus ne se sert pas de l'épée qui lui est rendue? Pendant qu'il ramasse un éclat de rocher, et se lève de toute sa hauteur pour le lancer, il prête le flanc, le corps tout entier au glaive étincelant d'Énée. L'incident imaginé par Virgile est d'un choix malheureux; il détruit tout l'intérêt du combat, et met Turnus sans défense à la merci d'un vainqueur, qui ne peut tirer aucune gloire de son triomphe. Un peu plus d'attention aux exemples d'Homère aurait évité à Virgile ces imperfections. Hector vient de diriger contre Achille une longue javeline, qui a été repoussée par le divin bouclier. « Hector frémit de ce qu'un trait inutile s'est échappé de sa main; il s'arrête, le front abattu; car il n'a plus de javelot. D'une voix forte, il appelle Déiphobe, et lui demande une lance; mais ce guerrier a disparu. Un triste pressentiment s'élève alors dans l'âme du héros. « Hélas! c'en est fait, dit-il, les dieux m'appellent à la mort. Je croyais Déiphobe présent pour me secourir, mais il est dans nos murs. Je le vois, Minerve m'a séduit; la funeste mort reste seule à mes côtés. Sans doute ainsi l'ont voulu Jupiter et son fils Apollon, ces dieux qui jadis se plaisaient à m'arracher aux périls. Maintenant mon heure fatale approche. Toutefois je ne périrai point comme un lâche, indigne de la gloire, et je me signalerai par un exploit qu'apprendront les siècles à venir. » A ces mots, il saisit le glaive aigu, éclatant et terrible suspendu à son côté, et s'élance avec ardeur. Ainsi l'aigle, au vol superbe, se précipite dans la plaine à travers d'épais nuages, pour saisir *un faible agneau ou un lièvre timide;* tel Hector s'élance en agitant le glaive acéré[1]. » A la place de cette belle scène, que voyons-nous dans l'Énéide? un rival d'Hector qui tremble, qui ne sait ni comment fuir, ni comment trouver en lui la force de se jeter sur son ennemi, enfin un homme qui a perdu la tête, et s'abandonne lui-même au point de ne pas saisir son épée pour se défendre. Grâce à ces défauts de composition, Turnus ressemble à une victime qui attend le coup mortel avec terreur; de son côté, le grand Énée, dont la situation est encore la même qu'au moment de la reprise du combat[2], et que nous retrouvons pareil à une

---

[1] *Iliade,* chant XXII, vers 289 et suiv.

[2] On lit dans le texte :

Æneas instat contra, telumque coruscat.

Après les menaces et les provocations les plus ardentes, Énée ne frappe point, comme on devait s'y attendre ; et, vingt-six vers plus loin, nous lisons encore :

Cunctanti telum Æneas fatale coruscat.

statue d'athlète dans une attitude menaçante, a l'air d'un bourreau sacré qui choisit la place où doit frapper la hache du sacrifice. Tout le fracas que Virgile fait ici, cette javeline qui mugit comme les pierres lancées par la baliste contre des remparts, qui résonne comme la foudre en éclats, et vole comme un noir tourbillon, ne servent qu'à réduire les choses à leur juste valeur dans notre esprit.

Nous n'aimons pas à voir Turnus tomber à genoux, et rester dans la posture d'un suppliant aussitôt après sa blessure ; ses paroles et ses actions précédentes nous ont promis plus de constance et de dignité. Non, Turnus ne s'est point abaissé ainsi ; non, il ne s'est point avoué coupable celui qui vient de combattre pour les objets les plus sacrés de l'amour et du culte de l'homme! Si vous voulez que je croie à un changement aussi subit, aussi extraordinaire, faites descendre du ciel dans le cœur du jeune prince un rayon de lumière; faites retentir au-dedans de lui une voix céleste qui lui révèle sa faute, et lui crie : « Tu as résisté à la volonté des dieux, tu mérites ton sort. » Hector se respecte trop pour condamner sa cause, et renier sa gloire. Dans le reste du discours, Virgile use des plus habiles ménagements afin de dissimuler le but réel de la prière de Turnus, le désir de conserver sa vie ; mais, après avoir montré cette pudeur, il oublie les conseils de son art en prêtant au roi des Rutules des paroles par lesquelles ce héros, trop fier assurément pour revenir à deux fois sur l'image de sa défaite et de sa honte, tente évidemment d'obtenir grâce, et pousse la faiblesse jusqu'à céder lui-même Lavinie et l'empire à ce brigand d'Asie, à ce nouveau Pâris, à cet indigne ravisseur de femmes, qu'il a couvert de tant de mépris! « Tu as remporté la victoire; les Ausoniens ont vu Turnus vaincu tendre ses mains suppliantes; Lavinie est à toi; n'étends pas plus loin la haine et la vengeance [1] » Hector, je le répète, ne s'humilie pas devant le vainqueur, il se soumet au destin, et brave la fortune d'Achille; il ne demande pas à vivre, mais seulement à reposer dans la terre natale, à mêler sa cendre aux cendres de ses pères; nous ne l'entendons pas remettre entre les mains d'un ennemi le trône, le peuple phrygien, sa royale famille, sa chère et vertueuse Andromaque; il les laisse sous la garde des dieux, s'il en est encore qui veuillent protéger Ilion. Turnus finit moins bien que Lausus, Camille et Mézence lui-même. Nous attendons vainement de lui le dernier cri d'une grande âme. Il meurt trop vite en quelque sorte, et disparaît tout à coup et pour toujours, sans obtenir un seul témoignage de pitié,

---

[1] Delille a senti que plus d'une convenance était blessée dans l'original; aussi en a-t-il adouci plusieurs traits pour conserver l'honneur du caractère de Turnus.

un regret, une larme! Les suprêmes paroles du défenseur de Troie sont un appel à la justice du ciel, et deviennent dans sa bouche une protestation de l'humanité offensée qui obtiendra vengeance; enfin il rend le dernier soupir, tandis qu'en face du champ de bataille Priam sa famille et ses sujets déplorent la perte du grand Hector.

Comment Énée à son tour soutient-il la comparaison avec Achille dans ce duel de gloire si imprudemment ouvert entre lui et le prince des Rutules? Que de froideur dans l'attitude du fils d'Anchise, dont je ne sais quelle puissance enchaîne le bras si long-temps levé pour frapper! Au contraire, quels transports entraînent l'ami de Patrocle, et comme il apparaît terrible avant de porter le coup mortel avec la rapidité de la foudre! Sans doute il se montre cruel, inexorable, sans doute les emportements de son courroux font horreur aux hommes et aux dieux, mais il se trouve en présence du meurtrier de Patrocle, qui était un autre Achille, comme Éphestion un autre Alexandre; mais les furies de l'amitié le possèdent tout entier. Cette passion sublime et forcenée nous semble bien plus irrésistible que la subite colère, excitée dans le cœur d'Énée à la vue du baudrier de Pallas [1], moyen habilement choisi par

---

[1] Si Turnus est coupable d'avoir immolé les armes à

Virgile pour transporter son héros hors de lui-même, et le déterminer à égorger un guerrier généreux, sans armes, abandonné du ciel et de la terre, et à moitié mort de sa blessure. Combien eût paru

---

la main le jeune Pallas, son adversaire, sur le champ de bataille, Pallas qui avait semé l'épouvante et la mort parmi les Rutules; s'il a oublié la pitié en face d'un ennemi mort, du moins ses paroles de triomphe n'ont rien eu de la cruauté des apostrophes insultantes d'Énée à Tarquitus, et à Liger, qu'il jette mourant sur son frère égorgé. Mais Virgile a motivé la vengeance d'Énée par sa profonde douleur au moment des funérailles de Pallas. Ce sont les larmes que le fils d'Anchise a versées qui coûtent la vie à Turnus. Ce prince paie bien cher un moment d'orgueil. Sa mort aurait un effet beaucoup plus dramatique si, comme dans Shakespeare, elle résultait de la violation de l'une des plus saintes obligations de l'homme, et paraissait une juste conséquence de cette grande loi du talion, qui semble être un décret inévitable de la justice éternelle dans l'ordre social. Henri V, prêt à partir pour la conquête de la France, veut en quelque sorte inaugurer sa haute et difficile entreprise par des actes de clémence, et faire élargir un homme qui s'est permis des railleries contre sa personne royale. Le comte de Cambridge, le lord Scroop et sir Thomas Grey, présents sur la scène avec lui, combattent ces belles dispositions, quoiqu'ils soient eux-mêmes coupables de trahison. Le prince répond à ces pervers conseillers : « Ah! c'est votre excès de zèle et d'attachement pour moi qui vous porte à presser le supplice de ce malheureux. Eh! si l'on ne ferme pas les yeux sur des fautes légères, produites par le trouble de la raison,

ÉNÉIDE, LIVRE XII. 581

plus digne du prince religieux, humain et politique, que Virgile nous propose pour modèle, d'épargner un rival qu'il ne pouvait plus craindre, de sauver un monarque cher à toute l'Italie, naguère le dé-

---

de quel œil faudra-t-il regarder des crimes capitaux, conçus, médités et arrêtés dans le cœur, lorsqu'ils paraîtront devant nous ? Nous voulons qu'on élargisse cet homme, quoique Cambridge, Scroop et Grey...... dans leur tendre zèle et leur inquiète sollicitude pour la conservation de notre personne, désirent sa punition. — Passons maintenant à notre expédition de France. — Qui sont ceux qui doivent recevoir de nous une commission? *Cambridge.* Moi, mylord, Votre Majesté m'a enjoint de la demander aujourd'hui. *Scroop.* Vous m'avez enjoint la même chose, mon souverain. *Grey.* Et à moi aussi, mon digne souverain. *Le roi.* Tenez, comte de Cambridge, voilà votre commission. — Voici la vôtre, lord Scroop de Masham. — Et vous, chevalier Grey de Northumberland, recevez aussi la vôtre. (*Il leur donne à chacun un écrit concernant leur crime.*) Lisez-la, et apprenez que je connais tout votre mérite. — Nous nous embarquerons cette nuit. (*Les traîtres, à la lecture, se troublent et pâlissent.*) — Quoi ! qu'avez-vous donc, mes lords ? que voyez-vous dans ces écrits qui puisse vous faire ainsi changer de couleur ? Ciel ! quel trouble se peint sur leurs visages ! Leurs joues sont comme le papier qu'ils tiennent ! — Qu'avez-vous donc lu qui vous alarme, qui vous glace le sang, et décolore ainsi vos traits? *Cambridge.* Je confesse mon crime, et je me livre à la merci de Votre Majesté. *Grey et Scroop ensemble.* C'est à votre clémence que nous avons recours. *Le roi.* La clémence vivait dans mon cœur, vos conseils l'ont

fenseur avoué d'un si grand nombre d'hommes, enfin une noble victime dont le salut concilierait au vainqueur la reconnaissance de Latinus, l'estime de Lavinie et l'admiration de deux peuples qui par

---

étouffée, l'ont assassinée... Voyez-vous, mes princes, et vous, mes nobles pairs, ces monstres, nés dans l'Angleterre?... Le lord Cambridge que voilà a lâchement comploté et juré de nous tuer ici même; et ce chevalier, qui ne devait pas moins que Cambridge à nos bontés, a fait le même serment. Mais que te dirai-je, à toi, lord Scroop? toi qui tenais la clef de mes conseils les plus secrets; toi qui connaissais le fond de mon cœur!... Oh! de quel affreux soupçon tu as empoisonné la douceur du sentiment de la confiance! Est-il des hommes qui paraissent attachés à leur devoir? tu le paraissais aussi. Sont-ils graves et savants? tu l'étais aussi. Sont-ils sortis d'une famille illustre? et toi aussi. Semblent-ils religieux? tu semblais tel aussi. Sont-ils sobres dans leur vie, exempts de passions grossières, des excès de la folle joie, des emportements de la colère, montrant une âme égale et constante, que ne domine jamais la fougue du sang, toujours décents et modestes dans leur parure, accomplis en tout point, ne se déterminant jamais sur le seul témoignage des yeux, sans qu'il fût confirmé par celui des oreilles, et ne se fiant à tous deux qu'après l'examen d'un jugement sain et épuré? tu offrais l'apparence de toutes ces belles et rares qualités. Aussi ta faute laisse-t-elle une sorte de tache qui s'étend sur l'homme le plus parfait, et le ternit de quelque soupçon. Je pleurerai sur toi; car il me semble que cette trahison de toi est comme une seconde chute de l'homme! *Henri V*, acte II.

leur union doivent donner naissance à la grandeur romaine! Mais ce dénouement, qui convenait au cœur de Virgile, n'entrait guère dans les mœurs antiques; *væ victis!* était leur cri de triomphe : vaincu, il fallait mourir. Ce n'est pas de la religion des Grecs et des Romains que viennent ces belles paroles de David, maître de la personne et de la vie de Saül, son tyran, qui le cherchait partout pour le faire périr : « Le meurtre d'un homme n'est pas un don de Dieu; il ne met pas nos ennemis dans notre main afin qu'on les massacre, mais plutôt afin qu'on les sauve. C'est pourquoi je veux répondre aux bienfaits de Dieu par des sentiments de douceur; et, au lieu d'une victime humaine, j'offrirai à sa bonté, qui me protége, un sacrifice de miséricorde qui lui sera une hostie plus agréable : je ne veux pas que la bonté de mon Dieu coûte du sang à mon ennemi [1]. »

Plusieurs poèmes modernes se terminent comme

---

[1] Bossuet, *Sermon sur la Charité fraternelle.*

Nous avons remarqué dans les deux derniers combats de l'*Iliade* et de l'*Énéide,* mis en opposition, des taches évidentes; le Tasse, également rempli de l'un et de l'autre modèles, semble s'être appliqué à corriger toutes les fautes échappées à l'inadvertance des deux grands poètes : Renaud vient d'immoler le roi Adraste, le défenseur et le vengeur d'Armide. « Ce monarque indompté, ce géant formidable, tombe, et un

l'Iliade et l'Énéide par un duel à mort entre deux illustres compétiteurs. Dans l'Arioste, c'est le jour même de ses noces, en présence de sa sœur Marphise, cœur héroïque et tendre, sous les yeux de Bradamante, sa jeune et fière épouse, devant une foule de chevaliers et de dames, l'élite de la cour de Charlemagne, et tremblantes comme de timides colombes, que Roger soutient avec Rodomont un combat cent fois plus terrible, plus enflammé, plus rempli d'alternatives et de succès variés que tous les combats d'Homère. C'est là

---

seul coup a l'honneur de sa chute. Un mélange de stupeur, d'épouvante et d'horreur glace toutes les âmes. Soliman lui-même, à la vue de ce grand exploit, se trouble dans le cœur, et pâlit sur le visage; et, trop clairement averti de sa perte prochaine, il ne sait que résoudre et que faire. Quelque chose d'extraordinaire se passe en lui. Mais quelle destinée humaine n'est pas régie par les décrets du ciel? Semblable à un malade qui, dans son délire, se consume en vains efforts pour courir, et ne peut trouver ni ses pieds, ni ses mains, ni sa voix, dociles à ses vœux, Soliman voudrait combattre; il voudrait se précipiter sur Renaud; mais il ne retrouve plus son ardeur première, il ne se reconnaît plus au peu de forces qui lui restent. Tous les éclairs de courage qui s'élèvent dans son cœur sont amortis au dedans de lui par une secrète terreur. Divers projets roulent dans sa pensée, mais aucun n'est pour la retraite ni pour la fuite. Le vainqueur l'attaque au milieu de cette irrésolution. Sa rapidité, sa fureur, sa

qu'il se donne de grands coups de lance; c'est là que les deux rivaux courent des dangers extrêmes, et disputent la victoire avec des efforts qui la rendent long-temps incertaine. Les héros déploient l'un et l'autre une vigueur, une adresse, des ressources de courage, une science de l'escrime guerrière, telles que les spectateurs passent tour à tour de l'espérance à la crainte, et qu'en faisant avec la justice et l'amour des vœux ardents en faveur de Roger ils tremblent encore pour lui au moment où son glaive tranche enfin les jours d'un

---

grandeur même, paraissent aux yeux de Soliman au-dessus d'un mortel. Le soudan résiste à peine; mais, en mourant, il ne fuit pas les coups de l'ennemi; aucun gémissement ne s'échappe de sa poitrine; et il ne fait rien qui ne soit d'une âme fière et grande. Ainsi ce nouvel Antée, qui, dans le cours d'une longue guerre, tomba souvent, et se releva toujours plus terrible, touche enfin la terre pour ne se relever jamais. Tout retentit du bruit de sa chute; et la fortune, jusqu'alors variable et inconstante, n'ose plus tenir la victoire indécise; elle arrête enfin l'incertitude de son vol, et vient elle-même se ranger sous les chefs des Chrétiens, s'unir à leurs soldats et combattre avec eux*. » Il ne peut échapper à personne combien la raison et l'art mettent cette peinture au-dessus de celles qui lui répondent dans l'*Iliade* et dans l'*Énéide*.

* Chant XX, st. cIII et suiv.

impie, qui tombe, plein d'orgueil et de colère, en blasphémant contre les dieux[1].

Il n'arrive pas souvent au Tasse de surpasser l'Arioste en énergie, en richesse de pinceau et en fécondité d'imagination ; mais je ne puis douter qu'il n'ait obtenu ce triomphe dans la seconde lutte de Tancrède et d'Argant. L'entrevue commence par un dialogue rapide, où chacun laisse éclater son caractère. Argant porte le défi ; Tancrède l'accepte : brûlant de répandre tout le sang du Circassien, il le couvre de son bouclier, l'arrache ainsi aux coups des Chrétiens irrités et victorieux, et court chercher avec lui un théâtre solitaire pour vider leur querelle. « Là s'arrêtent les deux guerriers : Argant tourne un regard inquiet sur Solime désolée. Tancrède s'aperçoit que l'ennemi est sans bouclier, il jette au loin le sien. « Quelle pensée t'agite, lui dit-il ensuite ? Penses-tu que l'heure marquée pour ta mort est déjà venue ? Si la voir de si près te rend timide, ta faiblesse est trop tardive désormais. » — « Je songe, répond Argant, à cette ville antique, autrefois reine de la Judée, maintenant vaincue et tombée entre vos mains ; je songe qu'en vain j'ai tâché de retarder sa chute par mes secours, et que c'est un bien faible dé-

---

[1] Dernier chant du *Roland furieux,* depuis la st. CI jusqu'à la fin du poëme.

dommagement pour ma vengeance que la tête que le ciel réserve à mes coups. » Ils se taisent tous deux, et ne pensent plus qu'à se mesurer ensemble. Cent fois supérieur à celui de Mézence et d'Énée, même aux plus acharnés de l'Iliade, le combat s'échauffe de plus en plus; il est entremêlé de paroles amères qui en rallument la flamme. Les deux rivaux, après une lutte semblable à celle d'Hercule et d'Antée, ont roulé par terre. Tancrède engagé sous le corps de son ennemi se relève promptement; Argant a plus de peine à se mettre debout, et reçoit plusieurs atteintes. Cependant son courage se ranime, et le duel recommence avec une nouvelle violence. Le sang de Tancrède coule par plus d'une blessure, mais le Sarrasin verse presque des torrents du sien. La diminution de ses forces ralentit sa rage. Tancrède, qui le voit d'un bras affaibli porter des coups plus lents, a senti aussitôt la colère expirer dans son cœur magnanime. « O brave guerrier, dit-il, rends-moi tes armes! soit que tu consentes à me reconnaître pour ton vainqueur, ou que tu cèdes à la fortune, je ne veux point triompher de toi ni de tes dépouilles, je ne me réserve aucun droit sur toi. » A ces mots, le Circassien, plus terrible que jamais, réveille et met sur pied toutes ses fureurs. « Tu oses donc, lui dit-il, te vanter de ma défaite, et tenter d'une bassesse le cœur d'Argant! Profite de ta fortune; je ne crains rien, et je ne laisserai pas ta folle témérité impunie. » Tel qu'un flambeau prêt à s'évanouir rallume sa flamme, et jette une clarté plus vive au moment de s'éteindre; la colère lui tenant lieu du sang qu'il a perdu, et ranimant ses forces défaillantes, Argant veut, par une fin glorieuse, illustrer les derniers instants de sa vie. Dans le cours de ce nouvel effort, Tancrède reçoit plusieurs blessures, sans s'étonner, sans être accessible à la crainte. L'infidèle redouble le coup terrible qu'il vient de porter, Tancrède l'évite, et Argant, entraîné par la violence du choc et par son propre poids, va mesurer la terre, heureux du moins de ne céder qu'à lui-même, et qu'un autre n'ait pas la gloire de sa chute. « Cette chute dilate ses plaies entr'ouvertes; son sang coule à gros bouillons. De sa main gauche il s'appuie au sol, se relève sur ses genoux en face de l'ennemi, et continue à se défendre. Rends-toi, lui crie le généreux Tancrède, qui lui fait de nouvelles offres sans chercher à le frapper! Mais d'une atteinte imprévue le perfide Argant blesse le vainqueur au talon, et ne cesse de le menacer. Alors Tancrède entre en fureur : « Est-ce ainsi, traître, que tu abuses de ma pitié? » Ensuite il lui plonge et replonge son épée dans la visière, partout où il peut trouver passage. Voilà comment le plus redoutable, le plus féroce, le plus inflexible et le plus impie des adversaires du

Christ satisfait à la justice de la terre et du ciel. Après avoir lu ce récit et tant d'autres, ainsi que les batailles dues au magique pinceau du Tasse, on ne peut éviter le souvenir de ce mot de M. de Châteaubriand : « La Jérusalem est un poème écrit avec une épée sur un bouclier. »

On ne trouve pas de combats singuliers, de duels héroïques dans le Camoëns, mais ses batailles d'Ourique, de Tariffe et d'Aljubarota sont d'admirables peintures auxquelles la valeur suprême, le génie du commandement et la science militaire, réunis en un même chef, l'enthousiasme religieux et ses prodiges, l'amour, tel qu'il a régné sur les belles âmes modernes, l'honneur et la générosité, les deux vertus particulières du chevalier, impriment un caractère que n'ont eu ni les poètes grecs ni les romains, leurs imitateurs. Plusieurs de ces avantages du Camoëns appartiennent sans doute aussi à l'Arioste et au Tasse ; toutefois exempt des défauts que ces deux rivaux de Virgile et d'Homère ont mêlés à leurs brillantes qualités, il fait de la poésie sublime avec l'histoire ; et, chez lui, la verité, belle de sa propre beauté, revêtue d'ornements sévères et magnifiques, paraît souvent au-dessus de la fiction. Le Camoëns donne surtout une plus exacte et plus haute idée de l'homme, en lui accordant, sans dépasser les bornes de sa nature et de ses forces, toute la grandeur qu'il peut atteindre. Ce n'est pas tout : une passion sublime échauffe de sa flamme toute la composition de l'Homère de Lisbonne, je veux parler de l'amour de la patrie. Eschyle, justement fier de la liberté d'Athènes et des victoires immortelles auxquelles il avait eu une si noble part; Tite-Live, dont l'enthousiasme a exagéré les choses romaines avec un talent et une bonne foi qui font encore illusion à la raison du dix-neuvième siècle; Horace, vraiment lyrique toutes les fois qu'il interroge la vieille Rome, celle de Romulus, de Numa, de Régulus, des Décius, des Paul-Émile et des Catons; Properce, le digne rival d'Horace dans ses hymnes de gloire sur la reine des cités; Cicéron, que son orgueil de citoyen et de consul de la première république du monde rend si éloquent; Virgile qui, élève un temple aux vertus, aux grands hommes, ainsi qu'aux triomphes du peuple, souverain de tous les autres peuples; Pétrarque et le Dante, admirablement inspirés par leur tendresse et leur colère en présence de la belle et malheureuse Italie, veuve de sa splendeur et de son indépendance; Thompson, l'adorateur de toutes les hautes renommées de l'Angleterre, n'ont point la chaleur d'âme, les mouvements inattendus, les brûlants transports et l'accent passionné du Camoëns, quand il célèbre le pays, les richesses, les héros et les brillantes conquêtes des enfants de

Lusus. Et, si l'on vient à réfléchir que le poète qui se consacrait ainsi au devoir d'immortaliser la nation portugaise vivait du pain de l'aumône, dans l'exil, dans les fers, ou dans l'opprobre, compagnon de la pauvreté, peut-on ne pas verser des larmes d'admiration et de douleur devant un tel génie, une vertu si généreuse, et une si grande injustice des hommes et de la fortune? Pourquoi faut-il que les rois de la pensée, les Homère, les Dante, les Milton, les Camoëns, méprisés, abandonnés, persécutés pendant le cours de leur vie, ne commencent à régner qu'après leur mort!

Fénelon, disciple des Grecs et des Romains, nourri de leur féconde substance, et non moins pénétré des exemples de leurs émules que riche de son propre fonds, évite ou corrige les fautes d'Homère et de Virgile, et ajoute ainsi à l'imitation de leurs ouvrages une perfection qui leur manque. Si, dans le poème en prose qu'un si rare esprit a laissé couler de source, il n'a pas égalé la vigueur, la précision, l'harmonie, la richesse et la couleur des divins favoris de la muse épique ; quelquefois, ainsi que l'auteur de Phèdre, il est plus antique que l'antique, et presque partout il excelle dans l'art de continuer les modèles, et de mettre un accord parfait entre ses larcins et ses créations. Le Télémaque abonde, en outre, en inspirations originales, et surtout d'une âme que ni les mœurs, ni les passions, ni l'état social, ni la religion d'Athènes et de Rome, ne pouvaient produire. Ce qu'il faut admirer principalement en Fénelon, c'est la brillante et profonde impression de la beauté morale ; elle respire dans ses peintures, comme la beauté physique respirait dans les ouvrages de Phidias. La victoire de Télémaque et la chute du tyran Adraste ont au plus haut degré le premier de ces caractères, et nous laissent au cœur une joie semblable à la joie des justes dans les Champs-Élysées, quand ils apprennent quelques exemples d'une grande vertu qui promet de croître encore, ou quelque évènement favorable au bonheur des hommes dont ils ont partagé les misères.

Le dixième chant de la Henriade commence exactement comme le douzième de l'Énéide. D'Aumale rappelle au conseil de Mayenne Turnus devant son beau-père ; mais il s'élance avec plus d'impétuosité que le prince des Rutules ; et, de même que l'Argant du Tasse, il va droit à l'ennemi. Le défi qu'il envoie au camp français, la généreuse émulation des soldats de Henri, son choix, qui tombe sur Turenne, l'épée que le Béarnais donne au défenseur de sa cause, l'embrassement qu'il lui accorde au moment du départ, tout cet ensemble manque de feu, d'intérêt et de couleur. Voltaire n'avait pas l'inspiration de la poésie, quand il a tracé une si pâle imitation d'Homère, de Virgile, de l'Arioste et du Tasse. Afin de réchauffer un peu ce tableau glacé, l'auteur suscite un nuage qui vomit sur le champ de bataille le Fanatisme affreux, la Discorde farouche, le Démon des combats; ces divinités s'apprêtent à soutenir d'Aumale; mais le seul aspect d'un ange qui tient d'une main une branche d'olivier, symbole de paix, et de l'autre le glaive exterminateur, suffit pour abattre la grande colère des monstres infernaux. A la place des dieux de l'Iliade, des anges et des démons du Paradis perdu, toujours passionnés, toujours en action, et remuant le ciel et la terre dans leur querelle, pourquoi nous donner une fiction inutile qui n'a pas même le mérite de saisir l'imagination par les formes grandioses et extraordinaires du génie? Il eût bien mieux valu peindre en traits de flamme les mouvements de crainte, de terreur et de rage des ligueurs, les alarmes et les imprécations du peuple de Paris, l'espérance et la joie dans l'armée de Henri, animée par sa présence héroïque, et par la sérénité de ce front où reluit la victoire. Voltaire omet tous ces détails, qui sont la vie du poème épique, et n'a point su racheter cette faute en s'efforçant d'atteindre du moins à la chaleur, à la variété, aux alternatives, aux péripéties des combats singuliers de l'Arioste et du Tasse; il nous offre un assaut de deux maîtres dans l'art de l'escrime, tout au plus un duel à l'épée, mais non la lutte sanglante, acharnée, de deux ennemis qui ont juré de vaincre ou de périr. La défaite de d'Aumale et la victoire de Turenne ne nous tirent point de l'indifférence d'un spectateur tranquille; et si notre sympathie pouvait s'attacher à l'un des deux rivaux, probablement pencherions-nous plutôt vers le premier, dont la valeur indomptée ne se dément pas au moment suprême, que vers le second, qui combat et triomphe avec tant de froideur. Mais je crois, pour être juste envers Voltaire, qu'il ne faut pas en général le juger par les règles applicables à Homère, à Virgile, à Milton et au Tasse. Peut-être, dans le siècle où vécut le chantre de Henri IV, l'épopée, comme ils nous l'ont fait comprendre, n'était-elle plus possible. Voltaire avait une mission toute spéciale à remplir, et la Henriade ne fut qu'un nouvel hommage rendu à la tolérance, à la raison, à la saine politique, qu'un nouveau manifeste en faveur des droits de l'humanité. Ainsi, quoique revêtue des formes de la versification, la Henriade nous paraît moins une œuvre poétique qu'une œuvre philosophique; et, considérée sous ce point de vue, elle ne mérite que des éloges.

Parvenu, après plusieurs années, au terme de mes efforts, je sens le besoin d'adresser un dernier mot à mes lecteurs. Première victime du système qui ne voulait pas plus d'indépendance pour les tribunes littéraires que pour les tribunes politiques, je n'ai pas consenti à me rendre le complice des persécuteurs, et j'ai retenu, autant qu'il dépendait de moi, les nobles fonctions de l'enseignement public. Ces études ne sont, à vrai dire, que la continuation de mes entretiens avec la jeunesse; c'est pour la jeunesse qu'ajoutant un travail immense à mes anciens travaux du Collége de France j'ai composé un vaste ensemble à l'aide de matériaux recueillis dans toutes les littératures, et dont la critique avait jusqu'ici négligé le plus grand nombre. Chercher la vérité dans l'étude assidue de la nature et du cœur de l'homme, comparés avec les tableaux de leurs peintres les plus sublimes, tout rapporter à ces deux types de l'imitation, voilà la pensée de mon ouvrage; porter les intelligences à la réflexion, leur apprendre le doute de Descartes, les inviter à l'examen par l'exemple d'une discussion attentive et de bonne foi, voilà mon but.

Sans doute, dans le cours d'un si long parallèle entre tant de créations différentes, il a dû m'échapper beaucoup de fautes, des jugements erronés, même des injustices involontaires; je suis prêt à reconnaître ces torts de mon esprit. Mais loin de moi surtout le reproche d'avoir voulu renverser aucun autel; je les respecte tous, et laisse aux Érostrate la folle ambition de courir à la célébrité en essayant de brûler des temples. D'ailleurs, fille de l'Asie, de l'Égypte, de la Grèce et de Rome, l'antique religion littéraire du monde ne saurait plus périr, et ses dieux ne seront pas détrônés, même par le temps. Toutefois, en adorant Homère et Virgile, je ne refuse point mon culte aux nouveaux immortels que le génie a faits parmi les modernes; et j'adopte volontiers pour la république des lettres l'ancienne politique de Rome, qui n'hésitait pas à ouvrir son Panthéon aux divinités des autres nations.

ÆNEIDOS
LIBER DUODECIMUS.

Turnus ut infractos adverso Marte Latinos
Defecisse videt, sua nunc promissa reposci,
Se signari oculis, ultro implacabilis ardet,
Attollitque animos. Pœnorum qualis in arvis
Saucius ille gravi venantum vulnere pectus
Tum demum movet arma leo, gaudetque comantes
Excutiens cervice toros, fixumque latronis
Impavidus frangit telum, et fremit ore cruento :
Haud secus accenso gliscit violentia Turno.
Tum sic affatur regem, atque ita turbidus infit :
Nulla mora in Turno; nihil est quod dicta retractent
Ignavi Æneadæ, nec quæ pepigere recusent.
Congredior : fer sacra, pater, et concipe fœdus.
Aut hac Dardanium dextra sub Tartara mittam
Desertorem Asiæ (sedeant spectentque Latini),
Et solus ferro crimen commune refellam;
Aut habeat victos, cedat Lavinia conjux.
   Olli sedato respondit corde Latinus :
O præstans animi juvenis, quantum ipse feroci
Virtute exsuperas, tanto me impensius æquum est

Consulere, atque omnes metuentem expendere casus.
Sunt tibi regna patris Dauni, sunt oppida capta
Multa manu; nec non aurumque animusque Latino est!
Sunt aliæ innuptæ Latio et Laurentibus agris,
Nec genus indecores. Sine me hæc haud mollia fatu
Sublatis aperire dolis; animo hoc simul hauri.
Me natam nulli veterum sociare procorum
Fas erat; idque omnes divique hominesque canebant :
Victus amore tui, cognato sanguine victus,
Conjugis et mæstæ lacrymis, vincla omnia rupi;
Promissam eripui genero; arma impia sumpsi.
Ex illo qui me casus, quæ, Turne, sequantur
Bella, vides; quantos primus patiare labores.
Bis magna victi pugna vix urbe tuemur
Spes Italas; recalent nostro Tiberina fluenta
Sanguine adhuc, campique ingentes ossibus albent.
Quo referor toties? quæ mentem insania mutat?
Si, Turno exstincto, socios sum adscire paratus,
Cur non incolumi potius certamina tollo?
Quid consanguinei Rutuli, quid cetera dicet
Italia, ad mortem si te (fors dicta refutet!)
Prodiderim, natam et connubia nostra petentem?
Respice res bello varias; miserere parentis
Longævi, quem nunc mæstum patria Ardea longe
Dividit. Haudquaquam dictis violentia Turni
Flectitur : exsuperat magis, ægrescitque medendo.
Ut primum fari potuit, sic institit ore :
Quam pro me curam geris, hanc precor, optime, pro me
Deponas, letumque sinas pro laude pacisci.
Et nos tela, pater, ferrumque haud debile dextra

Spargimus, et nostro sequitur de vulnere sanguis.
Longe illi dea mater erit, quæ nube fugacem
Feminea tegat, et vanis sese occulat umbris.

 At regina, nova pugnæ conterrita sorte,
Flebat, et ardentem generum moritura tenebat :
Turne, per has ego te lacrymas, per si quis Amatæ
Tangit honos animum (spes tu nunc una, senectæ
Tu requies miseræ, decus imperiumque Latini
Te penes, in te omnis domus inclinata recumbit),
Unum oro : desiste manum committere Teucris.
Qui te cumque manent isto certamine casus,
Et me, Turne, manent : simul hæc invisa relinquam
Lumina; nec generum Ænean captiva videbo.
Accepit vocem lacrymis Lavinia matris
Flagrantes perfusa genas; cui plurimus ignem
Subjecit rubor, et calefacta per ora cucurrit.
Indum sanguineo veluti violaverit ostro
Si quis ebur; aut mixta rubent ubi lilia multa
Alba rosa : tales virgo dabat ore colores.
Illum turbat amor, figitque in virgine vultus :
Ardet in arma magis, paucisque affatur Amatam :
Ne, quæso, ne me lacrymis, neve omine tanto,
Prosequere in duri certamina Martis euntem,
O mater : neque enim Turno mora libera mortis.
Nuntius hæc, Idmon, Phrygio mea dicta tyranno
Haud placitura refer : quum primum crastina cœlo
Puniceis invecta rotis Aurora rubescit,
Non Teucros agat in Rutulos : Teucrum arma quiescant
Et Rutulum : nostro dirimamus sanguine bellum :
Illo quæratur conjux Lavinia campo.

Hæc ubi dicta dedit, rapidusque in tecta recessit :
Poscit equos, gaudetque tuens ante ora frementes;
Pilumno quos ipsa decus dedit Orithyia;
Qui candore nives anteirent, cursibus auras.
Circumstant properi aurigæ, manibusque lacessunt
Pectora plausa cavis, et colla comantia pectunt.
Ipse dehinc auro squalentem alboque orichalco
Circumdat loricam humeris; simul aptat habendo
Ensemque, clypeumque, et rubræ cornua cristæ;
Ensem, quem Dauno ignipotens deus ipse parenti
Fecerat, et Stygia candentem tinxerat unda.
Exin, quæ mediis ingenti adnixa columnæ
Ædibus adstabat, validam vi corripit hastam,
Actoris Aurunci spolium, quassatque trementem,
Vociferans : Nunc, o nunquam frustrata vocatus
Hasta meos, nunc tempus adest : te maximus Actor,
Te Turni nunc dextra gerit : da sternere corpus,
Loricamque manu valida lacerare revulsam
Semiviri Phrygis, et fœdare in pulvere crines
Vibratos calido ferro, myrrhaque madentes.

His agitur furiis, totoque ardentis ab ore
Scintillæ absistunt; oculis micat acribus ignis :
Mugitus veluti quum prima in prœlia taurus
Terrificos ciet, atque irasci in cornua tentat,
Arboris obnixus trunco, ventosque lacessit
Ictibus, et sparsa ad pugnam proludit arena.

Nec minus interea maternis sævus in armis
Æneas acuit Martem, et se suscitat ira,
Oblato gaudens componi fœdere bellum.
Tum socios mæstique metum solatur Iuli,

LIBER XII.

Fata docens; regique jubet responsa Latino
Certa referre viros, et pacis dicere leges.

   Postera vix summos spargebat lumine montes
Orta dies, quum primum alto se gurgite tollunt
Solis equi, lucemque elatis naribus efflant:
Campum ad certamen, magnæ sub mœnibus urbis,
Dimensi Rutulique viri Teucrique parabant;
In medioque focos, et dis communibus aras
Gramineas; alii fontemque ignemque ferebant,
Velati limo, et verbena tempora vincti.
Procedit legio Ausonidum, pilataque plenis
Agmina se fundunt portis: hinc Troius omnis,
Tyrrhenusque ruit variis exercitus armis :
Haud secus instructi ferro, quam si aspera Martis
Pugna vocet. Nec non mediis in millibus ipsi
Ductores auro volitant ostroque decori,
Et genus Assaraci Mnestheus, et fortis Asylas,
Et Messapus equum domitor, Neptunia proles.
Utque, dato signo, spatia in sua quisque recessit,
Defigunt tellure hastas, et scuta reclinant.
Tum studio effusæ matres, et vulgus inermum,
Invalidique senes, turres et tecta domorum
Obsedere: alii portis sublimibus adstant.

   At Juno, e summo, qui nunc Albanus habetur,
(Tum neque nomen erat, nec honos, aut gloria monti)
Prospiciens tumulo, campum adspectabat, et ambas
Laurentum Troumque acies, urbemque Latini.
Extemplo Turni sic est affata sororem
Diva deam stagnis quæ fluminibusque sonoris
Præsidet; hunc illi rex ætheris altus honorem

Juppiter erepta pro virginitate sacravit:
Nympha, decus fluviorum, animo gratissima nostro,
Scis ut te cunctis unam, quæcumque Latinæ
Magnanimi Jovis ingratum ascendere cubile,
Prætulerim, cœlique lubens in parte locarim.
Disce tuum, ne me incuses, Juturna, dolorem.
Qua visa est fortuna pati, Parcæque sinebant
Cedere res Latio, Turnum et tua mœnia texi:
Nunc juvenem imparibus video concurrere fatis,
Parcarumque dies et vis inimica propinquat.
Non pugnam adspicere hanc oculis, non fœdera possum.
Tu, pro germano si quid præsentius audes,
Perge; decet: forsan miseros meliora sequentur.
Vix ea, quum lacrymas oculis Juturna profudit;
Terque quaterque manu pectus percussit honestum.
Non lacrymis hoc tempus, ait Saturnia Juno;
Accelera, et fratrem, si quis modus, eripe morti:
Aut tu bella cie, conceptumque excute fœdus.
Auctor ego audendi. Sic exhortata reliquit
Incertam, et tristi turbatam vulnere mentis.

 Interea reges, ingenti mole Latinus
Quadrijugo vehitur curru, cui tempora circum
Aurati bis sex radii fulgentia cingunt,
Solis avi specimen; bigis it Turnus in albis,
Bina manu lato crispans hastilia ferro.
Hinc pater Æneas, Romanæ stirpis origo,
Sidereo flagrans clypeo et cœlestibus armis,
Et juxta Ascanius, magnæ spes altera Romæ,
Procedunt castris; puraque in veste sacerdos
Sætigeri fetum suis intonsamque bidentem

LIBER XII.

Attulit, admovitque pecus flagrantibus aris.
Illi, ad surgentem conversi lumina solem,
Dant fruges manibus salsas, et tempora ferro
Summa notant pecudum, paterisque altaria libant.
Tum pius Æneas, stricto sic ense precatur :
Esto nunc Sol testis, et hæc mihi terra vocanti,
Quam propter tantos potui perferre labores,
Et Pater omnipotens, et tu, Saturnia Juno,
Jam melior, jam, diva, precor; tuque, inclyte Mavors,
Cuncta tuo qui bella, pater, sub numine torques :
Fontesque, fluviosque voco, quæque ætheris alti
Relligio, et quæ cæruleo sunt numina ponto.
Cesserit Ausonio si fors victoria Turno,
Convenit Evandri victos discedere ad urbem ;
Cedet Iulus agris; nec post arma ulla rebelles
Æneadæ referent, ferrove hæc regna lacessent.
Sin nostrum annuerit nobis victoria Martem,
(Ut potius reor, et potius di numine firment !)
Non ego nec Teucris Italos parere jubebo,
Nec mihi regna peto. Paribus se legibus ambæ
Invictæ gentes æterna in fœdera mittant.
Sacra deosque dabo : socer arma Latinus habeto ;
Imperium solemne socer : mihi mœnia Teucri
Constituent, urbique dabit Lavinia nomen.
Sic prior Æneas : sequitur sic deinde Latinus,
Suspiciens cœlum, tenditque ad sidera dextram :
Hæc eadem, Ænea, terram, mare, sidera, juro,
Latonæque genus duplex, Janumque bifrontem,
Vimque deum infernam, et duri sacraria Ditis.
Audiat hæc genitor, qui fœdera fulmine sancit.

Tango aras; medios ignes et numina testor :
Nulla dies pacem hanc Italis nec fœdera rumpet,
Quo res cumque cadent; nec me vis ulla volentem
Avertet; non, si tellurem effundat in undas
Diluvio miscens, cœlumque in Tartara solvat :
Ut sceptrum hoc (dextra sceptrum nam forte gerebat)
Numquam fronde levi fundet virgulta neque umbras,
Quum semel in silvis imo de stirpe recisum
Matre caret, posuitque comas et brachia ferro;
Olim arbos, nunc artificis manus ære decoro
Inclusit, patribusque dedit gestare Latinis.

   Talibus inter se firmabant fœdera dictis,
Conspectu in medio procerum. Tum rite sacratas
In flammam jugulant pecudes, et viscera vivis
Eripiunt, cumulantque oneratis lancibus aras.

   At vero Rutulis impar ea pugna videri
Jam dudum, et vario misceri pectora motu :
Tum magis, ut propius cernunt, non viribus æquis.
Adjuvat incessu tacito progressus, et aram
Suppliciter venerans demisso lumine Turnus,
Tabentesque genæ, et juvenali in corpore pallor.
Quem simul ac Juturna soror crebrescere vidit
Sermonem, et vulgi variare labantia corda,
In medias acies, formam adsimulata Camerti,
Cui genus a proavis ingens, clarumque paternæ
Nomen erat virtutis, et ipse acerrimus armis,
In medias dat sese acies, haud nescia rerum,
Rumoresque serit varios, ac talia fatur :
Non pudet, o Rutuli, pro cunctis talibus unam
Objectare animam ? numerone an viribus æqui

Non sumus? En omnes et Troes et Arcades hi sunt,
Fatalisque manus, infensa Etruria Turno :
Vix hostem, alterni si congrediamur, habemus.
Ille quidem ad Superos, quorum se devovet aris,
Succedet fama, vivusque per ora feretur :
Nos, patria amissa, dominis parere superbis
Cogemur, qui nunc lenti consedimus arvis.
Talibus incensa est juvenum sententia dictis
Jam magis atque magis ; serpitque per agmina murmur.
Ipsi Laurentes mutati, ipsique Latini :
Qui sibi jam requiem pugnæ rebusque salutem
Sperabant, nunc arma volunt, fœdusque precantur
Infectum, et Turni sortem miserantur iniquam.

His aliud majus Juturna adjungit, et alto
Dat signum cœlo; quo non præsentius ullum
Turbavit mentes Italas, monstroque fefellit.
Namque volans rubra fulvus Jovis ales in æthra
Littoreas agitabat aves, turbamque sonantem
Agminis aligeri; subito quum lapsus ad undas
Cycnum excellentem pedibus rapit improbus uncis.
Arrexere animos Itali ; cunctæque volucres
Convertunt clamore fugam (mirabile visu)
Ætheraque obscurant pennis, hostemque per auras
Facta nube premunt; donec vi victus et ipso
Pondere defecit, prædamque ex unguibus ales
Projecit fluvio, penitusque in nubila fugit.
Tum vero augurium Rutuli clamore salutant,
Expediuntque manus ; primusque Tolumnius augur,
Hoc erat, hoc votis, inquit, quod sæpe petivi :
Accipio, agnoscoque deos. Me, me duce, ferrum

Corripite, o miseri, quos improbus advena bello
Territat invalidas ut aves; et littora vestra
Vi populat : petet ille fugam, penitusque profundo
Vela dabit : vos unanimi densate catervas,
Et regem vobis pugna defendite raptum.
Dixit, et adversos telum contorsit in hostes
Procurrens; sonitum dat stridula cornus, et auras
Certa secat : simul hoc, simul ingens clamor, et omnes
Turbati cunei, calefactaque corda tumultu.
Hasta volans, ut forte novem pulcherrima fratrum
Corpora constiterant contra, quos fida crearat
Una tot Arcadio conjux Tyrrhena Gylippo;
Horum unum ad medium, teritur qua sutilis alvo
Balteus, et laterum juncturas fibula mordet,
Egregium forma juvenem et fulgentibus armis,
Transadigit costas, fulvaque effundit arena.
At fratres, animosa phalanx, accensaque luctu,
Pars gladios stringunt manibus, pars missile ferrum
Corripiunt, cæcique ruunt : quos agmina contra
Procurrunt Laurentum : hinc densi rursus inundant
Troes, Agyllinique, et pictis Arcades armis.
Sic omnes amor unus habet decernere ferro.
Diripuere aras : it toto turbida cœlo
Tempestas telorum, ac ferreus ingruit imber :
Craterasque focosque ferunt. Fugit ipse Latinus,
Pulsatos referens infecto fœdere divos.
Infrenant alii currus; aut corpora saltu
Subjiciunt in equos, et strictis ensibus adsunt.
Messapus regem, regisque insigne gerentem,
Tyrrhenum Aulesten, avidus confundere fœdus,

LIBER XII.

Adverso proterret equo : ruit ille recedens,
Et miser oppositis a tergo involvitur aris
In caput inque humeros. At fervidus advolat hasta
Messapus, teloque orantem multa trabali
Desuper altus equo graviter ferit, atque ita fatur :
Hoc habet; hæc melior magnis data victima divis.
Concurrunt Itali, spoliantque calentia membra.
Obvius ambustum torrem Corynæus ab ara
Corripit, et venienti Ebuso, plagamque ferenti,
Occupat os flammis : olli ingens barba reluxit,
Nidoremque ambusta dedit. Super ipse secutus
Cæsariem læva turbati corripit hostis,
Impressoque genu nitens terræ applicat ipsum :
Sic rigido latus ense ferit. Podalirius Alsum
Pastorem, primaque acie per tela ruentem,
Ense sequens nudo superimminet : ille securi
Adversi frontem mediam mentumque reducta
Disjicit, et sparso late rigat arma cruore.
Olli dura quies oculos et ferreus urget
Somnus; in æternam clauduntur lumina noctem.

   At pius Æneas dextram tendebat inermem,
Nudato capite, atque suos clamore vocabat :
Quo ruitis? quæve ista repens discordia surgit?
O cohibete iras! ictum jam fœdus, et omnes
Compositæ leges : mihi jus concurrere soli :
Me sinite, atque auferte metus : ego fœdera faxo
Firma manu : Turnum jam debent hæc mihi sacra.
Has inter voces, media inter talia verba,
Ecce viro stridens alis allapsa sagitta est :
Incertum qua pulsa manu, quo turbine adacta;

Quis tantam Rutulis laudem, casusne, deusne,
Attulerit : pressa est insignis gloria facti;
Nec sese Æneæ jactavit vulnere quisquam.

 Turnus, ut Ænean cedentem ex agmine vidit,
Turbatosque duces, subita spe fervidus ardet :
Poscit equos atque arma simul, saltuque superbus
Emicat in currum, et manibus molitur habenas.
Multa virum volitans dat fortia corpora leto ;
Semineces volvit multos, aut agmina curru
Proterit, aut raptas fugientibus ingerit hastas.
Qualis apud gelidi quum flumina concitus Hebri
Sanguineus Mavors clypeo increpat, atque furentes
Bella movens immittit equos : illi æquore aperto
Ante Notos Zephyrumque volant ; gemit ultima pulsu
Thraca pedum ; circumque atræ Formidinis ora,
Iræque, Insidiæque, dei comitatus, aguntur :
Talis equos alacer media inter prœlia Turnus
Fumantes sudore quatit, miserabile cæsis
Hostibus insultans; spargit rapida ungula rores
Sanguineos, mixtaque cruor calcatur arena.
Jamque neci Sthenelumque dedit, Thamyrimque, Pholumque;
Hunc congressus et hunc, illum eminus, eminus ambo
Imbrasidas, Glaucum atque Laden, quos Imbrasus ipse
Nutrierat Lycia, paribusque ornaverat armis,
Vel conferre manum, vel equo prævertere ventos.

 Parte alia, media Eumedes in prœlia fertur,
Antiqui proles bello præclara Dolonis;
Nomine avum referens, animo manibusque parentem;
Qui quondam, castra ut Danaum speculator adiret,
Ausus Pelidæ pretium sibi poscere currus.

LIBER XII.

Illum Tydides alio pro talibus ausis
Affecit pretio; nec equis adspirat Achillis.
Hunc procul ut campo Turnus prospexit aperto,
Ante levi jaculo longum per inane secutus,
Sistit equos bijuges, et curru desilit, atque
Semianimi lapsoque supervenit, et pede collo
Impresso, dextræ mucronem extorquet, et alto
Fulgentem tingit jugulo, atque hæc insuper addit:
En, agros, et quam bello, Trojane, petisti,
Hesperiam metire jacens : hæc præmia, qui me
Ferro ausi tentare, ferunt; sic mœnia condunt.
Huic comitem Asbuten, conjecta cuspide, mittit;
Chloreaque, Sybarimque, Daretaque, Thersilochumque,
Et sternacis equi lapsum cervice Thymœten.
Ac velut Edoni Boreæ quum spiritus alto
Insonat Ægeo, sequiturque ad littora fluctus;
Qua venti incubuere, fugam dant nubila cœlo :
Sic Turno, quacumque viam secat, agmina cedunt,
Conversæque ruunt acies ; fert impetus ipsum,
Et cristam adverso curru quatit aura volantem.
Non tulit instantem Phegeus animisque frementem;
Objecit sese ad currum, et spumantia frenis
Ora citatorum dextra detorsit equorum.
Dum trahitur, pendetque jugis, hunc lata retectum
Lancea consequitur, rumpitque infixa bilicem
Loricam, et summum degustat vulnere corpus.
Ille tamen clypeo objecto conversus in hostem
Ibat, et auxilium ducto mucrone petebat :
Quum rota præcipitem, et procursu concitus axis
Impulit, effunditque solo; Turnusque secutus,

Imam inter galeam summi thoracis et oras,
Abstulit ense caput, truncumque reliquit arenæ.

 Atque ea dum campis victor dat funera Turnus,
Interea Ænean Mnestheus, et fidus Achates,
Ascaniusque comes, castris statuere cruentum,
Alternos longa nitentem cuspide gressus.
Sævit, et infracta luctatur arundine telum
Eripere; auxilioque viam, quæ proxima, poscit:
Ense secent lato vulnus, telique latebram
Rescindant penitus, seseque in bella remittant.
Jamque aderat Phœbo ante alios dilectus Iapis
Iasides; acri quondam cui captus amore
Ipse suas artes, sua munera, lætus Apollo
Augurium, citharamque dabat, celeresque sagittas.
Ille, ut depositi proferret fata parentis,
Scire potestates herbarum usumque medendi
Maluit, et mutas agitare inglorius artes.
Stabat, acerba fremens, ingentem nixus in hastam,
Æneas, magno juvenum et mærentis Iuli
Concursu, lacrymis immobilis. Ille, retorto
Pæonium in morem senior succinctus amictu,
Multa manu medica Phœbique potentibus herbis
Nequidquam trepidat, nequidquam spicula dextra
Sollicitat, prensatque tenaci forcipe ferrum.
Nulla viam fortuna regit, nihil auctor Apollo
Subvenit: et sævus campis magis ac magis horror
Crebrescit, propiusque malum est. Jam pulvere cœlum
Stare vident; subeunt equites, et spicula castris
Densa cadunt mediis: it tristis ad æthera clamor
Bellantum juvenum, et duro sub Marte cadentum.

Hic Venus, indigno nati concussa dolore,
Dictamnum genitrix Cretæa carpit ab Ida,
Puberibus caulem foliis et flore comantem
Purpureo : non illa feris incognita capris
Gramina, quum tergo volucres hæsere sagittæ.
Hoc Venus, obscuro faciem circumdata nimbo,
Detulit : hoc fusum labris splendentibus amnem
Inficit, occulte medicans ; spargitque salubris
Ambrosiæ succos, et odoriferam panaceam.
Fovit ea vulnus lympha longævus Iapis,
Ignorans; subitoque omnis de corpore fugit
Quippe dolor; omnis stetit imo vulnere sanguis;
Jamque secuta manum, nullo cogente, sagitta
Excidit, atque novæ rediere in pristina vires.
Arma citi properate viro : quid statis? Iapis
Conclamat; primusque animos accendit in hostem.
Non hæc humanis opibus, non arte magistra,
Proveniunt, neque te, Ænea, mea dextera servat :
Major agit deus, atque opera ad majora remittit.

 Ille, avidus pugnæ, suras incluserat auro
Hinc atque hinc; oditque moras, hastamque coruscat.
Postquam habilis lateri clypeus loricaque tergo est,
Ascanium fusis circum complectitur armis,
Summaque per galeam delibans oscula fatur :
Disce, puer, virtutem ex me, verumque laborem;
Fortunam ex aliis. Nunc te mea dextera bello
Defensum dabit, et magna inter præmia ducet.
Tu facito, mox quum matura adoleverit ætas,
Sis memor; et te animo repetentem exempla tuorum,
Et pater Æneas, et avunculus excitet Hector.

Hæc ubi dicta dedit, portis sese extulit ingens,
Telum immane manu quatiens : simul agmine denso
Antheusque Mnestheusque ruunt; omnisque relictis
Turba fluit castris. Tum cæco pulvere campus
Miscetur, pulsuque pedum tremit excita tellus.
Vidit ab adverso venientes aggere Turnus,
Videre Ausonii; gelidusque per ima cucurrit
Ossa tremor. Prima ante omnes Juturna Latinos
Audiit, agnovitque sonum, et tremefacta refugit.
Ille volat, campoque atrum rapit agmen aperto.
Qualis ubi ad terras, abrupto sidere, nimbus
It mare per medium : miseris, heu ! præscia longe
Horrescunt corda agricolis : dabit ille ruinas
Arboribus, stragemque satis; ruet omnia late :
Antevolant sonitumque ferunt ad littora venti.
Talis in adversos ductor Rhœteius hostes
Agmen agit : densi cuneis se quisque coactis
Agglomerant. Ferit ense gravem Thymbræus Osirim;
Archetium Mnestheus; Epulonem obtruncat Achates,
Ufentemque Gyas : cadit ipse Tolumnius augur,
Primus in adversos telum qui torserat hostes.
Tollitur in cœlum clamor, versique vicissim
Pulverulenta fuga Rutuli dant terga per agros.
Ipse neque adversos dignatur sternere morti,
Nec pede congressos æquo, nec tela ferentes
Insequitur : solum densa in caligine Turnum
Vestigat lustrans; solum in certamina poscit.

 Hoc concussa metu mentem Juturna virago
Aurigam Turni media inter lora Metiscum
Excutit, et longe lapsum temone relinquit.

Ipsa subit, manibusque undantes flectit habenas,
Cuncta gerens, vocemque, et corpus, et arma Metisci.
Nigra velut magnas domini quum divitis ædes
Pervolat, et pennis alta atria lustrat hirundo,
Pabula parva legens, nidisque loquacibus escas;
Et nunc porticibus vacuis, nunc humida circum
Stagna sonat: similis medios Juturna per hostes
Fertur equis, rapidoque volans obit omnia curru;
Jamque hic germanum, jamque hic, ostentat ovantem;
Nec conferre manum patitur; volat avia longe.
Haud minus Æneas tortos legit obvius orbes,
Vestigatque virum, et disjecta per agmina magna
Voce vocat. Quoties oculos conjecit in hostem,
Alipedumque fugam cursu tentavit equorum,
Aversos toties currus Juturna retorsit.
Heu! quid agat? vario nequidquam fluctuat æstu:
Diversæque vocant animum in contraria curæ.
Huic Messapus, uti læva duo forte gerebat
Lenta, levis cursu, præfixa hastilia ferro,
Horum unum certo contorquens dirigit ictu.
Substitit Æneas, et se collegit in arma,
Poplite subsidens: apicem tamen incita summum
Hasta tulit, summasque excussit vertice cristas.
Tum vero assurgunt iræ; insidiisque subactus,
Diversos ubi sensit equos currumque referri,
Multa Jovem et læsi testatus fœderis aras,
Jam tandem invadit medios, et, Marte secundo
Terribilis, sævam nullo discrimine cædem
Suscitat, irarumque omnes effundit habenas.

Quis mihi nunc tot acerba deus, quis carmine cædes

Diversas, obitumque ducum quos æquore toto
Inque vicem nunc Turnus agit, nunc Troius heros,
Expediat? Tanton' placuit concurrere motu,
Juppiter, æterna gentes in pace futuras!
Æneas Rutulum Sucronem (ea prima ruentes
Pugna loco statuit Teucros) haud multa moratus
Excipit in latus, et, qua fata celerrima, crudum
Transadigit costas et crates pectoris ensem.
Turnus equo dejectum Amycum fratremque Dioren
Congressus pedes, hunc venientem cuspide longa,
Hunc mucrone ferit; curruque abscisa duorum
Suspendit capita, et rorantia sanguine portat.
Ille Talon, Tanaimque neci, fortemque Cethegum,
Tres uno congressu, et mæstum mittit Onyten,
Nomen Echionium, matrisque genus Peridiæ.
Hic fratres Lycia missos et Apollinis agris,
Et juvenem exosum nequidquam bella Menœten
Arcada; piscosæ cui circum flumina Lernæ
Ars fuerat, pauperque domus; nec nota potentum
Limina; conductaque pater tellure serebat.
Ac velut immissi diversis partibus ignes
Arentem in silvam et virgulta sonantia lauro;
Aut ubi decursu rapido de montibus altis
Dant sonitum spumosi amnes, et in æquora currunt,
Quisque suum populatus iter: non segnius ambo
Æneas Turnusque ruunt per prœlia: nunc, nunc
Fluctuat ira intus; rumpuntur nescia vinci
Pectora; nunc totis in vulnera viribus itur.
Murranum hic, atavos et avorum antiqua sonantem
Nomina, per regesque actum genus omne Latinos,

LIBER XII.

Præcipitem scopulo atque ingentis turbine saxi
Excutit, effunditque solo : hunc lora et juga subter
Provolvere rotæ, crebro super ungula pulsu
Incita nec domini memorum proculcat equorum.
Ille ruenti Hyllo animisque immane frementi
Occurrit, telumque aurata ad tempora torquet :
Olli per galeam fixo stetit hasta cerebro.
Dextera nec tua te, Graium fortissime, Creteu,
Eripuit Turno. Nec di texere Cupencum,
Ænea veniente, sui : dedit obvia ferro
Pectora; nec misero clypei mora profuit ærei.
Te quoque Laurentes viderunt, Æole, campi
Oppetere, et late terram consternere tergo :
Occidis, Argivæ quem non potuere phalanges
Sternere, nec Priami regnorum eversor Achilles;
Hic tibi mortis erant metæ : domus alta sub Ida,
Lyrnessi domus alta; solo Laurente sepulcrum.
Totæ adeo conversæ acies, omnesque Latini,
Omnes Dardanidæ, Mnestheus, acerque Serestus,
Et Messapus equum domitor, et fortis Asylas,
Tuscorumque phalanx, Evandrique Arcades alæ;
Pro se quisque viri summa nituntur opum vi.
Nec mora, nec requies: vasto certamine tendunt.

Hic mentem Æneæ genitrix pulcherrima misit
Iret ut ad muros, urbique adverteret agmen
Ocius, et subita turbaret clade Latinos.
Ille, ut, vestigans diversa per agmina Turnum,
Huc atque huc acies circumtulit, adspicit urbem
Immunem tanti belli atque impune quietam.
Continuo pugnæ accendit majoris imago.

Mnesthea, Sergestumque vocat, fortemque Serestum,
Ductores; tumulumque capit, quo cetera Teucrum
Concurrit legio; nec scuta aut spicula densi
Deponunt. Celso medius stans aggere fatur:
Ne qua meis esto dictis mora; Juppiter hac stat:
Neu quis ob inceptum subitum mihi segnior ito.
Urbem hodie, causam belli, regna ipsa Latini,
Ni frenum accipere et victi parere fatentur,
Eruam, et æqua solo fumantia culmina ponam.
Scilicet exspectem libeat dum prœlia Turno
Nostra pati, rursusque velit concurrere victus?
Hoc caput, o cives, hæc belli summa nefandi.
Ferte faces propere. fœdusque reposcite flammis.
Dixerat: atque animis pariter certantibus omnes
Dant cuneum, densaque ad muros mole feruntur.
Scalæ improviso, subitusque apparuit ignis.
Discurrunt alii ad portas, primosque trucidant;
Ferrum alii torquent, et obumbrant æthera telis.
Ipse inter primos dextram sub mœnia tendit
Æneas, magnaque incusat voce Latinum:
Testaturque deos iterum se ad prœlia cogi,
Bis jam Italos hostes, hæc altera fœdera rumpi.
Exoritur trepidos inter discordia cives:
Urbem alii reserare jubent, et pandere portas
Dardanidis, ipsumque trahunt in mœnia regem;
Arma ferunt alii, et pergunt defendere muros.
Inclusas ut quum latebroso in pumice pastor
Vestigavit apes, fumoque implevit amaro;
Illæ intus trepidæ rerum per cerea castra
Discurrunt, magnisque acuunt stridoribus iras:

Volvitur ater odor tectis, tum murmure cæco
Intus saxa sonant; vacuas it fumus ad auras.

   Accidit hæc fessis etiam fortuna Latinis,
Quæ totam luctu concussit funditus urbem.
Regina ut tectis venientem prospicit hostem,
Incessi muros, ignes ad tecta volare;
Nusquam acies contra Rutulas, nulla agmina Turni :
Infelix pugnæ juvenem in certamine credit
Exstinctum; et, subito mentem turbata dolore,
Se causam clamat crimenque caputque malorum;
Multaque per mæstum demens effata furorem,
Purpureos moritura manu discindit amictus,
Et nodum informis leti trabe nectit ab alta.
Quam cladem miseræ postquam accepere Latinæ,
Filia prima manu flavos Lavinia crines
Et roseas laniata genas; tum cætera circum
Turba furit : resonant late plangoribus ædes.
Hinc totam infelix vulgatur fama per urbem.
Demittunt mentes : it scissa veste Latinus,
Conjugis attonitus fatis urbisque ruina,
Canitiem immundo perfusam pulvere turpans;
Multaque se incusat qui non acceperit ante
Dardanium Ænean, generumque adsciverit ultro.

   Interea extremo bellator in æquore Turnus
Palantes sequitur paucos, jam segnior, atque
Jam minus atque minus successu lætus equorum.
Attulit hunc illi cæcis terroribus aura
Commixtum clamorem, arrectasque impulit aures
Confusæ sonus urbis, et illætabile murmur.
Hei mihi ! quid tanto turbantur mœnia luctu ?

Quisve ruit tantus diversa clamor ab urbe ?
Sic ait, adductisque amens subsistit habenis.
Atque huic, in faciem soror ut conversa Metisci
Aurigæ currumque et equos et lora regebat,
Talibus occurrit dictis: Hac, Turne, sequamur
Trojugenas, qua prima viam victoria pandit;
Sunt alii qui tecta manu defendere possint.
Ingruit Æneas Italis, et prœlia miscet :
Et nos sæva manu mittamus funera Teucris.
Nec numero inferior, pugnæ nec honore, recedes.
Turnus ad hæc :
O soror, et dudum agnovi, quum prima per artem
Fœdera turbasti, teque hæc in bella dedisti :
Et nunc nequidquam fallis, dea. Sed quis Olympo
Demissam tantos voluit te ferre labores ?
An fratris miseri letum ut crudele videres ?
Nam quid ago ? aut quæ jam spondet fortuna salutem ?
Vidi oculos ante ipse meos me voce vocantem
Murranum, quo non superat mihi carior alter,
Oppetere ingentem, atque ingenti vulnere victum.
Occidit infelix, ne nostrum dedecus Ufens
Adspiceret : Teucri potiuntur corpore et armis.
Exscindine domos (id rebus defuit unum)
Perpetiar ? dextra nec Drancis dicta refellam ?
Terga dabo ? et Turnum fugientem hæc terra videbit ?
Usque adeone mori miserum est ? Vos o mihi, Manes,
Este boni, quoniam Superis aversa voluntas.
Sancta ad vos anima, atque istius inscia culpæ,
Descendam, magnorum haud unquam indignus avorum.
Vix ea fatus erat ; medios volat ecce per hostes

Vectus equo spumante Saces, adversa sagitta
Saucius ora; ruitque implorans nomine Turnum :
Turne, in te suprema salus; miserere tuorum.
Fulminat Æneas armis; summasque minatur
Dejecturum arces Italum, excidioque daturum;
Jamque faces ad tecta volant : in te ora Latini,
In te oculos referunt : mussat rex ipse Latinus
Quos generos vocet, aut quæ sese ad fœdera flectat.
Præterea regina, tui fidissima, dextra
Occidit ipsa sua, lucemque exterrita fugit.
Soli pro portis Messapus et acer Atinas
Sustentant aciem; circum hos utrimque phalanges
Stant densæ, strictisque seges mucronibus horret
Ferrea : tu currum deserto in gramine versas !

 Obstupuit varia confusus imagine rerum
Turnus, et obtutu tacito stetit : æstuat ingens
Uno in corde pudor, mixtoque insania luctu,
Et furiis agitatus amor, et conscia virtus.
Ut primum discussæ umbræ et lux reddita menti,
Ardentes oculorum orbes ad mœnia torsit
Turbidus, eque rotis magnam respexit ad urbem.

 Ecce autem flammis inter tabulata volutus
Ad cœlum undabat vortex, turrimque tenebat,
Turrim compactis trabibus quam eduxerat ipse,
Subdideratque rotas, pontesque instraverat altos.
Jamjam fata, soror, superant; absiste morari :
Quo deus, et quo dura vocat fortuna, sequamur.
Stat conferre manum Æneæ, stat quidquid acerbi est
Morte pati; nec me indecorem, germana, videbis
Amplius : hunc, oro, sine me furere ante furorem.

Dixit, et e curru saltum dedit ocius arvis:
Perque hostes, per tela ruit, mæstamque sororem
Deserit, ac rapido cursu media agmina rumpit.
Ac veluti montis saxum de vertice præceps
Quum ruit avulsum vento, seu turbidus imber
Proluit, aut annis solvit sublapsa vetustas;
Fertur in abruptum magno mons improbus actu,
Exsultatque solo silvas, armenta, virosque,
Involvens secum: disjecta per agmina Turnus
Sic urbis ruit ad muros, ubi plurima fuso
Sanguine terra madet, striduntque hastilibus auræ;
Significatque manu, et magno simul incipit ore:
Parcite jam, Rutuli; et vos, tela inhibete, Latini:
Quæcumque est fortuna, mea est; me verius unum
Pro vobis fœdus luere, et decernere ferro.
Discessere omnes medii, spatiumque dedere.
　At pater Æneas, audito nomine Turni,
Deserit et muros, et summas deserit arces;
Præcipitatque moras omnes; opera omnia rumpit,
Lætitia exsultans; horrendumque intonat armis:
Quantus Athos, aut quantus Eryx, aut ipse, coruscis
Quum fremit ilicibus, quantus, gaudetque nivali
Vertice se attollens pater Apenninus ad auras.
Jam vero et Rutuli certatim, et Troes, et omnes
Convertere oculos Itali, quique alta tenebant
Mœnia, quique imos pulsabant ariete muros;
Armaque deposuere humeris: stupet ipse Latinus,
Ingentes, genitos diversis partibus orbis,
Inter se coiisse viros, et cernere ferro.
　Atque illi, ut vacuo patuerunt æquore campi,

LIBER XII.

Procursu rapido, conjectis eminus hastis,
Invadunt Martem clypeis atque ære sonoro ;
Dat gemitum tellus : tum crebros ensibus ictus
Congeminant : fors et virtus miscentur in unum.
Ac velut ingenti Sila, summove Taburno,
Quum duo conversis inimica in prœlia tauri
Frontibus incurrunt; pavidi cessere magistri ;
Stat pecus omne metu mutum ; mussantque juvencæ
Quis nemori imperitet, quem tota armenta sequantur ;
Illi inter sese multa vi vulnera miscent,
Cornuaque obnixi infigunt, et sanguine largo
Colla armosque lavant ; gemitu nemus omne remugit :
Haud aliter Tros Æneas et Daunius heros
Concurrunt clypeis : ingens fragor æthera complet.
Juppiter ipse duas æquato examine lances
Sustinet, et fata imponit diversa duorum ;
Quem damnet labor, et quo vergat pondere letum.

Emicat hic, impune putans, et corpore toto
Alte sublatum consurgit Turnus in ensem,
Et ferit. Exclamant Troes trepidique Latini,
Arrectæque amborum acies. At perfidus ensis
Frangitur, in medioque ardentem deserit ictu,
Ni fuga subsidio subeat : fugit ocior Euro,
Ut capulum ignotum dextramque adspexit inermem.
Fama est præcipitem, quum prima in prœlia junctos
Conscendebat equos, patrio mucrone relicto,
Dum trepidat, ferrum aurigæ rapuisse Metisci :
Idque diu, dum terga dabant palantia Teucri,
Suffecit ; postquam arma dei ad Vulcania ventum,

Mortalis mucro, glacies ceu futilis, ictu
Dissiluit : fulva resplendent fragmina arena.
Ergo amens diversa fuga petit æquora Turnus;
Et nunc huc, inde huc, incertos implicat orbes :
Undique enim densa Teucri inclusere corona;
Atque hinc vasta palus, hinc ardua mœnia cingunt.
Nec minus Æneas, quamquam tardata sagitta
Interdum genua impediunt, cursumque recusant,
Insequitur, trepidique pedem pede fervidus urget.
Inclusum veluti si quando flumine nactus
Cervum, aut Puniceæ septum formidine pennæ,
Venator cursu canis et latratibus instat :
Ille autem, insidiis et ripa territus alta,
Mille fugit refugitque vias; at vividus Umber
Hæret hians, jam jamque tenet, similisque tenenti
Increpuit malis, morsuque elusus inani est.
Tum vero exoritur clamor, ripæque lacusque
Responsant circa, et cœlum tonat omne tumultu.
Ille, simul fugiens, Rutulos simul increpat omnes,
Nomine quemque vocans; notumque efflagitat ensem.
Æneas mortem contra præsensque minatur
Exitium, si quisquam adeat; terretque trementes,
Excisurum urbem minitans, et saucius instat.
Quinque orbes explent cursu, totidemque retexunt
Huc, illuc; neque enim levia aut ludicra petuntur
Præmia, sed Turni de vita et sanguine certant.

   Forte sacer Fauno foliis oleaster amaris
Hic steterat, nautis olim venerabile signum ;
Servati ex undis ubi figere dona solebant

Laurenti divo, et votas suspendere vestes :
Sed stirpem Teucri, nullo discrimine, sacrum
Sustulerant, puro ut possent concurrere campo.
Hic hasta Æneæ stabat; huc impetus illam
Detulerat fixam, et lenta in radice tenebat.
Incubuit, voluitque manu convellere ferrum
Dardanides, teloque sequi quem prendere cursu
Non poterat. Tum vero amens formidine Turnus,
Faune, precor, miserere, inquit, tuque optima ferrum
Terra tene, colui vestros si semper honores,
Quos contra Æneadæ bello fecere profanos.
Dixit, opemque dei non cassa in vota vocavit.
Namque diu luctans, lentoque in stirpe moratus,
Viribus haud ullis valuit discludere morsus
Roboris Æneas. Dum nititur acer, et instat,
Rursus in aurigæ faciem mutata Metisci
Procurrit, fratrique ensem dea Daunia reddit.
Quod Venus audaci Nymphæ indignata licere,
Accessit, telumque alta ab radice revellit.
Olli sublimes, armis animisque refecti,
Hic gladio fidens, hic acer et arduus hasta,
Adsistunt contra, certamine Martis anheli.

 Junonem interea rex omnipotentis Olympi
Alloquitur, fulva pugnas de nube tuentem.
Quæ jam finis erit, conjux? quid denique restat?
Indigetem Ænean scis ipsa, et scire fateris,
Deberi cœlo, fatisque ad sidera tolli.
Quid struis? aut qua spe gelidis in nubibus hæres?
Mortalin' decuit violari vulnere divum?

Aut ensem (quid enim sine te Juturna valeret ?)
Ereptum reddi Turno, et vim crescere victis ?
Desine jam tandem, precibusque inflectere nostris ;
Nec te tantus edat tacitam dolor ; et mihi curæ
Sæpe tuo dulci tristes ex ore recursent.
Ventum ad supremum est. Terris agitare vel undis
Trojanos potuisti, infandum accendere bellum,
Deformare domum, et luctu miscere hymenæos :
Ulterius tentare veto. Sic Juppiter orsus :
Sic dea submisso contra Saturnia vultu :
Ista quidem quia nota mihi tua, magne, voluntas,
Juppiter, et Turnum et terras invita reliqui.
Nec tu me aeria solam nunc sede videres
Digna, indigna, pati ; sed flammis cincta sub ipsam
Starem aciem, traheremque inimica in prœlia Teucros.
Juturnam misero, fateor, succurrere fratri
Suasi, et pro vita majora audere probavi ;
Non ut tela tamen, non ut contenderet arcum :
Adjuro Stygii caput implacabile fontis,
Una superstitio superis quæ reddita divis.
Et nunc cedo equidem, pugnasque exosa relinquo.
Illud te, nulla fati quod lege tenetur,
Pro Latio obtestor, pro majestate tuorum :
Quum jam connubiis pacem felicibus, esto,
Component, quum jam leges et fœdera jungent,
Ne vetus indigenas nomen mutare Latinos,
Neu Troas fieri jubeas, Teucrosque vocari,
Aut vocem mutare viros, aut vertere vestes.
Sit Latium, sint Albani per sæcula reges ;

LIBER XII.

Sit Romana potens Itala virtute propago :
Occidit, occideritque sinas cum nomine, Troja.
  Olli subridens hominum rerumque repertor :
Et germana Jovis, Saturnique altera proles,
Irarum tantos volvis sub pectore fluctus !
Verum age, et inceptum frustra submitte furorem :
Do quod vis, et me victusque volensque remitto.
Sermonem Ausonii patrium moresque tenebunt ;
Utque est nomen erit : commixti corpore tantum
Subsident Teucri ; morem ritusque sacrorum
Adjiciam, faciamque omnes uno ore Latinos.
Hinc genus, Ausonio mixtum quod sanguine surget,
Supra homines, supra ire deos pietate videbis ;
Nec gens ulla tuos æque celebrabit honores.
Annuit his Juno, et mentem lætata retorsit.
Interea excedit cœlo, nubemque reliquit.
  His actis, aliud genitor secum ipse volutat ;
Juturnamque parat fratris dimittere ab armis.
Dicuntur geminæ pestes cognomine Diræ,
Quas et tartaream Nox intempesta Megæram
Uno eodemque tulit partu, paribusque revinxit
Serpentum spiris, ventosasque addidit alas.
Hæ Jovis ad solium, sævique in limine regis,
Apparent, acuuntque metum mortalibus ægris,
Si quando letum horrificum morbosque deum rex
Molitur, meritas aut bello territat urbes.
Harum unam celerem demisit ab æthere summo
Juppiter, inque omen Juturnæ occurrere jussit.
Illa volat, celerique ad terram turbine fertur :

4.   40

Non secus ac nervo per nubem impulsa sagitta,
Armatam sævi Parthus quam felle veneni,
Parthus, sive Cydon, telum immedicabile, torsit,
Stridens, et celeres incognita transilit umbras.
Talis se sata Nocte tulit, terrasque petivit.

   Postquam acies videt Iliacas atque agmina Turni,
Alitis in parvæ subitam collecta figuram,
Quæ quondam in bustis aut culminibus desertis
Nocte sedens serum canit importuna per umbras:
Hanc versa in faciem, Turni se pestis ob ora
Fertque refertque sonans, clypeumque everberat alis.
Illi membra novus solvit formidine torpor,
Arrectæque horrore comæ, et vox faucibus hæsit.
At, procul ut Diræ stridorem agnovit et alas,
Infelix crines scindit Juturna solutos,
Unguibus ora soror fœdans et pectora pugnis.
Quid nunc te tua, Turne, potest germana juvare?
Aut quid jam duræ superat mihi? qua tibi lucem
Arte morer? talin' possum me opponere monstro?
Jam jam linquo acies. Ne me terrete timentem,
Obscenæ volucres; alarum verbera nosco,
Letalemque sonum; nec fallunt jussa superba
Magnanimi Jovis. Hæc pro virginitate reponit?
Quo vitam dedit æternam? cur mortis adempta est
Conditio? possem tantos finire dolores
Nunc certe, et misero fratri comes ire per umbras.
Immortalis ego? aut quidquam mihi dulce meorum
Te sine, frater, erit? O quæ satis alta dehiscat
Terra mihi, manesque deam demittat ad imos!

Tantum effata, caput glauco contexit amictu
Multa gemens, et se fluvio dea condidit alto.
 Æneas instat contra, telumque coruscat
Ingens, arboreum. et sævo sic pectore fatur:
Quæ nunc deinde mora est? aut quid jam, Turne, retractas?
Non cursu, sævis certandum est comminus armis.
Verte omnes tete in facies, et contrahe quidquid
Sive animis, sive arte, vales; opta ardua pennis
Astra sequi, clausumque cava te condere terra.
Ille, caput quassans: Non me tua fervida terrent
Dicta, ferox; di me terrent et Juppiter hostis.
Nec plura effatus, saxum circumspicit ingens,
Saxum antiquum, ingens, campo quod forte jacebat,
Limes agro positus, litem ut discerneret arvis.
Vix illud lecti bis sex cervice subirent,
Qualia nunc hominum producit corpora tellus.
Ille manu raptum trepida torquebat in hostem,
Altior insurgens, et cursu concitus, heros.
Sed neque currentem se, nec cognoscit euntem,
Tollentemve manu, saxumque immane moventem.
Genua labant; gelidus concrevit frigore sanguis.
Tum lapis ipse viri, vacuum per inane volutus,
Nec spatium evasit totum, nec pertulit ictum.
Ac velut in somnis, oculos ubi languida pressit
Nocte quies, nequidquam avidos extendere cursus
Velle videmur, et in mediis conatibus ægri
Succidimus; non lingua valet, non corpore notæ
Sufficiunt vires; nec vox aut verba sequuntur:
Sic Turno, quacumque viam virtute petivit,

Successum dea dira negat. Tum pectore sensus
Vertuntur varii. Rutulos adspectat et urbem,
Cunctaturque metu, telumque instare tremiscit;
Nec quo se eripiat, nec qua vi tendat in hostem,
Nec currus usquam videt, aurigamve sororem.

  Cunctanti telum Æneas fatale coruscat,
Sortitus fortunam oculis, et corpore toto
Eminus intorquet. Murali concita numquam
Tormento sic saxa fremunt, nec fulmine tanti
Dissultant crepitus. Volat atri turbinis instar
Exitium dirum hasta ferens; orasque recludit
Loricæ, et clypei extremos septemplicis orbes :
Per medium stridens transit femur. Incidit ictus
Ingens ad terram duplicato poplite Turnus.
Consurgunt gemitu Rutuli, totusque remugit
Mons circum, et vocem late nemora alta remittunt.
Ille, humilis supplexque, oculos dextramque precantem
Protendens : Equidem merui, nec deprecor, inquit :
Utere sorte tua. Miseri te si qua parentis
Tangere cura potest, oro (fuit et tibi talis
Anchises genitor), Dauni miserere senectæ ;
Et me, seu corpus spoliatum lumine mavis ,
Redde meis. Vicisti, et victum tendere palmas
Ausonii videre : tua est Lavinia conjux.
Ulterius ne tende odiis. Stetit acer in armis
Æneas, volvens oculos, dextramque repressit :
Et jamjamque magis cunctantem flectere sermo
Cœperat, infelix humero quum apparuit alto
Balteus, et notis fulserunt cingula bullis

LIBER XII.

Pallantis pueri; victum quem vulnere Turnus
Straverat, atque humeris inimicum insigne gerebat.
Ille, oculis postquam sævi monumenta doloris
Exuviasque hausit, furiis accensus, et ira
Terribilis: Tune hinc spoliis indute meorum
Eripiare mihi? Pallas te hoc vulnere, Pallas
Immolat, et pœnam scelerato ex sanguine sumit.
Hoc dicens, ferrum adverso sub pectore condit
Fervidus. Ast illi solvuntur frigore membra,
Vitaque cum gemitu fugit indignata sub umbras.

FIN DU QUATRIÈME ET DERNIER VOLUME.

www.ingramcontent.com/pod-product-compliance
Lightning Source LLC
Chambersburg PA
CBHW051318230426
43668CB00010B/1071